TASCABILI BOMPIANI 411

DIEGO FUSARO

BENTORNATO MARX!

RINASCITA DI UN PENSIERO RIVOLUZIONARIO

SAGGI
TASCABILI

ISBN 978-88-452-6394-1

Via Angelo Rizzoli 8 - 20132 Milano

IV edizione Tascabili Bompiani gennaio 2012

A Gianni Vattimo,
maestro e amico.

Se uno volesse comportarsi come un bue, potrebbe naturalmente volgere le spalle alle pene dell'umanità e preoccuparsi solo della propria pelle.

(K. Marx, lettera del 30 aprile 1867)

Dobbiamo a Marx di non essere soli: la nostra solitudine dipende solo dalla nostra ignoranza di ciò che aveva detto. È questa che bisogna accusare, in noi e in tutti coloro che pensano di averlo superato – e non parlo che dei migliori – mentre non sono che alla soglia della terra che egli ci ha svelato e aperto. Gli dobbiamo pure di vedere in lui le sue debolezze, le sue lacune, le sue omissioni: esse concorrono alla sua grandezza poiché non facciamo altro, riprendendole, che riprendere dagli inizi un discorso interrotto dalla morte. Si sa come termina il terzo libro del «Capitale». Un titolo: «le classi sociali». Venti righe, poi il silenzio.

(L. Althusser, *Leggere il «Capitale»*)

Forse non si ha più paura dei marxisti, ma si ha ancora paura di certi non-marxisti che non hanno rinunciato all'eredità di Marx.

(J. Derrida, *Spettri di Marx*)

Desidero ringraziare Giuseppe Girgenti per avermi incoraggiato a intraprendere questo lavoro, per i suggerimenti che mi ha generosamente fornito e per la grande *philia* che quotidianamente mi dona. Ringrazio poi Claudia Bianco per l'aiuto che mi ha dato nella rilettura del testo e, naturalmente, per tutto quel che rappresenta per la mia vita. Un ringraziamento speciale va anche al Professor Pier Paolo Portinaro e al Professor Andrea Tagliapietra, che mi stanno seguendo nel dottorato in «Filosofia della Storia» presso l'Università San Raffaele di Milano. Ringrazio inoltre Maura Abrate, Jacopo Agnesina, Silvio Cappelli, Luca Grecchi, Alessandro Monchietto, Salvatore Obinu, Costanzo Preve, Andrea Sangiacomo ed Enrico Varesio per aver pazientemente letto il mio lavoro e per avermi fornito suggerimenti e indicazioni molto preziosi. È anche discutendo con loro, veri amici oltre che preziosissimi interlocutori, che questo lavoro ha potuto vedere la luce. Un grazie anche ai miei genitori, senza i quali tutto questo non sarebbe stato possibile. Un ringraziamento speciale va infine a tutti gli altri docenti della facoltà di Filosofia dell'Università San Raffaele di Milano. Va da sé che degli eventuali errori sono responsabile soltanto io.

1. Bentornato, Marx!

«Ogni cosa oggi sembra portare in sé la sua contraddizione. Macchine, dotate del meraviglioso potere di ridurre e potenziare il lavoro umano, fanno morire l'uomo di fame e lo ammazzano di lavoro. Un misterioso e fatale incantesimo trasforma le nuove sorgenti della ricchezza in fonti di miseria. Le conquiste della tecnica sembrano ottenute a prezzo della loro stessa natura. Sembra che l'uomo nella misura in cui assoggetta la natura, si assoggetti ad altri uomini o alla propria abiezione. Perfino la pura luce della scienza sembra poter risplendere solo sullo sfondo tenebroso dell'ignoranza. Tutte le nostre scoperte e i nostri progressi sembrano infondere una vita spirituale alle forze materiali e al tempo stesso istupidire la vita umana, riducendola a una forza materiale».

(K. Marx, *Discorso per l'anniversario del «People's Paper»*)

1. *Prologo. Inseguendo uno spettro ossessionante.*

«Un fantasma non muore mai, ma resta sempre a venire e a rivenire».

(J. Derrida, *Spettri di Marx*)

Uno spettro si aggira per il mondo: lo spettro di Karl Marx. Uniti nella caccia spietata a questo spettro terrifico, gli araldi di un capitalismo che si avvia rapidamente ad assumere una nuova, inaspettata struttura imperiale[1], non fanno che annunciare instancabilmente, in una litania fin troppo nota, che «Marx è morto» e che il suo pensiero è, nell'attuale momento storico, un ferrovecchio che può tranquillamente essere archiviato – evidente manifestazione di quella che Hegel aveva definito l'«ironia della storia» – proprio là dove Engels sosteneva

[1] Cfr. M. Hardt – A. Negri, *Empire*, 2000; tr. it. *Impero. Il nuovo ordine della globalizzazione*, Rizzoli, Milano 2002, a cura di A. Pandolfi.

che il comunismo avrebbe relegato lo Stato borghese: nel museo delle antichità, accanto alla rocca per filare e all'ascia di bronzo[2]. Spia che segnala la morte di Marx sarebbe anzitutto – si dice – il totale fallimento delle sue previsioni, che non solo non si sono avverate, ma si sono puntualmente capovolte nel loro opposto: la religione gode di ottima salute, il sistema capitalistico prolifera e conquista sempre nuovi territori, il proletariato è sempre più un ingranaggio passivo della macchina capitalistica, l'uomo è oggi più che mai lontano dalla realizzazione della sua «essenza di genere» (*Gattungswesen*). Nella lunga lista degli insuccessi di Marx, i suoi detrattori non hanno remore ad aggiungere le efferate dittature spuntate nei Paesi del mondo che hanno assunto come punto di riferimento la sua dottrina; il pensiero marxiano, venuto a contatto con la realtà e fattosi mondo, ha riprodotto in forma accentuata i mali che doveva sanare, determinando nuove forme di assoggettamento e di oppressione: in luogo della dittatura *del* proletariato, si è realizzata la dittatura *sul* proletariato; in luogo dell'estinzione dello Stato, si è attuata un'inedita forma di statalismo repressivo e autoritario; quella che voleva essere, nelle intenzioni del «fondatore della ditta», una inarrestabile «critica» (*Kritik*), ha assunto i tratti opposti di una «visione del mondo» (*Weltanschauung*) dogmatica e intrinsecamente ideologica; infine, l'antipatia marxiana per il livellamento sociale forzato e nemico del «libero sviluppo delle individualità» ha adottato la forma opposta di un egualitarismo imposto dall'alto e tale da azzerare la libertà dell'individuo. Un fallimento su tutta la linea, dunque, che testimonierebbe l'irrealizzabilità del pensiero marxiano, la sua naturale vocazione a capovolgersi in feroce dittatura: il più tipico esempio di come, talvolta, la cura può essere peggiore del male da sanare. Senza operare alcuna distinzione tra il pensiero originario di Marx e il marxismo successivo, ci si limita quasi sempre ad assumere ideologicamente il fallimento storico del secondo come prova inconfutabile del fallimento teorico del primo, considerando Marx ora

2 Cfr. F. Engels, *Der Ursprung der Familie, des Privateigentums und des Staats*, 1884; tr. it. *L'origine della famiglia, della proprietà privata e dello Stato*, Editori Riuniti, Roma 1963, a cura di D. Della Terza, p. 204.

come «nemico della società aperta» e «falso profeta»[3], ora come fondatore teorico del «totalitarismo».

Anche in sede universitaria, Marx non gode certo di un trattamento migliore: spesso avvolto da un silenzio tombale, non di rado considerato esclusivamente come vaso di Pandora da cui sarebbero scaturite le principali tragedie che hanno macchiato il Novecento, il pensiero di Marx viene tendenzialmente – e nella migliore delle ipotesi – studiato, con piglio filologico più che critico, come mero episodio della storia della filosofia moderna, non diversamente da come si studiano Fichte, Feuerbach e Hegel. Ma fare di Marx un autore del passato, da studiare con distacco e nella consapevolezza dell'insuperabile distanza che ci separa da lui e dai rimedi che egli propose alle ingiustizie dilaganti nel mondo (ingiustizie che sono ancora tutte presenti e, se mai è possibile, in forma decisamente più radicale), significa dichiararlo definitivamente morto, alla luce del fatto che la storia del pensiero di Marx – e in ciò sta, come vedremo, la sua eccezionalità – è costantemente intrecciata, dal 1848 fino alla caduta del Muro di Berlino, con ciò che accade nel mondo. Non è certo difficile capire che disgiungere Marx dall'occorrere degli eventi odierni, come se si trattasse di una lontana «voce del passato» del tutto inadatta a far luce sull'oggi, vuol dire dichiararlo morto e paralizzare la forza critica del suo pensiero.

«Marx è morto»: questo lo *slogan* che si continua a ripetere in forma maniacale nell'attuale momento storico, e Jacques Derrida, in *Spettri di Marx* (1993), il libro più profondo e acuto dedicato al pensatore di Treviri dopo la caduta del Muro di Berlino, ha messo bene in luce come dietro tale litania funebre, che a tutta prima parrebbe la presa di coscienza di un decesso, si nasconda – in una sorta di «esorcismo» perverso che corrisponde in certa misura alla fase «trionfante» della

[3] Cfr. K. R. Popper, *Contro Marx*, Armando, Roma 2000 [traduzione della parte dedicata a Marx nel secondo volume di *The Open Society and Its Enemies*, Routledge, London 1943]. La (poco convincente) analisi di Popper culmina nella nota condanna di Platone, di Hegel e di Marx come «nemici della società aperta», accomunati dall'essere pensatori della «totalità» e dalla convinzione che le leggi dello sviluppo storico possano essere individuate con precisione e che consentano di formulare profezie indispensabili per l'azione politica.

rielaborazione del lutto – l'auspicio che tale decesso si verifichi al più presto, nella consapevolezza che la persona in questione è ancora viva e scomoda, e continua a seminare il panico anche nel presente. Proprio come ogni esorcismo «dà l'impressione di constatare la morte solo per mettere a morte»[4], chi continua a ripetere che Marx è morto sa meglio di ogni altro quanto egli sia ancora vivo e, con l'atto stesso di annunciarne la morte, «ci risveglia laddove vorrebbe addormentarci»[5]. Chi si ostina a ripetere, in nome di Dio o del Mercato, che «Marx è morto» lo fa, allora, perché ossessionato dal suo spettro, perché vittima di una sorta di «Marx-fobia», compiendo una specie di macabra congiura finalizzata a «scacciare uno spettro, esorcizzare il possibile ritorno di un potere ritenuto malefico in sé, e la cui diabolica minaccia continuerebbe a turbare»[6]. Ed è da questa considerazione che bisogna muovere per riflettere su quanto sia ancora vivo e quanto sia morto, attualmente, di Marx o, per dirla *à la* Derrida, quali siano gli spettri di Marx che continuano ad aggirarsi tra noi anche oggi che il «socialismo reale» è affondato e che nessuno sembra più interessarsi al pensiero marxiano: Derrida sosteneva, molto opportunamente, che gli intramontabili spettri di Marx, «che non bisogna cacciare, ma scernere, criticare, tenere presso di sé e lasciar venire»[7], sono la critica[8] radicale del reale (critica che si manifesta anche sotto forma di smascheramento delle «ideologie» legittimanti lo *status quo*) e una speranza nell'avvenire[9] («un messianismo senza religione»[10], diceva Derrida),

[4] J. Derrida, *Spectres de Marx*, 1993; tr. it. *Spettri di Marx*, Cortina Editore, Milano 1994, a cura di G. Chiurazzi, p. 65.

[5] Ivi, p. 124.

[6] *Ibidem*.

[7] Ivi, p. 113.

[8] Cfr. E. Renault, *Marx et l'idée de critique*, 1995; tr. it. *Marx e l'idea di critica*, Manifestolibri, Roma 1999.

[9] Ci permettiamo, a questo proposito, di rimandare al nostro *Filosofia e speranza. Ernst Bloch e Karl Löwith interpreti di Marx*, Il Prato, Padova 2005, dedicato al problema della legittimità della speranza nel pensiero marxiano e dei problemi aperti da tale prospettiva.

[10] J. Derrida, *Spettri di Marx*, cit., p. 78.

capace di mettere in moto l'azione in grado di far trovare cittadinanza nella realtà a quella speranza. Come lo spettro dell'*Amleto*, anche quello di Marx continua a denunciare senza tregua un mondo in cui «c'è del marcio», prospettando la speranza in un «meglio» che ha ancora da venire. Ha ragione Derrida nel riconoscere nella critica radicale del presente e nella speranza in un avvenire diverso e migliore, da un lato, la cifra più autentica del pensiero marxiano e, dall'altro, gli «spettri» di Marx che abbiamo il dovere di ereditare, senza paura di liberarci da quelli che sono i non pochi errori, i limiti e le aporie del suo pensiero. Ed è intorno al duplice fuoco prospettico della speranza (dialetticamente declinata in una filosofia della storia «futuro-centrica») e della critica radicale, aventi per corollario un'etica della liberazione degli individui (dall'alienazione, dal feticismo, dalla schiavitù di fabbrica, ecc.), che vogliamo costruire il nostro tentativo di avvicinamento a Marx: ben consapevoli di come la critica demolitrice del reale e la speranza nel domani siano, a ben vedere, due spettri che, pur nella loro radicale diversità, procedono di pari passo, nella misura in cui la speranza nell'avvenire poggia sempre sulla critica del presente e del passato, contraddittori e non ancora pienamente razionali, intesi come «mondi capovolti» che forse, un giorno, potranno essere raddrizzati e rendere possibile un'esistenza veramente umana: si spera nel futuro quando non ci si sente a casa in un presente denso di contraddizioni e di aporie. Dalla sintesi di questi due spettri deriva la convinzione che accompagnò Marx per tutta la vita: la verità sta nel domani più che nell'oggi, poiché il presente e il passato, se letti non ideologicamente, rappresentano soltanto due tappe della «preistoria» dell'umanità, due momenti in cui l'umanità non ha ancora avuto modo di manifestarsi in senso pieno, determinando il proprio cammino anziché vederlo determinato da forze esterne. Di qui la grande sfida che Marx è in grado di lanciare ancora oggi, contro ogni istanza adattiva e conservatrice: il presente, per quanto opaco e immutabile possa apparire, non è eterno, ma è destinato a tramontare non diversamente dalle epoche storiche che l'hanno preceduto. Non meno di quelle che l'hanno preceduta, l'età del capitalismo *è* un destino e, insieme, *ha* un destino. A questa idea si accompagna quella, anch'essa presente in Marx, secondo la quale il tipo di esistenza capitalistico non è l'unico possibile, e non è nemmeno il migliore, se solo ci si addentra nel «laboratorio segreto» del capitale e lo si considera per quello che esso è realmente: una forma di assoggettamento alla quarta potenza (dell'uomo all'uomo, alla macchina, alla natura, alla merce) e tale da coinvolgere anche la sfera delle idee, creando una sorta di assuefazione per cui il capitalismo diventa irrinunciabile come l'aria che respiriamo e paralizza ogni spinta critica e ogni forma di resistenza. Anche da queste considerazioni si capisce come, degli aspetti del pensiero di Marx, quello sicuramente più vivo, oggi come ieri, che deve essere accolto contro ogni pietrificazione del presente e contro ogni desertificazione dell'avvenire, è la speranza (fusa nella dialettica di marca hegeliana) in un domani diverso e migliore, sottratto a quelle leggi della produzione capitalistica che ci vengono continuamente propinate come eterne e, come se non bastasse, avvolte in un alone mistico da chi, con Francis Fukuyama[11], saluta il sistema capitalistico come edenica armonia con cui «finisce» la storia. Quella di Marx è una speranza che trova certamente ostacolo nel fatto che, oggi, il «modo di produzione capitalistico» non ha più antagonisti, presentandosi in forma «imperiale», cosicché diventa quasi impossibile pensare forme di esistenza differenti; addirittura, il capitalismo si è oggi a tal punto imposto su scala globale, soffocando tra le sue spire ciò che fino a pochi anni fa ne era al di fuori, che nemmeno ci accorgiamo più della sua esistenza: aprendosi sempre nuovi territo-

[11] Cfr. F. Fukuyama, *The End of History and the Last Man*, 1992; tr. it. *La fine della storia e l'ultimo uomo*, Rizzoli, Milano 1992, a cura di D. Ceni. Va detto che molti di coloro (Norberto Bobbio, Ralph Dahrendorf, ecc.) che polemizzano o che polemizzavano – direttamente o indirettamente – con la tesi della «fine della storia» di Fukuyama, secondo cui, con la fine del comunismo storico novecentesco e con il trionfo del sistema capitalistico, si aprirebbe uno scenario edenico di pace e armonia, lo fanno non perché siano contrari alla tesi di fondo della «fine della storia» e del tramonto definitivo del comunismo, destinato a sopravvivere solo più come utopia irrealizzabile, ma piuttosto perché ritengono che tale tesi debba essere difesa con un apparato concettuale più solido e, per molti versi, meno «ingenuo» rispetto a quello dispiegato da Fukuyama.

ri su scala globale e vincendo le sacche di resistenza che incontra lungo il suo cammino, il capitalismo, nella forma di un Impero rizomatico e onnipervasivo (secondo la descrizione di Antonio Negri, troppo facilmente incline, però, alla speranza che nuove «moltitudini» siano in grado di rovesciare lo stato di cose presente), procede incontrastato alla conquista di quelle aree del pianeta che ancora non si sono genuflesse al suo modo di produzione e di esistenza. La conseguenza è che, in un'epoca in cui questo modo di produzione spaccato tra ricchezza e miseria, tra emancipazione e asservimento, è diventato come l'aria che respiriamo, noi che siamo immersi in esso non possiamo più farne a meno e non riusciamo a immaginare un mondo alternativo: possibilità che, a rigore, si dava ancora prima della caduta del Muro di Berlino, quando non era ancora implosa l'Unione Sovietica, la quale – anche se colpevole di aver generato nuove ed esecrabili forme di asservimento in luogo dell'universale emancipazione che aveva promesso[12] – ha rappresentato per quasi un secolo un modello differente, una possibilità del «diverso», un punto di vista alternativo sul modo di produzione capitalistico; è, del resto, tristemente nota la vicenda di chi, fuggendo in Europa dall'Unione Sovietica, poteva dire agli Occidentali a proposito del regime staliniano: «tutto quello che ci dicevano *su di noi* era sbagliato, ma era vero tutto ciò che ci dicevano *su di voi*». Ora che il modo di produzione capitalistico è diventato il protagonista incontrastato sullo scenario storico, domina un sentimento assai diffuso, dai contorni ambigui e sfumati: la percezione che quel modo di produrre e di vivere sia il destino intrascendibile del nostro tempo e che, ciò non di meno, qualcosa continui a mancare. In altri termini, quella del capitalismo è una presenza

[12] È assai interessante, a questo proposito, la tesi di quanti (ad esempio, Rudolf Bahro e Karl August Wittfogel, i quali hanno in realtà declinato il problema in maniere assai diverse) hanno scorto nell'Unione Sovietica e nello stalinismo una riedizione del «modo di produzione asiatico» descritto da Marx; modo di produzione nel quale – come nel «mondo orientale» di cui diceva Hegel – soltanto il despota è, propriamente, libero, essendo tutti gli altri individui suoi servi. Cfr. K. A. Wittfogel, *Oriental Despotism*, 1957; tr. it. *Il dispotismo orientale*, SugarCo, Milano 1980; R. Bahro, *Die Alternative. Zur Kritik des real existierenden Sozialismus*, 1977; tr. it. *Per un comunismo democratico. L'alternativa*, SugarCo, Milano 1977.

tanto massiccia e radicata che sembrerebbe possibile dire di esso, paradossalmente, quel che Jean-Paul Sartre diceva nel 1960 del marxismo: è l'orizzonte invalicabile del nostro tempo, «insuperabile perché le circostanze che l'hanno generato non sono ancora superate»[13].

Ma, proprio perché ci troviamo ancora nel bel mezzo di questo modo di produzione, il pensiero di Marx, nella sua inossidabile aderenza alla realtà, continua a costituire una bussola per orientarsi nella babele dell'odierno panorama storico, nel quale gran parte dei problemi da lui individuati non sono stati risolti e anzi si presentano in forma ancora più acuta. Del resto, l'egemonia del capitale non si afferma solo a livello «macroscopico», ossia sul piano della politica e dell'esistenza sociale, ma anche sul piano «microscopico» dell'esistenza individuale: infatti, diffondendosi e generalizzandosi in tutte le sfere dell'esistenza umana, il capitale si fa sempre più invisibile e impalpabile anche nella vita di ciascun individuo. Ne segue che, paradossalmente, non se ne avvertono le contraddizioni e, addirittura, esso è vissuto come il «migliore dei mondi possibili», anche per essere riuscito a realizzare perversamente i sogni dell'umanità, quegli stessi sogni che, secondo Marx, soltanto il comunismo avrebbe potuto trasformare in realtà: tra i quali, l'utopia di una «terra promessa» dell'abbondanza e dell'«individuo totalmente sviluppato»[14] (das total entwickelte Individuum), che nella stessa giornata può lavorare in fabbrica, giocare a tennis e gustare una sinfonia di Mozart. In tale prospettiva, non è esagerato sostenere che il mondo pullula di schiavi ignari di essere tali e innamorati della propria cella perché non viene concesso loro altro da amare. Un fenomeno inquietante, su cui hanno riflettuto attentamente anche gli autori della Scuola di Francoforte, posti dinanzi al paradosso degli operai di fabbrica che, anziché sperare in un superamento del modo

[13] J. P. Sartre, *Questions de méthode*, in *Critique de la raison dialectique*, 1960, tr. it. *Questioni di metodo*, in Id., *Critica della ragion dialettica*, Il Saggiatore, Milano 1976, a cura di F. Fergnani, p. 96.

[14] K. Marx, *Das Kapital. Kritik der politischen Ökonomie*, Band I, 1867; tr. it. *Il capitale. Critica dell'economia politica*, Libro I, Editori Riuniti 1964, a cura di D. Cantimori, p. 534.

capitalistico di produzione, sognano di raggiungere essi stessi le condizioni di vita borghesi, diventando – inconsapevolmente – guardiani del modo di produzione vigente.

Fedeli alla metafora spettrologica impiegata da Derrida, si può forse sostenere che vi sono almeno altri due motivi che contribuiscono a fare di Marx un autore «spettrale»: in primo luogo, quella che potremmo definire la sua «inclassificabilità», ossia il suo sfuggire a ogni possibile catalogazione (problema sul quale torneremo anche in seguito); con ciò, si vuol sottolineare come Marx non sia stato *solamente* un filosofo (compendiando piuttosto in sé gli eterogenei ruoli dello scienziato, dell'economista, dello storico e del politico) e come, anzi, da un certo momento in poi, egli abbia esplicitamente affermato di non essere più un filosofo, in un mutamento di paradigma o – detto *à la* Althusser – in una «rottura epistemologica»[15] (*coupure épistémologique*) che l'ha condotto a teorizzare la morte della «filosofia» e la necessità di congedarsi dallo spazio filosofico in favore della «prassi rivoluzionaria».

L'altra dimensione «spettrale» di Marx è legata al fatto che, anche se non si fa che annunciare la sua morte, tutti ricorrono, più o meno consapevolmente, al suo strumentario concettuale per spiegare i principali eventi che avvengono sullo scacchiere della politica internazionale: anche chi ha duramente criticato le «ragioni» ufficiali della guerra in Iraq, sostiene che in realtà il vero movente del conflitto è quello economico (nella fattispecie il petrolio), e non sta facendo altro che ragionare in linea con l'insegnamento di Marx, accordando l'egemonia al momento strutturale-economico e facendo slittare in secondo piano quello sovrastrutturale-ideologico. A torto o a ragione, continuiamo a essere prigionieri della forza di gravità del lessico marxiano. Quale miglior prova del fatto che, ancora oggi, ogni spiegazione della realtà politica che non tenga conto della lezione marxiana è votata alla cecità? Ciò non significa – si badi bene – che la teoria di Marx sia onnipotente, infallibile e

[15] Cfr. L. Althusser, *Pour Marx*, 1965; tr. it. *Per Marx*, Editori Riuniti, Roma 1969; cfr. anche L. Althusser – E. Balibar, *Lire le «Capital»*, 1965; tr. it. *Leggere il Capitale*, Feltrinelli, Milano 1971, a cura di R. Rinaldi e V. Oskian [nuova edizione: Mimesis, Milano 2006, a cura di M. Turchetto].

incontestabile, e che di conseguenza le categorie da lui impiegate siano eternamente valide: chi si ostinasse a interpretare le vicende storiche odierne con le *sole* lenti interpretative marxiane capirebbe sicuramente ben poco, non riuscendo a rendere conto di eventi che, per forza di cose, non potevano essere previsti da Marx; ma è altrettanto vero che chi rifiutasse di indossare *anche* quelle lenti non riuscirebbe a capire alcunché dell'oggi e dei suoi sconvolgimenti. In questo senso, nonostante il venir meno del marxismo e dei comunismi, Marx continua a essere, paradossalmente, un nostro contemporaneo ed è per questo motivo che, se non ha alcun senso voler nostalgicamente *tornare a Marx*, può tuttavia avere un senso *ripartire da Marx*. Lo esige anche il fatto che il mondo da lui sottoposto a critica è – nonostante i mutamenti radicali e le novità succedutesi con grande rapidità – il *nostro mondo*, il mondo del «modo di produzione capitalistico», in cui la produzione assume la forma di una gigantesca macchina autoreferenziale e finalizzata a obiettivi del tutto irrazionali quali la produzione di merci e la valorizzazione del valore fini a se stessi. Non si può capire l'epoca moderna – questa è la conseguenza – senza passare attraverso Marx. Studiando la storia dal suo «lato cattivo», egli smaschera la mal celata «ideologia» di chi concepisce – ieri come oggi – il corso storico come corsa unilineare verso le «magnifiche sorti e progressive», come una pacifica evoluzione irenica verso il meglio, di chi trascura il momento materiale, di chi annulla le specificità di ogni epoca immaginando che le leggi del «modo di produzione capitalistico» siano eterne e, per ciò stesso, insuperabili. La storia – ecco una delle più grandi lezioni di Marx – non è mai avanzata, né avanza oggi, per alti ideali o grazie a grandi «individui storico-universali»: a farla procedere sono scontri, tensioni e lotte che vedono contrapposti, in ultima analisi, i padroni e gli schiavi che si fronteggiano in ogni epoca. Un asservimento che, oggi, non si abbatte soltanto sull'operaio, ma su ciascun membro della società, perché siamo tutti in balia del mondo, di una realtà prodotta dall'uomo ma divenuta a tal punto opaca da sembrare autonoma e dotata di vita propria; una realtà spettrale – ecco riaffiorare il tema dello spettro – infestata da mille fantasmi di vario genere. Per impiegare alcune espressioni «spettrali» di Marx, il capitale è un «vampiro» assetato del sangue vivo del lavoro[16], o, se si preferisce, un «lupo mannaro» vorace di «pluslavoro»[17]; dal canto loro, le merci, questi oggetti «sensibilmente sovrasensibili», si trasformano in realtà vive che ballano e trasformano in enti morti, in fantasmi, chi le ha prodotte; macchine che dal canto loro assoggettano gli uomini anziché liberarli. In fondo, anche il nostro mondo – e forse in misura anche maggiore rispetto a quello di Marx – è sospeso in un incantesimo di alienazione e di sfruttamento, di feticismo e di mercificazione universale, in un perturbante trionfo della spettralità, di questo paesaggio tipico dell'età moderna, del mondo di Marx non meno che del nostro. In questo scenario fantasmatico, le categorie marxiane – prima tra tutte quella del «feticismo delle merci» – conservano un'attualità sorprendente: è l'opposto – sia detto per inciso – di quanto, di questa società, dirà un altro illustre studioso della modernità, Max Weber. Pur identificandola con una «gabbia d'acciaio»[18], Weber scorgerà infatti in essa uno scenario «disincantato» e pienamente razionale nelle sue fondamenta, in cui è possibile rendere pienamente ragione di ogni cosa. Lo stridente contrasto tra le opposte diagnosi del mondo moderno emerse dalla prospettiva marxiana e da quella weberiana ha indotto qualcuno a parlare, con ironia, di un presunto «strano caso del dottor Weber e di mister Marx»[19]. E questa società spettrale, nella quale i morti dominano sui vivi, additava e continua ad additare il comunismo/marxismo come un fantasma insidioso («das Gespenst des Kommunismus»[20], secondo l'esordio del *Manifesto*) da mettere al bando: *ieri* perché, anche se non

[16] K. Marx, *Il capitale*, I, cit., p. 291.

[17] Ivi, p. 300.

[18] M. Weber, *Die protestantische Ethik und der «Geist» des Kapitalismus*, 1905; tr. it. *L'etica protestante e lo spirito del capitalismo,* Sansoni, Firenze 1965, a cura di P. Burresi, p. 185.

[19] Cfr. V. Rieser, *Fabbrica oggi. Lo strano caso del dottor Weber e di mister Marx*, Sisifo, Siena 1992.

[20] «Lo spettro del comunismo»: K. Marx – F. Engels, *Manifest der Kommunistischen Partei*, 1848; tr. it. *Manifesto del partito comunista*, Laterza, Roma–Bari 2001, a cura di D. Losurdo, p. 3.

aveva ancora assunto una forma dai contorni ben definiti, si avvertiva il rischio che esso si incarnasse e conquistasse il potere; *oggi*, in un'epoca in cui il comunismo è caduto ed è ormai solo più un ricordo, la sua spettralità coincide con il rischio che esso si reincarni e torni a denunciare le nuove forme di schiavitù che si sono sviluppate. È un rischio per scongiurare il quale non si fa altro che annunciare, con insistenza paranoica, la morte di Marx e il fallimento del comunismo, come se le due cose coincidessero tranquillamente: chi compie l'esorcismo sa bene che, fino a quando sopravviverà il «modo di produzione capitalistico», lo spettro di Marx continuerà ad aggirarsi per il mondo, tra le rovine della storia, poiché egli, meglio di ogni altro, ne ha decriptato i meccanismi, le contraddizioni, il carattere transeunte, la libertà soltanto apparente. Di fronte a questo scenario disarmante diventa possibile, come ha fatto Juan Goytisolo nel suo romanzo *Karl Marx Show*[21], immaginare un Marx redivivo che assiste impotente alle disavventure del presente – dallo sbarco di clandestini sulle coste pugliesi, al lavoro schiavile dei bambini – vedendo il suo «sogno di una cosa»[22] mandato in frantumi dalla storia e dalle sue «dure repliche». Ben si capisce, allora, come lo spettro di Marx sia destinato ad aggirarsi per il mondo ancora per parecchio tempo, fin tanto che non verranno una volta per tutte sconfitti gli spettri che lo ossessionavano da vivo e che non hanno ancora smesso di tormentarci.

È bene insistere, infine, su un altro punto decisivo del discorso «spettrologico» (*hantologique*) di Derrida: il genitivo presente nel titolo del suo scritto – «spettri *di* Marx» – deve essere inteso sia come oggettivo sia come soggettivo; il che

21 J. Goytisolo, *La saga de los Marx*, 1993; tr. it. *Karl Marx Show*, Cargo, Napoli 2005, a cura di C. Vighi. Qualcosa di analogo è sperimentato anche da Howard Zinn, il quale immagina un monologo di un Marx redivivo, denso di riferimenti agli eventi odierni. L'opera si apre con Marx che arriva sul palcoscenico e si rivolge in questo modo al suo pubblico: «siete stati bravi a venire. Non vi hanno dissuaso tutti quegli idioti che dicono: "Marx è morto"». Cfr. H. Zinn, *Marx in Soho: a Play in History*, 1999; tr. it. *Marx a Soho: un monologo sulla storia*, Editori Riuniti, Roma 2001.

22 «Traum von einer Sache»: K. Marx, *Marx an Ruge*, settembre 1843; tr. it. in *Annali franco-tedeschi*, Massari, Bolsena 2001, a cura di G. M. Bravo, p. 75.

equivale a dire, da un lato, che alcuni spettri di Marx continuano ad agitarsi nel mondo odierno (la critica, la speranza nell'avvenire, la non-eternità del presente) e, dall'altro lato, che, quando Marx era in vita, alcuni spettri lo tormentavano e non gli davano pace, punti teorici, soluzioni insoddisfacenti, aspetti della realtà tormentosi che non lo lasciavano quieto: ne affiora dunque l'immagine singolare di un Marx fantasma ossessionante e, al tempo stesso, ossessionato da quei fantasmi a cui diede la caccia per tutta la vita. Si tratterà, allora, di porsi sulle tracce *anche* di questi spettri, e in particolare di quelli che, nell'orizzonte di pensiero marxiano, costituiscono punti aporetici, soluzioni non soddisfacenti, errori e limiti.

2. *Un pensatore fuori dal comune?*

> «Egli unisce in sé lo spirito più mordace con la più profonda serietà filosofica: immaginati Rousseau, Voltaire, d'Holbach, Lessing, Heine e Hegel fusi in una sola persona... ecco il dottor Marx».
>
> (M. Hess a B. Auerbach, 1841)

La categoria della «straordinarietà», fastidiosa e al tempo stesso ingombrante, sembra essere quella che, da sempre, grava sulla figura di Marx. Declinata ora sotto forma di impossibilità di leggere questo autore come semplice episodio della storia del pensiero filosofico occidentale, ora sotto forma di esaltazione (o di condanna, a seconda dei casi) di una filosofia che – caso più unico che raro – non è rimasta imprigionata tra le pareti universitarie ma si è «fatta mondo», permeando la realtà sociale e politica di un'intera epoca, la «straordinarietà» rappresenta l'eterna condanna del pensiero marxiano, la sua dannazione intramontabile. Tanto più che Marx è figura nota anche al «grande pubblico», e in ciò decisamente più simile a Cristo che non a Kant o a Hegel, patrimonio esclusivo di un pubblico elitario di «addetti ai lavori». Fondata sull'accusa di aver indebitamente tentato di congedare la filosofia dal tradizionale ambito di interpretazione veritativa e dialogica del reale per trasformarla in «prassi» votata alla trasformazione e alla effettiva razionalizzazione del mondo, quella dell'eccezionalità di Marx è una condanna che, ancora oggi, sembra avere le sue buone ragioni e, per così dire, godere di ottima salute. A ciò ha contribuito in maniera decisiva, del resto, anche la vicenda stessa del marxismo, il cui tratto caratteristico sta nel fatto che essa è una vicenda assolutamente storica, perché intrecciata a filo doppio con le vicende reali che hanno animato, colorandola di lacrime e sangue, la storia di parte del XIX secolo e del «secolo breve», dalla nascita del movimento operaio al crollo del Muro di Berlino. Una vicenda dunque profondamente extra-accademica (diversa, ad esempio, da quella del kantismo o dell'hegelismo), che segna – per la prima volta – l'esodo della filosofia dai dipartimenti delle università verso il mondo e la storia, con la pretesa di governarne il corso e di orientarne le direzioni. Quella che si è richiamata a Marx è stata, nel bene e nel male, la sola tradizione di pensiero che sia riuscita a trasformare il mondo, modellandolo secondo i propri princìpi, in linea con lo *slogan* del «divenir-filosofico-del-mondo»[23] (*philosophisch-werden-der-Welt*) impiegato dallo stesso Marx. E ciò nella cornice di una tutt'altro che pacifica interferenza per cui la storia ci permette di capire l'opera di Marx non meno di quanto l'opera di Marx ci permetta di capire la storia.

L'eccezionalità della tradizione marxista (che, come vedremo in seguito, deve essere adeguatamente distinta dal pensiero marxiano originario), a ben vedere, si fonda interamente sullo statuto originario del pensiero di Marx, il quale – al più tardi nel 1845 – ha esplicitamente abbandonato la filosofia per approdare consapevolmente a un sapere pratico di altro tipo: un sapere pratico che, ancora una volta, si presenta come assolutamente straordinario, ossia, letteralmente, come estraneo alla tradizione di pensiero consolidatasi nei secoli. E se è chiaro che cosa Marx abbia *abbandonato* (la filosofia tradizionale, come spazio dialogico e veritativo), non è altrettanto evidente che cosa Marx abbia *fondato*: una scienza? Una concezione politica? Un canone di interpretazione storica? Una particola-

[23] K. Marx, *Differenz der demokritischen und epikureischen Naturphilosophie*, 1841; tr. it. *Differenza tra le filosofie della natura di Democrito e di Epicuro*, Bompiani, Milano 2004, a cura di D. Fusaro, p. 217.

re filosofia della storia? Una nuova prospettiva economica? Nulla di tutto questo e, al contempo, tutte queste cose insieme: ecco riaffiorare l'eccezionalità di Marx, il suo aver fondato una «scienza filosofica» (assai vicina, in questo, a quello che per *Wissenschaft* intendevano Fichte e Hegel), e più precisamente una critica organica e radicale alla società borghese del suo tempo, attaccata da una molteplicità di angolazioni (storica, politica, filosofica, economica, ecc.), nello sforzo di mostrarne la contraddittorietà e, con ciò stesso, il necessario tramonto a cui è storicamente condannata. Scaturisce di qui un altro aspetto dell'eccezionalità di Marx: è vano ogni tentativo di rubricarlo come «economista», «storico», «politico» o, anche, «filosofo», proprio perché, elaborando il suo pensiero, egli ha virtuosamente tenuto insieme (o, per lo meno, ha provato a farlo) questi diversi ruoli e queste differenti competenze, nel tentativo di fonderli in un sapere che fosse finalmente all'altezza della realtà. Modello di intellettuale a tutto tondo, non solo egli ha fatto incursioni negli ambiti disciplinari più disparati, ma ha, di fatto, stravolto l'assetto originale di quelle discipline, rivoluzionandole dall'interno e aprendo nuovi campi di ricerca (il caso più lampante è, naturalmente, quello della «critica dell'economia politica»). La conseguenza che ne discende è duplice: in primo luogo, non si può comprendere Marx utilizzando le classiche categorie con cui si analizzano, più o meno coerentemente, gli altri pensatori. Siamo infatti al cospetto, ancora una volta, di un pensatore fuori dal comune, che chiede di essere spiegato *iuxta propria principia*, pena clamorosi fraintendimenti o aporie insuperabili: non stupisce che chi (un nome su tutti: Norberto Bobbio[24]) ha preteso di cercare in Marx una formulazione «classica» del problema dello Stato, del diritto, dell'economia, e così via, sia puntualmente giunto alla spaesante conclusione che in questo autore non si trova nulla di tutto ciò. L'armamentario concettuale di Marx nasce indubbiamente da un costante dialogo critico intrattenuto con gli autori che l'hanno preceduto, ma il suo profilo di intellettuale non può in alcun caso essere appiattito su quello

[24] N. Bobbio, *Né con Marx né contro Marx*, Editori Riuniti, Roma 1997, a cura di C. Violi, pp. 98 ss.

di altri autori o di altre correnti, per quanto – come ben sapevano Engels e Lenin – le «fonti» del suo pensiero fossero principalmente la filosofia classica tedesca, il socialismo francese e l'economia politica inglese. Con Marx si può effettivamente constatare la nascita di un nuovo modo di guardare la realtà, irriducibile a correnti o ad autori del passato.

Il secondo aspetto che deriva dalla straordinaria capacità di Marx, «pensatore di ampio respiro»[25], di fondere e armonizzare discipline diversissime, per di più trasformandone il carattere, consiste nella difficoltà in cui ci si imbatte oggi, nell'epoca dell'iperspecialismo, quando si vuol comprendere a fondo un autore «che non soltanto padroneggiava un numero così elevato di discipline, ma che riusciva anche a integrarle l'una con l'altra»[26] (anche in virtù di una vita cosmopolitica, trascorsa in parte nella Germania semifeudale, in parte in una Parigi densa di sommovimenti socialisti, in parte a Bruxelles, e in parte in quella Londra che, a suo dire, rappresentava «l'artefice dell'universo borghese»). Proprio perché il metodo marxiano, pur senza costituire un sistema chiuso, si configura essenzialmente come un canone largamente unitario, interdisciplinare e pluridisciplinare, esso non si presta a essere agevolmente compreso e studiato dallo specialismo di oggi che caratterizza soprattutto la «divisione universitaria del lavoro», nella quale – come è noto – la filosofia e l'economia, la storia e l'antropologia, il diritto e le scienze politiche, nell'inattesa «dialettica dei distinti» teorizzata da Benedetto Croce, anziché cooperare e armonizzarsi, sono soggetti antagonistici e custodi gelosi della propria sovranità metodologica e contenutistica. Anche in questo caso, la categoria dell'eccezionalità è quella che, meglio di ogni altra, si attaglia al pensiero marxiano.

Quanto si è detto finora conferma che quella di Marx è, come ha messo in luce Etienne Balibar, una «anti-filosofia» (*antiphilosophie*), un attacco diretto e frontale alla filosofia in quanto tale, intesa – forse troppo ingenerosamente – come un

[25] D. McLellan, *Marx*, 1975; tr. it. *Marx*, Il Mulino, Bologna 1998, p. 8.

[26] *Ibidem*.

vano tentativo di interpretare il mondo lasciandolo così com'è o, nel peggiore dei casi, deformandolo ideologicamente. Un attacco però che, pur prendendo di mira la *forma* che della filosofia si è storicamente data, ne accetta, più o meno consapevolmente, i mezzi, e in primo luogo la critica e la formulazione di una ben precisa filosofia della storia. In altri termini, Marx liquida la filosofia classica come ideologia e, al tempo stesso, in quanto autore di questa critica feroce, è egli stesso soggetto di un'altra filosofia, superiore perché non ideologica[27], ma comunque filosofica, perché fondata sul criterio normativo della necessaria liberazione di tutti gli uomini (con la conseguente preminenza assoluta della categoria della libertà). Deriva di qui quell'«oscillare permanente tra l'al di qua e l'al di là della filosofia»[28] che caratterizza l'opera di Marx, costantemente in bilico tra l'accettazione dello strumentario concettuale della filosofia e il rifiuto della sua forma ideologica di mero rispecchiamento – e dunque di conservazione – del mondo così come è. Già Aristotele ci ha però insegnato a suo tempo che anche chi critica la filosofia deve pur sempre ricorrere ad essa. E questo costante muoversi di Marx sul sottile crinale che separa la filosofia dall'anti-filosofia ha comportato una conseguenza di grande rilievo, sottolineata dallo stesso Balibar: «dopo Marx la filosofia non è stata più come prima»[29]. Infatti, per noi che veniamo dopo di lui, è impossibile comprendere il significato storico di un'idea senza situarla nella galassia dei rapporti antagonistici tra le classi e, al tempo stesso, non è possibile venire a capo dei rapporti di dominio sociale senza capire come essi si traducano in egemonia sul piano delle idee (la nota tesi marxiana delle idee dominanti che sono sempre le idee della classe dominante[30]). Sotto questo profilo, si potrebbe dire che Marx è un pensatore non solo eccezionale, ma anche pienamente contemporaneo.

[27] E. Balibar, *La philosophie de Marx*, 1993; tr. it. *La filosofia di Marx*, Manifestolibri, Roma 1994, a cura di A. Catone, pp. 32-33.

[28] Ivi, p. 10.

[29] *Ibidem*.

[30] Cfr. K. Marx – F. Engels, *Die deutsche Ideologie*, 1846; tr. it. *L'ideologia tedesca*, Editori Riuniti, Roma 2000[5], a cura di C. Luporini, pp. 13 ss.

3. *Affrontare Marx oggi. Variazioni sul tema.*

«Marx vuole agire e cambiare il mondo mediante la volontà e perciò non si limita ad attendere il verificarsi di certe condizioni, ma insegna a farle emergere».

(E. Bloch, *Spirito dell'utopia*)

«La moda ha buon fiuto per ciò che è attuale, dovunque esso si muova nel folto di tempi lontani. Essa è il balzo di tigre nel passato. Solo che ha luogo in un'arena in cui comanda la classe dominante. Lo stesso salto, sotto il cielo libero della storia, è il salto dialettico, e come tale Marx ha concepito la rivoluzione».

(W. Benjamin, *Tesi di filosofia della storia*)

Chi vuole avvicinarsi nel presente momento storico al pensiero di Marx incontra molteplici difficoltà: prima tra tutte la rapida fine, nel 1989, del più grande dei sistemi politici che, non senza contraddizioni, a lui si richiamavano. La prima, diffusissima sensazione che si ha, oggi, è che lo stesso pensiero di Marx sia rimasto sepolto sotto le macerie del Muro di Berlino, il cui crollo è, per molti versi, emblema dello sgretolarsi delle esperienze politiche che, anche se assai eterogenee, hanno trovato nell'etichetta «marxismo» la loro unitarietà. Certo, un'unitarietà per molti aspetti problematica (come porre sullo stesso piano realtà così diverse come la Cina, l'Unione Sovietica e Cuba?), ma che in effetti trovava nel richiamo alla tradizione filosofica e, soprattutto, politica inaugurata da Marx il suo comune denominatore. Spazzata via dalla storia quella che, di fatto, era la metà del mondo che si rifaceva (legittimamente o meno) al pensiero di Marx e ai suoi sviluppi successivi, regna l'impressione generale che lo stesso Marx sia uscito di scena, travolto in pieno dal fallimento storico del suo progetto politico-sociale, come se tra il pensiero di Marx e i comunismi che hanno costellato il Novecento vi fosse sempre, e in ogni caso, perfetta identità. In questa prospettiva, sembra predominare lo stato d'animo di quanti legano il nome di Marx a un progetto politico tramontato o, nella peggiore delle ipotesi, finito in tragedia: *tramonto del marxismo* significherebbe anche, allora, in maniera consequenziale, tramonto del *pensiero marxiano*, uscita di scena delle sue categorie interpretative, come se esse fossero ormai una moneta fuori corso, incapace di fare presa sulla realtà dell'oggi. In un simile scenario, l'unica possibilità che si apre sembra essere quella di uno studio filologico di Marx, per ricondurre il suo pensiero proprio là dove non è possibile ricondurlo: nel solco della tradizione filosofica.

Proprio come se, con Marx, si avesse a che fare con un autore del tutto analogo a Kant, a Fichte e a Hegel, e trascurando grossolanamente che è la natura stessa del pensiero di Marx – dotato di una sua naturale espressività politica – a rendere illegittima un'operazione di questo tipo. Il fatto, però, che la discussione filosofica su Marx si capovolga immancabilmente in una disputa sul «bilancio»[31] dell'eredità di Marx mostra, se ve ne fosse bisogno, che non si è affatto al cospetto di un autore del passato, intorno al quale è possibile confrontarsi – *sine ira et studio* – nei termini di una pacata discussione accademica (come invece accade quando si discute di Kant e di Cartesio). Questo incessante tentativo di esorcizzare il suo pensiero, visto come un nemico da combattere più che come un oggetto da studiare con la distanza e l'avalutatività che, a rigore, dovrebbe accompagnare ogni ricerca scientifica priva di presupposti valoriali «forti», attesta che Marx, lo si riconosca o meno, è e resta un autore che ha ancora molto da dire anche sull'oggi, sui problemi odierni e sulle aporie del tempo presente: un «fantasma che continua a parlare»[32], secondo la diagnosi di Derrida. Fingere che Marx non esista (più), o che sia un autore come tutti gli altri, significa, in fondo, mancare di onestà intellettuale, scansare il problema anziché affrontarlo. Anche per questo è urgente, oggi, un rinnovato confronto con Marx.

Qualche perplessità, forse, potrebbe lasciare l'idea di una nuova introduzione a Marx, quale vuole essere la presente: che

[31] Cfr. S. Petrucciani, *Marx al tramonto del secolo: teoria critica tra passato e futuro*, Manifestolibri, Roma 1995, pp. 13 ss.

[32] J. Derrida, *Spettri di Marx*, cit., p. 44.

bisogno c'è, in fondo, di scrivere ancora su un autore di cui si è esplorata in lungo e in largo l'intera produzione, e sul cui pensiero si sono riempiti scaffali interi di biblioteche? A questa domanda, del tutto legittima, si ritiene di poter fornire quattro diverse risposte, che tuttavia presentano una qualche connessione tra loro: le prime due sono di carattere più generale; le successive, più specifiche. In primo luogo, all'obiezione secondo cui Marx è un autore ampiamente noto, soprattutto alle generazioni di chi si autoproclama(va) marxista, possiamo rispondere, con Hegel, che «ciò che è noto, proprio perché è noto, non è conosciuto»[33]: in particolare, il fatto che Marx sia un autore notissimo, che gode di una fama ben maggiore rispetto a ogni altro pensatore della nostra tradizione, fa sì che la conoscenza che generalmente si ha del suo pensiero sia una conoscenza per «sentito dire», che riposa inerzialmente su luoghi comuni e *cliché* di vario tipo e che non è quasi mai fondata sulla lettura diretta dei suoi testi. In secondo luogo, è merito dell'ermeneutica novecentesca (in particolare di quella gadameriana) l'aver mostrato che ogni epoca, se non ogni generazione, interpreta in maniera diversa le produzioni artistiche e culturali delle epoche precedenti: proprio come i Greci interpretati dagli Umanisti sono decisamente diversi da quelli studiati dai Romantici, a loro volta differenti da quelli analizzati dai Positivisti, così il Marx di Lenin non è assimilabile a quello di Althusser né, tanto meno, a quello di chi lo studia all'inizio del nuovo millennio. Ogni epoca dà la precedenza e pone l'accento su aspetti specifici di un autore o di un'età, trascurandone necessariamente altri, che magari ricevono poi maggiore attenzione nell'epoca successiva. Il Marx che studiamo oggi, dunque, è necessariamente diverso dal Marx che studiava, a inizio Novecento, Lenin, ma anche da quello che studiava Althusser. Proprio per questo motivo specificamente «ermeneutico», non è inutile tornare a leggere Marx, proponendone un'interpretazione possibilmente originale. In termini heideggeriani, nella nostra epoca può emergere un «non-detto», ossia uno o più aspetti del pensiero di Marx sfug-

[33] G. W. F. Hegel, *Phänomenologie des Geistes*, 1807; tr. it. *Fenomenologia dello spirito*, Rusconi, Milano 1995, a cura di V. Cicero, p. 85. Traduzione modificata.

giti alle generazioni precedenti (tale è per esempio, ad avviso di chi scrive, la centralità della categoria della libertà). Con ciò, non si vuol certo dire che non esistano numerose e, in alcuni casi, esaurienti introduzioni a Marx, anche recenti: senza addentrarci nell'*ingens silva* delle opere e delle interpretazioni dedicate a Marx, ci limitiamo a segnalare, tra tutte, l'*Introduzione a Marx*[34] di Giuseppe Bedeschi (anche se la mal celata avversione per Marx dell'autore la fa apparire, più che un «come avvicinarsi Marx», un «come tenersi distanti da Marx»); ma anche l'agile volumetto *La philosophie de Marx*, di Etienne Balibar, che in un centinaio di pagine riesce a fornire un affresco straordinariamente efficace (e problematizzante) della riflessione marxiana: e ancora, il già ricordato *Spectres de Marx*, di Derrida, al cui cuore sta il problema dell'eredità di Marx dopo il marxismo, nell'epoca del postmoderno. Per non parlare, poi, degli ormai classici *Karl Marx. Essai de biographie intellectuelle*[35] di Maximilien Rubel e *Karl Marx et Friedrich Engels. Leur vie et leur œuvre*[36] di Auguste Cornu. Se ne potrebbero aggiungere ovviamente infinite altre, molte delle quali fiorite in questi anni in cui si sta determinando, come qualcuno ha sostenuto, una sorta di inattesa «Marx renaissance».

Un terzo motivo per cui è bene tornare all'opera di Marx, per leggerla e interpretarla, scaturisce dallo specifico momento storico in cui ci troviamo proiettati: con la caduta del Muro di Berlino è anche caduta la grande visione ideologica marxista, che scorgeva in Marx la fonte infallibile della verità; una fonte che non doveva essere discussa ma piuttosto assunta

[34] G. Bedeschi, *Introduzione a Marx*, Laterza, Roma–Bari 2003[9]. Il pregio dell'introduzione di Bedeschi sta, indubbiamente, nella sua completezza (non c'è opera marxiana che non venga sunteggiata e presa in esame); il limite, invece, risiede nella profonda avversione che Bedeschi mostra di nutrire per Marx: avversione che – si tenga a mente il tema della «congiura» sviluppato da Derrida – gli impedisce di affrontare in maniera serena il pensiero marxiano, costringendolo incessantemente a perdersi in mal celati tentativi di mostrare al lettore gli errori commessi da Marx e la pericolosità delle sue posizioni.

[35] M. Rubel, *Karl Marx. Essai de biographie intellectuelle*, 1957; tr. it. *Karl Marx. Saggio di biografia intellettuale. Prolegomeni per una sociologia etica*, Colibrì, Milano 2001.

[36] A. Cornu, *Karl Marx et Friedrich Engels. Leur vie et leur œuvre*, 1955; tr. it. *Marx ed Engels. Dal liberalismo al comunismo*, Feltrinelli, Milano 1971[3].

come nuova Bibbia, con uno slancio più fideistico-religioso che non critico-filosofico. È senz'altro questo il caso (non certo isolato) di Lenin, che poteva sostenere a chiare lettere che «la dottrina di Marx è onnipotente perché è giusta»[37], intendendola – di fatto – come *auctoritas* suprema, facendo così sorgere, intorno alla persona del filosofo, un vero e proprio culto agiografico. A questa «Marx-latria» dogmatica faceva, del resto, da contraltare la non meno dogmatica «Marx-fobia» di chi non scorgeva in Marx se non il demonio da scongiurare, l'incorreggibile fonte di errori e sviste fatalmente diffusesi dalle pagine dei libri e colpevoli di aver scatenato l'inferno sulla terra. Anche oggi sopravvivono in parte questi dogmatismi di segno opposto (soprattutto la «Marx-fobia», come si è detto in precedenza), ma stanno indubbiamente più sullo sfondo, certo non così vicini da impedire comunque un serio confronto filosofico – non viziato da dogmatismi e da pregiudizi ideologici – con l'opera di Marx. Tutto ciò non per sostenere la necessità di fare di Marx un autore da studiare solo filologicamente: ciò è impossibile, e lo è perché il pensiero stesso di Marx presenta una sua inaggirabile espressività politica (se essa coincida però con quella marxista e comunista, è un altro discorso). Se si pretende di sopprimerla o di aggirarla, come se non esistesse, ci si ritrova con ciò stesso non solo a studiare un Marx dimidiato (il teorico e scienziato dei modi di produzione, non quello rivoluzionario e politicamente attivo nei circoli operai), ma anche nell'impossibilità di capire il senso profondo della «scienza filosofica» (*philosophische Wissenschaft*) da lui elaborata sotto forma di critica radicale e organica della società borghese a lui contemporanea. Si può dunque, oggi, tentare un inedito avvicinamento problematizzante e critico a Marx; un avvicinamento che non esiti a portare in superficie i limiti e le aporie interne alla sua riflessione, ma non si deve – né, d'altra parte, si può – optare per un'approssimazione a Marx che

[37] W. I. Lenin, *Drei Quellen und drei Bestandteile des Marxismus*, 1913; tr. it. *Tre fonti e tre parti integranti del marxismo*, 1913, in Id., *Opere scelte*, Edizioni in lingue estere, Mosca 1949, I, p. 53. Utilizziamo qui, come edizione di riferimento di questo breve scritto comparso in russo sulla rivista «Prosweschtschenije» (n. 3, marzo 1913), quella tedesca, presente in *Lenin Werke*, Dietz Verlag, Berlin 1977 ss., Band XIX, pp. 3-9.

escluda il *côté* politico che gli è connaturato (e questo pone, come vedremo, il non facile problema inerente alla natura della riflessione marxiana, in particolare al dilemma antinomico riguardante il suo carattere di scienza o di speranza).

Infine, la quarta ragione per cui non solo è necessario tornare a misurarsi *criticamente* con Marx, ma è bene che si realizzi una vera e propria proliferazione ermeneutica, ossia un positivo «politeismo» delle interpretazioni del pensiero di Marx, sta nel fatto che è la natura stessa della riflessione marxiana – aperta e irriducibile a sistema compiuto – a renderlo possibile, per non dire necessario. Quella che qui presentiamo – lo chiariamo fin da ora – non pretende di essere un'introduzione complessiva al Marx storico, politologo, sociologo, antropologo, e così via: in questo senso, nella nostra approssimazione, il «Marx storico», il «Marx politico», il «Marx scienziato sociale», il «Marx economista», ecc., verranno «sacrificati» in favore del «Marx filosofo». In altri termini, cercheremo di delineare una *approssimazione filosofica* a Marx, soffermando la nostra attenzione soprattutto sulla sua anti-filosofia, senza seguirlo in tutte le anse del suo percorso e delle sue opere (il che equivarrebbe, in un certo senso, a fissare l'attenzione sui singoli alberi perdendo di vista la foresta) ma tentando, piuttosto, di tracciare un avvicinamento scandito nei tre momenti della critica, della filosofia della storia e della denuncia del sistema di fabbrica come luogo privilegiato per cogliere le contraddizioni della modernità. Con un simile percorso, che – *ça va sans dire* – non può né vuole prendere in esame ogni singolo aspetto della sua riflessione, ci concentreremo soltanto su quei nuclei teorici che, a nostro avviso, sono di particolare rilievo per chi vuol venire a capo della dimensione filosofica della riflessione marxiana. D'altra parte, il fatto stesso che Marx non abbia «fondato» un *sistema* impedisce di affrontarlo in maniera sistematica, come se il suo pensiero costituisse una totalità coerentemente strutturata: aspetto, questo, che richiede qualche altra considerazione particolare.

4. *Il «cantiere aperto» di Marx e l'«edificio ultimato» di Engels e del marxismo.*

«Tutto quel che so è di non essere un marxista».
(K. Marx)

L'evidente derivazione terminologica potrebbe indurre a tutta prima a pensare che Marx sia stato il fondatore del marxismo, non diversamente da come Platone e Aristotele lo furono, rispettivamente, del platonismo e dell'aristotelismo. In realtà, si tratta di un errore fuorviante, che compromette (e ha storicamente compromesso) la comprensione della vera natura del pensiero *marxiano* (uscito cioè dalla penna di Marx), sbrigativamente identificato con quello *marxista* (elaborato e applicato dalla tradizione che, più o meno legittimamente, si è ispirata a Marx già a partire dall'Ottocento). Oltre a non essere il fondatore del termine «marxismo» – che fu coniato in senso dispregiativo dai suoi oppositori e che compare per la prima volta, a quel che si sa, nei rapporti segreti della polizia[38] –, Marx non è neppure stato – contrariamente a quanto spesso si sente dire – il fondatore di quel sistema di pensiero e di quella tradizione politica che portano il suo nome. Su questa, che può sembrare, di primo acchito, un'affermazione straniante, è bene spendere qualche considerazione.

Come tutti gli «ismi» che sono affiorati nella storia, anche il marxismo si è costituito solo nel momento in cui si è operata una coerentizzazione e una sistematizzazione dell'«ismo» stesso, quando cioè si è creata un'articolata visione del mondo, ampia e potenzialmente onnicomprensiva, e la si è etichettata con un nome preciso. Il problema sorge, in tutta la sua profondità, quando si considera che Marx non ha mai voluto, nemmeno per un istante, fondare un sistema chiuso e coerentizzato: esulava completamente dai suoi interessi e dalle sue intenzioni la produzione di un sapere sistematico in grado di comprendere la realtà nella sua interezza, cristallizzandola in cate-

[38] Cfr. M. Rubel, *Marx critique du marxisme*, 1974; tr. it. *Marx critico del marxismo*, Cappelli, Bologna 1981, a cura di B. Bongiovanni, pp. 57 ss.

gorie filosofiche e scientifiche definitive. In questo senso, sarebbe vana la ricerca di chi aspirasse a trovare un sistema compiuto in Marx: non solo non lo rintraccerebbe, ma si troverebbe probabilmente costretto a riconoscere che il pensiero marxiano non costituisce neppure un'unità coerente e scevra di contraddizioni. Infatti, ai sistemi tradizionali che sottopone a critica Marx non contrappone una dottrina sistematica e in sé compiuta, ma piuttosto una serie di riflessioni alquanto eterogenee che si autocorreggono di continuo e che sono soggette a trasformazioni incessanti, aprendo più problemi di quanti ne risolvano. Se proprio si vuole a tutti i costi parlare di un'unità armonica e coerente del pensiero marxiano, lo si può fare a patto di intenderla come una sempre reiterata ricerca e come un'ininterrotta modificazione delle proprie formulazioni e dei risultati della propria indagine; il che esprime bene lo spirito perennemente critico che, come vedremo, costituisce l'essenza della riflessione del nostro autore. Ne è prova il fatto che Marx sia stato perennemente perseguitato dalla dannazione dell'incompiutezza: nonostante la straordinaria produttività, egli ha dato alle stampe un numero veramente esiguo di lavori (soltanto *Il diciotto Brumaio di Luigi Bonaparte* e il primo libro del *Capitale*, se si escludono i numerosissimi articoli, come *Sulla questione ebraica* e l'*Introduzione* a *Per la critica della filosofia del diritto di Hegel*), preferendo abbandonare alla «critica roditrice dei topi» la maggior parte dei suoi manoscritti: alcuni dei quali saranno pubblicati – previa sistematizzazione ed eliminazione delle numerose ambiguità in essi racchiuse – ad opera di Engels (altri saranno dati alle stampe solo nel Novecento, e tra essi i *Manoscritti economico-filosofici del 1844*, l'*Ideologia tedesca* e i *Grundrisse*[39]). Di conseguenza, nel leggerli, non ci si trova dinanzi a un sistema ultimato, ma si entra nel laboratorio di Marx e lo si segue *mentre sta pensando*. La costante incompiutezza, che non può certo essere spiegata solo in riferimento all'indole spietatamente autocritica del

[39] Per un'analisi del problema delle edizioni delle opere marxiane, rimandiamo alla nota bibliografica, in cui abbiamo tentato di tracciare una ricostruzione del problema e delle sue diverse articolazioni. Cfr. anche A. Mazzone, *MEGA2: Marx ritrovato, grazie alla nuova edizione critica*, Mediaprint, Roma 2002.

personaggio (si tramanda che non pubblicasse nemmeno una riga senza averla letta almeno dieci volte e senza averne saggiato in ogni modo possibile l'inconfutabilità), rimanda, per un verso, all'impossibilità di rinchiudere l'oggetto dei suoi studi – la critica organica della società borghese – in un unico progetto teorico, e, per un altro, al rifiuto di fondare un sapere da trasmettersi catechisticamente e in maniera dogmatica, come verità definitiva e non soggetta a possibili correzioni. Secondo la ricostruzione di Balibar, è la rottura con la filosofia e la formulazione di una anti-filosofia a condurre Marx «verso una *pluralità*, quanto meno virtuale, di dottrine, nelle quali i suoi lettori e i suoi successori si sono trovati impigliati»[40]. È solo nella «totalità aperta dei suoi scritti»[41] che è dunque possibile rinvenire il pensiero di Marx. Del resto, se egli fosse stato pienamente convinto delle sue scoperte scientifiche e filosofiche e se le avesse ritenute in qualche modo coerentizzabili, non si spiega né perché non si sia dedicato alla stesura di un'opera di sistematizzazione, e neanche perché, anziché scrivere un libro sulla dialettica – come pure aveva annunciato di voler fare – o portare a compimento il *Capitale*, abbia perso un intero anno polemizzando con il «signor Vogt» su questioni del tutto secondarie. Non è dunque una forzatura sostenere che Marx non ha voluto coerentizzare nessun «ismo», producendo un qualche sistema chiuso che fosse in grado di ingabbiare la realtà – magari prescindendo dalla storia – in categorie fisse e immutabili: per questo motivo, come ha scritto Ágnes Heller, «fare di Marx il pensatore di un sistema coerente significa togliergli ciò che rappresenta la sorgente prima della sua grandezza»[42], ossia il suo aver problematizzato senza tregua le proprie scoperte. A questa incessante riscrittura delle proprie opere e del proprio pensiero ha, d'altra parte, contribuito in maniera determinante il fatto che le teorie che egli andava elaborando, e che erano indissolubilmente intrecciate con la sto-

40 E. Balibar, *La filosofia di Marx*, cit., p. 10.

41 Ivi, p. 11.

42 Á. Heller, *Bedeutung und Funktion des Begriffs Bedürfnis im Denken von Karl Marx*, 1974; tr. it. *La teoria dei bisogni in Marx*, Feltrinelli, Milano 1974, a cura di A. Morazzoni, p. 96.

ria del suo tempo, trovavano smentite radicali negli eventi, i quali lo costringevano a salvare i nuclei della sua riflessione rifondandola *ex novo* e riorientandola, in una correzione senza tregua delle proprie posizioni teoriche. È questo il caso – come ha sottolineato Balibar[43] – della sconfitta delle rivoluzioni del 1848 o, successivamente, della tragedia, nel 1871, della Comune di Parigi.

Come si è già avuto modo di sostenere, la cifra del pensiero di Marx, dalla culla alla tomba, è stata la «critica» (*Kritik*), la quale, per essere tale, vale a dire per non capovolgersi fatalmente nel suo opposto, non deve mai sedimentarsi in alcun sistema chiuso, non ulteriormente sottoponibile a critica. Così inteso, il pensiero di Marx viene a configurarsi come un campo aperto di domande e di contraddizioni, di aporie e di risposte mai definitive. L'immagine che, forse, descrive meglio un pensiero di questo tipo, che non fa mai pace con il mondo, è quella del «cantiere aperto», al cui interno i lavori sono costantemente *in progress*. In questo senso, come è stato scritto, «Marx è il filosofo dell'eterno ricominciamento, che lascia dietro di sé *numerosi* cantieri»[44], percorrendo una strada intellettuale che, tutt'altro che unilineare, si sviluppa in anse, in cambi di direzione, in rotture e in molteplici biforcazioni. Un cantiere, appunto, e non una casa ultimata e consegnata «chiavi in mano» agli acquirenti.

Le conseguenze che derivano da queste considerazioni sono decisive: la prima ha direttamente a che fare con la domanda che ci ponevamo nel paragrafo precedente, ovvero con la legittimità di un nuovo tentativo di interpretare Marx. Ebbene, proprio perché si tratta di un autore non sistematico, per non dire «antisistematico», che non ha mai voluto consegnare, come ha fatto Eraclito, la sua Verità al tempio, è possibile sostenere che quello del «vero Marx» a cui tornare politicamente o a cui avvicinarsi teoreticamente è un mito privo di fondamento. Non è possibile, infatti, fare ritorno in maniera sistematica a quella che fu un'ambiguità strutturale, un'ambi-

[43] E. Balibar, *La filosofia di Marx*, cit., pp. 14-16.

[44] Ivi, p. 13.

valenza non risolta. Non esiste un «vero Marx» – unitario e coerente nell'elaborazione del suo pensiero – che possa essere definitivamente padroneggiato, se per «vero» Marx intendiamo un pensatore sistematico che ha elaborato una teoria in sé compiuta e coerente: si tratta, piuttosto, di imboccare la strada di una approssimazione ininterrotta e asintotica al suo pensiero, nella consapevolezza che esso non potrà mai essere coerentizzato[45] (a meno che non lo si sviluppi in altre direzioni, tradendone però, in questo modo, lo spirito originale). Si tratta cioè di intraprendere quello che potremmo definire un «pluslavoro ermeneutico», nella convinzione che sia il pensiero stesso di Marx, nella sua eterogeneità non coerente, a favorire questo positivo proliferare delle interpretazioni. Non c'è, dunque, un solo Marx, e non ve ne sono neppure solo due (il «Marx giovane», umanista e filosofo, e il «Marx maturo», scienziato del capitale) – come credeva la scuola di Althusser: piuttosto, si può dire, variando il titolo della celebre opera pirandelliana, che di Marx ce n'è (e ce ne possono legittimamente essere) *uno, nessuno e centomila*.

La seconda conseguenza decisiva – probabilmente ancora più importante della prima – che scaturisce dall'intendere Marx come «filosofo del cantiere» riguarda un *punctum dolens* dell'interpretazione tradizionale, al quale abbiamo già fatto cursoriamente cenno: qual è il rapporto che lega Marx al marxismo? Se è vero, come crede chi scrive, che Marx non è affatto il fondatore della dottrina storicamente rubricata sotto la voce «marxismo», occorre allora domandarsi chi ne sia stato il vero fondatore. Alla questione riteniamo di poter rispondere facendo due nomi: Friedrich Engels (1820-1895) e Karl Kautsky (1854-1938). In particolare, come ha sottolineato soprattutto Maximilien Rubel[46], il marxismo venne fondato, ossia istituzionalizzato in una «visione del mondo» (*Weltanschauung*) onnicomprensiva e dogmatica, nel ventennio compreso tra il 1875 – data a cui risale la fondazione del partito socialdemocratico tedesco, unificato nel famoso congresso di

45 Cfr. C. Preve, *Una approssimazione al pensiero di Karl Marx. Tra materialismo e idealismo*, Il Prato, Padova 2007, presentazione di D. Fusaro.

46 Cfr. M. Rubel, *Marx critico del marxismo*, cit.

Gotha – e il 1895, l'anno della morte di Engels e della conseguente apertura del primo, grande dibattito fra «marxisti» sulla identità politica e teorica del marxismo stesso. Come a fondare il cristianesimo non fu, nonostante la derivazione terminologica, Gesù Cristo, ma Paolo di Tarso, allo stesso modo il fondatore del marxismo deve essere ravvisato in Friedrich Engels, e non in Karl Marx. In questo senso, benché definisse se stesso, molto modestamente, «secondo violino», a sottolineare la propria subordinazione teorica rispetto a Marx, Engels fu il vero autore (in ciò aiutato da Kautsky) del libretto d'opera del marxismo, ossia di quella «formazione ideologica»[47] – secondo l'efficace espressione di Charles Bettelheim – che si è richiamata (più o meno legittimamente e attraversando fasi diversissime tra loro) al pensiero di Karl Marx, trasformato in sistema dottrinario e in sé compiuto. Fu così che la «critica» marxiana si capovolse in «visione del mondo» marxista, capace di rendere conto di ogni aspetto della realtà, perfino della natura (la quale, notoriamente, esulava quasi del tutto dagli interessi di Marx). Questo fraintendimento è, in Engels, già distintamente percepibile, quando ad esempio egli – a proposito delle *Tesi su Feuerbach* – sostiene espressamente che in esse «è deposto il germe della *nuova concezione del mondo* (*neue Weltanschauung*)»[48]. Ma se in Engels l'equivoco resta per molti aspetti sfumato e comunque non sviluppato in maniera compiuta, esso diventa evidente in Kautsky, presso il quale ritorna in forma quasi ossessiva l'idea – assente in Marx – secondo cui il «fattore economico» è l'aspetto da cui scaturiscono, automaticamente e quasi per emanazione diretta, tutti gli altri. Ma non si tratta solo (benché lo sia *anche* stato) di un fraintendimento teoretico del «rozzo» Kautsky e, in parte,

[47] Cfr. C. Bettelheim, *Calcul économique et formes de propriété*, 1971; tr. it. *Calcolo economico e forme di proprietà*, Mimesis, Milano 2005, a cura di G. La Grassa. Il concetto di «formazione ideologica», meno generale e astratto rispetto a quello di «ideologia», è particolarmente utile per lo studio del marxismo e dei suoi effetti storici: infatti, se il termine «ideologia» rinvia direttamente all'ambito della teoria e alla sfera delle idee, quello di «formazione» rimanda agli effetti che dell'ideologia si sono storicamente dati.

[48] F. Engels, *Ludwig Feuerbach und der Ausgang der klassischen deutschen Philosophie*, 1886, in *MEW*, Dietz Verlag, Berlin/DDR 1976, XXI, p. 278. Traduzione nostra.

dello stesso Engels: il problema sta *anche*, almeno in parte, altrove, e più precisamente nel fatto che il cantiere aperto marxiano, presentandosi come un'elaborazione contraddittoria e comunque non definitiva, non poteva in alcun caso essere assunto direttamente come pensiero al servizio di una forza sociale, politica e sindacale. Per utilizzare un'espressione cara a Cartesio[49], ciò di cui l'uomo ha bisogno, nella vita quotidiana (e a maggior ragione se si tratta della vita di un partito o di un'organizzazione politica), è una casa dalle solide fondamenta, vivibile e il più possibile sicura: non, certamente, di un cantiere in cui i lavori di costruzione sono ancora in corso. E questa casa dalle solide fondamenta fu edificata sistematizzando c coerentizzando il pensiero marxiano e, al tempo stesso, sacrificandolo sull'altare di una sua radicale riduzione economicistica e storicistica (quale si ebbe con il messianesimo economicistico della II Internazionale), culminante in una filosofia della storia unilineare e deterministica, con garanzia di continuo progresso, di «crollo» del capitalismo e di salvezza finale. Già Engels, del resto, nel tentativo di rispondere alla committenza sociale di massa della classe operaia, aveva intrapreso un grandioso tentativo di armonizzare la dialettica marxiana con l'atteggiamento allora dominante del positivismo e dello scientismo; e le «colpe catechistiche e positivistiche engelsiane»[50] risultano lampanti se si considera che Engels definì il *Capitale* «la Bibbia della classe operaia» e qualificò Marx come il Darwin della società e della storia, fondendo in questo modo tra loro l'economicismo e il dogmatismo, due componenti del tutto estranee al pensiero marxiano. La struttura gerarchicamente organizzata del partito, con la sua conformazione piramidale, del resto, mal si coniugava con una teoria come quella di Marx, che oltre a essere incompiuta e difficilmente spendibile come verità definitiva, aveva insistito con particolare enfasi sulla libertà dell'individuo, sull'autoemancipazione dei lavoratori e sulla necessità di superare la forma dello Stato. Come ogni movimento religioso, anche il marxismo (la cui «religiosi-

[49] Cfr. R. Descartes, *Discours de la méthode*, 1637; tr. it. *Discorso sul metodo*, Mondadori, Milano 1993, pp. 25 ss.

[50] G. M. Bravo, *Karl Marx*, Franco Angeli, Milano 1998², p. 75.

tà» e il cui dogmatismo culminarono con l'esperienza staliniana), per poter fare presa sulle masse, ha dovuto assumere la forma di una «grande narrazione»[51] (*grand récit*) – per dirla con Jean-François Lyotard –, fideisticamente accettata e graniticamente compatta, non sottoponibile a dubbi e a critiche (atteggiamento incompatibile con quello che permea l'opera marxiana e che trova la sua più chiara formulazione nel «sarà per me benvenuto ogni giudizio di critica scientifica» del *Capitale*). A questo proposito, può essere utile riprendere un raffronto di cui ci siamo avvalsi già prima: Engels sta al marxismo come Paolo di Tarso sta al cristianesimo, essendo impossibile – per ragioni certo molto diverse – individuare in Marx e in Cristo – paragone certo problematico, ma che pure è stato più volte impiegato nella storia delle interpretazioni – i fondatori dei movimenti che si sono richiamati a loro. L'analogia tra figure storiche così lontane forse non si esaurisce qui, ma va anche a investire i due diversi movimenti in questione. Essi, infatti, – pur nascendo in un contesto e con obiettivi sideralmente distanti tra loro – presentavano all'inizio tratti che rompevano con la morale dominante e con l'ordine costituito, per diventare poi gradualmente, da «setta» originaria, movimento di portata internazionale e, ancora più tardi, forza direttiva dell'«impero» che aveva cercato di debellarli. Potrebbe sembrare, questo, un paragone fuori luogo, se non fossero gli stessi Engels e Kautsky a utilizzarlo ampiamente. Nel saggio *Per la storia del cristianesimo delle origini*, apparso sulla rivista «Die Neue Zeit» («Il Tempo Nuovo») tra il 1894 e il 1895, è Engels stesso a rilevare che «la storia del cristianesimo delle origini presenta straordinari punti di contatto con quella del moderno movimento operaio»[52], soprattutto se si considera – prosegue – che entrambi i movimenti, da clandestini e perseguitati che erano in origine (si pensi, ad esempio, alle leggi anti-socialiste di Bismarck), si sono guadagnati un posto di pieno diritto, arrivando infine (ma questo accadrà

[51] J.-F. Lyotard, *La condition postmoderne*, 1979; tr. it. *La condizione postmoderna*, Feltrinelli, Milano 1981, a cura di C. Formenti.

[52] F. Engels, *Zur Geschichte des Urchristentums*, 1894, in *MEW*, cit., XXII, p. 449. Traduzione nostra.

ben dopo Engels e in un contesto assai diverso rispetto a quello da lui immaginato) a ottenere il potere. D'altro canto – e per rimanere in tema – non è certo un caso che, all'interno del movimento, Kautsky fosse etichettato come il «papa rosso» e che ben presto nascesse una disputa di natura quasi religiosa – che vide coinvolto, oltre allo stesso Kautsky, anche Eduard Bernstein – su quale fosse il marxismo «ortodosso», rispetto al quale tutti gli altri dovevano essere messi al bando come pericolose «eresie» (secondo un *modus operandi* destinato a culminare, in età staliniana, con l'uso della categoria religiosa di «nemico del popolo»). Su questi problemi, che hanno fatto versare fiumi di inchiostro, non ci dilungheremo, onde evitare di spostare l'asse del nostro discorso sul *marxismo*, anziché sul pensiero di Marx. Un punto su cui è, tuttavia, bene soffermare l'attenzione è che *marxiano* non è affatto sinonimo di *marxista*: critica, incompiutezza, apertura, asistematicità, proteiformità sono le componenti fondamentali del pensiero di Marx; dogmatismo, sistematicità, onnicomprensività esplicativa sono, invece, i cardini del marxismo. C'è un passaggio di un'opera di Lenin – già parzialmente citata in precedenza – che è davvero emblematico per fare luce sulla dogmatizzazione del pensiero marxiano. Dice infatti Lenin:

> «La dottrina di Marx è *onnipotente* (*allmächtig*) perché è giusta. Essa è completa e armonica, e dà agli uomini una *concezione integrale del mondo* (*einheitliche Weltanschauung*), che non può conciliarsi con nessuna superstizione, con nessuna reazione, con nessuna difesa dell'oppressione borghese. Il *marxismo* è il successore legittimo di tutto ciò che l'umanità ha creato di meglio durante il secolo XIX: la filosofia tedesca, l'economia politica inglese e il socialismo francese»[53].

Abbiamo trascritto in corsivo le tre espressioni decisive, che compendiano lo spirito del marxismo: in primo luogo, la pretesa di essere una teoria onnipotente e onnipervasiva, in grado di fare luce su tutto; in secondo luogo, il suo carattere dogmatico di «visione del mondo» (e non di «critica»); infine, la naturale continuità sussistente – per Lenin come per Engels

[53] V. I. Lenin, *Tre fonti e tre parti integranti del marxismo*, cit., p. 53.

e per Kautsky – tra pensiero marxiano e pensiero marxista. Operando questa distinzione, per noi fondamentale, tra pensiero di Marx e marxismo, crediamo di aver risposto a una domanda diversa ma complementare a quella (*come leggere Marx*) che fa da stella polare alla nostra navigazione: cercando di capire subito *come non leggere Marx*, siamo giunti alla prima conclusione che *Marx non va letto come presunto fondatore del marxismo*. Sotto questo profilo, è Marx stesso a fornirci due indicazioni preziosissime, risalenti l'una al 1875, e l'altra – riferita da Engels in una lettera del 5 agosto del 1890 – agli anni immediatamente precedenti alla morte (sopraggiunta nel 1883): di fronte alla stesura del Programma di Gotha, con cui venivano fissate le coordinate fondamentali del movimento marxista, Marx scriveva la sua famosa *Critica del programma di Gotha*, la quale, oltre a criticare serratamente tutti i punti salienti di tale programma, rivelandone le incongruenze, si chiude con un'espressione davvero sintomatica: «dixi et salvavi animam meam»[54], che equivale a dire – esplicitando il discorso – «con quel che ho detto (cioè esprimendo il mio dissenso sul vostro programma), io mi sono salvato l'anima: poi voi fate quel che vi pare». Pochi anni dopo, di fronte alle vicende del movimento che a lui si richiamava (benché egli si occupasse ormai più di studi antropologici ed etnologici che di attivismo politico), ebbe modo di pronunciare un'altra frase rivelatrice della sua distanza da ogni orizzonte teorico e pratico improntato a una visione dogmatica: «tutto quel che so è di non essere un marxista»[55] («Alles, was ich weiß, ist, dass ich kein Marxist bin»). Forse non ha torto Derrida quando sostiene che «è come se Marx e il marxismo fossero fuggiti via, si siano sfuggiti, come se si fossero fatti paura a vicenda»[56]. Certo, la tesi di chi sostiene che «la teoria originale di Marx non ha praticamente nulla a che fare con ciò che poi viene

[54] K. Marx, *Kritik des Gothaer Programms*, 1875, in *Karl Marx–Friedrich Engels Werke* (*MEW*), Dietz Verlag, Berlin 1962 ss., XIX, p. 32.

[55] Cfr. F. Engels, lettera a C. Schmidt del 5 agosto 1890, in *MEW*, cit., XXXVII, p. 450. Traduzione nostra.

[56] J. Derrida, *Spettri di Marx*, cit., p. 135.

denominato "marxismo"»[57] è estrema e oltremodo problematica (già solo per il fatto che impedisce di capire perché, e in che misura, chi è venuto dopo Marx si richiamasse, spesso in perfetta buona fede, a lui, pretendendo – è il caso di Kautsky – di essere un «ortodosso» portavoce del suo pensiero). Ma non meno problematica è la tesi di chi, tra Marx e il marxismo, traccia, se non una sovrapposizione identitaria, per lo meno una continuità diretta.

Questo problema ne reca con sé, a cascata, un altro, non facilmente risolvibile: qual è il rapporto che lega Marx a Engels? Si tratta di un dilemma interpretativo non facilmente risolvibile, soprattutto alla luce del fatto che Engels non fu soltanto, per Marx, il compagno di una vita, l'amico più caro, sempre disposto all'aiuto (anche economico) nei momenti più difficili. Fu anche coautore, con Marx, di numerosissimi saggi, articoli e opere, tra i quali – non è superfluo ricordarlo – il celebre *Manifesto del partito comunista*. Dunque, se da un lato Engels fu il coerentizzatore del pensiero marxiano, dall'altro egli contribuì anche, e in misura non irrilevante, alla sua formulazione originaria sotto forma di cantiere aperto. Non ci pare dunque del tutto corretta la posizione di chi (come Rubel[58]) si limita a liquidare il «secondo violino» come mero fondatore del marxismo, reo di aver irrigidito in dogmi intoccabili il pensiero iperdinamico di Marx. Una tesi come questa non sta davvero in piedi: a smentirla sono i fatti stessi, che vedono Marx impegnato non solo a scrivere insieme a Engels, ma ad approvare sempre ogni riga uscita dalla penna di quest'ultimo. Di fronte a una simile obiezione, si può giocare – ed è esattamente questa la soluzione prospettata da Rubel[59] – la carta della stretta amicizia che legava i due e che forse avrebbe potuto indurre Marx a un rovesciamento del noto detto aristotelico in «amica veritas, sed magis amicus… Engels» (posi-

[57] C. Preve, *Storia critica del marxismo. Dalla nascita di Karl Marx alla dissoluzione del comunismo storico novecentesco*, La città del sole, Napoli 2007, introduzione di A. Tosel, p. 166.

[58] M. Rubel, *Marx critico del marxismo*, cit., pp. 59-63.

[59] «Engels ha espresso alcune idee che Marx non poteva certo accettare senza critiche; il silenzio di Marx tuttavia si spiega col desiderio di rispettare scrupolosamente la solidarietà che lo legava al suo amico»: ivi, p. 62.

zione che, del resto, non è in grado di spiegare la reciproca – e tutt'altro che unilaterale – influenza dei due autori: come è noto, fu grazie a Engels che Marx si avvicinò allo studio dell'economia politica). Oppure, più correttamente, si deve distinguere, nell'elaborazione di Engels, ciò che era pienamente o almeno in parte condiviso da Marx da ciò che invece non avrebbe mai potuto esserlo (e su cui Marx non potè esprimere il proprio dissenso per il semplice fatto che era già deceduto): come ad esempio la famigerata «dialettica della natura». Il rifiuto delle tesi *à la* Rubel non deve comunque indurre a commettere l'errore opposto, ossia fare di Marx e di Engels due «gemelli monozigoti». In opposizione al duplice errore consistente nell'intendere Engels «o come il fedele braccio destro di Marx, oppure come il fuorviante falsificatore dell'autentica dottrina marxista»[60] si tratterà di tentare di discernere criticamente i moltissimi luoghi in cui Engels non fa altro che esplicitare teorie presenti – magari solo embrionalmente – in Marx, dai pochi passaggi in cui il «secondo violino» sviluppa dottrine proprie o avvia quel processo di dogmatizzazione del pensiero di Marx destinato a culminare nel comunismo storico novecentesco. Sarà bene precisare quindi che, nella nostra approssimazione a Marx, ci avvarremo delle testimonianze del primo tipo, scartando rigorosamente le altre. Né bisogna dimenticare, del resto, che sotto alcuni profili il pensiero di Engels è più acuto e profondo di quello di Marx: il caso più significativo è, a questo proposito, quello dell'arte militare, in cui Engels era infinitamente più preparato rispetto all'amico.

Le considerazioni svolte finora servivano, tra l'altro, a ribadire che nel nostro discorso cercheremo di tenere sempre ben distinto ciò che è *marxiano* da ciò che è *marxista*, tentando di concentrare l'attenzione sul pensiero originario di Marx, prima di ogni sua fusione con il marxismo o, meglio, con i

60 G. Stedman Jones, *Ritratto di Engels*, in AA. VV. *Storia del marxismo*, I, *Il marxismo ai tempi di Marx*, Einaudi, Torino 1978, p. 317. Per una attenta trattazione di questi problemi rimandiamo a: G. Mayer, *Friedrich Engels, eine Biographie*, 1932; tr. it. *Friedrich Engels: la vita e l'opera*, Einaudi, Torino 1969; H. Ullrich, *Der junge Engels*, VEB, Berlin 1961; H. Pelger (a cura di), *Friedrich Engels 1820-1970: Referate, Diskussionen, Dokumente*, Verlag für Literatur und Zeitgeschehen, Hannover 1971; W. O. Henderson, *The Life of Friedrich Engels*, 2 voll., Cass, London 1976.

numerosi marxismi di cui è stato capace il Novecento. In questo modo – si badi bene – non si vuol puntare il dito contro il marxismo e i suoi esponenti (sia «teorici» – Lukács, Bloch, Korsch, Benjamin, ecc. –, sia più spiccatamente «pratici» – Lenin, Mao, Stalin, ecc.), costringendoli a sedere al banco degli imputati, per riabilitare Marx come pensatore «perfetto» e «senza macchie» a cui tornare. Del resto, si è già mostrato lo scacco a cui è immancabilmente votato ogni tentativo di ritorno a un «vero» Marx, coerente ed esente da contraddizioni. Per di più, sarebbe del tutto scorretto e inappropriato, in termini marxiani, voler liquidare il marxismo come una deviazione storica, paradigma di come la prassi possa incarnarsi in forme che contraddicono la teoria di partenza. Questa posizione, che cela una tacita concessione al formalismo di marca kantiana e alla sua costante distinzione tra «ciò che è» e «ciò che dovrebbe essere», tra piano reale/fenomenico e piano ideale/noumenico (minimizzando e trascurando il «fattore storia»), deve cedere il passo a quella – decisamente più consona allo spirito dell'opera marxiana – che studia in maniera storico-genetica *perché*, ossia per quali ragioni storiche, sociali e politiche, il pensiero di Marx si sia storicamente realizzato in quella forma specifica. Non abbiamo pertanto a che fare – non cesseremo di ripeterlo – con una teoria «vera e giusta» che è stata successivamente mistificata da un amico onesto ma forse meno competente (Engels) e, ancora dopo, da traditori, da seguaci incapaci e in mala fede (Lenin, Stalin, Mao, e così via). Si tratta, al contrario, di una risposta storica, politica e teorica, di un tentativo concreto di realizzare una teoria di per sé incompiuta e che su molti fronti forniva risposte difficilmente attuabili in quel particolare momento storico (il superamento dello Stato, il primato assoluto della libertà, e così via). Non ha dunque senso – e anzi costituisce un grave errore –, secondo il monito di Derrida, «giocare Marx contro il marxismo»[61]. Se non che, abbandonata la distinzione puerile tra un «Marx innocente» e un «marxismo colpevole», non bisogna neppure cadere, naturalmente, in quella opposta, di chi adduce il fallimento storico e politico del marxismo come prova del fallimento del disegno

[61] J. Derrida, *Spettri di Marx*, cit., p. 44.

filosofico e politico di Karl Marx, buttando via in questo modo, se così si può dire, il bambino insieme all'acqua sporca. Si tratterà piuttosto – evitando oculatamente la Scilla del «Marx innocente» e la Cariddi del «Marx colpevole» – di fare luce su che cosa ha veramente detto Marx, su quali sono state le sue conquiste teoriche e quali i suoi errori, nel tentativo di capire anche se questi ultimi (e in particolare quelle «zone grigie» del suo pensiero, quelle formulazioni non risolte che richiedevano – e che storicamente hanno richiesto – un supplemento di sistematizzazione teorica) siano direttamente responsabili di quanto accaduto nel secolo che si è da poco concluso. Studieremo, dunque, Marx nella sua grandezza, ma anche «nei suoi limiti» (*dans ses limites*), come amava dire Althusser, senza tuttavia cadere nell'ingenuità di chi crede sia possibile un confronto diretto ed esclusivo con il solo Marx: non è possibile, infatti, leggere Marx fingendo che non ci sia stato il marxismo, in sede sia teorica sia pratica; facendo finta cioè che il pensiero di Marx non porti con sé, almeno in parte, una precisa responsabilità per quanto è stato fatto (nel bene e nel male) in suo nome nel Novecento (c'è stato chi, a questo proposito, ha parlato di «responsabilità indiretta»[62]) o che – problema non meno deli-

[62] Cfr. K. Löwith, *Kritik der geschichtlichen Existenz*, 1960; tr. it. *Critica dell'esistenza storica*, Morano, Napoli 1967, a cura di A. L. Künkler Giavotto, pp. 170-172. Distinguendo tra la «diretta autoresponsabilità» di chi mette il proprio pensiero al servizio di una corrente politica e la «corresponsabilità indiretta» di chi precorre posizioni filosofiche che altri faranno proprie, anche fraintendendole, Löwith ritiene di poter imputare a Marx – benché si limiti a fare i nomi di Jean-Jacques Rousseau e di Friedrich Nietzsche – la responsabilità per quella che, ai suoi occhi, è la degenerazione del pensiero marxiano che si è verificata nel '900. Non è allora possibile qualificare lo stalinismo come una metamorfosi del marxismo così radicale da renderlo irriconoscibile e ad esso inaccostabile (come sostenuto, tra gli altri, da Ernst Bloch): nella misura in cui «la responsabilità immediata delle intenzioni coscienti di una pubblicazione include anche la responsabilità mediata dei diversi modi in cui tale pubblicazione può essere accolta da coloro per i quali un pensiero viene pubblicato» (*ibidem*), Marx è per Löwith responsabile, anche se di una responsabilità indiretta, per quello che è accaduto nel Novecento, dai Gulag alle purghe staliniane fino alla efferata dittatura sul proletariato. Come Löwith aveva precisato in una lettera indirizzata a Max Horkheimer, «la possibile politicizzazione di una determinata filosofia è già indicata nel suo proprio principio» (cfr. M. Horkheimer, *Gesammelte Schriften*, Fischer, Frankfurt/M., 1995, vol. XV, p. 580, traduzione nostra). Per quel che riguarda il problema della responsabilità di Marx, ci permettiamo di rimandare ancora al nostro studio *Filosofia e speranza. Ernst Bloch e Karl Löwith interpreti di Marx*, cit., pp. 112 ss.

cato – sia possibile avvicinarsi al «Marx autentico» e originale aggirando, come se non ci fossero, le chiavi interpretative che del suo pensiero sono state proposte da Lenin, da Bloch, da Lukács, da Althusser, e da moltissimi altri. Tra noi e Marx sta di mezzo il marxismo: il quale però, checché se ne dica, è altra cosa rispetto al pensiero originario di Marx. Per tutti questi motivi, e soprattutto per le contraddizioni che ha lasciato irrisolte, non è possibile *tornare* a Marx, proprio perché non esiste alcun «vero Marx», unitario e coerente: tuttavia si può, e forse si deve, *ripartire* da lui e dal suo «cantiere aperto», perché da esso si dipartono molti *Holzwege*, per ricorrere alla terminologia di Martin Heidegger, ossia molti *sentieri interrotti* che permettono, a seconda di quello imboccato, di addentrarsi o di perdersi nella selva.

2. Marx pensatore della critica.

«La critica non è una passione del cervello, è il cervello della passione. Non è un coltello anatomico, è un'arma. Il suo oggetto è il suo nemico, che essa non vuole confutare bensì annientare. [...] Il suo *pathos* essenziale è l'indignazione, il suo compito essenziale è la denuncia».

(K. Marx, *Per la critica della filosofia del diritto di Hegel. Introduzione*)

1. *Il cervello della passione.*

«Noi non anticipiamo dogmaticamente il mondo, ma dalla critica del vecchio mondo vogliamo desumere quello nuovo».

(K. Marx, lettera a Ruge del settembre 1843)

Nel suo *Marx e l'idea di critica* (1995), Emmanuel Renault ha sostenuto con buoni argomenti la tesi secondo cui l'architrave della riflessione marxiana, dalla giovinezza fino alla maturità, è la critica, applicata ad ambiti diversi a seconda del periodo della vita di Marx. Se la diagnosi di Renault è corretta, come si cercherà di dimostrare, la critica costituisce la cifra del pensiero marxiano, che viene così a configurarsi come un pensiero perennemente critico e contestatario, dalla *Dissertazione* del 1841 fino al *Capitale*: in particolare, il «percorso intellettuale» (*Denkweg*) di Marx si configura come un lungo cammino che presenta, come comun denominatore permanente, il punto di vista critico sul mondo e che si manifesta come una vera e propria *escalation* teorica, avviatasi con la critica della religione, della filosofia politica e del diritto di Hegel, dell'umanesimo antropologico non classista di Feuerbach che poi, passando per le stazioni della critica generale alla filosofia, alla politica, al socialismo utopistico, culmina nella critica che comprende tutte le precedenti: la critica dell'economia politica e del sistema di fabbrica. Come ha scritto Jacques Rancière, «il concetto di critica è un concetto che troviamo presente in tutta l'opera di Marx. Marx l'ha utilizzato in tutti i momenti dell'evoluzione del suo pensiero per designare la sua specifica attività»[63]. Senza cadere in possibili fraintendimenti, dobbiamo assumere il termine «critica» nel duplice senso di analisi di un oggetto finalizzata alla determinazione del suo valore (ed è questo il significato che discende direttamente dal verbo greco krino, «giudico») e di smascheramento, di demistificazione e di denuncia di un sapere che si pretende surrettiziamente vero e aderente al reale e, insieme, di una realtà che, lungi dall'essere razionale nella sua effettività, è dilaniata da contraddizioni che chiedono di essere denunciate per poter poi essere superate. Nell'idea di critica, dunque, i due momenti della conoscenza e della denuncia stanno insieme, in un equilibrio virtuoso. A ben vedere, gli stessi titoli scelti da Marx per i suoi scritti lasciano trasparire la centralità della funzione critica all'interno del suo orizzonte di pensiero: si va da Per la critica della filosofia del diritto di Hegel (1843) fino al Capitale (il cui sottotitolo recita significativamente Critica dell'economia politica), passando, naturalmente, per La sacra famiglia (1845), il cui sottotitolo – Critica della critica critica – non lascia adito a dubbi. Di per sé l'idea di critica non è una novità introdotta da Marx, ma ha anzi alle spalle una lunga tradizione, che si è soliti fare risalire all'antica figura del «parresiasta»[64] – identificabile, a seconda dei casi, con Diogene il Cinico e con Luciano di Samosata[65] –, ossia di chi sbotta verità sgradite e scomode, rovesciando il punto di vista comune e le verità generalmente accettate in maniera inerziale e ponendosi in una posizione di profonda asimmetria rispetto a chi ha di fronte (si pensi alla vicenda di Diogene il Cinico, che invita Alessandro Magno a

63 J. Rancière, Il concetto di critica e la critica dell'economia politica dai Manoscritti del 1844 al Capitale, in L. Althusser, Leggere il «Capitale», cit., p. 67.

64 Cfr. M. Foucault, *Discourse and truth. The Problematization of Parrhesia*, 1985; tr. it. *Discorso e verità nella Grecia antica*, Donzelli, Roma 1996.

65 Per il problema della nascita del moderno atteggiamento critico nel mondo antico (e in particolare nella filosofia cinica e in Luciano), ci permettiamo di rimandare a: D. Fusaro, *Saggio introduttivo a* Luciano di Samosata. Tutti gli scritti, Bompiani, Milano 2007, pp. 7-96.

scostarsi perché gli copre il sole, senza curarsi minimamente del potere di chi ha di fronte). Si tratta di una lunga tradizione che attraversa l'epoca moderna nella sua interezza e che trova in Marx, in un certo senso, la sua stazione d'arrivo, presentandosi per la prima volta come volontà di trasformare profondamente l'oggetto criticato: il mondo nella totalità dei suoi rapporti sociali e di produzione. Per la prima volta – ed ecco riaffiorare all'orizzonte lo spettro dell'eccezionalità di Marx –, la critica diventa prassi, non accontentandosi di denunciare verbalmente le storture, ma pretendendo di porvi rimedio in maniera reale. In questo modo, la critica del reale assume la forma di un preludio della trasformazione del reale stesso, avvertito come incompleto, contraddittorio e non ancora pienamente razionale. A un primo sguardo, la critica della religione, quella della filosofia e quella dell'economia politica potrebbero sembrare tra loro sconnesse, quasi come se Marx, nel suo percorso tutt'altro che lineare, le percorresse una dopo l'altra senza continuità. In realtà, esse trovano il loro tratto d'unione nella più generale critica marxiana della società borghese moderna nel suo complesso, che si configura come una critica del presente che prende di mira non soltanto la struttura stessa del reale, inteso come un «mondo capovolto» (*verkehrte Welt*), che – coi suoi rapporti di produzione e coi suoi modi di vita – chiede di essere raddrizzato tramite un'azione diretta che fuoriesca dalla testa dei filosofi: ma anche le forme di sapere e di conoscenza che legittimano ideologicamente quel mondo capovolto facendolo apparire come «dritto», giusto e come un destino intrascendibile. L'oggetto della «scienza filosofica» (*philosophische Wissenschaft*) marxiana è, allora, l'insieme della società borghese moderna, criticato in ogni sua articolazione (religiosa, politica, sociologica, culturale, ecc.). In questo senso, la scienza critica di Marx può essere intesa, secondo la sua stessa definizione, come un'«arma», come «il proiettile più pericoloso mai scagliato contro la testa della borghesia». E se nel primissimo Marx (giornalista della «Gazzetta Renana») ci imbattiamo in un'accezione e in un uso della critica che rimanda a quello tradizionale di denuncia di ingiustizie e di errori in nome di una verità ideale, ben presto egli se ne distacca e approda a una scienza critica «esplosiva, scandalosa, rivoluzionaria»[66] in cui non è più l'Idea che critica il Reale, ma è piuttosto «il reale che critica se stesso»[67] in maniera immanente. In altri termini, l'oggetto a cui viene applicato il metodo critico di Marx non è di carattere gnoseologico (come era in Kant), ma è di tipo logico-ontologico e coincide con il modo di produzione capitalistico concepito come totalità contraddittoria. Il compito dei prossimi paragrafi sarà quello di esaminare più da vicino, nelle sue effettive applicazioni, la nozione marxiana di critica, con particolare attenzione per il cosiddetto «periodo giovanile» anteriore al 1846.

2. *Un esordio critico.*

> «Dobbiamo portare interamente alla luce del giorno il vecchio mondo e creare positivamente il nuovo mondo. Quanto più a lungo gli eventi lasceranno tempo per riflettere all'umanità che pensa e tempo per riunirsi all'umanità che soffre, tanto più perfetto verrà al mondo il frutto che il presente porta in grembo».
>
> (K. Marx, lettera a Ruge del settembre 1843)

Nell'assunzione della critica come stella polare della sua ricerca, fu decisivo, per Marx, l'incontro con i cosiddetti «Giovani hegeliani», ossia con quella galassia di pensatori che, allievi di «sinistra» di Hegel (di qui il nome di «Sinistra hegeliana», contrapposta alla «Destra hegeliana»), pur nella diversità delle loro specifiche posizioni, si sentivano profondamente accomunati dalla convinzione che il mondo sociale moderno dovesse essere sottoposto a critica e che in ciò risiedesse il principale compito della filosofia. Bruno Bauer, David Friedrich Strauss e Arnold Ruge erano i principali animatori di questo movimento culturale nelle cui fila si inserì ben presto il giovane Marx. Senza addentrarsi nelle singole posizioni dei

66 L. Althusser, *Marx dans ses limites*, 1994 (1978); tr. it. *Marx nei suoi limiti*, Mimesis, Milano 2004, a cura di F. Raimondi, p. 43.

67 Ivi, p. 44.

pensatori della «Sinistra hegeliana», è bene segnalare quali fossero i tratti salienti del loro pensiero e come (e in che misura) essi siano stati fatti propri dal giovane Marx. L'entusiastica adesione di Marx alla variegata costellazione dei «Giovani hegeliani» è dovuta essenzialmente a due fattori, che, a ben vedere, coincidono con i due grandi nodi problematici sollevati da quegli autori: in primo luogo, al fatto che è anch'egli saldamente convinto che la filosofia debba essere identificata, più che con la hegeliana «nottola di Minerva che spicca il suo volo sul far della sera»[68], con una «allodola» (secondo l'immagine di David Friedrich Strauss) che annuncia un nuovo giorno denso di problemi da risolvere; tema che affiora, pur sviluppato diversamente, pressoché in tutti i «Giovani hegeliani», accomunati dalla convinzione che la filosofia, lungi dall'aver trovato il proprio compimento nel sistema hegeliano, abbia ancora dinanzi a sé un'interminabile serie di problemi e di contraddizioni con cui misurarsi, assumendo la critica del presente come atteggiamento programmatico e in grado di precorrere il futuro («dalla critica del vecchio mondo vogliamo desumere quello nuovo»[69], dirà successivamente Marx). Anche per il giovane Marx il reale – con buona pace di Hegel –, così com'è, è tutto fuorché razionale: le contraddizioni che lo lacerano – soprattutto quelle sociali e politiche – sono lampanti e una filosofia che sia realmente tale non può non prenderne atto. Si tratta allora di battersi per far diventare il mondo razionale, e ciò è possibile solo a patto di intendere la filosofia come critica dell'esistente e non come serena e pacifica contemplazione di una realtà in cui le contraddizioni hanno ormai trovato una loro composizione definitiva. La visione *epimeteica* di Hegel e di chi, come lui, contempla la realtà a cose fatte cede dunque il passo a quella *prometeica* dei «Giovani hegeliani», convinti che la razionalizzazione del reale sia un compito non ancora portato a termine: ben lontana dal tra-

[68] «Die Eule der Minerva beginnt erst mit der einbrechenden Dämmerung ihren Flug»: G. W. F. Hegel, *Grundlinien der Philosophie des Rechts*, 1821; tr. it. *Lineamenti di filosofia del diritto*, Rusconi, Milano, 1998^2, a cura di V. Cicero, pp. 64-65.

[69] Marx a Ruge, settembre 1843, in *Annali franco-tedeschi*, cit., p. 72.

guardo, la filosofia ha ancora, per così dire, molta strada da fare. Questa prospettiva intimamente «futurocentrica» resterà una costante del pensiero di Marx in ogni sua fase. Proprio per il carattere particolare e determinato del sistema hegeliano, legato come ogni altra filosofia – secondo l'insegnamento di Hegel stesso – al proprio tempo, i «Giovani hegeliani» sono alla costante ricerca di quelli che Feuerbach avrebbe chiamato i «princìpi della filosofia dell'avvenire»[70]. Ammettendo l'esistenza di una ricca serie di problemi con i quali la filosofia deve ancora confrontarsi, il sistema hegeliano viene così privato dell'assolutezza e del carattere definitivo che gli erano stati conferiti dall'autore, il quale l'aveva presentato, non senza una certa presunzione, come il compimento decisivo del lungo tragitto della filosofia occidentale: come se lo «Spirito assoluto» si fosse manifestato sulla cattedra berlinese di Hegel, secondo il rilievo ironico di Søren Kierkegaard, anch'egli feroce critico della presunta definitività del sistema hegeliano.

Il secondo punto che spinge Marx ad accostarsi ai pensatori della «Sinistra hegeliana» è il problema della religione, sul quale torneremo diffusamente più avanti. Come è noto, Hegel aveva tradotto il Cristianesimo nel «sapere assoluto» della filosofia in un rapporto che era, insieme, di «conservazione» e di «superamento», secondo l'accezione del termine tedesco *Aufhebung*. Proprio in quanto rappresenta il culmine della religione, il Cristianesimo – argomenta Hegel – è il punto in cui essa si «toglie» come religione e trapassa in filosofia: e non è certo un caso che, nel pensiero hegeliano, la Trinità cristiana corrisponda pienamente al ritmo triadico del movimento dialettico dello Spirito. Tuttavia, nell'atto stesso di riconoscere la pariteticità di filosofia e religione, portatrici dello stesso messaggio veritativo, Hegel aveva anche riconosciuto, senza esitazioni, la superiore forma con cui la filosofia esprime quel contenuto: se la religione fa ricorso alla «rappresentazione» (*Vorstellung*) dell'Assoluto, tenendo ben distinto il soggetto rappresentante dall'oggetto rappresentato, la filosofia, dal canto suo, lo esprime nella più alta forma del «concetto» (*Begriff*), il

[70] Cfr. L. Feuerbach, *Grundsätze einer Philosophie der Zukunft*, 1843; tr. it. *Princìpi della filosofia dell'avvenire*, Einaudi, Torino 1946, a cura di N. Bobbio.

quale fa presa sulla realtà e fonde i due poli del soggetto e dell'oggetto, superando la distanza propria della rappresentazione religiosa. I «Giovani hegeliani» prendono le mosse da quest'ultima constatazione per propugnare la superiorità assoluta del sapere filosofico e per liquidare – spingendosi dunque ben al di là del messaggio hegeliano – la religione come del tutto inferiore e, di conseguenza, degna di essere abbandonata in favore del sapere filosofico.

Per quel che riguarda il problema della razionalità del reale e quello della religione, i «Giovani hegeliani» rintracciano in Hegel stesso i rimedi per curare i mali dell'hegelismo. Era stato, infatti, Hegel stesso a sostenere, tra le righe, che la filosofia è incommensurabilmente superiore alla religione, quanto alla forma, e che la razionalità del reale può anche essere concepita come una mèta da raggiungere più che come un traguardo già raggiunto. In questo senso, i «Giovani hegeliani», più che rompere con Hegel, si propongono di esplicitarne coerentemente alcuni punti teorici rimasti in sospeso, quasi avvolti da un alone di ambiguità: se si vuole essere veramente hegeliani, bisogna abbandonare la religione, riconoscendo in essa una forma primitiva di sapere, del tutto inutile se accostata alla filosofia. Il più grandioso tentativo di questa delegittimazione sul *côté* hegeliano è quello compiuto da Bruno Bauer nel 1841 tramite la pubblicazione, in forma cautamente anonima, de *La tromba del giudizio universale contro Hegel, ateo e anticristo.* In quest'opera, Bauer fingeva che lo scritto fosse opera di un pio credente che denunciava sdegnato la pericolosità del pensiero di Hegel – «uomo corruttore, pieno di odio per tutto ciò che è divino e sacro»[71] – in sede teologica, escludendo in tal maniera ogni possibile conciliazione tra l'hegelismo e la religione cristiana. Scopo di questa divertente trovata era la dimostrazione, condotta in maniera mediata dietro la maschera di un devoto uomo di fede, dell'impossibilità di coniugare la religione con il pensiero hegeliano, il quale per-

[71] B. Bauer, *Die Posaune des jüngsten Gerichtes über Hegel den Atheisten und Antichristen. Ein Ultimatum*, 1841; tr. it. *La tromba del giudizio universale contro Hegel, ateo e anticristo. Un ultimatum*, in K. Löwith (a cura di), *La sinistra hegeliana*, Laterza, Roma-Bari 1960, p. 106.

tanto – questa l'implicita conseguenza del ragionamento svolto da Bauer – era legittimo appannaggio della sola «Sinistra».

Anche per quel che riguarda la lotta per la razionalizzazione di una realtà ancora permeata da contraddizioni di ogni tipo, è in Hegel stesso che i «Giovani hegeliani» trovano soluzioni degne di essere esplicitate coerentemente: l'ammissione della razionalità del reale («ciò che è razionale è reale, e ciò che è reale è razionale»[72]) poteva infatti essere intesa, oltre che come risultato già conseguito (con le inevitabili conseguenze conservatrici che ciò comportava e che costituivano, di fatto, uno dei pilastri teorici della «Destra»), anche come obiettivo da raggiungere tramite una prassi attiva e trasformatrice, in vista di una razionalità da compiersi. È proprio in forza di questa ineliminabile tensione del pensiero hegeliano – perennemente in bilico tra istanze conservatrici e istanze progressiste – che si era venuta a creare la frattura tra la «Destra hegeliana» (i «vecchi hegeliani») e la «Sinistra» (i «giovani»): difensori della realtà esistente in quanto intimamente razionale e sostenitori del valore della religione i primi; critici del reale in quanto non ancora razionale e instancabili propugnatori della superiore saggezza della filosofia i secondi.

Il «giovane Marx» si muove all'interno di quest'ultima corrente di pensiero fino al 1844, quando non solo si distanzia da essa ma la pone al centro di un'impietosa critica culminante in alcuni passaggi della *Sacra famiglia* e dell'*Ideologia tedesca*, due opere che assumono come bersaglio teorico proprio i «Giovani hegeliani», nelle cui posizioni Marx ed Engels, nel frattempo divenuto suo inseparabile compagno, non solo non si riconoscono più, ma avvertono una pericolosissima ideologia che deve essere smascherata criticamente. Fino al 1844, comunque, l'orizzonte teorico in cui Marx si muove è quello della «Sinistra hegeliana». Ciò emerge assai bene se si considera un testo a cui, generalmente, gli interpreti non hanno attribuito la giusta importanza: si tratta dello scritto *Differenza tra le filosofie della natura di Democrito e di Epicuro* (1841) – noto anche come *Dissertazione del '41* –, la tesi con cui Marx con-

72 «Was vernünftig ist, das ist wirklich; und was wirklich ist, das ist vernünftig»: G. W. F. Hegel, *Lineamenti di filosofia del diritto*, cit., p. 59.

segue a Jena la laurea in filosofia. In quest'opera, in cui Marx si professa hegeliano e fedele difensore dell'Idea, e intende approfondire due autori (Democrito ed Epicuro) che nelle sue lezioni sulla storia della filosofia Hegel aveva affrontato solo tangenzialmente, troviamo una prima, interessantissima chiarificazione di che cosa debba essere la critica. Tale chiarificazione avviene tramite la distinzione tra le grandi filosofie sistematiche e quelle pratico-critiche; distinzione che Marx svolge attraverso un ardito parallelismo storico tra il mondo antico e quello a lui contemporaneo. Come nel mondo antico, al fiorire di due grandi filosofie onnicomprensive e sistematiche come quella di Platone e di Aristotele, seguì il sorgere di riflessioni (il pensiero stoico, quello scettico e quello epicureo) assai critiche nei confronti dei grandi problemi metafisici sollevati dai loro predecessori, ma decisamente più attente alla realtà concreta e alle esigenze reali del soggetto pensante, così nel mondo contemporaneo, dopo il trionfo del panlogismo onnipervasivo e contemplativo di Hegel – Aristotele redivivo –, la filosofia può finalmente tornare a occuparsi della realtà concreta, trovando nella critica del reale il suo grimaldello filosofico più utile. In questa prospettiva marxiana, l'evolversi della storia del pensiero viene dunque a essere scandito dall'alternanza di momenti in cui si cerca di comprendere la realtà nel suo complesso e momenti in cui invece, rinunciando alla sistematicità onnicomprensiva, si tenta di elaborare una riflessione attenta alla concretezza del reale e volta alla critica di ciò che è contraddittorio. Dalla *contemplazione del mondo* hegeliana si passa così all'*agire nel mondo*, alla critica della realtà e delle contraddizioni che si nascondono tra le sue pieghe. Proprio come l'atomismo di Epicuro era un atomismo della prassi, che riconosceva la libertà all'agire dell'uomo e concepiva l'atomo come «principio energetico»[73] (*energisches Prinzip*), così la filosofia critica di Marx e dei «Giovani hegeliani» è eminentemente prassi filosofica, critica incondizionata dell'esistente e delle contraddizioni che lo infettano, destando l'impressione – scrive Marx – che «lo spirito teoretico divenuto in sé libero si

[73] K. Marx, *Differenza tra le filosofie della natura di Democrito e di Epicuro*, cit., p. 203.

trasformi in *energia pratica* (*praktische Energie*)»[74]. Quella che in Hegel era una «luce interiore»[75] (*innerliches Licht*) che chiariva l'essenza del mondo, accettandolo pacificamente, con la filosofia critica diventa «*fiamma divoratrice* (*verzehrende Flamme*), che si volge all'esterno»[76] e che brucia la realtà con il fuoco della critica. La filosofia critica dei «Giovani hegeliani» si rivolge al mondo esterno, procede *dalla mente alla realtà*, cercando di modellare la seconda sulla base dei princìpi della prima, ossia rendendo razionale il mondo; al contrario, la filosofia hegeliana, soprattutto negli esponenti della Destra, è una luce che illumina le cose e che si rivolge verso se stessa, ossia verso la speculazione filosofica in quanto tale. Scrive Marx:

> «L'opera della prima è la *critica* (*Kritik*), ossia proprio il volgersi della filosofia verso l'esterno; l'opera della seconda è *il tentativo di filosofare* (*der Versuch zur philosophieren*), ossia il volgersi della filosofia verso se stessa. [...] La prima però, nella sua intima contraddizione, è consapevole del principio generale e del suo scopo. Nella seconda, l'assurdità, la *pazzia* (*Verrücktheit*), per così dire, appare come tale»[77].

Critica del *mondo presente* in vista di una sua *trasformazione futura*: ecco riproposti, in nuova forma, i princìpi condivisi da tutti gli Hegeliani di Sinistra. Anche per Marx, la filosofia deve permeare il mondo, plasmarlo con i suoi princìpi razionali affinché esso stesso si razionalizzi. Aggiunge ancora Marx:

> «Ne consegue che il *filosofizzarsi del mondo* (*Philosophisch-Werden der Welt*) è, insieme, il *fenomenizzarsi della filosofia* (*Weltlich-Werden der Philosophie*), che il suo attuarsi è, insieme, il suo perdersi, che ciò che essa combatte all'esterno è la sua stessa deficienza interna»[78].

La filosofia deve negarsi in quanto tale per volgersi verso l'esterno, abbandonando ogni torre d'avorio e scendendo a misurarsi col mondo. Ma in questo modo essa «è perduta», cessa di esistere in maniera autonoma e indipendente, e diventa la strut-

[74] Ivi, p. 215.

[75] Ivi, p. 217.

[76] *Ibidem*.

[77] Ivi, p. 219.

[78] Ivi, p. 217.

tura stessa di un mondo filosofizzato. Quest'idea, espressa in maniera pienamente consapevole già nella dissertazione, ritorna nel 1844, nell'*Introduzione* a *Per la critica della filosofia del diritto di Hegel*, in cui Marx sostiene apertamente la necessità, per la filosofia, della «mondanizzazione» (*Verweltlichung*), del negarsi come filosofia. Non si può pensare di negare la filosofia senza realizzarla, precisa Marx, e al tempo stesso non si può pensare di realizzare la filosofia senza negarla.

Già a partire dal 1841, ci troviamo dinanzi al «concetto di critica proprio di Marx. Si tratta di un risultato definitivo. Non ci resta che seguire le tappe ulteriori della sua elaborazione»[79]. In realtà, siamo dinanzi al sorgere non soltanto dell'idea marxiana di critica, ma anche (come ha sottolineato soprattutto Ernst Bloch[80]) di quella di «prassi rovesciante»[81] (*umwälzende Praxis*) – che verrà successivamente (nel 1845) tematizzata nelle undici *Tesi su Feuerbach* –, secondo la quale la filosofia critica non può limitarsi a intepretare-criticare il mondo, ma deve anche trasformarlo. In questo senso – è stato rilevato – «il mondo ridotto a filosofia in Hegel pretende [...] una riduzione altrettanto completa della filosofia a mondo in Marx»[82].

[79] E. Renault, *Marx e l'idea di critica*, cit., p. 41.

[80] Cfr. E. Bloch, *Epikur und Karl Marx*, in M. Riedel – H. Braun (a cura di), *Natur und Geschichte*, Stuttgart 1967; tr. it. *Epicuro e Karl Marx ovvero un fattore soggettivo nella caduta degli atomi*, in *Karl Marx*, Il Mulino, Bologna 1972, a cura di R. Bodei, pp. 192 ss. Secondo Bloch, già nella preferenza accordata da Marx nella *Dissertazione del '41* all'atomismo attivo ed «energetico» rispetto a quello passivo e necessitante di Democrito si possono scorgere, in filigrana, «la prima e l'undicesima tesi su Feuerbach *in statu nascendi*» (ivi, p. 192); come se Marx stesse già optando per una filosofia saldamente materialistica e, insieme, attiva, dialettica e critica.

[81] K. Marx, *Thesen über Feuerbach*, 1845; tr. it. *Tesi su Feuerbach*, in Id. – F. Engels, *La concezione materialistica della storia*, Editori Riuniti, Roma 1998[2], a cura di N. Merker, p. 51. Traduciamo con «prassi rovesciante» (*umwälzende Praxis*) ciò che Merker traduce con «prassi rivoluzionaria». Giovanni Gentile (che fu il primo a tradurre l'opera in italiano), traduceva erroneamente l'espressione con «prassi rovesciata», convinto che con tale espressione Marx si riferisse al fatto che la prassi, che aveva come principio il soggetto e termine l'oggetto, si rovescia, tornando dall'oggetto al soggetto. Tale traduzione erronea sarà ripresa ostinatamente da Rodolfo Mondolfo. Cfr. G. Gentile, *La filosofia di Marx*, Sansoni, Firenze 1959 (1899).

[82] K. Löwith, *Von Hegel zu Nietzsche. Der revolutionäre Bruch im Denken des neunzehnten Jahrhunderts*, 1941; tr. it. *Da Hegel a Nietzsche. La frattura rivoluzionaria nel pensiero del secolo XIX*, Einaudi, Torino 1981, a cura di G. Colli, p. 151.

Ciò che caratterizzò la «Sinistra hegeliana», oltre alla concezione critica e intrinsecamente anti-religiosa, fu la sua totale esclusione dalle università. In seguito a svolte conservatrici che andarono a coinvolgere pressoché tutte le università tedesche (e che culminarono nell'allontanamento di Bruno Bauer dall'università di Bonn), i «Giovani hegeliani» videro sfumare il loro sogno di infiltrarsi nel corpo accademico per contrabbandare dalle cattedre la loro filosofia critica; la conseguenza fu la scelta di un nuovo strumento di propaganda delle loro idee corrosive: le pagine dei giornali e delle riviste, sulle quali fecero apparire feroci critiche contro i conservatori che occupavano le cattedre tedesche e contro le loro contraddizioni, difese come razionali se contestualizzate nell'economia complessiva del sistema. La critica trovò nelle pagine delle riviste il suo principale veicolo. Marx stesso vide andare in frantumi il suo sogno – nutrito ancora ai tempi della *Dissertazione del '41* – di ottenere un posto in università, godendo dell'appoggio di Bauer; e, sfumato il progetto della carriera accademica, cominciò a collaborare assiduamente alla «Rheinische Zeitung» («Gazzetta Renana»), la rivista di Colonia diretta da Moses Hess. Essa fu il frutto di un «matrimonio di breve durata tra l'hegelismo di sinistra e la borghesia liberale»[83], accomunati dalla netta opposizione allo Stato prussiano e dalla strenua difesa delle libertà minacciate dall'assolutismo regio. Sulla «Rheinische Zeitung» Marx pubblica una ricca serie di articoli, affrontando questioni di vario genere (i furti di legna, la libertà di stampa, lo Stato, ecc.) da un punto di vista che è critico ma non ancora comunista (negli articoli non compare neppure una volta il termine «proletariato») e che già rivela il parziale allontanamento da Hegel, del quale è rigettata l'identificazione dello Stato prussiano con lo Stato razionale compiuto. Dichiarandosi apertamente favorevole alla democrazia (che sarà intesa, in *Per la critica della filosofia del diritto di Hegel*, del 1843, come ricongiungimento della vita politica alla vita reale, tenute separate dalla forma statuale monarchica), il giovane Marx sta già dubitando della convinzione hegeliana

[83] M. Löwy, *La théorie de la révolution chez le jeune Marx*, 1970; tr. it. *Il giovane Marx*, Massari, Bolsena 2001, a cura di A. Marazzi, p. 49.

che, nello Stato, gli interessi egoistici e i conflitti che permeano la «società civile» trovino una loro irenica armonizzazione. Addirittura, nell'articolo sui furti di legna, egli si domanda – riprendendo un quesito a cui Pierre-Joseph Proudhon aveva dato dignità filosofica – se la proprietà privata nel suo complesso non costituisca un furto[84]. La prospettiva che Marx fa valere in questi scritti è decisamente critica, in piena sintonia con gli altri esponenti della «Sinistra hegeliana». Nel 1842, di fronte alle istruzioni che il governo prussiano aveva impartito in materia di censura con l'intento di apparire più liberale, Marx si dimostra assai scettico, cercando di dimostrare – nelle *Osservazioni di un cittadino renano sulle recenti istruzioni per la censura in Prussia* – come, dietro a un'apparente liberalità e apertura, si nasconda soltanto una maggiore indeterminatezza, tale da concedere ai censori maggiore libertà d'arbitrio e, aspetto certo non secondario, la facoltà di valutare non le singole espressioni, ma le intenzioni generali dell'autore. In un altro articolo (*Dibattiti sulla legge contro i furti di legna*), risalente all'incirca allo stesso periodo, Marx si schiera apertamente dalla parte dei contadini, che avevano subìto un'espropriazione del suolo comune sul quale erano soliti raccogliere la legna.

Sarebbe comunque sbagliato scorgere, in queste posizioni, un Marx già maturo, senza rilevare le profonde differenze che ancora lo separano dalle conquiste teoriche guadagnate negli anni immediatamente successivi: basti ricordare che, in questi articoli giovanili, non solo egli esalta hegelianamente (pur senza intenderlo come il razionale assoluto) l'organismo dello Stato come totalità in cui trovano una composizione gli antagonismi della società civile, ma si spinge addirittura a scrivere un articolo in cui si dichiara contrario al divorzio, considerando – in termini assolutamente hegeliani – la famiglia come primo momento dell'eticità e, di conseguenza, come un «primo organismo etico» che non deve essere scisso secondo il capriccio dell'individuo. Perfino verso il comunismo, in quegli

[84] K. Marx, *Debatten uber das Holzdiebstahls-Gesetz*, in «Rheinische Zeitung», n. 300, 27/12/1842; tr. it. *Dibattiti sulla legge contro i furti di legna*, in «Gazzetta Renana», in *Karl Marx. Scritti politici giovanili*, Einaudi, Torino 1950, a cura di L. Firpo, pp. 177-225.

anni, Marx nutre sentimenti ambigui, vivendo una sorta di conflitto di coscienza per cui è attratto dagli ideali comunisti e, al tempo stesso, avverte in sé il rifiuto di quegli stessi ideali dettato da una ragione che inorridisce dinanzi alla prassi materiale sganciata dalla teoria. Ci troviamo, dunque, al cospetto di un Marx profondamente diverso da quello «classico». Questo, però, non deve impedire di cogliere alcuni guadagni teorici fondamentali di questi primi articoli. In particolare, le tre principali acquisizioni di Marx in questi suoi primi lavori del 1841/42 – acquisizioni alle quali peraltro resterà sempre fedele – sono da individuare: a) nella consapevolezza che la filosofia debba svolgere il fondamentale compito di «farsi mondo», ossia di rendere filosofico il reale; b) nella convinzione che la filosofia, lungi dal sorgere casualmente e senza nessi con la realtà, «come i funghi»[85], sia l'emanazione della realtà stessa, «la quintessenza spirituale della sua epoca»[86], dato che «la filosofia non abita fuori del mondo»[87]; c) nell'importanza decisiva di quelli che Marx stesso, nel 1859, guardando retrospettivamente ai propri esordi filosofici, etichetterà come i «cosiddetti interessi materiali»[88] (*sogenannte materielle Interessen*), coi quali era entrato in contatto, per la prima volta, affrontando il problema della libertà di stampa e dei furti di legna (scoperta che, in effetti, svolgerà un ruolo non irrilevante nella successiva elaborazione della «concezione materialistica della storia»). In questo «primo Marx», che prende confidenza con l'uso spregiudicato della critica scrivendo sui giornali, non sono ancora presenti (né avrebbe senso cercarli) gli sviluppi successivi del suo pensiero o altre significative anticipazioni; eppure è in questi anni che egli si impossessa di quello strumento che costituirà costantemente, fino al *Capitale*, l'arma più penetrante della sua riflessione: la critica radicale.

[85] K. Marx, *L'articolo di fondo del n. 79 della Kölnische Zeitung*, in «Gazzetta Renana», n. 195, 14 luglio 1842, cit., in *Karl Marx. Scritti politici giovanili.*

[86] *Ibidem.*

[87] K. Marx – F. Engels, *Opere complete* (d'ora in poi citato come *MEOC*), Editori Riuniti, Roma 1972 ss., I, cit., p. 197.

[88] K. Marx, *Zur Kritik der politischen Ökonomie. Einleitung*, 1859; tr. it. *Per la critica dell'economia politica*, *Prefazione*, Editori Riuniti, Roma 1969[3], a cura di

3. *Il dogma dei due mondi: lo Stato e l'emancipazione reale.*

«L'uomo conduce non solo nel pensiero, nella coscienza, ma nella *realtà*, nella *vita*, una duplice esistenza, una celeste e una terrena, l'esistenza nella *comunità politica* in cui egli si ritiene un ente comunitario e l'esistenza nella *società civile*, nella quale opera come *uomo privato*, il quale intende gli altri uomini come strumenti».

(K. Marx, *Sulla questione ebraica*)

Dopo essersi congedato dalla «Gazzetta Renana», accusata di essere troppo moderata e compromissoria, Marx si recò a Parigi (1843) e, con Ruge, fondò l'ambizioso progetto degli *Annali franco-tedeschi* (*Deutsch-Französische Jahrbücher*), che – come si evince già dal titolo – si proponevano di avviare una proficua collaborazione tra intellettuali francesi e tedeschi (anche se, per motivi di varia natura, la componente francese alla fine non prenderà parte al progetto). È Marx stesso a fissare le coordinate fondamentali della nuova rivista: «possiamo dunque sintetizzare in una parola la tendenza della nostra rivista: autochiarificazione (filosofia critica) del nostro tempo in relazione alle sue lotte e ai suoi desideri. Questo è un lavoro per il mondo e per noi»[89]. In realtà, degli *Annali franco-tedeschi* uscì soltanto un numero doppio, tra la fine del marzo 1843 e l'inizio del febbraio successivo, all'interno del quale vennero pubblicati i due scritti di Marx, *Sulla questione ebraica* e *Per la critica della filosofia del diritto di Hegel. Introduzione.* Fu però Ruge – allora ancora amico di Marx – a occuparsi della stesura del programma ufficiale della rivista, al centro del quale pose l'obiettivo di lottare, in quanto tedeschi, per quella libertà politica che i francesi avevano già conquistato con la Rivo-

M. Dobb, pp. 3-4. Cfr. M. Cingoli, *Il giovane Marx (1842-1843)*, Unicopli, Milano 2005, p. 19: «quella della "Rheinische Zeitung" è un'esperienza importante, perché gli [*a Marx*] offre l'occasione di entrare in contatto con dei problemi concreti. Il giovane intellettuale che finora ha scritto di filosofia, anche in modo molto tecnico, comincia adesso a confrontarsi con dei problemi assai concreti, quali appunto i furti di legna o, più avanti, le condizioni dei vignaioli della Mosella».

[89] Marx a Ruge, settembre 1843, in *Annali franco-tedeschi*, cit., p. 75.

luzione e, al tempo stesso, di liberare i Francesi dall'oppressione religiosa da cui si trovavano schiacciati: non a torto, Auguste Cornu ha parlato, in riferimento a tale programma, di una fraseologia roboante, vuota e del tutto astratta[90].

Sull'unico numero edito degli *Annali franco-tedeschi*, comparve anche un pungente scritto di Engels intitolato *Abbozzo di una critica dell'economia politica*, nel quale venivano puntualmente ricostruiti la genesi e lo sviluppo dell'economia borghese a partire da Adam Smith: tanto Engels quanto Marx – che in quel periodo strinsero l'amicizia che li avrebbe legati per la vita – avevano scoperto (Marx a Parigi, Engels in Inghilterra, lavorando nelle industrie paterne) il movimento operaio, le associazioni proletarie di fabbrica che si battevano concretamente – senza ricorrere a vuoti concetti – in vista di precisi obiettivi politici. D'altra parte, già nel maggio del 1843, Marx aveva significativamente distinto un'«umanità sofferente che pensa»[91] e un'«umanità pensante che viene oppressa»[92], pur senza menzionare esplicitamente il mondo operaio.

Al centro del primo dei due articoli usciti sugli *Annali* – *Sulla questione ebraica* – sta il problema dell'emancipazione degli ebrei, con la conseguente domanda: può uno Stato dichiaratamente cristiano come la Prussia abolire le restrizioni riguardo la partecipazione degli ebrei alle istituzioni civili? A questo interrogativo, Bruno Bauer aveva fornito una risposta articolata sul duplice fronte dello smascheramento (pienamente ascrivibile all'atteggiamento critico e demistificante fatto valere dai «Giovani hegeliani») dei molteplici privilegi – che lo Stato prussiano difendeva dietro la maschera della religione cristiana – e dell'attacco alle pretese degli ebrei di ottenere l'emancipazione. In particolare, Bauer mostrava come lo Stato prussiano, in quanto Stato cristiano, non potesse in alcun modo garantire un'emancipazione a chi cristiano non era. Infatti, come Bauer asseriva in un'opera del 1841 – *Der christliche Staat und unsere Zeit* – «lo Stato cristiano è quello in cui

[90] A. Cornu, *Marx ed Engels. Dal liberalismo al comunismo*, cit.

[91] Marx a Ruge, maggio del 1843, in *Annali franco-tedeschi*, cit., p. 60.

[92] *Ibidem*.

la determinatezza religiosa, sia essa un ordinamento teologico o ecclesiastico, è il momento dominante o ciò che deve essere portato a dominare»[93]. Era dunque assurda la richiesta avanzata dagli ebrei di essere emancipati ad opera di uno Stato cristiano che, in quanto tale, non poteva che favorire un ben preciso gruppo di sudditi. In questa prospettiva, gli ebrei tedeschi avrebbero potuto ottenere – nella migliore delle ipotesi – lo statuto giuridico e politico di cui già godevano, ad esempio, gli ebrei francesi: ma questa poteva forse dirsi una vera emancipazione? O non si trattava, piuttosto, di una emancipazione meramente formale, che cambiava tutto nella forma senza però mutare alcunché nei contenuti? Inoltre, Bauer metteva in luce almeno due importanti conseguenze contraddittorie nella richiesta di emancipazione avanzata dagli ebrei: in primo luogo, se essi avessero richiesto la parificazione coi sudditi cristiani, avrebbero con ciò stesso riconosciuto la legittimità dello Stato cristiano, con tutte le assurdità che ne sarebbero discese (prima tra tutte: lo Stato cristiano è, per definizione, lo Stato dei privilegi cristiani e dunque non può che trattare in maniera subalterna gli ebrei); in secondo luogo, se avessero aspirato all'emancipazione in quanto ebrei, avrebbero peccato di egoismo, preferendo un'emancipazione del tutto particolare (quella degli ebrei) alla più alta emancipazione universale (quella dell'umanità), quella in vista della quale lottava la «Sinistra hegeliana». Attraverso un'analisi sottile e attenta del problema, Bauer perveniva alla sconfortante conclusione che gli ebrei non si sarebbero potuti emancipare in quanto ebrei, anche in forza del fatto che era la loro stessa essenza ebraica a impedirglielo. Infatti – notava Bauer – se gli ebrei pretendono che lo Stato cristiano rinunci al proprio pregiudizio religioso (cessando di essere uno Stato cristiano), essi non rinunciano poi al proprio pregiudizio religioso (non cessano cioè di professare la loro religione), che si traduce immancabilmente in quell'inossidabile pregiudizio politico in forza del quale essi non si sono mai integrati nella società e allo Stato reale hanno

[93] B. Bauer, *Der christliche Staat und unsere Zeit,* 1841, in *B. Bauer. Feldzüge der reinen Kritik*, 1968; tr. it. in AA.VV., *«Annali di Halle» e «Annali tedeschi»*, Nuova Italia, Firenze 1981, p. 129.

sempre contrapposto una «nazionalità chimerica»[94]. Si aggiunga poi che – nota Bauer – gli ebrei contrappongono il popolo ebraico (inteso come «popolo eletto») a quello tedesco, sperano in un futuro che non ha nulla in comune con il futuro generale dell'uomo, si isolano dal contesto storico, dai movimenti di emancipazione culturale e di liberazione politica. Tutto ciò, tradotto nel linguaggio del dibattito politico attuale, voleva dire che gli ebrei si battevano contro lo Stato cristiano non in vista dell'universale «laicità» dello Stato, bensì in vista del loro particolarismo e dei loro interessi specifici: ed è esattamente qui che, ad avviso di Bauer, si annida la contraddizione che infetta ogni loro richiesta di emancipazione. L'unica possibile e autentica forma di emancipazione per l'ebreo consiste infatti nell'emanciparsi non solo dall'ebraismo, ma anche dal cristianesimo, per approdare all'ateismo *tout-court*. Una volta approdatovi, l'ebreo potrà pretendere con diritto l'emancipazione politica, potrà lottarvi a giusto titolo, al pari di tutti gli altri tedeschi che, in quanto cittadini, rivendicano i loro diritti democratici al cospetto dello Stato assolutista. Ma finché sussiste lo Stato cristiano, non c'è libertà né emancipazione per nessuno, ebreo o cristiano che sia: e anziché pronunciarsi a favore *dell'emancipazione*, gli ebrei si pronunciano egoisticamente a favore *della loro emancipazione*, ponendosi dunque – non meno dello Stato cristiano – in una prospettiva particolaristica degna di essere avversata. Tanto gli ebrei quanto i cristiani, dunque, finiscono per commettere lo stesso errore, facendo indebitamente valere come universale un interesse che è e resta particolare. Nella prospettiva di Bauer, se si vuole ottenere l'emancipazione politica, occorre affrancare lo Stato da ogni religione, rendendolo laico e dunque scevro dai privilegi che inevitabilmente lo contraddistinguono fin tanto che si configura come uno Stato religioso: solo in questa maniera, il particolarismo può cedere il passo all'universalismo e lo Stato può rivolgersi non più al *cristiano* o all'*ebreo*, bensì all'*uomo*. Affinché questo traguardo possa essere raggiunto, bisogna eliminare ogni privilegio e ogni monopolio religioso, lasciando

[94] Cfr. K. Marx, *Zur Judenfrage*, 1844; tr. it. *Sulla questione ebraica*, Bompiani, Milano 2007, a cura di D. Fusaro, p. 89.

sopravvivere la religione esclusivamente nella sfera della vita privata dei cittadini, i quali nello Stato «laico» sarebbero liberi di professare la religione che preferiscono. Con questa mossa, secondo Bauer, verrebbe conseguito un altro importante risultato: la scomparsa della religione in quanto tale. Quest'ultima, infatti, vive della sua forza di esclusione sancita dalle leggi, rimosse le quali cessa di esistere, come dimostrano le preoccupazioni del ministro della giustizia francese Nicolas Ferdinand Martin. Questi infatti – come ricordava Bauer nella sua trattazione – scorgeva non a torto nella proposta di tralasciare nella legge la menzione della domenica la dichiarazione stessa di morte del cristianesimo. La conclusione a cui Bauer perveniva (e che era stata già precorsa da Feuerbach) era che le radici dell'intolleranza, dell'esclusività e del fanatismo non risiedono in una specifica religione (ebraica o cristiana che sia), ma nel fenomeno religioso in sé considerato o, se si preferisce, nel concetto stesso di religione, sempre portatore di un «falso universalismo». In questo senso, l'emancipazione politica – ossia l'uguaglianza formale di tutti i cittadini, a prescindere dalla religione professata – è per Bauer la vera soluzione. Ed è questa la posizione presa di mira da Marx sulle pagine del suo saggio *Sulla questione ebraica*, che costituisce quindi una risposta critica alla *Questione ebraica* di Bauer. Nel discorso marxiano, l'asse del problema si sposta dalla religione (Bauer) all'emancipazione. In particolare, Marx mette in evidenza come quella politica sia un'emancipazione illusoria, che nulla ha a che vedere con l'emancipazione reale; e lo fa articolando il suo discorso su due piani diversi, uno (inoppugnabile) empirico e uno (forse più debole) teorico. Sul piano empirico, Marx prende in esame gli Stati dell'America del Nord, nei quali non esiste una religione ufficiale o un culto predominante: sono cioè Stati politicamente emancipati, nei quali ciascuno è libero di professare la religione che preferisce. Eppure, proprio in tali Stati, quando nell'aula di un tribunale siede come imputato un ateo, riceve un trattamento radicalmente diverso da quello riservato a un pio credente, che gode del massimo rispetto da parte del giudice: e ciò in base alla diffusa convinzione che un ateo non possa essere un uomo onesto.

In altri termini, in quegli Stati «la questione ebraica smarrisce il suo significato *teologico* per diventare una questione veramente *mondana*»[95], non più nascosta dietro alla maschera teologica e politica. È questa la freccia decisiva che Marx scocca per smascherare la limitatezza dell'emancipazione politica: essa è del tutto insufficiente e non coincide affatto con l'*emancipazione reale*, a tal punto che una società perfettamente emancipata sul piano politico non sarebbe in alcun caso una società emancipata in senso reale. Non è possibile emancipare l'ebreo senza aver preventivamente emancipato l'uomo tramite un'emancipazione sociale: l'asse del problema si sposta, in questo modo, dal problema religioso a quello socio-politico.

Dal punto di vista teorico, Marx confuta Bauer sottoponendo a critica il concetto stesso di emancipazione politica. L'intera trattazione baueriana è viziata infatti, secondo Marx, dal difetto di essere una risposta a due precise domande – chi deve emancipare? Chi deve essere emancipato? –, senza che venga neppure presa in esame la vera domanda su cui costruire una risposta coerente: per quale tipo di emancipazione bisogna battersi? O, detto altrimenti, qual è la *vera emancipazione*? Bauer dà per scontato che l'unica forma di emancipazione possibile sia quella politica, interna alla società già esistente, senza neppure sospettare l'esistenza di una emancipazione umana in senso più ampio. L'inevitabile conseguenza che discende da questa unilateralità sta nel fatto che Bauer critica lo Stato cristiano ma non lo Stato in quanto tale: qualora si attuasse l'emancipazione politica, si avrebbe uno Stato libero, ossia affrancato dalla religione; ma non si avrebbero necessariamente uomini liberi: pur nella sua miopia, che gli ha impedito di cogliere la problematicità dello Stato in sé considerato, Bauer ha intravisto questa aporia, notando che lo Stato può essere aconfessionale senza che per ciò stesso la stragrande maggioranza dei cittadini diventi atea. Ma in ogni caso, se si segue Bauer nella sua critica, «ci si muove pur sempre nell'ambito della teologia, per quanto ci si muova *criticamente*»[96], e

[95] Ivi, p. 101.

[96] *Ibidem*.

non si può in alcun caso pervenire alla critica dello Stato in quanto tale. Nel già citato caso degli Stati americani, appare evidente come, rimossa la religione dallo Stato, sia lo Stato stesso la contraddizione per eccellenza. Certo, finché si ha a che fare con uno Stato dichiaratamente religioso, è difficile prendere atto di questa contraddittorietà e si è propensi – come fa Bauer – a ricondurla alla religione stessa: è però nei casi di Stati laici e più evoluti, come quelli americani, che la contraddittorietà si manifesta senza maschere come contraddittorietà dello Stato stesso. Marx sembra qui aver guadagnato una duplice acquisizione capitale a cui mai rinuncerà: quella che vede nella religione un carattere epifenomenico e quella secondo cui, quando un processo storico ha raggiunto la forma più avanzata e meglio articolata, diventa la chiave per comprendere anche le tappe precedenti del processo: «l'anatomia dell'uomo fornisce una chiave per l'anatomia della scimmia»[97], si dirà nei *Grundrisse*, i «lineamenti fondamentali» di critica dell'economia politica stesi sotto forma di appunti tra il 1857 e il 1858.

Il grande errore di Bauer sta dunque nell'aver dichiarato guerra ai cieli della religione senza attaccare la terra delle contraddizioni sociali legittimate dallo Stato: «Bauer lascia che questi contrasti mondani sussistano, ma polemizza contro la loro espressione religiosa»[98]. Paradossalmente, dunque, la posizione baueriana finisce per rimanere avvolta dalle spire dell'hegelismo e si rivela amica dello *status quo* più di quanto potesse originariamente sembrare. Si sta qui consumando, almeno in parte, la rottura di Marx con la «Sinistra hegeliana» – accusata di criticare a parole e per di più rivolgendosi a realtà di secondaria importanza – che sarà portata a compimento nella *Sacra famiglia* e nell'*Ideologia tedesca*. A ben vedere, la limitatezza che contraddistingue la posizione di Bauer può essere ricondotta alla mancata distinzione tra due ambiti specifici: quello della vita politica nell'ambito dello Stato e quello

97 K. Marx, *Grundrisse der Kritik der politischen Ökonomie*, 1858; tr. it. *Lineamenti fondamentali di critica dell'economia politica*, Einaudi, Torino 1976, 2 voll., a cura di G. Backhaus, I, p. 30.

98 K. Marx, *Sulla questione ebraica*, cit., p. 115.

della vita sociale nell'ambito della società civile. Fin tanto che lo Stato resta uno Stato religioso (*ufficialmente*, come in Germania, dove lo Stato è teologo *ex professo*, o *indirettamente* come in Francia, dove il cattolicesimo gode di privilegi statali in quanto religione maggioritaria), ci si può illudere che le contraddizioni che lo dilaniano siano religiose e che sia sufficiente eliminare la religione per farle venir meno: è esattamente questa la posizione di Bauer. Tuttavia, se si volge lo sguardo a quelle nazioni in cui lo Stato ha superato la religione, diventando laico, ci si accorge che anche in esse – si ricordi il caso degli Stati del Nord dell'America – le contraddizioni sopravvivono, pur avendo cessato di essere religiose. In particolare, nota Marx, si prende atto che in quelle nazioni l'uomo conduce contemporaneamente una doppia esistenza: una negli astrattissimi cieli dello «Stato» (*Staat*), nel quale l'uomo è un *citoyen*, un ente comunitario inserito nella comunità politica di cui fa parte; e una, più immediata, sulla terra della «società civile» (*bürgerliche Gesellschaft*), nella quale ciascuno è un *bourgeois*, un uomo privato che agisce in vista dei propri fini personali e considera gli altri uomini come altrettanti mezzi per il raggiungimento di tali fini:

> «L'uomo conduce non solo nel pensiero, nella coscienza, ma nella *realtà*, nella *vita*, una duplice esistenza, una celeste e una terrena, l'esistenza nella *comunità politica* in cui egli si ritiene un ente comunitario e l'esistenza nella *società civile*, nella quale opera come *uomo privato*, il quale intende gli altri uomini come strumenti»[99].

I termini francesi *citoyen* e *bourgeois* avevano assunto una rilevanza particolare nel dibattito filosofico e politico del XIX secolo soprattutto grazie a *La libertà degli antichi, paragonata a quella dei moderni* di Benjamin Constant, nella cui prospettiva la libertà dei moderni – che intendono innanzitutto perseguire i propri interessi individuali – è quella del *bourgeois*, mentre quella delle antiche democrazie dirette era quella del *citoyen*, vale a dire di colui che partecipava direttamente alla vita politica[100].

[99] Ivi, p. 111.

[100] B. Constant, *De la liberté des anciens comparée à celle des modernes*, 1819; tr. it. *La libertà degli antichi, paragonata a quella dei moderni*, Einaudi, Torino 2005, a cura di G. Paoletti e P. P. Portinaro.

Questa dicotomia, che lessicalmente rimanda a Constant, trova il proprio punto di riferimento, sul piano concettuale, soprattutto negli hegeliani *Lineamenti di filosofia del diritto*, che Marx legge e commenta con precisione filologica. Nella prospettiva hegeliana, rispetto all'«altruismo particolare» della «famiglia» – primo momento dell'«eticità» –, che è unione immediata e naturale dei sessi al fine della procreazione e dell'allevamento della prole, la «società civile» (qualificata significativamente come «egoismo universale») costituisce un momento ulteriore, configurandosi come «il sistema dei bisogni» (*das System der Bedürfnisse*) poggiante sull'antagonismo di individui miranti ciascuno al proprio interesse individuale. Frutto dell'«intelletto» (*Verstand*), che distingue in parti la realtà, scomponendola e mostrandone le singole porzioni indipendenti le une dalle altre, la società civile – come meglio di ogni altro aveva mostrato Adam Smith – è il regno dell'interesse egoistico governato da un'insondabile provvidenza immanente (una «mano invisibile»[101], per citare il sofisma metafisico impiegato da Smith) la quale fa sì che, insieme al proprio egoistico interesse, l'individuo persegua anche quello collettivo (il fornaio che produce il pane o il birraio che produce la birra agiscono per il proprio personale vantaggio e, al tempo stesso, per il vantaggio della collettività). Un regno a cui tuttavia – notava Hegel – è consustanziale la disuguaglianza sociale e la divisione in classi, un regno in cui si concentrano «in poche mani ricchezze sproporzionate»[102]. La «società civile» trovava il suo superamento, che – nell'ottica hegeliana – era insieme il suo inveramento, nella concretezza organicistica dello Stato, il «*Razionale* in sé e per sé»[103], che rappresenta la «realtà dell'Idea etica»[104], l'«altruismo universale», lo «Spirito

[101] «Invisible hand»: A. Smith, *An Inquiry into the Nature and Causes of the Wealth of Nations*, 1776; tr. it. *La ricchezza delle nazioni*, Newton, Roma 1995, a cura di A. Roncaglia, p. 70. Come è noto, secondo Smith in ogni nazione agisce quella «mano invisibile» che contribuisce a creare «una generale prosperità che estende i suoi benefici fino alle classi più basse del popolo» (*ibidem*).

[102] G. W F. Hegel, *Lineamenti di filosofia del diritto*, cit., p. 403.

[103] Ivi, p. 417.

[104] «Die Wirklichkeit der sittlichen Idee»: *ibidem*.

oggettivo» incarnatosi in istituzioni concrete: anche Marx, fino a pochi anni prima, aveva creduto almeno in parte a questa soluzione hegeliana. Secondo Marx, la vera contraddizione – rimasta celata a Bauer – sta nel fatto che, da un lato, lo Stato proclama nei cieli astratti della politica l'uguaglianza dei cittadini, liberi ed eguali dinanzi alla legge, e, dall'altro, lascia che sulla terra della società civile sussista la massima disuguaglianza tra di loro, intesi come atomi esistenti in maniera isolata e reciprocamente antagonistica. In altri termini, in qualità di *citoyen*, ciascun uomo è *politicamente* uguale a tutti gli altri, ma in qualità di *bourgeois*, ciascuno è *socialmente* diverso e vede l'altro come mero strumento col quale accrescere le proprie sostanze. Non molti anni dopo, Marx rileverà che le disuguaglianze sociali non esistono *malgrado* l'uguaglianza politica, ma proprio *in virtù di* essa, come è suffragato dal caso dell'operaio che lavora dodici ore al giorno senza essere costretto da leggi che glielo impongano, facendo risultare lampante come la libertà politica si traduca immancabilmente in libertà di sfruttamento e in assenza di libertà sul piano sociale. Del resto, già Charles Fourier aveva molto insistito sul fatto che l'uguaglianza giuridica e quella politica non sarebbero mai state garantite se non fosse stata prima garantita l'uguaglianza sociale. Non è scorretto scorgere in questo tema – la «doppia cittadinanza» dell'uomo moderno – il grande nucleo teorico intorno al quale ruoterà l'intera analisi marxiana degli anni successivi, fino al *Capitale*: la libertà formale-giuridica del cielo della politica convive con la moderna schiavitù sociale-economica della terra della società civile.

In questa prospettiva, per Marx lo Stato cessa di essere il luogo in cui – come troppo fiduciosamente credeva Hegel – le contraddizioni spariscono, riassorbite nella piena realizzazione, universale e concreta, dell'«eticità»: esso è piuttosto la massima contraddizione, dalla quale sorgono e ricevono una legittimazione perversa tutte le altre, come risulta evidente dalla considerazione dell'uguaglianza politica. Infatti, lo Stato la rivendica come suo massimo motivo d'orgoglio, ma, se letta in trasparenza con occhi disincantati e critici, essa si rivela una vernice che occulta e, al tempo stesso, rende possibile la disuguaglianza che dilaga nella società civile. Lo Stato dice che gli individui sono *politicamente* uguali e liberi e, con ciò stesso, dichiara che sono *socialmente* diseguali e assoggettati[105]. E poi lo Stato è davvero il momento dell'universale concreto e al di là dei singoli interessi? Per Hegel lo Stato era la realtà incondizionata, da cui dipendevano i due precedenti momenti dell'«eticità» (famiglia e società civile), che solo in esso trovavano realizzazione compiuta, non diversamente da come, nella religione, tutto dipende da Dio e dalla sua volontà imperscrutabile. La rivoluzione nei cieli religiosi compiuta da Feuerbach – consistente nell'inversione di soggetto e predicato nella dialettica hegeliana, facendo dell'uomo il soggetto e di Dio il predicato – deve essere compiuta, come Marx sostiene nell'*Introduzione* a *Per la critica della filosofia del diritto di Hegel*, anche sulla terra del rapporto tra Stato e società civile: «la critica del cielo si trasforma così nella critica della terra»[106]; come non é la religione che crea l'uomo, ma é l'uomo che crea la religione, così non é la costituzione che crea il popolo, ma è il popolo a dar vita alla costituzione[107]. E Marx non accetta la soluzione hegeliana che ravvisava nello Stato il superamento del contrasto tra interessi particolari e interessi generali e indicava nella burocrazia la classe universale, in grado di agire nell'interesse di tutti e, per ciò stesso, di mediare fra i gruppi sociali antagonisti. Ha ragione Hegel a intendere lo Stato come momento etico per eccellenza, nella misura in cui – nota Marx – in esso si realizza la vita comunitaria del genere umano: la distanza siderale che separa i due autori sta però nel fatto che, se per Hegel lo Stato assorbe in sé anche la società civile, per Marx

[105] In realtà, in *Sulla questione ebraica*, Marx non si sofferma ancora in maniera diffusa sul problema del lavoro: bisognerà attendere i *Manoscritti economico-filosofici del 1844* per trovare una trattazione esaustiva del tema del «lavoro estraniato», reso possibile dalla libertà garantita politicamente dallo Stato.

[106] K. Marx, *Zur Kritik der Hegelschen Rechtsphilosophie. Einleitung*, 1843; tr. it. *Per la critica della filosofia del diritto di Hegel. Introduzione*, Editori Riuniti, Roma 1983, a cura di R. Panzieri, p. 51.

[107] È un evidente capovolgimento delle tesi dei pensatori tradizionalisti: si pensi a Louis de Bonald, il quale sostiene esplicitamente che sono la società, la politica e la religione a costituire l'uomo. Cfr. L. de Bonald, *Théorie du pouvoir politique et religieux*, 1795. Non è certo un caso se la diffusione dell'opera a Parigi fu immediatamente bloccata per ordine del Direttorio.

esso lascia che la società civile conduca un'esistenza parallela, vivendo una vita autonoma che trova legittimazione nello Stato stesso. In questo senso, secondo Marx lo Stato agisce nei confronti della società civile come la religione nei confronti del mondo. Essa infatti riconosce la limitatezza mondana e cerca di rimediarvi astrattamente ma, al tempo stesso, la giustifica. Così lo Stato sancisce che tutti gli uomini sono politicamente uguali e, al tempo stesso, permette e anzi protegge con le leggi il fatto che siano socialmente diversi. Di qui è facile evincere il carattere profondamente limitato delle costituzioni democratico-borghesi, con il loro dualismo tra valori *politici* (democratici, interclassisti) affermati al livello politico dello Stato, e valori *sociali* (borghesi, privatistici, classisti) affermati al livello della società civile. La politica è in essi subordinata all'economia borghese, «il *citoyen* viene ritenuto servo dell'*homme* egoista»[108] e «non l'uomo come *citoyen*, ma l'uomo come *bourgeois* viene scambiato per l'uomo *in senso autentico*»[109]. Le costituzioni borghesi costituiscono una parodia della democrazia, poiché in esse l'uguaglianza dei cittadini, ben lungi dal trovare una concreta applicazione nella società, viene relegata nell'ambito degli astratti princìpi politici. All'universalità illusoria dello Stato fa da contraltare il particolarismo concreto della società civile: Marx affronta questo punto prendendo in esame la Rivoluzione francese e i suoi portati, soffermandosi in particolare sulla *Dichiarazione dei diritti dell'uomo e del cittadino*. La convinzione su cui poggia il discorso marxiano è che l'uomo sia – aristotelicamente – un essere comunitario, uno *zoon politikòn*, dotato di un'«essenza di genere» (*Gattungswesen*) e fatto per vivere in comunità, a contatto coi propri simili. Fu grazie alla Rivoluzione francese che la società civile ottenne un'autonomia di cui mai aveva goduto prima, trovando nello Stato stesso e nelle sue leggi la propria legittimazione e la propria tutela. Marx afferma significativamente che «la rivoluzione politica è la rivoluzione della società civile»[110] che si affran-

[108] K. Marx, *Sulla questione ebraica*, cit., p. 145.

[109] *Ibidem*.

[110] Ivi, p. 149.

ca dalla feudalità e dall'eticità – intesa in senso hegeliano – che la caratterizzava. E quelli che la Rivoluzione contrabbandò come universali diritti dell'uomo erano in realtà i diritti del *bourgeois*, surrettiziamente innalzati al grado dell'universalità, fatti *ideologicamente* passare per diritti di tutti e, dunque, per diritti naturali dell'uomo in quanto tale. Tipico di quella che Marx definirà «ideologia» è esattamente questo tentativo di far passare per eterno e universale ciò che in realtà è storicamente determinato e dettato da interessi particolari. Se si volge lo sguardo alla *Dichiarazione dei diritti dell'uomo e del cittadino*, questo punto risulta lampante, poiché «nessuno dei cosiddetti diritti dell'uomo si spinge al di là dell'uomo egoista, dell'uomo in quanto è membro della società civile, ossia individuo ripiegato in sé, nel suo interesse privato e nel suo privato arbitrio, e separato dalla comunità»[111]. La Rivoluzione francese – come Marx mai si stancherà di ripetere – è stata una rivoluzione borghese, che ha rimosso le vecchie componenti feudali; tale rivoluzione, come ogni altra, è stata compiuta in difesa di ben precisi interessi (quelli borghesi dell'«uomo egoista») e ha cercato di presentarsi come universale, compiuta a vantaggio dell'uomo in quanto tale e dei suoi diritti. Ciò non vuol dire che Marx disprezzi la Rivoluzione, come un Burke o un de Maistre, intendendola come il vaso di Pandora da cui sarebbe scaturito ogni male: al contrario, ai suoi occhi essa è – hegelianamente – una tappa necessaria e positiva, se inserita nell'economia del tutto, anche perché essa ha di fatto inaugurato la modernità e aperto la strada al moderno scontro di classe.

Uno dei risultati più significativi della Rivoluzione fu l'inversione del rapporto tra Stato e società civile: quest'ultima, fino ad allora subordinata allo Stato, guadagnò l'egemonia e fece dello Stato e del suo apparato giuridico uno strumento per tutelare le proprie acquisizioni. Così la libertà fatta valere dalla Rivoluzione: una libertà intesa essenzialmente come libertà da costrizioni (libertà di accrescere *ad libitum* le proprie ricchezze, di agire indisturbatamente e senza essere ostacolati dagli altri borghesi o dallo Stato stesso) e dunque come

[111] Ivi, p. 145.

«libertà dell'uomo in quanto monade isolata»[112], sancita e legittimata dallo Stato stesso, che prese a perseguire a norma di legge chi non la rispettava. Si può davvero dire che questa sia la vera e universale libertà dell'uomo? «Maestro del sospetto»[113] fino in fondo, Marx non si accontenta di stare in superficie ma scende in profondità per scoprire che quella forma di libertà, che la Rivoluzione ha dichiarato universale ed eterna, è in realtà la libertà del borghese, indissolubilmente legata a un ben preciso momento storico: è la libertà su cui si fonda la società civile, una libertà che vede nell'altro uomo «non la *realizzazione*, ma piuttosto il *limite* della propria libertà»[114]; è, in definitiva, una libertà parziale e ideologica, che anziché liberare l'uomo dalla religione, gli assicura la libertà religiosa, anziché liberarlo dalla proprietà privata, gli assicura la libertà della proprietà. In tale prospettiva – a cui Marx resterà fedele anche nella fase matura del suo pensiero –, ciascun individuo si configura come un atomo a sé stante, come una monade leibniziana, «senza finestre» e ripiegata in se stessa, che si relaziona agli altri solo per trarne giovamento economico, facendo così apparire la società civile per quello che realmente è: l'hobbesiano «bellum omnium contra omnes», in cui ciascun uomo è un lupo per l'altro uomo. La società che ne scaturisce è dunque la negazione dell'«essenza comunitaria» (*Gemeinwesen*) dell'uomo, è la società degli individui isolati e dotati di un'esistenza individuale assimilabile a quella degli atomi di Epicuro – di cui Marx si era occupato nella sua dissertazione dottorale –, che tendono a respingersi e si incontrano solo in modo accidentale; una società nella quale la natura stessa è intesa non come «corpo inorganico» dell'uomo, bensì come strumento da sfruttare illimitatamente; e in tale società, specchio di un mondo capovolto, la donna diventa oggetto di traffico, degradandosi a merce acquistabile sul mercato e diventando oggetto al servizio dell'uomo: tema sul quale Marx ed Engels insi-

[112] Ivi, p. 141.

[113] P. Ricoeur, *De l'interprétation. Essai sur Freud*, 1965; tr. it. *Dell'interpretazione. Saggio su Freud*, Il Saggiatore, Milano 1967, a cura di E. Renzi, p. 46.

[114] K. Marx, *Sulla questione ebraica*, cit., p. 141.

steranno moltissimo negli scritti successivi, arrivando a sostenere che «la prima divisione del lavoro è quella tra uomo e donna per la procreazione di figli»[115] e che la monogamia appare storicamente come «soggiogamento di un sesso da parte dell'altro»[116].

La prospettiva hegeliana, che vedeva nello Stato il momento di composizione delle contraddizioni dilaganti nella società civile, è abbandonata e cede il passo alla convinzione che lo Stato sia al servizio della società civile stessa e ne legittimi in tutti i modi possibili le disuguaglianze e gli antagonismi: una prospettiva che già prelude al punto di vista che Marx ed Engels assumeranno qualche anno dopo, sostenendo – secondo l'espressione di Engels – che «lo Stato, poiché è nato dal bisogno di tenere a freno gli antagonismi di classe, ma contemporaneamente è nato in mezzo al conflitto di queste classi, è, per regola, lo Stato della classe più potente, economicamente dominante che, per mezzo suo, diventa anche politicamente dominante e così acquista un nuovo strumento per tener sottomessa e per sfruttare la classe oppressa»[117]. La frattura con Hegel, su questo punto, è radicale, ed emerge soprattutto in *Per la critica della filosofia del diritto di Hegel* – un lungo (e mai pubblicato) commento dei *Lineamenti di filosofia del diritto* di Hegel – in cui Marx assume la concezione hegeliana dello Stato come bersaglio polemico, estendendo al piano politico la critica che Feuerbach aveva applicato alla religione. Il pensiero hegeliano – argomenta Marx – è il mero riflesso dello Stato di cui si occupa. Da un lato, Hegel ha commesso sul piano politico l'inversione di soggetto e predicato denunciata da Feuerbach in sede religiosa, nella misura in cui ha trasformato l'idea in soggetto e lo Stato in predicato; dall'altro, egli ha attribuito a tale idea un contenuto empirico, trovandosi così a trasfigurare e, insieme, ad assolutizzare l'empirico. Il risultato che ne è scaturito è l'assolutizzazione dello Stato prussiano, presentato come necessario e razionale sviluppo dell'Idea, come Stato

115 K. Marx – F. Engels, *L'ideologia tedesca*, cit., p. 27.

116 F. Engels, *L'origine della famiglia, della proprietà privata e dello Stato*, cit., p. 93.

117 Ivi, p. 202.

ideale. In questo modo, le istituzioni dello Stato prussiano diventano per Hegel le tappe necessarie dello sviluppo dell'Idea: viene contrabbandata come costruzione speculativa la situazione effettiva in cui si trovava la monarchia prussiana di allora. Non stupisce che, in questo scritto, Marx cerchi di dimostrare come, partendo dai singoli soggetti agenti nel mondo, si giunga direttamente alla democrazia (che Marx, in questo scritto, difende ed esalta, rivelando l'influenza – tra gli altri – di Spinoza[118]), mentre, partendo – come fa Hegel – dalla sovranità ideale e autosufficiente, si pervenga immancabilmente alla monarchia, e più precisamente alla monarchia prussiana, assolutizzata e trasfigurata in momento dell'Idea, rispetto alla quale il monarca è un'incarnazione empirica. In particolare, Hegel deve essere criticato non perché descrive l'essere dello Stato moderno quale è, ma perché spaccia ciò che è, lo *status quo*, come l'essenza dello Stato, compiendo una indebita «ipostatizzazione», ossia la trasposizione di un contenuto storico-empirico in una sorta di idealità logico-ontologica. Nella *Sacra famiglia* – il testo marxiano che, in verità, ha storicamente goduto di minore fortuna – il «mistero della costruzione speculativa»[119] (*Geheimnis der spekulativen Konstruktion*) di Hegel viene illustrato con l'esempio dei frutti:

> «Se io, dalle mele, pere, fragole, mandorle, reali, mi formo la rappresentazione generale "*frutto*", se vado oltre e *immagino* che "*il* frutto", la mia rappresentazione astratta, ricavata dai frutti reali, sia un'essenza esistente fuori di me, sia anzi l'essenza *vera* della pera, della mela, ecc., io dichiaro – con espressione *speculativa* – che "*il* frutto" è la "sostanza" della pera, della mela, della mandorla ecc. Io dico quindi che per la pera non è essenziale essere pera, che per la mela non è essenziale essere mela. L'essenziale, in queste cose, non sarebbe la loro esistenza reale, sensibilmente intuibile, ma l'essenza che io ho astratto da esse e

118 A testimonianza dell'attento studio che Marx dedica a Spinoza disponiamo di un quaderno denso di appunti presi durante la lettura (nel 1841) del *Trattato teologico-politico*: cfr. K. Marx, *Spinoza, «Tractatus theologico politicus»*, Heft V, 1841; tr. it. *Quaderno Spinoza (1841)*, Bollati Boringhieri, Torino 1987, a cura di B. Bongiovanni.

119 K. Marx – F. Engels, *Die heilige Familie oder Kritik der kritischen Kritik. Gegen Bruno Bauer und Kunsorten*, 1845; tr. it. *La sacra famiglia. Ovvero critica della critica critica. Contro Bruno Bauer e soci*, Editori Riuniti, Roma 1967, a cura di A. Zanardo, p. 71. La *Sacra famiglia* è il testo, tra quelli scritti insieme da Marx ed Engels, che ha goduto di minore fortuna (e di minori ristampe).

ad esse ho attribuito, l'essenza della mia rappresentazione "*il* frutto". Io dichiaro allora che mela, pera, mandorla, ecc. sono semplici modi di esistenza, modi "*del* frutto"»[120].

In questa inedita forma di «idealismo platonico» (ancorché si tratti, per quel che riguarda Hegel, – come ha rilevato Lukács – di un idealismo «monomondano» e, per quel che concerne Platone, di un idealismo «bimondano»[121]), i singoli casi empirici vengono a essere considerati come altrettante manifestazioni sensibili del modello ideale, ontologicamente superiore. L'aspetto conservatore di un simile pensiero è fin troppo evidente e, per accorgersene, basta sostituire la mela dell'esempio con lo Stato prussiano. In quanto incarnazione empirica dell'idea di Stato, esso è, di per sé, giusto e razionale: ciò che è reale è razionale, secondo la nota espressione hegeliana. L'insuperabile limite che caratterizza la teoria hegeliana non meno di quella platonica e, più in generale, ogni idealismo è, secondo Marx, la perdita delle determinazioni particolari del reale. Hegel, infatti, vede nella mela la stessa cosa che nella pera, e nella pera la stessa cosa che nella mandorla, vale a dire «il frutto». I particolari frutti reali non valgono più che come frutti *apparenti*, la cui vera essenza è «la sostanza»: ciascuno di essi è, in sé, razionale, ma al tempo stesso rimanda a qualcosa di superiore, all'idea di frutto. In questo senso, Hegel – osserva Marx – svuota il reale della ricchezza delle sue determinazioni empiriche, depaupera gli oggetti empirici di quelle caratteristiche specifiche che li distinguono gli uni dagli altri e accetta passivamente lo Stato così com'è. Il metodo idealistico di Hegel è «mistificante», e rivela la sua pericolosità soprattutto quando viene impiegato per comprendere la realtà sociale e la storia. Esso, infatti, riduce le forme reali, generate dalle condizioni concrete, in pure «categorie», in «concetti», trasformando catene reali, oggettive, esistenti *fuori di me*, in catene solo ideali, solo soggettive, esistenti *solo in me*, e riconoscendo ogni realtà esistente come pienamente

120 *Ibidem*.

121 G. Lukács, *Zur Ontologie des gesellschaftlichen Seins*, 1971; tr. it. *Ontologia dell'essere sociale*, Editori Riuniti, Roma 1976-1981, a cura di A. Scarponi, 3 voll., I, pp. 165 ss.

razionale in quanto manifestazione sensibile della realtà ideale. Questo impianto idealistico, che si riverbera largamente, come abbiamo visto, sulla concezione hegeliana dello Stato e della filosofia della storia è ciò che Marx sottopone a critica. Tuttavia, il dubbio che si può ragionevolmente far valere, sulla scorta delle osservazioni formulate da Roberto Fineschi[122], è se effettivamente l'Hegel presentato e criticato da Marx sia il *vero Hegel* e non, piuttosto, una sua versione mistificata e fraintesa: l'esempio banale dei frutti, l'idea dello Stato prussiano come idea eterna incarnatasi, ecc., sembrano effettivamente rivelare come la lettura marxiana di Hegel – assunta come dogma intoccabile dal marxismo – non sia esente da errori grossolani e sia in larga parte ereditata da Bauer e da Feuerbach.

Come si è appena detto, da un lato Marx sottopone a critica la concezione hegeliana dello Stato come momento supremo della riconciliazione delle contraddizioni e, dall'altro, abbandona definitivamente l'idea, propugnata dai «Giovani hegeliani», dell'emancipazione politica come forma più alta di emancipazione. Portata a compimento questa critica condotta su due fronti, si tratta a questo punto di delineare il profilo di una possibile via che porti alla vera emancipazione, che, come non è difficile intuire, deve essere un'emancipazione sociale, che coinvolga la sfera dell'esistenza dell'uomo sulla terra della società e non soltanto nei cieli della politica. Sarà questo il progetto che occuperà Marx per il resto della sua vita, portandolo dalla democrazia (difesa e legittimata teoreticamente nella *Critica della filosofia del diritto di Hegel*) al comunismo (apertamente propugnato per la prima volta nei *Manoscritti economico-filosofici del 1844*), e inducendolo a prendere le distanze, in maniera definitiva, dai «Giovani hegeliani», primo tra tutti da Ruge (1844), e dalla sua prospettiva democratico-borghese, che viene sottoposta a una sferzante requisitoria (Ruge stesso, accusato di intellettualismo estetizzante e di essere un rivoluzionario solo a parole, viene liquidato con una durezza feroce, che peraltro Marx impiegherà puntualmente con tutti gli amici da cui via via prenderà le

[122] R. Fineschi, *Marx e Hegel. Contributi a una rilettura*, Carocci, Roma 2006.

distanze[123]). Il motivo profondo di tale frattura risiede, oltre che nell'elaborazione della «concezione materialistica della storia» – del tutto incompatibile con le posizioni ancora troppo idealistiche della «Sinistra» –, nel fatto che, già a partire dal 1843, i «Giovani hegeliani» e Marx rivolgevano la loro attenzione a classi sociali diverse: ai democratico-borghesi, i primi; all'«umanità sofferente» (successivamente identificata con il proletariato), il secondo. Ai tempi del saggio *Sulla questione ebraica* non viene ancora prospettata una soluzione coerente, e, dopo aver operato con precisione chirurgica sui concetti e sulle concrete realizzazioni dello Stato e della società civile, mostrandone la limitatezza e le intime contraddizioni, Marx si limita a proporre, in maniera vaga e fumosa, il ricongiungimento del *bourgeois* e del *citoyen* – senza però chiarire le modalità effettive secondo cui esso deve avvenire – come rimedio ai mali del mondo moderno:

> «Soltanto quando l'uomo reale, individuale, compendia in sé il cittadino astratto, e come uomo individuale nella sua vita empirica, nel suo lavoro individuale, nei suoi rapporti individuali è diventato *ente di genere* (*Gattungswesen*), soltanto quando l'uomo ha riconosciuto e organizzato le sue "proprie forze" come forze *sociali*, e per ciò stesso non disgiunge più da sé la forza sociale nella figura della forza *politica*, soltanto allora l'emancipazione umana è realizzata»[124].

123 Una delle costanti della vita di Marx, dalla gioventù fino alla maturità, fu quella di rompere brutalmente la maggior parte dei rapporti di amicizia e delle collaborazioni filosofiche che aveva precedentemente stretto: e questa caratteristica dev'essere ricondotta, oltre che al suo carattere particolarmente spigoloso, al fatto che le posizioni che egli andava via via maturando si rivelavano immancabilmente incompatibili con quelle dei collaboratori di turno; verso questi ultimi, una volta che aveva preso atto della distanza che li separava dal suo pensiero, Marx ricorreva quasi sempre alla forma dell'invettiva, della critica spietata e senza esclusione di colpi: la rottura con Ruge, dunque, non fu un episodio isolato, ma piuttosto il primo di una lunga serie che trovò espressione in numerosi scritti marxiani puntualmente indirizzati con toni polemici agli ex-amici. Così, con *La sacra famiglia* (1845) e con *L'ideologia tedesca* (1846), Marx chiuderà i conti con i «Giovani hegeliani», senza risparmiare neppure l'anarchismo di Max Stirner e il «comunismo rozzo» di Karl Grün; con *Miseria della filosofia*, del 1847, si consuma la definitiva rottura con Proudhon, etichettato come dilettante tanto in filosofia quanto in economia; sorti simili toccheranno anche a Michail Bakunin, a Ferdinand Lassalle e a molti altri. Non sappiamo, dunque, quanto potesse essere attendibile Engels quando, nell'orazione funebre recitata in occasione della scomparsa dell'amico nel 1883, affermò che il Moro – così Marx era stato ribattezzato per via della carnagione – ebbe molti avversari ma nessun nemico personale.

124 K. Marx, *Sulla questione ebraica*, cit., p. 157.

L'emancipazione politica deve essere completata con l'«emancipazione umana» (*menschliche Emanzipation*), coincidente con la vera emancipazione sociale: ed è esattamente in vista dell'obiettivo di un'emancipazione «vera», non parziale e illusoria, che Marx impiegherà tutte le sue energie, comprese quelle pratiche, avvicinandosi a movimenti e a partiti operai di vario tipo (ma senza mai fondarne uno suo), dalla Lega dei Comunisti (per la quale egli ed Engels pubblicheranno, come piattaforma programmatica, il *Manifesto del partito comunista*) alla Prima Internazionale. Nello scritto *Sulla questione ebraica*, alla straordinaria precisione con cui ha criticato la società e lo Stato esistenti s'accompagna un'imbarazzante astrattezza e approssimazione nel delineare in che cosa effettivamente consista e come debba attuarsi tale emancipazione reale, intesa come una vaga riconquista della natura di «essere appartenente a una specie» (*Gattungswesen*) – concetto, questo, decisamente problematico, che troviamo ancora nei *Manoscritti* del 1844 e che tuttavia sembra via via venire meno negli scritti successivi.

Quando le due sfere del sociale e del politico saranno di nuovo unite in nome del *sociale* e non dell'individuale egoista, allora l'emancipazione *umana* potrà dirsi compiuta. A ben vedere, Marx lascia imprecisato non soltanto come debba realizzarsi questa «rivoluzione umana», ma non specifica neppure chi ne sia l'attore; certo è che egli è ormai convinto che la borghesia liberale, smarrito il suo impeto rivoluzionario con la Rivoluzione francese, sia del tutto incapace di assolvere a tale compito, tutta concentrata com'è nella conservazione dello *status quo*. Ma che cosa sono allora, in concreto, le «forze sociali» a cui Marx fa riferimento? Come si può superare la scissione dicotomica tra «forza sociale» e «forza politica»? Marx lascia irrisolte tali questioni, forse perché – è stato detto – la sua critica è ancora «essenzialmente filosofica»[125] e pertanto ancora troppo distante dalla realtà. È nel secondo scritto marxiano apparso sugli *Annali franco-tedeschi*, l'*Introduzione* a *Per la critica della filosofia del diritto di Hegel*, che Marx delinea invece una risposta più concreta a questi problemi: in esso fa la sua prima comparsa, nel lessico marxiano, il proletariato, andando

[125] M. Löwy, *Il giovane Marx*, cit., p. 98.

a occupare un posto che resterà assolutamente centrale in tutti gli scritti marxiani successivi. Con lo sguardo rivolto alla Germania, Marx si chiede con insistenza quali siano le possibilità dell'emancipazione tedesca, e a questa domanda fornisce una risposta chiara e decisa, che – come vedremo in seguito – coinvolge direttamente la filosofia della storia: qual è quella classe sociale che può essere il vero soggetto della storia, criticando ma, soprattutto, trasformando realmente il mondo e permettendo una sua redenzione? Marx crede di poter individuare tale classe nel proletariato di fabbrica da lui scoperto a Parigi, un gruppo sociale posto ai margini della società civile, oppresso da «patimenti universali»[126] – «l'umanità che soffre»[127] presentita ai tempi della lettera a Ruge – e senza alcun diritto particolare da rivendicare; una classe che, vittima di un'ingiustizia universale, può per ciò stesso parlare in nome dell'uomo in quanto tale e che non può emancipare se stessa senza emancipare l'uomo in quanto tale: questa classe è il proletariato, che, rappresentando la «*perdita completa* dell'uomo»[128], è potenzialmente in grado di operare un «*completo recupero dell'uomo*»[129]; secondo la celebre formulazione dell'opera pensata direttamente per la lotta e la redenzione del movimento operaio (e scritta mentre il cielo era reso scuro dalle nubi dell'imminente rivoluzione), il *Manifesto del partito comunista*: «i proletari non hanno nulla da perdere fuorché le loro catene. E hanno un mondo da guadagnare»[130]. La diagnosi è chiarissima: proprio perché ai margini della società, senza privilegi particolari da difendere, i proletari conducono una lotta in difesa non di interessi particolari, bensì degli interessi dell'uomo in quanto tale (la loro posizione, come si chiarirà soprattutto nell'*Ideologia tedesca*, non è viziata dall'*ideologia*). La conseguenza è che, emancipando se stessi, essi emancipano l'umanità. In questo modo, si dischiude a Marx il nuovo orizzonte di una classe che è particolare e al tempo stesso universale e che,

126 K. Marx, *Per la critica della filosofia del diritto di Hegel. Introduzione*, cit., p. 67.

127 K. Marx, lettera a Ruge del maggio del 1843, in *Annali franco-tedeschi*, cit., p. 60.

128 K. Marx, *Per la critica della filosofia del diritto di Hegel. Introduzione*, cit., p. 67.

129 *Ibidem*.

130 K. Marx – F. Engels, *Manifesto del partito comunista*, cit., p. 57.

proprio perché vittima dell'ingiustizia più radicale, vede la realtà in maniera disincantata, senza legittimarla ideologicamente. Questa prospettiva, che a tutta prima pare limitata all'area tedesca, è certamente destinata, secondo Marx, a estendersi su scala mondiale, con la conseguenza che «*l'emancipazione del tedesco è l'emancipazione dell'uomo*»[131]. Curiosamente, in questo testo Marx assume l'area tedesca come epicentro di una rivoluzione destinata a divampare successivamente nel mondo intero: tesi che verrà ben presto abbandonata (soprattutto in forza del fallimento delle rivoluzioni del 1848 in Europa) e cederà il posto a quella – centrale nel *Capitale* – secondo cui il cuore della rivoluzione mondiale sarà il paese industrialmente più avanzato, l'Inghilterra; senza per questo rinunciare, comunque, all'idea della missione universale di cui è incaricata la classe dei proletari. In questo processo emancipativo, la cui stella polare è la convinzione che «*l'uomo è per l'uomo l'essenza suprema*»[132], la filosofia fornisce le armi teoriche al proletariato, che ad essa offre le armi materiali:

> «La *testa* di questa emancipazione è la *filosofia*, il suo *cuore* è il *proletariato*. La filosofia non può realizzarsi senza la soppressione del proletariato, il proletariato non può sopprimersi senza la realizzazione della filosofia»[133].

In virtù di questa alleanza strategica, la filosofia cessa di esistere, si dona al mondo e lo filosoficizza sopprimendo il proletariato e, con ciò stesso, emancipando l'uomo: l'eliminazione della classe proletaria e l'emergenza dell'uomo «nuovo», socialmente emancipato, nascono da un sol parto. La rivoluzione – sembra sostenere Marx – nascerà dalla testa del filosofo, per poi accendere gli animi proletari: una prospettiva che sarà superata verso la fine del 1844, in virtù del contatto diretto coi circoli operai e con la formulazione del concetto di «prassi rivoluzionaria»[134], tramite il quale viene superata l'idea di una rivoluzione partorita dalle menti dei filosofi. Rispetto

[131] K. Marx, *Per la critica della filosofia del diritto di Hegel. Introduzione*, cit., p. 69.

[132] Ivi, p. 60.

[133] Ivi, p. 69.

[134] K. Marx, *Tesi su Feuerbach*, cit., p. 51.

alla scritto *Sulla questione ebraica*, Marx ha chiarito l'identità dell'attore dell'emancipazione politica, senza tuttavia risolvere compiutamente il problema inerente ai contenuti di tale emancipazione: in che cosa consisterà la società umanamente emancipata? È una questione destinata a rimanere aperta, anche alla luce del fatto che Marx sarà sempre piuttosto parco nel dipingere il futuro, e, le poche volte che lo farà, fornirà soluzioni poco credibili, peccando egli stesso di quell'astrattezza che rinfacciava con tanta irritazione ai «Giovani hegeliani».

4. *La religione, oppio del popolo.*

> «La miseria *religiosa* è insieme *l'espressione* della miseria reale e la *protesta* contro la miseria reale. La religione è il sospiro della creatura oppressa, il sentimento di un mondo senza cuore, così come è lo spirito di una condizione senza spirito. Essa è l'*oppio* del popolo».
>
> (K. Marx, *Per la critica della filosofia del diritto di Hegel. Introduzione*)

Abbiamo già insistito diffusamente su come la critica della religione costituisse uno dei nuclei teorici della «Sinistra hegeliana», i cui esponenti si riconoscevano tutti – chi più, chi meno – nella concezione della religione tratteggiata da Ludwig Feuerbach nella sua *Essenza del Cristianesimo* (1841), in cui questi aveva smascherato la teologia riconducendola all'antropologia. Come è noto, stando a Feuerbach, «l'essere divino non è altro che l'essere dell'uomo liberato dai limiti dell'individuo, cioè dai limiti della corporeità e della realtà, e oggettivato, ossia contemplato e adorato come un altro essere da lui distinto»[135], con la fondamentale conseguenza che «tutte le qualificazioni dell'essere *divino* sono [...] qualificazioni dell'essere *umano*»[136]. In questo senso, la religione rappresenta l'infanzia dell'umanità, ossia la prima forma di autocoscienza

[135] L. Feuerbach, *Das Wesen des Christentums*, 1841; tr. it. *L'essenza del Cristianesimo*, Laterza, Roma-Bari 1960, p. 39.

[136] *Ibidem*.

indiretta del genere umano: una forma che tuttavia, ora che l'umanità è divenuta adulta, deve secondo Feuerbach cedere il passo alla superiore figura del pensiero, che non ha più bisogno di Dio come specchio sulla cui superficie contemplare gli attributi umani. Marx stesso eredita molto da questa concezione feuerbachiana: ed è facile evincerlo dalla definizione presente nello scritto *Sulla questione ebraica*, dove la religione viene qualificata come «via indiretta»[137] (*Umweg*) tramite la quale l'uomo riconosce se stesso; una definizione che riecheggia quella feuerbachiana della religione come «prima, ma indiretta autocoscienza dell'uomo»[138]. Lo stesso Marx, del resto, non farà mai mistero del proprio debito nei confronti di Feuerbach (anche quando lo criticherà, denunciandone la scarsa attenzione prestata alla storia e alla prassi umana), sostenendo, con un abile gioco di parole, che «non ci è data altra via per la verità e la libertà se non attraversando il *torrente di fuoco* (*Feuer-bach*)»[139]. Seguendo l'antica tradizione che aveva denunciato l'alleanza tra trono-altare e svelando la vera natura della religione come *instrumentum regni*, Feuerbach e gli altri «Giovani hegeliani» credono fermamente che il più grande ostacolo all'emancipazione politica sia la religione stessa, anche in virtù del fatto che essa, ammaestrando l'uomo a ubbidire supinamente a un padrone celeste, prepara le condizioni ideali affinché l'uomo si abitui a ubbidire anche a padroni terreni. Pur tramite percorsi alternativi, Feuerbach giunge alla stessa destinazione di Bauer: la *condicio sine qua non* dell'emancipazione politica è l'eliminazione della religione. Infatti, solo quando cesserà di essere schiavo di Dio, l'uomo potrà anche cessare di essere schiavo di padroni materiali. Anche in Feuerbach, dunque, lo Stato in sé considerato viene solo tangenzialmente sottoposto a critica. Lo stesso Marx, nei primissimi anni della sua attività, aveva individuato nella religione il principale problema da risolvere, nella convinzione che fosse

137 K. Marx, *Sulla questione ebraica*, cit., p. 107.

138 L. Feuerbach, *L'essenza del Cristianesimo*, cit., p. 38.

139 K. Marx, *Luther als Schiedsrichter zwischen Strauß und Feuerbach*, in Id., *Anekdota zur neuesten deutschen Philosophie und Publizistik*, in *MEW*, cit., II, p. 27. Traduzione nostra.

esso ad albergare in sé e a generare tutte le contraddizioni del reale: una posizione che risulta evidente volgendo lo sguardo alla *Dissertazione del '41* o ad alcuni articoli della «Rheinische Zeitung». Soprattutto nel primo scritto, Epicuro, «il più grande illuminista greco»[140], viene esaltato come paradigma del vero filosofo che spende le sue energie intellettuali per attaccare la religione e per dimostrare la superiorità assoluta dell'uomo:

> «La filosofia, finché una goccia di sangue pulserà nel suo cuore assolutamente libero, dominatore del mondo, griderà sempre ai suoi avversari, insieme a Epicuro: "empio non è chi rinnega gli dèi del volgo, ma chi le opinioni del volgo applica agli dèi". La filosofia non fa mistero di ciò. La dichiarazione di Prometeo – "detto francamente, io odio tutti gli dèi" – è la sua propria dichiarazione, la sua propria sentenza contro tutti gli dèi celesti e terreni che non riconoscono come divinità suprema l'autocoscienza umana»[141].

Una concezione che, come si vede, è perfettamente in linea con quella degli altri «Giovani hegeliani». Tuttavia, già a partire dal 1843, Marx cambia rotta, scoprendo nello Stato e nella sfera materiale il regno delle contraddizioni, rispetto al quale il momento religioso è – contrariamente a quanto credevano gli altri esponenti della «Sinistra hegeliana» – secondario e derivato. È la scoperta delle storture e delle contraddizioni di cui è intessuta la realtà sociale che induce Marx a invertire la posizione dei «Giovani hegeliani»: non è la religione a produrre un mondo distorto, ma, viceversa, è il mondo reale distorto e colmo di contraddizioni a produrre la religione, che della miseria di quel mondo a testa in giù è espressione. Non la questione religiosa, bensì quella sociale, inscindibilmente connessa con il mondo reale, diventa il cuore dell'analisi marxiana. Per comprendere questo punto nodale, occorre soffermare l'attenzione sulle prime pagine dell'*Introduzione* a *Per la critica della filosofia del diritto di Hegel*, il cui passaggio culminante merita di essere riportato interamente:

> «Il fondamento della critica irreligiosa è: *l'uomo fa la religione,* e non la religione l'uomo. Infatti, la religione è la coscienza di sé

140 K. Marx, *Differenza tra le filosofie della natura di Democrito e di Epicuro*, cit., p. 201.

141 Ivi, pp. 97-99.

e il sentimento di sé dell'uomo che non ha ancora conquistato o ha già di nuovo perduto se stesso. Ma *l'uomo* non è un essere astratto, posto fuori del mondo. L'uomo è il *mondo dell'uomo,* Stato, società. Questo Stato, questa società producono la religione, una *coscienza capovolta del mondo,* poiché essi sono un *mondo capovolto.* La religione è la teoria generale di questo mondo, il suo compendio enciclopedico, la sua logica in forma popolare, il suo *point d'honneur* spiritualistico, il suo entusiasmo, la sua sanzione morale, il suo solenne compimento, il suo universale fondamento di consolazione e di giustificazione. Essa è la *realizzazione fantastica* dell'essenza umana, poiché l'*essenza umana* non possiede una realtà vera. La lotta contro la religione è dunque mediatamente la lotta contro *quel mondo,* del quale la religione è l'*aroma* spirituale. La miseria *religiosa* è insieme *l'espressione* della miseria reale e la *protesta* contro la miseria reale. La religione è il sospiro della creatura oppressa, il sentimento di un mondo senza cuore, così come è lo spirito di una condizione senza spirito. Essa è l'*oppio* del popolo. Eliminare la religione in quanto *illusoria* felicità del popolo vuol dire esigerne la felicità *reale.* L'esigenza di abbandonare le illusioni sulla sua condizione è *l'esigenza di abbandonare una condizione che ha bisogno di illusioni.* La critica della religione, dunque, è, in *germe,* la critica della *valle di lacrime,* di cui la religione è l'*aureola.* La critica ha strappato dalla catena i fiori immaginari, non perché l'uomo porti la catena spoglia e sconfortante, ma affinché egli getti via la catena e colga i fiori vivi. La critica della religione disinganna l'uomo affinché egli pensi, operi, configuri la sua realtà come un uomo disincantato e giunto alla ragione, affinché egli si muova intorno a se stesso e perciò, intorno al suo sole reale. La religione è soltanto il sole illusorio che si muove intorno all'uomo, fino a che questi non si muove intorno a se stesso»[142].

Marx sviluppa un'analisi genealogica del fenomeno religioso, muovendo dall'acquisizione feuerbachiana che vede Dio come una creazione dell'uomo, ma giungendo a conclusioni ben più radicali e, per molti versi, opposte: «questo Stato, questa società producono la religione, una *coscienza capovolta del mondo*, poiché essi sono un *mondo capovolto*»[143]. È nel «mondo capovolto» (*verkehrte Welt*) – tema che ritornerà incessantemente in tutti gli scritti marxiani successivi – che

[142] K. Marx, *Per la critica della filosofia del diritto di Hegel. Introduzione*, cit., pp. 49-50.

[143] *Ibidem.*

deve essere ravvisata l'origine della religione: per sopravvivere in un mondo permeato da contraddizioni sociali e da ingiustizie d'ogni sorta (si ricordi «l'umanità sofferente che pensa»), gli uomini hanno fantasticato un mondo celeste perfetto e giusto, di cui il mondo capovolto in cui vivono costituisce, per così dire, un'anticamera: visto come momento di transizione verso la felicità eterna, il mondo terreno, questa «valle di lacrime», diventa più sopportabile. L'ordinaria immagine di un Marx nemico giurato della religione risulta poi ridimensionata dal fatto che, qualche riga dopo, egli ammette che la religione rappresenta già una «*protesta* contro la miseria reale»[144], nella misura in cui al mondo terreno e ai suoi difetti contrappone quello celeste, perfetto ed eterno. Quella religiosa è però una protesta che resta debole e del tutto insufficiente, poiché si limita ad agire nell'ambito delle idee e a fornire una giustificazione di questo mondo, finendo non di rado per legittimarlo in vista di quello ultraterreno. Nella religione, dunque, il momento di protesta contro il mondo reale s'intreccia inestricabilmente con quello di consolazione e di legittimazione. In questo senso, nella misura in cui fa di questo mondo un «passaggio» rispetto al presunto «vero» mondo, la religione esercita una funzione anestetizzante, che paralizza ogni impeto a capovolgere lo stato di cose, in una sorta di accettazione passiva delle ingiustizie dilaganti: l'idea che il vero mondo debba ancora venire costituisce il più potente invito ad accettare con rassegnazione le storture dell'aldiqua. Per questo motivo, la religione è definita da Marx «oppio del popolo»[145] (*Opium des Volkes*), ciò che ne paralizza in concreto ogni impeto rivoluzionario. Lottare contro la religione, come fanno Bauer e soci, significa lottare solo mediatamente contro quel mondo del quale essa è «l'*aroma* spirituale»[146]; significa strappare dalla catena a cui siamo legati i fiori immaginari che la rendono meno spiacevole, senza tuttavia rimuovere la catena stessa. Nella prospettiva di Marx non si tratterà, dunque, di elimina-

144 *Ibidem*.

145 *Ibidem*.

146 *Ibidem*.

re la religione, nella speranza – ineluttabilmente destinata a vanificarsi – che la realtà si faccia razionale: si tratterà piuttosto di spezzare la catena reale, di «*rovesciare tutti i rapporti* nei quali l'uomo è un essere degradato, assoggettato, abbandonato, spregevole»[147], trasformando lo stato di cose e, di conseguenza, rendendo inutile la religione. Un mondo giusto, infatti, non avrebbe più bisogno di consolazioni e di legittimazioni ultraterrene, racchiudendo già in se stesso il senso ultimo dell'esistenza umana. In altri termini, una volta eliminata l'oppressione sul piano reale, crollerà anche la religione, dato che l'uomo non avrà più bisogno di «drogarsi» per far fronte a una situazione materiale invivibile. Nel riconoscere l'egemonia del momento materiale su quelli spirituali, che di esso sono altrettante emanazioni, Marx sta già applicando, in un certo senso, quella «concezione materialistica della storia» della quale fornirà una precisa teorizzazione solo due anni dopo, nel 1846, con *L'ideologia tedesca*. Il rovesciamento delle tesi dei «Giovani hegeliani» circa il rapporto tra Stato e religione è tuttavia sullo sfondo anche dell'articolo *Sulla questione ebraica*, nel quale Marx scrive significativamente:

> «Non crediamo che essi [*gli uomini*] debbano superare la loro limitatezza religiosa, per poter superare i loro limiti mondani. Asseriamo che essi supereranno la loro limitatezza religiosa non appena avranno superato i loro limiti mondani. Noi non tramutiamo le questioni mondane in questioni teologiche. Tramutiamo le questioni teologiche in questioni mondane. Dopo che per molto tempo la storia è stata risolta in superstizione, noi risolviamo in storia la superstizione»[148].

La religione dunque è non il *fondamento*, bensì l'*epifenomeno* della limitatezza mondana, la sua più fulgida manifestazione. E la soluzione baueriana di rimuovere la religione perché venga meno la limitatezza mondana è una falsa soluzione, che va a operare sui prodotti della limitatezza mondana senza però smuoverne i fondamenti. Pertanto, a Bauer e, più in generale, alla «Sinistra hegeliana», può essere imputato il doppio errore di aver creduto che l'emancipazione politica fosse la

[147] Ivi, p. 60.

[148] K. Marx, *Sulla questione ebraica*, cit., p. 103.

sola possibile e di aver inteso la religione come il motivo (anziché come la manifestazione) dell'assoggettamento umano. Il limite dello Stato non è dunque la religione che esso rappresenta, ma è lo Stato stesso. In questa maniera si consuma di fatto la rottura decisiva di Marx con i «Giovani hegeliani». Ancora nelle *Tesi su Feuerbach*, espressione di «uno storicismo fichtiano o pre-fenomenologico della "prassi"»[149], Marx avrà modo di constatare che ciò di cui né Feuerbach né gli altri «Giovani hegeliani» hanno saputo rendere conto è che «il "sentimento religioso" è esso stesso un prodotto sociale»[150]. La religione non può essere infatti qualificata come una manifestazione eterna della natura umana – come Hegel sembrava intenderla –, ma va piuttosto intesa come un prodotto della storia dell'uomo, come un risarcimento illusorio di felicità all'interno di un mondo che ne è privo. A rafforzare questa convinzione marxiana è l'idea che la vita umana, se non fosse preda delle contraddizioni sociali del mondo borghese, basterebbe da sola a garantire una felicità reale, non bisognosa di supplementi ultraterreni. È vero che, per Marx, «la critica della religione è il presupposto di ogni critica»[151], ma ciò non significa affatto che si debba fare dell'ateismo un articolo di fede obbligatorio (come avverrà poi nell'Unione Sovietica, con le cattedre di «ateismo scientifico»). Anche perché – come spiega Marx nei *Manoscritti economico-filosofici* – l'alternativa tra la fede e la sua negazione è, di per sé, priva di senso in un mondo che si sia effettivamente lasciato alle spalle i problemi concreti che hanno permesso il prosperare della religione:

> «Dal momento che [*con l'avvento del comunismo*] la *essenzialità* dell'uomo e della natura è diventata praticamente sensibile e visibile, dal momento che è diventato praticamente sensibile e visibile l'uomo per l'uomo come esistenza della natura, e la natura per l'uomo come esistenza dell'uomo, è diventato praticamente improponibile il problema di un essere *estraneo*, di un essere superiore alla natura e all'uomo, dato che questo problema implica l'ammissione della inessenzialità della natura e dell'uomo.

149 L. Althusser, *Marx nei suoi limiti*, cit., p. 55.

150 K. Marx, *Tesi su Feuerbach*, cit., pp. 51-52.

151 K. Marx, *Per la critica della filosofia del diritto di Hegel. Introduzione*, cit., p. 49.

L'*ateismo*, in quanto negazione di questa inessenzialità, *non ha più alcuna ragion d'essere* (*hat keinen Sein mehr*); infatti l'ateismo è, sí, una *negazione di Dio* e pone attraverso questa negazione l'*esistenza dell'uomo*, ma il socialismo in quanto tale non ha più bisogno di questa mediazione. Esso comincia *dalla coscienza teoricamente e praticamente sensibile* (*von dem theoretisch und praktisch sinnlichen Bewußtsein*) dell'uomo e della natura nella loro essenzialità. Esso è l'*autocoscienza positiva* dell'uomo, non più mediata dalla soppressione della religione, allo stesso modo che la *vita reale* è la realtà positiva dell'uomo»[152].

In un'intervista del 1879, Marx sosterrà ancora che «le misure violente contro la religione non hanno alcun senso. Secondo la nostra concezione, la religione scomparirà man mano che avanzerà il socialismo»[153], poiché, in un mondo senza contraddizioni e senza sfruttamento, l'uomo non avrà più alcun bisogno di attendere dal cielo la sua felicità, ma la troverà, in forma compiuta, sulla terra. In questo senso, la concezione marxiana della religione ha davvero poco a che vedere con quella che sarà la concezione di Lenin, che farà dell'«ateismo scientifico» la precondizione dichiarativa per poter far parte del partito comunista (come ogni altra religione, anche l'ateismo non può tollerare la convivenza con altre religioni[154]).

Con il riconoscimento della epifenomenicità della religione – *effetto*, non *causa* delle contraddizioni che innervano il reale – Marx abbandona dunque in via definitiva il problema della religione, sul quale non tornerà più in seguito: nell'opera marxiana, dal 1843 in poi, la religione compare infatti soltanto «nella forma di un esempio emblematico di quel che accade nel mondo»[155], vale a dire nella forma di un termine di para-

152 K. Marx, *Ökonomisch-philosophische Manuskripte aus dem Jahre 1844*, 1844; tr. it. *Manoscritti economico-filosofici del 1844*, Einaudi, Torino 1968, a cura di N. Bobbio, p. 125. Traduzione modificata.

153 Cfr. H. M. Enzensberger (a cura di), *Colloqui con Marx e Engels*, Einaudi, Torino 1977, p. 394.

154 Lo stesso sistema scolastico sovietico prevedeva, come è noto, insegnamenti ideologici obbligatori di ateismo scientifico (oltre che di materialismo dialettico, di materialismo storico, di economia politica del socialismo e di comunismo scientifico).

155 C. Failla, *Introduzione a Marx: pro e contro*, Queriniana, Brescia 1977, p. 19.

gone per spiegare ciò che accade nell'al di qua. Del resto un tale impiego comparativo era già affiorato nello scritto *Sulla questione ebraica* (il «cielo» della politica e la «terra» della società civile) e ritornerà con insistenza nelle opere successive, dai *Manoscritti economico-filosofici* fino al *Capitale*, in cui, trattando del «carattere di feticcio della merce», Marx si avvarrà dell'immagine feuerbachiana – tratta dalla «regione nebulosa del mondo religioso»[156] – del feticismo, del Dio inventato dall'uomo e poi adorato come essere autonomo: «come nella religione l'uomo è dominato dall'opera della sua testa, così nella produzione capitalistica è dominato dall'opera della sua mano»[157]. Né si deve dimenticare, inoltre, che per Marx la società moderna resta una realtà intrinsecamente religiosa, e non solo perché in essa sussiste una forte gerarchia dei rapporti – simile a quella tra il prete e il fedele, come si sostiene nei *Manoscritti economico-filosofici*[158] –, ma anche (e soprattutto) perché – come si chiarirà nel *Capitale* – il mondo borghese ha sostituito il Dio tradizionale della religione con un nuovo Assoluto: la produzione fine a se stessa, esclusivamente mirata alla generazione di valore, in un movimento autoreferenziale che è sfuggito di mano agli uomini e che contribuisce a fare della società moderna un mondo sospeso in un incantesimo, in cui gli individui, anziché gestire razionalmente le loro interazioni e il loro ricambio organico con la natura, sono in balia di un potere ostile ad essi esterno, nuovo Dio che li signoreggia incontrastato. Nella prospettiva che sarà propria del Marx del *Capitale* e dei *Grundrisse*, l'economia viene a essere il successore logico e storico della teologia: l'Assoluto, vale a dire la totalità dei rapporti sociali tra gli uomini, si trasferisce da un'unità esterna (che deve legittimare in maniera *trascendente* una certa gerarchizzazione della società) a un'unità interna che deve legittimare in maniera *immanente* l'accumulazione illimitata di capitale. In particolare, per Marx, la società capitalistica viene a configurarsi, da un lato, come il luogo in cui – per

156 K. Marx, *Il capitale*, I, cit., p. 86.

157 Ivi, p. 800.

158 K. Marx, *Manoscritti economico-filosofici del 1844*, cit., p. 82.

via delle molteplici contraddizioni di cui è intessuta – prolifera la religione come forma ingannevole di felicità extramondana e, dall'altro, come una società religiosamente strutturata, con le sue gerarchie, i suoi Assoluti e la sua «formula trinitaria». In ultima analisi, il capitalismo si configura esso stesso come una nuova religione, con il suo Dio (il capitale) e le sue «vacche sacre» (la proprietà privata, il denaro, ecc.). Lo stesso carattere religioso e feticistico delle merci rivela, come vedremo, che la religione è il completamento più conveniente alla società mercantile capitalistica.

5. *La critica della filosofia e la prassi rovesciante.*

> «I filosofi hanno solo interpretato il mondo in modi diversi; si tratta però di trasformarlo».
>
> (K. Marx, *Tesi su Feuerbach*)

Fin dalla giovinezza, Marx riconosce alla filosofia il merito di aver «preso sul serio» la religione, sottoponendola alla critica radicale portata avanti dai «Giovani hegeliani»: la critica filosofica della religione, presupposto di ogni altra critica, mostra come al centro del mondo non vi sia Dio, bensì l'uomo stesso, che è «per l'uomo *l'essere supremo* (*das höchste Wesen*)»[159] (tema sul quale, del resto, aveva già ampiamente insistito Feuerbach). La filosofia, dunque, riporta l'uomo al centro del mondo, affrancandolo dalla superstizione e dall'alienazione religiosa: ma la sua funzione non può, né deve, esaurirsi in questa operazione illuministica, bensì, una volta portata a termine con successo la «critica del cielo», essa ha il compito di intraprendere la «critica della terra», ossia di «smascherare l'autoalienazione dell'uomo *nelle sue forme profane*, dopo che la *forma sacra* dell'autoalienazione umana è stata scoperta»[160]. In ciò si rivela l'insufficienza della critica fatta valere dalla «Sinistra hegeliana», che ha appuntato la sua critica

[159] K. Marx, *Per la critica della filosofia del diritto di Hegel. Introduzione*, cit., p. 60.

[160] Ivi, p. 53.

sulla religione trascurando il mondo reale dell'uomo. È questo il difetto fondamentale che Marx rinfaccia alla filosofia tradizionale: l'essere vissuta «in clausura», su una «torre d'avorio» lontana mille miglia dal mondo, o – come Marx scrive nell'*Articolo di fondo del n. 179 della «Gazzetta di Colonia»* – l'aver mantenuto morbosamente «un profondo attaccamento alla solitudine, all'isolamento sistematico, alla fredda autocontemplazione»[161]. Filosofia e mondo, finora tenuti a debita distanza l'una dall'altro, devono fondersi e dare vita – secondo un tema emerso già nella *Dissertazione del '41* – al *filosoficizzarsi del mondo* e, insieme, al *mondanizzarsi della filosofia*. La filosofia, del resto, non abita fuori dal mondo, ma ne è piuttosto una sua parte: merito di Hegel è, indubbiamente, l'essersi accorto che la filosofia è «il proprio tempo appreso in pensieri»[162]; il suo limite risiede tuttavia nell'aver maturato una «contemplazione antiquaria»[163] che, attenta solo al «già-stato», non considera l'orizzonte del futuro, del «poter-essere», che invece Marx assume come centrale. Per Hegel, infatti, la filosofia presenta un carattere essenzialmente crepuscolare, in quanto giunge sempre in ritardo, a cose fatte: in questo senso, essa è epimeteica, contemplativa e non può mai trascendere i confini della realtà presente («hic Rhodus, hic saltus»[164]). Verso questa concezione della filosofia Marx è profondamente critico, rilevando che per Hegel, di fatto, «la parte del filosofo nella storia si riduce a questa coscienza che sopraggiunge alla fine»[165], con la conseguenza sconfortante che «il filosofo viene *post festum*»[166]. Per Marx la filosofia deve, dunque, abbandonare la sua istanza «passato-centrica» e farsi «futuro-centrica», prometeica, superando la realtà presente e anticipando quella

161 K. Marx, *Articolo di fondo del n. 179 della «Gazzetta di Colonia»*, in Id., *Scritti politici giovanili*, cit., p. 146.

162 «Ihre Zeit in Gedanken erfaßt»: G. W. F. Hegel, *Lineamenti di filosofia del diritto*, cit., p. 61. Traduzione modificata.

163 E. Bloch, *Das Prinzip Hoffnung*, 1959; tr. it. *Il principio speranza*, Garzanti, Milano 1994, a cura di R. Bodei, 3 voll., I, p. 334.

164 G. W. F. Hegel, *Lineamenti di filosofia del diritto*, cit., p. 61.

165 K. Marx – F. Engels, *La sacra famiglia*, cit., p. 173.

166 *Ibidem*.

futura, orientandola e cogliendo le possibilità in essa racchiuse. Ciò implica però una conseguenza decisiva: il fatto che la filosofia, spiccando il suo volo di nottola di Minerva, giunga sempre a cose fatte, comporta per Hegel che essa abbia l'ultima parola sulla prassi, di cui rende ragione (mostrandone la piena razionalità); il fatto invece che, per Marx, la filosofia arrivi in anticipo, vuol dire che l'ultima parola sarà quella della prassi e che perciò, quando all'orizzonte si staglierà il futuro anticipato dalla prassi, la filosofia non avrà più ragione di esistere, e cederà il passo alla prassi stessa. Si produrrà, in questa maniera, «*la negazione della filosofia avutasi finora,* della filosofia in quanto filosofia»[167]. D'altro canto, la soppressione della filosofia – questa la conseguenza necessaria – richiede la piena realizzazione della filosofia stessa, e più precisamente il suo donarsi al mondo: «*voi non potete sopprimere la filosofia senza realizzarla*»[168], e al tempo stesso non potete realizzare la filosofia senza eliminarla. In questa sua funzione di mediatrice della prassi, come già abbiamo visto, la filosofia, questa «"testa" in cerca di un "corpo"»[169], trova il suo portavoce e, insieme, il suo realizzatore nel proletariato, che è la classe incaricata dalla storia di filosoficizzare il mondo, ossia di razionalizzarlo raddrizzandolo e sopprimendo le contraddizioni che lo infettano. Ed è per questo motivo che, nella prospettiva di Marx, «la filosofia non può realizzarsi senza l'eliminazione del proletariato, il proletariato non può eliminarsi senza la realizzazione della filosofia»[170]: la filosofia è il cervello e il proletariato è il cuore, la forza viva della storia che è effettivamente in grado di sopprimere, realizzandola, la filosofia. Non deve tuttavia passare inosservato come, in questo schema (come del resto nell'intera opera marxiana), sopravviva una fortissima influenza hegeliana: la reciproca compenetrazione di teoria e prassi che, in Hegel, veniva attuata dallo «Spirito assoluto», è,

167 K. Marx, *Per la critica della filosofia del diritto di Hegel. Introduzione*, cit., p. 58.

168 *Ibidem.*

169 M. Löwy, *Il giovane Marx*, cit., p. 100.

170 K. Marx, *Per la critica della filosofia del diritto di Hegel. Introduzione*, cit., p. 69. Traduzione modificata.

in Marx, portata a compimento da un soggetto umano in carne e ossa: il proletariato. Esso, infatti, vivendo sulla propria pelle le antinomie della società moderna, è l'unico a poter acquisire coscienza del fatto che quello moderno è un mondo capovolto che deve essere raddrizzato tramite una «prassi rovesciante»[171] (*umwälzende Praxis*). In quanto negazione assoluta, il proletariato può diventare molla del rovesciamento, soggetto in grado di attuare dialetticamente la «negazione della negazione», come Marx sostiene in termini inequivocabilmente hegeliani. Su questo problema, assolutamente centrale nel pensiero di Marx, avremo modo di tornare più avanti. Per ora, ci limiteremo a svolgere qualche altra considerazione sul ruolo assegnato da Marx alla filosofia. Nel 1843, scrivendo l'*Introduzione* a *Per la critica della filosofia del diritto di Hegel*, Marx si dice convinto che sia la filosofia a guidare il proletariato nella redenzione pratica del mondo, a patto che «il *lampo del pensiero* sia penetrato profondamente in questo ingenuo terreno popolare»[172]. Ciò significa che, quando le armi spirituali della filosofia (l'«arma della critica») avranno stretto un'alleanza strategica con le armi materiali del proletariato (la «critica delle armi»), la filosofia stessa potrà effettivamente essere realizzata, e dunque «soppressa» (*aufgehoben*), dato che il suo inveramento sta, per l'appunto, nella sua «realizzazione pratica» (*Verwirklichung*). Ma questa posizione verrà presto superata dal nostro autore soprattutto con le *Tesi su Feuerbach* (1845) e con l'*Ideologia tedesca* (1846). Da un lato, come vedremo, Marx scoprirà, infatti, teorizzando la «concezione materialistica della storia», il carattere intrinsecamente ideologico e amico dello *status quo* proprio della filosofia; dall'altro, egli si congederà definitivamente dallo spazio filosofico – secondo il motto dell'«abbandonare il terreno della filosofia»[173] (*den Boden der Philosophie verlassen*) – in favore di una «prassi rivoluzionaria» (*revolutionäre Praxis*) non influenzata né orchestrata dalla filosofia, ma anzi direttamente contrappo-

171 K. Marx, *Tesi su Feuerbach*, cit., p. 51.

172 K. Marx, *Per la critica della filosofia del diritto di Hegel. Introduzione*, cit., pp. 68-69.

173 K. Marx – F. Engels, *L'ideologia tedesca*, cit., p. 6. Traduzione modificata.

sta ad essa (accusata di legittimare il mondo interpretandolo, ossia donandogli un senso razionale e compiuto); prassi rivoluzionaria alla quale Antonio Gramsci, nei suoi *Quaderni del carcere*, attribuirà il nome di «filosofia della prassi». Proprio perché la filosofia emana direttamente dalla realtà, essa non può fare altro che legittimarla, limitandosi a interpretarla, senza mai metterne in discussione l'assetto: l'undicesima delle *Tesi su Feuerbach* ribadisce che «i filosofi hanno solo *interpretato* (*interpretiert*) il mondo in modi diversi; si tratta però di *trasformarlo* (*verändern*)»[174]; tesi che, a ben vedere, assume come bersaglio polemico non soltanto la tradizione filosofica, ma anche la filosofia in quanto tale, intesa come strutturalmente incapace di separarsi dalla contemplazione conservativa. Benché la «prassi trasformatrice» fosse stata già teorizzata nella «dottrina della scienza» (*Wissenschaftslehre*) di Fichte nei termini di un rapporto tra un «soggetto» («Io») che progetta, agisce e modifica e un «oggetto» («Non-Io») che viene modificato, Marx reinterpreta in maniera assai originale questo concetto, leggendolo in chiave di rottura con l'istanza contemplativa e conservatrice della filosofia. Con le *Tesi su Feuerbach*, vero e proprio rifiuto programmatico di assumere il mondo così com'è, tra filosofia e prassi viene posto un divario incolmabile. In questo modo, Marx si accomiata dalla filosofia e imbocca la strada dell'«anti-filosofia»[175], ossia della denuncia critica della filosofia tradizionale e della sua incapacità patologica di trasformare il mondo. In questa maniera, egli va *al di là* della filosofia, ma in un certo senso e in una qualche misura ne resta anche *al di qua*, poiché la sua, qualunque cosa si dica, resta una critica filosofica della moderna società borghese volta al suo superamento. «Semel philosophus, semper philosophus»: chi è stato filosofo una volta, non potrà mai smettere del tutto di esserlo, perfino qualora proclami a gran voce di non esserlo più. Con la presunta eclissi della filosofia, resta la necessità di trasformare in maniera rivoluzionaria il

[174] «Die Philosophen haben die Welt nur verschieden *interpretiert*; es kommt aber darauf an, sie zu *verändern*»: K. Marx, *Tesi su Feuerbach*, cit., p. 52. Traduzione modificata.

[175] Cfr. E. Balibar, *La filosofia di Marx*, cit., pp. 9 ss.

mondo: si apre così la fase politico-rivoluzionaria del Marx teorico della lotta di classe e della «prassi rovesciante», che trova la sua massima espressione nelle pagine del *Manifesto del partito comunista* (1848); una fase che, tuttavia, è destinata a trovare ben presto una sua battuta d'arresto con il grande fallimento delle rivoluzioni europee del 1848 e, di conseguenza, con il tramonto della convinzione marxiana dell'imminente crollo del capitalismo. Di fronte a questa clamorosa sconfitta, a partire dagli anni Cinquanta, Marx risponde – come ha messo in luce Balibar – con una «rivincita sul capitalismo vincente»[176], condotta «attraverso il disvelamento dei suoi meccanismi segreti»[177]. Frutto di questo tentativo di decriptare il movimento del capitalismo saranno lavori come i *Grundrisse* (1858) e il primo libro del *Capitale* (1867), che testimoniano il ritorno di Marx non tanto alla *filosofia*, quanto piuttosto – come avremo modo di chiarire nel corso della nostra esposizione – a una vera e propria *scienza filosofica*, che (analizzando, sulla scia della *Scienza della logica* di Hegel, il capitale come «concetto») resta pur sempre – nel suo complesso – nell'alveo dell'anti-filosofia. Si apre in questo modo – soprattutto per quel che riguarda il periodo marxiano della «prassi rovesciante» – l'annosa questione circa lo statuto della filosofia (o dell'anti-filosofia) marxiana: senza entrare nel merito del disputatissimo problema, ci limitiamo a segnalare come, da un lato, venga a mancare, in Marx, uno spazio filosofico in senso proprio, ossia nel senso di una *conoscenza filosofica specifica*, distinta dalla scienza, dall'arte, ecc; e come, dall'altro, rinunciando di sua spontanea iniziativa, nel 1845, alla fondazione filosofica del proprio pensiero, Marx abbia costretto, di fatto, i suoi seguaci ad attribuirgliene una, più o meno arbitrariamente. La conseguenza inevitabile, decisiva non soltanto per le vicende del marxismo ma anche per le sorti del Novecento, è che la storia della filosofia marxista si risolse nella storia delle successive attribuzioni storiche, obbligate e al tempo stesso tutte arbitrarie, di uno statuto filosofico a una teoria che il suo

176 Ivi, p. 15.

177 *Ibidem*.

autore aveva voluto pensare senza uno statuto filosofico in senso proprio (rigettando anzi, in maniera radicale, ogni filosofia in quanto tale). Parafrasando (e capovolgendo) la nota constatazione di Max Weber, potremmo dire che il pensiero di Marx doveva *necessariamente* trasformarsi in un «tram» da usare in maniere e in direzioni assai diverse[178]. Su questo e su simili problemi avremo modo di tornare nella parte conclusiva della nostra approssimazione a Marx. Occorre tuttavia tenere a mente – e sarà il tema portante del prossimo capitolo – che, tanto nella critica giovanile del mondo borghese, quanto nella successiva «scienza filosofica» e nella teorizzazione della antifilosofica «prassi rivoluzionaria» volta a rovesciare con l'azione diretta il modo di produzione, permane, come costante della riflessione marxiana, la tensione verso un trascendimento del presente in vista di un futuro diverso e migliore, pienamente trasparente e generato con necessità ineluttabile dalle leggi della storia.

178 Cfr. M Weber, *Politik als Beruf*, 1919; tr. it. *La politica come professione*, Anabasi, Milano 1994, a cura di C. Donolo, p. 82. Su Weber interprete del marxismo, cfr., tra gli altri, M. L. Salvadori, *La critica del materialismo storico e la valutazione del socialismo*, in AA. VV., *Max Weber e l'analisi del mondo moderno*, Einaudi, Torino 1981, pp. 247-278.

3. Un filosofo della storia in incognito.

«I rapporti di dipendenza personale (dapprima in modo del tutto naturale) sono le prime forme sociali, nelle quali la produttività umana si sviluppa solo in misura ristretta e in punti isolati. L'indipendenza personale fondata sulla dipendenza materiale è la seconda grande forma in cui si realizza per la prima volta un sistema di ricambio sociale generale, dei rapporti universali, dei bisogni universali e delle capacità universali. La libera individualità, fondata sullo sviluppo universale degli individui e sulla subordinazione della loro produttività collettiva, sociale, quale loro patrimonio sociale, è il terzo stadio. Il secondo crea le condizioni del terzo».

(K. Marx, *Grundrisse*)

1. *Una filosofia della storia al servizio della speranza.*

«Apparirà chiaro allora come da tempo il mondo possieda il sogno di una cosa della quale non ha che da possedere la coscienza, per possederla realmente. Apparirà chiaro come non si tratti di tirare una linea retta tra passato e futuro, bensì di realizzare i pensieri del passato. Si mostrerà infine come l'umanità non incominci un lavoro nuovo, ma porti a compimento consapevolmente il suo vecchio lavoro».

(K. Marx, lettera a Ruge del settembre del 1843)

Che la «critica», da noi assunta come epicentro del capitolo precedente, sia radicata nella riflessione di Marx e ne costituisca uno dei più importanti strumenti, è generalmente ammesso da tutti gli interpreti, che tutt'al più disputano su come essa assuma forme e valori differenti a seconda del periodo della produzione marxiana preso in considerazione. Più problematico e controverso è, invece, ammettere che il pensiero di Marx si regga su una ben precisa filosofia della storia, e più esattamente sulla prima filosofia della storia che non si limita a interpretare il corso degli eventi, ma pretende di cambiarlo. Alcuni interpreti hanno sostenuto, infatti, con argomenti – «forti» nel caso di Althusser, «deboli» nel caso di Stalin e dei vari esponenti del «materialismo dialettico» – che nella riflessione marxiana non sarebbe presente alcuna filosofia della storia e lo stesso Marx non si è mai definito «filosofo della storia», impiegando anzi gran parte delle proprie energie teoriche per criticare i filosofi della storia (in primo luogo Hegel e i «Giovani hegeliani»), accusati di muovere dall'astratto cielo dell'Idea per poi scendere sul concreto terreno del Reale. Al loro metodo Marx, soprattutto in *Per la critica dell'economia politica* (1859), contrappone quello opposto dell'«astrazione storicamente determinata»[179] – secondo la formula di Galvano Della Volpe – che fa leva sulla convinzione che si debba muovere dal concreto per poi ricavare astrazioni con le quali tornare a interpretare il concreto. È dunque Marx stesso, ben prima di Althusser, a dichiararsi tutt'altro che filosofo della storia, rigettando risolutamente la possibilità di rendere conto del mondo moderno e dei fenomeni storici «col *passe-partout* di una filosofia della storia, la cui virtù suprema è d'essere soprastorica»[180]. E d'altro canto è Marx stesso, anticipando scoperte della psicanalisi freudiana, a ricordarci che «non si può giudicare un uomo dall'idea che egli ha di se stesso»[181]. Confortati da questa acuta osservazione marxiana, ci pare insomma di poter ammettere, con buon diritto, che Marx, anche oltre le sue intenzioni e i suoi convincimenti, fu un filosofo della storia in senso pieno, nella misura in cui la sua riflessione – che pure volle essere (soprattutto nel *Capitale* e nei *Grundrisse*) una ricerca delle cause *efficienti* e non di quelle *finali* – non riuscì mai a liberarsi da una prospettiva intimamente teleologica, che individua in un evento storico (l'avvento del comunismo) il *telos* dell'intero processo, in

[179] Cfr, G. Della Volpe, *Rousseau e Marx e altri saggi di critica materialistica*, Editori Riuniti, Roma 1997^5, pp. 124 ss.

[180] K. Marx, *Possibilità teoriche e premesse storiche del passaggio dalla comune rurale russa al comunismo superiore*, 1877, in Id. – F. Engels, *India, Cina, Russia*, Il Saggiatore, Milano 1976^2, a cura di B. Maffi, p. 303.

[181] K. Marx, *Per la critica dell'economia politica*, cit., p. 5.

grado di donare un senso compiuto alla storia nella sua interezza e ai singoli eventi che l'hanno costellata. Le analisi filosofiche e scientifiche di Marx, dalla gioventù alla maturità, sono sempre innervate – in maniera ora aperta, ora dissimulata – da un'irresistibile spinta in avanti verso un futuro in cui è situato il senso della storia e il riscatto del passato e del presente, letti in continuità tra loro come epoche in cui si è dispiegato, seppur in maniere diverse, lo sfruttamento dell'uomo sull'uomo. La teoria marxiana del «pluslavoro» come sostanza schiavistica che si presenta in ogni epoca in forme diverse rivela – non meno della scansione della storia in «modi di produzione», centrata sull'idea di progresso e di «superamento» dialettico – che quella di Marx è, al di là delle sue intenzioni, una filosofia della storia «futuro-centrica», in cui la speranza messianica in un «meglio» che ha ancora da venire viene dialettizzata in una versione capovolta della filosofia della storia hegeliana: *capovolta* perché imperniata non sull'Idea e sul suo graduale dispiegarsi spazio-temporale, ma sulla «materia» delle «forze produttive» e dei «rapporti di produzione». Per capovolta che sia, la filosofia della storia marxiana, fondata sull'idea della successione stadiale discontinua e conflittuale dei modi di produzione, conserva comunque un'insopprimibile eredità hegeliana, che risulta lampante soprattutto in quattro aspetti: a) Marx sviluppa una concezione dialettica della storia, intendendo il processo storico come un divenire prodotto da contraddizioni dialettiche e orientato a un fine ultimo rispetto al quale le singole epoche storiche (i «modi di produzione») non sono altro che tappe preparatorie e transeunti; b) la prospettiva marxiana si basa sull'idea che esista un soggetto storico-filosofico (lo Spirito di Hegel diventa il Proletariato di Marx) che «fa la storia» e che, tramite il suo agire consapevole, le permette di avanzare in vista dell'obiettivo finale. In particolare, in uno sviluppo materialistico e rivoluzionario della dialettica servo-signore della *Fenomenologia* hegeliana, Marx è convinto che il servo (il Proletariato) rappresenti la verità del processo, oltre che il suo reale Soggetto rivoluzionario. La «rivoluzione copernicana» compiuta dalla filosofia della storia marxiana sta nell'aver spostato il punto di vista dai *dominanti* ai *dominati* come potenziali soggetti della storia; c) anche nella prospettiva di Marx, come già in quella di Hegel e di Fichte, il pieno dispiegarsi della libertà è il *telos* immanente della storia, ancorché per Marx non sia una mèta già raggiunta (come invece è per Hegel), ma piuttosto un traguardo situato nel futuro (il che contribuisce a rendere «infuturante» la filosofia della storia marxiana). Al di là di questa diversità, che pure non è irrilevante, Marx abbraccia una concezione dello sviluppo storico che ricalca in modo formalmente quasi identico la filosofia della storia triadica di Hegel (fondata sulla secolarizzazione dello schema teologico della «caduta» e della «redenzione» e scandita nelle tre fasi della libertà iniziale di *uno* nel mondo asiatico, della libertà di *alcuni* in quello greco-romano, e della finale libertà di *tutti* in quello moderno). Nei *Grundrisse*, infatti, la storia viene ritmata dal succedersi della dipendenza personale del mondo antico (e asiatico), dell'«indipendenza personale fondata sulla dipendenza materiale»[182] del mondo borghese moderno, e, infine, dello sviluppo della libera individualità che si attuerà con il comunismo, momento di realizzazione della «redenzione» dell'uomo dopo la caduta coincidente con la «preistoria» dell'umanità (dall'antichità al moderno mondo borghese); d) mantenendo il carattere spiccatamente eurocentrico e occidentalista della filosofia della storia hegeliana, la prospettiva di Marx si configura come una metafisica del Progresso, inteso come un'espansione progressistico-lineare del modo di produzione e di vita degli Occidentali (aspetto che emerge in maniera lampante, come vedremo, nell'ambiguo atteggiamento marxiano dinanzi al colonialismo). In questo senso, per via della sua concezione della storia universale come luogo di una emancipazione universalistica, Marx – il «filosofo della storia più potente e sintetico che sia apparso nel XIX secolo»[183] –, con buona pace di Althusser e di Stalin, resta di certo un idealista, anche se il suo è un *idealismo materialistico*

182 «Persönliche Unabhängigkeit, auf sachlicher Abhängigkeit gegründet»: K. Marx, *Lineamenti fondamentali di critica dell'economia politica*, cit., I, p. 89.

183 F. Furet, *Le passé d'une illusion: essai sur l'idée du communisme au XXe siècle*, 1995; tr. it. *Il passato di un'illusione. L'idea comunista nel XX secolo*, Mondadori, Milano 1995, p. 35.

(o, se si preferisce, un *materialismo idealistico*), in cui a fare avanzare la storia verso il suo *telos* è – come vedremo – l'elemento materiale/strutturale. Come meglio di ogni altro ha sottolineato Giovanni Gentile, la filosofia della storia di Marx, ossia il cuore teorico del suo progetto di emancipazione, è una filosofia della storia dialettica, che sostituisce all'Idea hegeliana la Materia[184].

L'idea che la riflessione marxiana metta capo a una specifica filosofia della storia è suffragata anche dal cosiddetto «teorema della secolarizzazione» proposto da Löwith, che teorizza la polarità tra il «cerchio» dei Greci (ossia la concezione ciclica del tempo storico) e la «croce» dei Cristiani (vale a dire la concezione lineare e progressistica del corso storico). Ogni filosofia della storia – secondo la nota tesi di Löwith – non farebbe altro che secolarizzare, immanentizzandola, la visione escatologica giudaico-cristiana della storia come corsa inarrestabile verso un fine ultimo: per questa via, «il divenire della salvezza viene proiettato sul piano della storia del mondo e quest'ultima viene innalzata al piano della prima»[185]. Ciò è particolarmente evidente se si considera la filosofia della storia

[184] Cfr. G. Gentile, *La filosofia di Marx*, cit. Pur scorgendo nella filosofia di Marx un mal riuscito tentativo di superamento della filosofia di Hegel, di cui riconosce la superiorità, Gentile insiste sulla matrice hegeliana del pensiero marxiano, il cui nucleo essenziale è ravvisato in una filosofia della storia dialettica, che sostituisce all'Idea hegeliana la Materia: è proprio in forza di questa sostituzione che, secondo Gentile, Marx precipita in una contraddizione irrisolvibile. Tale contraddizione, che fa del pensiero marxiano «uno dei più sciagurati deviamenti dell'hegelismo», consiste nell'aver voluto fondare una filosofia della storia – che è per sua natura idealistica – sul concetto di Materia, ossia su qualcosa che è relativo e *a posteriori*. In altri termini, secondo la penetrante ricostruzione di Gentile, Marx avrebbe desunto da Hegel la forma dialettica, grazie alla quale è possibile determinare *a priori* il corso dello sviluppo storico nella sua necessità e formulare la previsione della sua direzione, ma avrebbe poi commesso l'errore fondamentale di sostituire l'Idea, che è l'Assoluto, con la Materia, che è il relativo, con la conseguente contraddizione per cui Marx avrebbe considerato determinabile *a priori* ciò che, in realtà, è puramente empirico e *a posteriori*, ossia la Materia stessa. Pur colpevole di aver elaborato una «dialettica, determinabile a priori, del relativo», Marx ha per Gentile – che si conferma come il critico di Marx più geniale e acuto – il grandissimo merito di aver concepito «l'oggetto intrinsecamente legato all'attività umana», elaborando una filosofia della prassi.

[185] K. Löwith, *Meaning in History*, 1949; tr. it. *Significato e fine della storia. I presupposti teologici della filosofia della storia*, Edizioni di Comunità, Milano 1979^4, p. 26.

di Hegel, che, per ammissione del suo stesso autore, non è se non una «teodicea» che assume la Provvidenza come interna alla struttura stessa del reale e si propone di interpretare il corso storico eliminando l'accidentale e garantendo che, alla fine del processo, il male non avrà la meglio[186]. Ma la secolarizzazione del modello giudaico-cristiano è ancora più pronunciata se si prende in esame la filosofia della storia marxiana, fondata sulla speranza nel futuro (ossia su una forma secolarizzata di tensione escatologica) innestata nella cornice di una filosofia della storia in cui gli eventi storici vengono giustificati solo nella misura in cui rimandano a uno scopo che trascende i fatti e che si situa nel futuro. Nella concezione della storia di Marx, i tempi storici del passato e del presente sono strutturalmente in tensione verso l'avvenire, al quale si potrà giungere grazie a un Soggetto (il proletariato, versione secolarizzata del popolo eletto[187]) destinato a portare a compimento la sua missione storica. Profondamente insoddisfatto del presente – «il mondo moderno lascia insoddisfatti, o, dove esso appare soddisfatto di sé, è *volgare*»[188] –, da lui sottoposto a dura critica, Marx ha guardato al futuro, nutrendo la speranza in un avvenire finalmente umano e contraddistinto dall'avvento del «regno della libertà», che – anche senza le precisazioni

[186] Cfr. G. W. F. Hegel, *Vorlesungen über die Philosophie der Geschichte*, 1837; tr. it. *Lezioni sulla filosofia della storia*, Laterza, Roma–Bari 2003, a cura di G. Bonacina e L. Sichirollo, pp. 15 ss.

[187] K. Löwith, *Significato e fine della storia. I presupposti teologici della filosofia della storia*, cit., pp. 64-65. Vi è anche stato chi, come Hans Blumenberg, ha sottoposto a critica il teorema della secolarizzazione löwithiano, mettendo in luce come esso si traduca in un tentativo di delegittimazione della modernità; tentativo attuato mediante l'analisi dei motivi teologici peculiari della moderna filosofia della storia. Da un lato – rileva Blumenberg – l'opera di Löwith intende evidenziare la sostanziale derivazione della filosofia della storia dalla teologia della salvezza; dall'altro, essa cerca anche di mettere in luce l'inevitabile scacco a cui la filosofia della storia è condannata, in quanto, pur sostituendo alla fede nella provvidenza divina la fede nel progresso umano (oppure quella nella realizzazione dello «spirito del mondo» o nell'avvento della «società senza classi»), rimane vincolata alla prospettiva teologica e al suo schema concettuale esprimibile nella formula «B è A secolarizzato». Cfr. H. Blumenberg, *Die Legitimität der Neuzeit*, 1960; tr. it. *La legittimità dell'età moderna*, Marietti, Genova 1992, a cura di C. Marelli, pp. 9-127.

[188] K. Marx, *Lineamenti fondamentali di critica dell'economia politica*, cit., I, p. 467.

di Löwith – non è certo difficile intendere come versione secolarizzata e terrestre del Paradiso cristiano. In maniera certo non ambigua, la religione, liquidata nel periodo giovanile come «oppio del popolo», sembra dunque animare, in fin dei conti, lo stesso pensiero marxiano, anch'esso proteso verso un futuro diverso e migliore atteso con speranza (benché si tratti di un futuro del tutto terreno). La stessa nozione marxiana di «prassi» rinvia a una tensione radicale verso il futuro.

Tuttavia, se può sembrare plausibile che la speranza nell'avvenire e la filosofia della storia siano presenti in un'opera come il *Manifesto*, in cui la speranza e lo slancio morale sono predominanti (e in cui, tra l'altro, non si fa praticamente cenno alla dinamica *economica* del modo di produzione capitalistico, del quale si condannano invece le ingiustizie e le disuguaglianze), sembrerebbe che una simile prospettiva sia inammissibile per un'opera come il *Capitale*, in cui è invece l'istanza scientifica a prevalere, al punto da destare il sospetto che non vi sia spazio alcuno per la speranza e per la filosofia della storia. Questa aporia presente nel pensiero di Marx, e che sembra avvalorare l'idea di una «personalità scissa tra l'utopista e lo scienziato»[189], che indossa alternativamente i panni del rivoluzionario e il camice dell'uomo di scienza, è stata affrontata soprattutto da Althusser e dalla sua teoria della «rottura epistemologica»[190] (*coupure épistémologique*). In virtù di essa, Althusser poteva distinguere tra un «giovane Marx» – anteriore alla stesura dell'*Ideologia tedesca* (1846) – romantico, umanista, «premarxista» e intriso di speranze in un mondo migliore, e un «Marx maturo», che abbandona la prospettiva ingenua della speranza e della temporanea adesione alla filosofia della storia approdando a una concezione scientifica che gli permette di leggere

[189] Cfr. G. Carandini, *Un altro Marx. Lo scienziato liberato dall'utopia*, Laterza, Roma – Bari 2005. L'autore immagina che sia Marx stesso a dire di sé: «io avevo quella che voi oggi definireste una personalità scissa. Perché fin dall'inizio delle mie riflessioni ero diviso in due. Da un lato annunciavo come imminenti la crisi finale del sistema capitalistico, la rivoluzione proletaria e l'avvento del comunismo. Dall'altro sostenevo che, perché quell'avvento avesse luogo, era necessario lo sviluppo universale del capitale. Affermavo cioè che il sistema capitalistico doveva estendersi in tutto il mondo» (ivi, p. 3).

[190] Cfr. L. Althusser, *Per Marx*, cit.; Id., *Leggere il Capitale*, cit.

come una necessità inevitabile il crollo del capitalismo e il conseguente affermarsi della società senza classi. Tuttavia, la teoria althusseriana, con la sua idea del trapasso marxiano dalla giovanile ideologia colma di speranza e imbevuta di umanismo e di hegelismo al rigore scientifico della maturità, disincantato e avalutativo, lascia irrisolti numerosi problemi. In primo luogo, non rende conto del fatto che, anche nelle opere composte dopo il 1846, e dunque a «rottura epistemologica» già avvenuta, Marx lascia senza tregua filtrare sprazzi di speranza che difficilmente possono essere ricondotti alla scienza economica: basti pensare che nel *Capitale* – sicuramente (anche nelle intenzioni dell'autore) la più «scientifica» tra le opere marxiane – si afferma dapprima che l'obiettivo dell'opera non è quello di prescrivere «ricette per l'osteria dell'avvenire»[191] e, in seguito, trasgredendo palesemente tale ammonizione, ci si affida invece alla speranza e si abbozza – nei termini del «superamento» dialettico hegeliano – un quadro di quella che sarà la futura società comunistica, il «vero regno della libertà»[192] contrapposto a quello «della necessità» in cui ancora ci troviamo ingabbiati. La tesi di Althusser non riesce neppure a rendere conto del fatto che Marx, nel *Capitale*, innesta le sue scoperte scientifiche in un quadro di filosofia della storia che viene a sua volta corroborato da esse. Del resto, riesce davvero difficile immaginare che il *Capitale* sia un'opera *esclusivamente* scientifica, avalutativa e disincantata: esso è infatti colmo di esortazioni morali e di prese di posizioni «ideologiche» e si configura essenzialmente come un'arma di battaglia propria di chi si schiera fin da principio con una parte (gli operai) contro l'altra (i capitalisti), dichiarando guerra al capitale, ossia all'oggetto stesso della sua analisi. Hans Kelsen riteneva di poter denunciare questa ambiguità strutturale del discorso marxiano come una forma di «tragico sincretismo metodologico»[193], che avrebbe indotto Marx,

[191] K. Marx, *Il capitale*, I, p. 42.

[192] K. Marx, *Das Kapital. Kritik der politischen Ökonomie*, Band III, 1893; tr. it. *Il capitale. Critica dell'economia politica*, Libro III, Editori Riuniti 1965, a cura di M. L. Boggeri, p. 933.

[193] H. Kelsen, *Sozialismus und Staat. Eine Untersuchung der politischen Theorie des Marxismus*, 1920; tr. it. *Socialismo e Stato*, De Donato, Bari 1978, a cura di R. Racinaro, p. 10.

soprattutto nel *Capitale*, a cercare leggi oggettive e avalutative e, nello stesso tempo, a fare costantemente riferimento al comunismo, concepito come «superiore» (sia sul piano valoriale sia su quello della filosofia della storia) rispetto al capitalismo: quasi come se Marx oscillasse costantemente tra l'atteggiamento scientifico di chi, da un lato, vuole insegnare come va il mondo e quello moralistico-contestatario di chi, dall'altro, vuole insegnare al mondo come deve andare. Ha dunque ragione David McLellan quando sostiene che tutti gli scritti di Marx «includono sempre un elemento normativo»[194] che li rende, secondo la diagnosi di Popper, «non-falsificabili» e, di conseguenza, non riducibili esclusivamente a una teoria scientifica. In questo senso, la tesi althusseriana della «rottura epistemologica» può essere accettata soltanto a patto che la si intenda come un graduale allontanamento di Marx dal giovanile umanismo filosofico, senza però illudersi che egli sia effettivamente pervenuto a una scienza del tutto priva di presupposti umanistico-valoriali e di un ben preciso impianto (futurologico e, al tempo stesso, hegeliano) di filosofia della storia, e, soprattutto, senza liquidare il «Marx giovane» come «premarxista» o come «inferiore» e meno interessante rispetto a quello maturo.

Rispetto alla prospettiva di Althusser, piuttosto problematica e aporetica, sembra invece ben più fondata e aderente alla realtà storica la lettura di Ernst Bloch, il quale sostiene che la vera anima del pensiero di Marx, dalla gioventù alla maturità, è la speranza, «mediata con ciò che è realmente possibile»[195],

[194] D. McLellan, *Marx*, cit., p. 60.

[195] E. Bloch, *Il principio speranza*, cit., I, p. 392. Cfr. anche E. Bloch, *Avicenna und die aristotelische Linke*, Suhrkamp, Frankfurt/M. 1963: Bloch sostiene la centralità della categoria della «possibilità oggettiva» e ontologicamente radicata nella materia stessa. In particolare, mostra come la concezione marxiana della materia e dell'essere sia erede di quella di Epicuro, di Avicenna e della «sinistra aristotelica», e non coincida affatto con la concezione – su cui pure è stato non di rado appiattito – dell'essere secondo necessità: in questa prospettiva, la materia è implicitamente assunta, in Marx, come «essente-secondo-possibilità» (*dynamei on* in greco), come realtà emergente, non ancora giunta a compimento, il cui orizzonte è un futuro che dà spazio al *novum* storico e a sempre nuove possibilità. Nell'ottica marxiana – dice Bloch – la materia, nella sua assoluta potenzialità dinamica, è sempre in fermento, è attività. Sulla centralità della categoria di «possibilità» nel pensiero di Marx, cfr. anche M. Vadée, *Marx penseur du possible*, Meridiens, Paris 1992.

in un futuro diverso e migliore rispetto al passato e al presente Quest'ultima linea interpretativa ha anzitutto il merito di restituirci un Marx unitario, esente da contraddizioni e da rivoluzioni paradigmatiche: con una certa coerenza, essa sostiene infatti che il nostro autore non avrebbe fatto altro che declinare in una miriade di modi diversi – compreso quello scientifico – il solo tema che gli stava veramente a cuore, la speranza nell'avvenire, senza mai rinunciare (ma tutt'al più rendendola implicita) alla filosofia della storia centrata sui «modi di produzione». Del resto, sembra davvero difficile ammettere che la metà del mondo che per buona parte del Novecento si è proclamata comunista richiamandosi espressamente a Marx si entusiasmasse per una «scienza» fredda e disincantata. Il che equivale a domandarsi – parafrasando una riflessione di Bloch – che cosa, se si esclude la speranza, possa aver condotto alla «bandiera rossa» quelli che non ne avevano bisogno. Strettamente congiunta alla critica del presente in ogni sua articolazione, la speranza, nel suo incessante fermento e nella sua evoluzione verso il «non-ancora», ci mostra un mondo in movimento, proteso in avanti, che non dev'essere accettato così com'è, ma che dev'essere piuttosto trasformato dato che in esso, per usare un'espressione cara a Bloch, «qualcosa manca»[196] (*Etwas fehlt*). È in questa maniera che si fondono insieme, in un equilibrio virtuoso, i due principali nuclei del pensiero di Marx: la speranza nel futuro e la critica del presente, trovando il loro sbocco naturale in una filosofia della storia che innesta quello slancio messianico nel capovolgimento della filosofia della storia di Hegel. Stando al giudizio di Löwith, «la filosofia materialistica, quale Marx la concepì, si presenta non come semplice negazione, ma insieme come la "realizzazione" materialistica dell'idealismo hegeliano»[197]. Sarà compito dei nostri paragrafi successivi mostrare la centra-

[196] E. Bloch, *Etwas fehlt... Über die Widersprüche der utopischen Sehnsucht. Ein Gespräch mit Theodor W. Adorno*, 1964, in *Gespräche mit Ernst Bloch*, 1975, a cura di R. Traub e H. Wieser, p. 58.

[197] K. Löwith, *Significato e fine della storia. I presupposti teologici della filosofia della storia*, cit., p. 71.

lità, in Marx, della filosofia della storia come dialettizzazione della speranza messianica nell'avvenire e il suo intrecciarsi fecondamente con la critica e con le scoperte scientifiche guadagnate nei *Grundrisse* e nel *Capitale*.

2. *La concezione materialistica della storia.*

> «I rapporti sociali all'interno dei quali gli individui producono, *i rapporti sociali di produzione, si modificano, mutano col mutare e con lo svilupparsi dei mezzi materiali di produzione, delle forze produttive. Nel loro complesso, i rapporti di produzione formano ciò che prende il nome di rapporti sociali, di società, e nella fattispecie di una società a un determinato grado dello sviluppo storico*, una società che sia contraddistinta da un particolare carattere. La società *antica*, la società *feudale*, la società *borghese* sono simili insiemi di rapporti di produzione, e, contemporaneamente, ciascuno di questi insiemi contraddistingue uno stadio specifico dello sviluppo nella storia dell'umanità».
>
> (K. Marx, *Lavoro salariato e capitale*)

La «concezione materialistica della storia» (*materialistische Geschichtsauffassung*) o «materialismo storico» (*historischer Materialismus*), come lo ribattezzerà Engels con un'espressione destinata a grande fortuna, è la filosofia della storia elaborata da Marx ed Engels nell'*Ideologia tedesca* (1846) e destinata a rimanere il costante *background* di tutte le opere scientifiche marxiane della maturità. In termini generalissimi, si può dire che il «materialismo storico» consiste in un movimento di pensiero che porta non dal cielo alla terra (secondo l'itinerario proprio di Hegel e ripetuto, più o meno consapevolmente, dai «Giovani hegeliani»), ma dalla terra al cielo. Detto molto banalmente: Marx ed Engels si propongono di spiegare i pensieri degli uomini prendendo le mosse dalle loro concrete condizioni di esistenza, nella convinzione che «non è la coscienza che determina la vita, ma la vita che determina la coscienza»[198]

[198] K. Marx – F. Engels, *L'ideologia tedesca*, cit., p. 13.

e che, come si dirà nel *Capitale*, «l'elemento ideale non è altro che l'elemento materiale trasferito e tradotto nel cervello degli uomini»[199]. Se per Hegel i sistemi di pensiero, le concezioni politiche e le relative istituzioni giuridiche determinano le condizioni materiali dell'esistenza, ossia le forze e i rapporti di produzione della vita umana – con un evidente primato della politica sull'economia –, Marx ed Engels, cambiando rotta e invertendo la prospettiva hegeliana, sostengono che sono i rapporti di produzione e di scambio a costituire la base da cui traggono origine le formazioni giuridiche e politiche, e anche le corrispondenti elaborazioni teoriche. In una simile prospettiva, la storia si muove principalmente sul terreno dei rapporti materiali dell'esistenza e degli scontri sociali, non su quello – caro a Hegel – delle contese ideali:

> «Esattamente all'opposto di quanto accade nella filosofia tedesca, che discende dal cielo sulla terra, qui si sale dalla terra al cielo. Cioè non si parte da ciò che gli uomini dicono, si immaginano, si rappresentano, né da ciò che si dice, si pensa, si immagina, si rappresenta che siano, per arrivare da qui agli uomini vivi; ma si parte dagli uomini realmente operanti e sulla base del processo reale della loro vita si spiega anche lo sviluppo dei riflessi e degli echi ideologici di questo processo di vita. Anche le immagini nebulose che si formano nel cervello dell'uomo sono necessarie sublimazioni del processo materiale della loro vita, empiricamente constatabile e legato a presupposti materiali. Di conseguenza la morale, la religione, la metafisica e ogni altra forma ideologica, e le forme di coscienza che ad esse corrispondono, non conservano oltre la parvenza dell'autonomia. Esse non hanno storia, non hanno sviluppo, ma gli uomini che sviluppano la loro produzione materiale e le loro relazioni materiali trasformano, insieme con questa loro realtà, anche il loro pensiero e i prodotti del loro pensiero. Non è la coscienza che determina la vita, ma la vita che determina la coscienza»[200].

A questo passo se ne aggiunge un altro, altrettanto chiaro, che troviamo nel *Manifesto del partito comunista*:

> «Ci vuole forse una particolare perspicacia per comprendere che, cambiando le condizioni di vita degli uomini, i loro rapporti sociali e la loro esistenza sociale, cambiano anche le loro con-

199 K. Marx, *Il capitale*, I, cit., p. 44.

200 K. Marx – F. Engels, *L'ideologia tedesca*, cit., p. 13.

cezioni, i loro modi di vedere e le loro idee, in una parola anche la loro coscienza? Che cos'altro dimostra la storia delle idee, se non il fatto che la produzione spirituale si trasforma insieme a quella materiale?»[201].

Alla luce del capovolgimento a cui Marx ed Engels sottopongono la filosofia hegeliana, capovolgimento in forza del quale le idee e le categorie sovrastrutturali «sono tanto poco eterne quanto i rapporti che esse esprimono»[202], i due autori possono guadagnare un'acquisizione fondamentale, che determina più di ogni altra il ribaltamento della concezione hegeliana: il «presupposto reale» (*wirkliche Voraussetzung*) che mette in moto l'intero processo è l'attività produttiva che gli uomini intraprendono per dominare la natura. Infatti, ciò che distingue l'uomo dagli altri animali è il lavoro, ossia la capacità di piegare ai propri fini la natura, dominandola e ponendole il proprio suggello: secondo la formulazione dei due autori, «si possono distinguere gli uomini dagli animali per la coscienza, per la religione, per tutto ciò che si vuole; ma essi cominciarono a distinguersi dagli animali allorché cominciarono a *produrre* i loro mezzi di sussistenza»[203]. Detto in altri termini: nella prospettiva lavoro-centrica fatta valere da Marx, l'uomo è tale non per il pensiero o per il linguaggio, ma, innanzitutto e in misura determinante, per il lavoro, che è letteralmente «antropogenico», in quanto stabilisce un rapporto costitutivo con la natura (infatti, attraverso il lavoro, sotto la spinta dei bisogni, l'uomo oggettiva le sue capacità e si appropria della natura, dominandola e apponendole il proprio suggello). Tuttavia, il lavoro, che di per sé sarebbe antropogenico, ha assunto nella storia una forma negativa, alienante, di sfruttamento dell'uomo e delle sue capacità (tema sul quale Marx insiste senza tregua dai *Manoscritti economico-filosofici* fino al *Capitale*). Marx non cessa mai di ripetere che il lavoro va incontro a una notevole evoluzione nel corso delle successive tappe del processo

201 K. Marx – F. Engels, *Manifesto del partito comunista*, cit., p. 34.

202 K. Marx, *Das Elend der Philosophie. Antwort auf Proudhons «Philosophie des Elends»*, 1847; tr. it. *Miseria della filosofia. Risposta alla «Filosofia della miseria» del signor Proudhon*, Editori Riuniti, Roma 1998^{8}, a cura di N. Badaloni, p. 69.

203 K. Marx – F. Engels, *L'ideologia tedesca*, cit., p. 8.

storico per sottolineare che, quanto più è marcata la complessità del lavoro, tanto minore è la possibilità che esso venga svolto per intero da un'unica persona, con l'ovvia conseguenza che, nel corso della storia, l'attività lavorativa richiede una sempre maggiore specializzazione, ovvero una sempre maggiore «divisione del lavoro», che si trova così ripartito in mansioni differenti, svolte da diversi individui. Si deve proprio a tale complessità la causa della differenziazione sociale; è, questo, un altro modo per dire che la divisione del lavoro si accompagna alla nascita delle differenze sociali: «i diversi stadi di sviluppo della divisione del lavoro sono altrettante forme diverse della proprietà; vale a dire, ciascun nuovo stadio della divisione del lavoro determina anche i rapporti fra gli individui»[204]. Concretamente, ciò significa che la contropartita della divisione del lavoro è l'evoluzione storica delle forme di proprietà (tribale, antica, feudale, capitalistica) e che, a ben vedere, ogni «modo di produzione» comporta una forma storica di appropriazione e di proprietà; e significa, inoltre, che la divisione del lavoro è il principio della formazione e della disgregazione dei gruppi sociali, dalle comunità primitive fino alle classi contemporanee, passando attraverso i diversi statuti, corporazioni e ordini. Infatti, aumentando sempre più, col tempo, la complessità delle attività produttive in una data epoca storica, cresce di conseguenza anche la complessità della società, della sua articolazione interna e dei ruoli che in essa vengono svolti. Condividendo un assunto risalente a Rousseau e alquanto diffuso nel XIX secolo, anche per gli sviluppi da esso trovati nella riflessione di Proudhon, Marx è convinto che la divisione in classi che si presenta universalmente in ogni società finora esistita sia riconducibile, in ultima istanza, all'esistenza di una qualche forma di proprietà. La novità introdotta da Marx sta, tuttavia, nell'aver posto la struttura della proprietà privata in relazione con il progredire della divisione del lavoro: dal processo con cui avviene storicamente tale divisione trae origine – spiega Marx nell'*Ideologia tedesca* – la successione dei «modi di produzione» (*Produktionsweisen*) che contraddistinguono le diverse forme di proprietà che si sono susseguite nella sto-

[204] Ivi, p. 9.

ria. In questo senso, l'*Ideologia tedesca* segna il passaggio dall'«ontologia della *praxis*»[205] delle *Tesi su Feuerbach* a un'«ontologia della produzione»[206]. Nell'originaria «proprietà tribale», la divisione del lavoro ha una base naturale, configurandosi come mero prolungamento della divisione per sesso e per età presente all'interno della famiglia, e la proprietà non si trova nelle mani dei singoli individui, ma appartiene all'intera tribù. È con la «comunità antica», corrispondente al mondo greco e romano, che la divisione del lavoro comincia ad accentuarsi e la proprietà si accentra nelle mani di una classe che detiene anche il potere politico e trae il proprio sostentamento dal lavoro degli schiavi: compare quindi per la prima volta sullo scenario storico, in forma pienamente dispiegata, quella divisione in classi che, pur diversamente declinata, rinveniamo anche nelle forme successive di proprietà e che è già latente nella famiglia, dove «la donna e i figli sono gli schiavi dell'uomo»[207]. Nella «proprietà feudale», la dicotomia tra chi possiede la proprietà e chi ne è privo cessa di sussistere come polarità tra padroni e schiavi, ma, ben lungi dallo sparire, si incarna nelle due classi contrapposte e gerarchicamente divise dei signori e dei servi della gleba che, pur nella loro specificità, hanno in comune con le forme precedenti l'antagonismo e l'assoggettamento a cui la classe dominante sottopone quella dominata, sfruttandone il lavoro. Infine, nella società capitalistica la divisione si ripropone nella forma di una dicotomia tra i capitalisti, che detengono i mezzi di produzione, e gli operai, che non hanno null'altro all'infuori delle loro braccia. Rispetto alla scansione dell'*Ideologia tedesca*, i *Grundrisse* presentano, come novità decisiva, un'ulteriore fase dello sviluppo umano, il cosiddetto «modo di produzione asiatico» (*asiatische Produktionsweise*), che Marx tratteggia in maniera assai simile, per molti aspetti, al «dispotismo orientale» di cui diceva Hegel, nel quale regna la stazionarietà e uno soltanto è libero. Questa evoluzione, che porta dall'epoca antica a quella moderna e che implica modificazioni radicali, non supera, ma

[205] E. Balibar, *La filosofia di Marx*, cit., p. 44.

[206] *Ibidem*.

[207] K. Marx – F. Engels, *L'ideologia tedesca*, cit., p. 22.

anzi inasprisce, il carattere antagonistico tra le due classi in lotta, delle quali l'una col suo lavoro permette di sopravvivere anche all'altra. Una descrizione come quella ora abbozzata, incentrata sulla delineazione dei singoli modi di produzione più che sulla connessione che li fa sfumare l'uno nell'altro, non rende conto della dinamicità del processo storico e non spiega che cosa effettivamente determini la transizione da una forma di proprietà a un'altra. Il concetto di «modo di produzione» è, o per lo meno vuole essere nelle intenzioni di Marx, una nozione scientifica, ma ciò non toglie che poi egli ponga i vari modi di produzione, storicamente determinati, in una successione dinamica, progressiva e teleologica, sostenendo apertamente che la storia, nel suo movimento generale, non è altro che «l'atto *reale* di generazione del comunismo»[208].

Come avviene, concretamente, che dal modo di produzione feudale si sia passati a quello capitalistico? Che cosa ha determinato l'estinzione del primo e il sorgere del secondo? E da che cosa è determinato, nella fattispecie, un modo di produzione?

Per Hegel, il passaggio da un «mondo» all'altro è determinato dall'avanzare dello «Spirito del mondo» e, in particolare, dal dispiegarsi in una forma più evoluta della libertà; in opposizione a questa risposta idealistica, Marx fornisce un'icastica spiegazione del trapasso di un modo di produzione a un altro nel 1859, in *Per la critica dell'economia politica*, ripercorrendo le principali acquisizioni ottenute con la «concezione materialistica della storia»:

> «Nella produzione sociale della loro esistenza, gli uomini entrano in rapporti determinati, necessari, indipendenti dalla loro volontà, in rapporti di produzione che corrispondono a un determinato grado di sviluppo delle loro forze produttive materiali. L'insieme di questi rapporti di produzione costituisce la *struttura economica* (*ökonomische Struktur*) della società, ossia la *base reale* (*reale Basis*) sulla quale si eleva una *sovrastruttura* (*Überbau*) giuridica e politica e alla quale corrispondono forme determinate della coscienza sociale. Il modo di produzione della vita materiale condiziona, in generale, il processo sociale, politico e spirituale della vita. Non è la *coscienza* (*Bewußtsein*) degli uomini che determina il loro essere, ma è, al contrario, il *loro essere sociale*

208 K. Marx, *Manoscritti economico-filosofici del 1844*, cit., p. 111.

(*ihr gesellschaftliches Sein*) che determina la loro coscienza. A un dato punto del loro sviluppo, *le forze produttive materiali* (*die materiellen Produktivkräfte*) della società entrano in contraddizione con i *rapporti di produzione* (*Produktionsverhältnisse*) esistenti, cioè con i rapporti di proprietà (che ne sono soltanto l'espressione giuridica) dentro i quali tali forze per l'innanzi s'erano mosse. Questi rapporti, da forme di sviluppo delle forze produttive, si convertono in loro catene. E allora subentra un'epoca di rivoluzione sociale. Con il cambiamento della base economica si sconvolge più o meno rapidamente tutta la gigantesca sovrastruttura. Quando si studiano simili sconvolgimenti, è indispensabile distinguere sempre fra lo sconvolgimento materiale delle condizioni economiche della produzione, che può essere constatato con la precisione delle scienze naturali, e le forme giuridiche, politiche, religiose, artistiche o filosofiche, ossia le forme ideologiche che permettono agli uomini di concepire questo conflitto e di combatterlo. Come non si può giudicare un uomo dall'idea che egli ha di se stesso, così non si può giudicare una simile epoca di sconvolgimento dalla coscienza che essa ha di se stessa; occorre invece spiegare questa coscienza con le contraddizioni della vita materiale, con il conflitto esistente fra le forze produttive della società e i rapporti di produzione. Una formazione sociale non perisce finché non si siano sviluppate tutte le forze produttive a cui può dare corso; nuovi e superiori rapporti di produzione non subentrano mai, prima che siano maturate in seno alla vecchia società le condizioni materiali della loro esistenza. Ecco perchè l'umanità non si propone se non quei problemi che può risolvere, perchè, a considerare le cose dappresso, si trova sempre che il problema sorge solo quando le condizioni materiali della sua soluzione esistono già o almeno sono in formazione. A grandi linee, i modi di produzione asiatico, antico, feudale e borghese moderno possono essere designati come epoche che marcano il progresso della formazione economica della società. I rapporti di produzione borghese sono l'ultima forma antagonistica del processo di produzione sociale; antagonistica non nel senso di un antagonismo individuale, ma di un antagonismo che sorga dalle condizioni di vita sociali degli individui. Ma le forze produttive che si sviluppano nel seno della società borghese creano in pari tempo le condizioni materiali per la soluzione di questo antagonismo. Con questa formazione sociale si chiude dunque la *preistoria* (*Vorgeschichte*) della società umana»[209].

Questo brano, che merita di essere proposto nella sua interezza, è stato a buon diritto considerato un sunto della teoria

[209] K. Marx, *Per la critica dell'economia politica*, cit., pp. 5-6.

marxiana dell'evoluzione storica, o, meglio, delle leggi generali che presiedono al succedersi delle diverse formazioni economiche della società. In esso, viene paradigmaticamente messo in luce come la storia umana sia scandita dalla dialettica tra le «forze produttive» e i «rapporti di produzione», per cui, mutate le prime, devono necessariamente mutare per via rivoluzionaria anche i secondi: in questa dinamica dialettica che ritma l'evoluzione della storia, ben poco spazio è concesso alla dimensione sovrastrutturale delle idee, le quali, lungi dal trasformare la realtà, si adeguano ad essa ogni volta che la realtà muta. Ciò significa che, nella prospettiva marxiana, cambiando le condizioni di vita degli uomini, i loro rapporti sociali e la loro esistenza sociale, cambiano anche le loro concezioni, i loro modi di vedere e le loro idee, cioè la loro coscienza: in gergo marxiano, mutando la «struttura» (*Struktur* o *Basis*), muta anche la «sovrastruttura» (*Überbau*), la quale però, come non tarderanno a precisare Marx ed Engels contro le mistificazioni a cui andava incontro la loro teoria, non è un qualcosa di morto e di assolutamente passivo, ma anzi può agire di riflesso ed esercitare la sua influenza sulla struttura stessa. Anche le idee, che pure sono il portato della loro epoca, possono, almeno in parte, influenzare la struttura e confliggere con il modo di produzione vigente (il che permette del resto di spiegare alcuni aspetti fondamentali, che altrimenti resterebbero irrisolti: primo tra tutti il sapere anti-capitalistico e prometeico sviluppato da Marx stesso). Opponendosi alla trasfigurazione del materialismo storico avviata dal marxismo stesso (e che, di fatto, sarà portata a compimento da Kautsky), Engels – che pure per molti aspetti contribuì a quella deriva – rivendicherà la specificità della teoria originaria:

> «Secondo la concezione materialistica della storia il fattore che *in ultima istanza* (*in letzter Instanz*) è determinante nella storia è la produzione e la riproduzione della vita reale. Di più non fu mai affermato né da Marx né da me. [...] Vi è azione e reazione reciproca di tutti questi fattori, ed è attraverso di essi che il movimento economico finisce per affermarsi come elemento necessario in mezzo alla massa infinita di cose accidentali (cioè di cose e di avvenimenti il cui legame intimo reciproco è cosí lontano e cosí difficile a dimostrarsi, che possiamo considerarlo come non esistente, che possiamo trascurarlo)»[210].

210 F. Engels, lettera a J. Bloch del 21 settembre 1890, in K. Marx, *Die*

Ma come è strutturato un modo di produzione? La «produzione» è la risultante della reciproca azione delle «forze produttive» (*Produktionskräfte*) – l'elemento strettamente economico, dato dalle macchine, dal denaro, dalle conoscenze scientifiche, dalle tecniche di produzione, dall'organizzazione del lavoro, dalle braccia che lavorano, e così via – e dei «rapporti di produzione» (*Produktionsverhältnissen*), ossia dei rapporti tra le classi sociali che trovano il cardine nella formalizzazione giuridica del tipo di proprietà, ma che, più in generale, esprimono l'organizzazione che la società, in una determinata epoca, si è data in corrispondenza e in coerenza col grado di sviluppo delle forze produttive, al fine di favorire l'espandersi di quelle forze (così, nell'antichità, il rapporto schiavistico era il più adatto a garantire una produzione orientata al sostentamento, mentre, nel moderno modo di produzione capitalistico, il libero rapporto salariale è il più idoneo a garantire una produzione finalizzata all'arricchimento illimitato). Dunque, per Marx, è erroneo considerare la società, vale a dire i rapporti tra gli uomini, indipendentemente dalle condizioni delle forze produttive, ossia dalla base economica della società stessa. In una simile prospettiva, si può sostenere che ogni epoca è contraddistinta da un suo specifico processo sociale di produzione che, dotato dei suoi particolari fini sociali (il consumo diretto nell'epoca feudale, il guadagno sotto forma di profitto nell'epoca borghese), si svolge all'interno di un determinato modo di produzione, nel quale si uniscono le condizioni materiali (il lavoro vivo e i mezzi di produzione) e le condizioni sociali (vale a dire i rapporti di produzione): dall'unione delle condizioni materiali e di quelle sociali, si sviluppano le forze produttive di una data epoca. A loro volta, i rapporti di produzione sono di due tipi: vi sono i rapporti di proprietà, i quali stabiliscono le relazioni tra i produttori diretti e le condizioni del loro lavoro (ad esempio, nella società borghese i produttori diretti non dispongono della proprietà dei mezzi del loro lavoro), e vi sono i rapporti di subordinazione che determinano le relazioni tra i produttori e i proprietari di quelle condi-

Klassenkämpfe in Frankreich 1848 bis 1850, 1850; tr. it. *Le lotte di classe in Francia*, Editori Riuniti, Roma 1962, p. 40.

zioni (nella società borghese, il lavoro salariato è il rapporto di subordinazione dei produttori diretti al capitale). In ogni stadio storico della produzione, il processo dell'azione finalizzato a ottenere un determinato obiettivo sociale necessita di un modo di agire che sia ad esso adeguato: detto altrimenti, deve crearsi una corrispondenza tra il processo e il modo di produzione, affinché si realizzino le forze produttive sociali. Nel caso in cui, nel processo di produzione, tale corrispondenza si estingua, in quanto nascono nuove forze produttive e rapporti sociali che sono inconciliabili con il vecchio modo di produzione, accade che essi lo rivoluzionino, adeguandolo al nuovo processo: si attua così la transizione da un modo di produzione a un altro. Un passaggio tratto dalla *Miseria della filosofia*, lo scritto del 1847 contro Proudhon, è di insuperabile chiarezza per mettere a fuoco questo punto:

> «I rapporti sociali sono intimamente connessi alle forze produttive. Impadronendosi di nuove forze produttive, gli uomini cambiano il loro modo di produzione e, cambiando il modo di produzione, la maniera di guadagnarsi la vita, cambiano tutti i loro rapporti sociali. Il mulino a braccia vi darà la società col signore feudale, e il mulino a vapore la società col capitalista industriale»[211].

A una data forza produttiva, corrisponde dunque un determinato rapporto di produzione, che varierà immancabilmente, per via rivoluzionaria, al mutare della forza produttiva: secondo l'espressione impiegata da Marx, «un mutamento sopravvenuto nelle *forze produttive* degli uomini comporta necessariamente un mutamento nei loro *rapporti di produzione*»[212], rimasti, per così dire, «indietro» rispetto al progresso guadagnato dalle forze produttive. In virtù degli incessanti incrementi quantitativi, le forze produttive di una certa società entrano, in un certo momento, in conflitto con i rapporti di produzione, e questo provoca una fase rivoluzionaria e, successivamente, la transizione a un organismo economico e sociale qualitativamente diverso. Alla luce di queste acquisizioni teoriche, le posizioni dei «Giovani hegeliani» (e dello stesso Marx di pochi anni prima) non possono più essere accettate, nella misura in

211 K. Marx, *Miseria della filosofia*, cit., p. 69.

212 Ivi, p. 79. Corsivi miei.

cui si fondano sull'assurda pretesa di cambiare la struttura della realtà muovendo dalla sfera sovrastrutturale: per l'emancipazione reale dell'uomo, la riduzione della teologia ad antropologia (Feuerbach), la denuncia dell'«irrazionalità del reale» e altre simili soluzioni «idealistiche» sono infatti – al pari dell'emancipazione solo politica – del tutto insufficienti. Allorché l'uomo è schiavo *materialmente*, cioè nella società in cui vive, «la "liberazione" è un atto storico, non un atto ideale»[213]: deve cioè configurarsi come una liberazione dalle catene *reali* e non soltanto da quelle *spirituali*. In particolare, «per il materialista *pratico*, cioè per il *comunista*, si tratta di rivoluzionare il mondo esistente, di mettere mano allo stato di cose incontrato e di trasformarlo»[214], in quanto «non è possibile attuare una liberazione reale se non nel mondo reale e con mezzi reali»[215]. Proprio perché le idee tendono a rispecchiare la struttura, in modo sostanzialmente passivo, non ha senso pensare di trasformare le idee affinché muti anche la realtà (secondo il progetto della «Sinistra»): si deve, piuttosto, trasformare la realtà e, una volta che essa sia stata cambiata, muteranno anche le idee. In questo senso, precisa Marx – prendendo le distanze dal proprio esordio di critico – «non la critica, ma la rivoluzione è la forza motrice della storia»[216]. Per questa via, grazie alla teoria dei modi di produzione, Marx – vero e proprio Cristoforo Colombo del «continente storia» (Althusser) – conferisce un nuovo fondamento teorico al comunismo (rendendolo «scientifico» da puramente «utopistico» quale era) e, al tempo stesso, garantisce all'«umanità che soffre», ossia al proletariato, la certezza che è la storia stessa a «lavorare» in vista del superamento del modo di produzione capitalistico.

È alla luce di queste considerazioni che nel *Diciotto Brumaio di Luigi Bonaparte* (1852) Marx potrà sostenere che «gli uomini fanno la propria storia, ma non la fanno in modo arbitrario, in circostanze scelte da loro stessi, bensì nelle circo-

[213] K. Marx – F. Engels, *L'ideologia tedesca*, cit., p. 15.

[214] *Ibidem*.

[215] *Ibidem*.

[216] Ivi, p. 30.

stanze che essi trovano immediatamente davanti a sé»[217]. Mutato il modo di produzione, muta anche la «gigantesca sovrastruttura» che era sorta da quello precedente: al nuovo modo di produzione viene, più o meno rapidamente, a corrispondere una nuova sovrastruttura, ossia un nuovo impianto di idee, di concezioni politiche, giuridiche e artistiche. Questo aspetto della riflessione marxiana reca con sé alcune conseguenze importanti, che meritano di essere esposte analiticamente.

3. *Ideologia, idee dominanti e sovrastruttura.*

> «L'elemento ideale non è altro che l'elemento materiale trasferito e tradotto nel cervello degli uomini».
>
> (K. Marx, *Il capitale*, I)

Il problema dell'«ideologia» (*Ideologie*) è uno dei punti teorici più interessanti che scaturiscono dalla «concezione materialistica della storia». Nell'*Ideologia tedesca* – l'opera in cui, fin dal titolo, la questione viene trattata più diffusamente – l'ideologia viene innanzitutto ricondotta all'atteggiamento idealistico di quanti fanno valere una concezione della realtà e della storia trascurando la base materiale dalla quale scaturiscono le idee: in questo senso, hanno prodotto un'«ideologia» sia Hegel, che – secondo Marx – ha preteso di far scaturire la realtà dall'Idea, sia i «Giovani hegeliani», i quali, inseguendo le loro «fantasie innocenti e puerili»[218], si comportano da «pecore che si credono lupi»[219], e credono di cambiare il mondo coi loro «belati filosofici»[220], ossia con formule astratte e con denunce verbali delle storture che permeano lo *status quo*. Lottando contro «le ombre della realtà»[221], senza neppu-

217 K. Marx, *Der achtzehnte Brumaire des Louis Bonaparte*, 1852; tr. it. *Il 18 brumaio di Luigi Bonaparte*, Editori Riuniti, Roma 2001, a cura di P. Togliatti, p. 46.

218 K. Marx – F. Engels, *L'ideologia tedesca*, cit., p. 3.

219 *Ibidem.*

220 *Ibidem.*

221 *Ibidem.*

re sfiorare i problemi nella loro concreta esistenza (e in ciò rivelandosi del tutto analoghi ai teologi: il bersaglio di questa invettiva è soprattutto l'«autentico teologo»[222] Bauer, ironicamente etichettato «San Bruno»), essi sono inavvertitamente rimasti prigionieri dell'ideologia, compiendo lo stesso percorso inverso – dal cielo alla terra – compiuto da Hegel. In questo primo significato, il termine «ideologia» indica quelle specifiche concezioni di vita o filosofie che negano il primato della struttura materiale e credono di beneficiare di un'assoluta autonomia.

Accanto a (e connesso con) questo significato, vi è quello, più generale, per cui il termine «ideologia» indicherebbe tutto ciò che non fa parte della «struttura» materiale dell'esistenza: ideologia è la religione, è la filosofia, è l'arte, è la metafisica, è la morale, è la legge, è la politica, ecc. In questo senso, ideologia è tutto ciò che, ben lungi dall'essere autonomo, emana direttamente dal modo di produzione vigente: e – questa la conseguenza decisiva – proprio perché è figlio di quel modo di produzione, non può che rispecchiarlo e giustificarlo. Marx innesta questa determinazione del concetto di ideologia sulla teoria della «lotta di classe», e più precisamente sull'idea secondo cui «le idee della classe dominante sono in ogni epoca *le idee dominanti* (*die herrschenden Gedanken*)»[223], vale a dire l'*espressione ideale* dei rapporti materiali dominanti: ciò significa che le idee dominanti di ogni epoca non sono se non i rapporti materiali dominanti assunti sotto forma di idee e, pertanto, sono l'espressione dei rapporti che manifestano il dominio della classe dominante. In altri termini, il dominio concreto di una classe si esprime anche come dominio ideologico, trova cioè un'assoluta legittimazione nell'ambito delle idee, nella misura in cui la religione, la filosofia, il diritto e, più in generale, la dimensione sovrastrutturale nella sua interezza non fanno altro che interpretare, giustificandolo, il mondo (come anticipato, embrionalmente, dalla undicesima delle *Tesi su Feuerbach*). Per chiarire questo punto delicato dell'analisi marxiana, è bene fare riferimento a un rapido passaggio dell'*Ideologia tedesca*:

222 Ivi, p. 75.
223 Ivi, p. 35.

«La coscienza non può mai essere qualche cosa di diverso dall'essere cosciente, e l'essere degli uomini è il processo reale della loro vita. Se nell'intera *ideologia* gli uomini e i loro rapporti appaiono *capovolti* come in una camera oscura, questo fenomeno deriva dal processo storico della loro vita, proprio come il *capovolgimento* degli oggetti sulla retina deriva dal loro immediato processo fisico»[224].

L'ideologia presenta un'immagine capovolta del mondo, proprio come avviene nella camera oscura: mostra diritto ciò che, in realtà, è a testa in giù; ossia, fuor di metafora, legittima sul piano delle idee i rapporti dominanti, il mondo così com'è, mostrandolo «giusto», «razionale» e «intrascendibile». Il mondo in cui vivono gli uomini è – come Marx non si stanca mai di ripetere – un «mondo capovolto», ma nello specchio deformante (e legittimante) dell'ideologia esso viene a sua volta presentato in forma capovolta e, dunque, viene illusoriamente mostrato come «diritto». Ciò avviene soprattutto in virtù del fatto che i singoli individui e i pensatori di una certa classe sociale finiscono (per lo più inconsapevolmente) per pensare in maniera favorevole alla propria situazione sociale, senza vederne le contraddizioni e le incongruenze: in questo modo, le classi dominanti non sono in grado di percepire le storture e la transitorietà del modo di produzione in cui vivono (e da cui traggono vantaggi), ma se lo figurano come pienamente razionale ed eterno, in base all'assunto per cui il pensiero non determina l'essere, ma ne è anzi determinato. In questo senso, nella prospettiva marxiana, la fede nelle idee dominanti «viene naturalmente consolidata, nutrita, inculcata in ogni modo dalle classi dominanti»[225]. Marx ha in mente Hegel e la sua filosofia della conciliazione con il mondo («ciò che è reale, è razionale»), ma soprattutto l'economia politica classica, che, con falsa coscienza necessaria, legittima ideologicamente la produzione capitalistica assumendo come naturali (e dunque come eterne) le sue leggi, senza riuscire a comprendere che essa è un momento storicamente determinato e che, come ha avuto una data di nascita, così ne avrà anche una di morte. Il

224 Ivi, p. 13. Corsivi nostri.

225 Ivi, p. 108.

fatto stesso di vivere in un contesto a loro favorevole, ha inevitabilmente portato i borghesi (compresi, ovviamente, gli intellettuali) a difendere ideologicamente come giusto ed eterno l'ordine borghese, rappresentando surrettiziamente l'interesse della classe dominante come interesse comune di tutti i membri della società e conferendo alle sue idee la forma dell'universalità, come emerge assai nitidamente dall'apologia del libero mercato e del liberismo che si rinviene in Adam Smith. La critica dell'ideologia, che Marx tiene a battesimo nell'*Ideologia tedesca*, sarà presente in tutte le opere marxiane successive, affiorando soprattutto (ma non solo) nella convinzione – che è poi il vero fondamento della «critica dell'economia politica» – secondo cui gli ideologi borghesi sono interamente condizionati dalla società borghese in cui vivono e non riescono in alcun caso a trascenderne i confini, con la conseguenza che essi raffigurano il processo sociale in modo capovolto e mistificante. Nel mondo borghese moderno – è questo il corollario della riflessione marxiana sull'ideologia – vi è una sola classe che, pur vivendo all'interno dei rapporti capitalistici, li trascende, poiché nell'atto stesso di riprodurli li nega dialetticamente: è il proletariato. Proprio perché è la classe su cui si abbattono tutte le ingiustizie del moderno mondo borghese e su cui gravano le «catene radicali», il proletariato è ai margini della società, al cui interno non ha interessi economico-capitalistici da difendere: del capitalismo esso vive solo le contraddizioni, senza trarne benefici e vantaggi di alcun tipo. Capovolto in una società capovolta, il proletariato, non avendo interessi particolari da difendere all'interno della società, è l'unica classe che può guardare in faccia, senza illusioni e mistificazioni, le contraddizioni del capitalismo, cooperando ad abbatterlo. Naturalmente, affinché esso possa acquisire coscienza delle contraddizioni e del proprio ruolo di «classe in sé e per sé», in grado di rovesciare il modo di produzione, è necessario l'intervento teorico di intellettuali – ed è questo il compito che Marx si propone, come intellettuale – che lo rendano cosciente di tutto questo, dando vita a una vera e propria scienza delle contraddizioni del modo di produzione (che è poi ciò che Marx, concretamente, cercherà di fare per tutta la vita). Mentre gli intellettuali borghesi, anche quando credono di elaborare una «scienza», elaborano in realtà una «ideologia», una forma di falsa coscienza necessaria, gli intellettuali proletari sviluppano la sola scienza possibile, non ideologica ma aderente alla realtà; e lo fanno mostrando le storture e le contraddizioni del modo di produzione e diagnosticando la sua transitorietà, oltre che, naturalmente, smascherando la «falsa coscienza» della borghesia e denunciandone la natura intimamente ideologica. In questo senso, il proletariato, con il suo programma rivoluzionario di superamento del nesso sfruttamento-alienazione, è, nell'ottica marxiana, titolare dell'unico punto di vista dal quale la critica diventa legittima: considerazione, questa, che deve indurre a riflettere sul fatto che, instancabile smascheratore delle ideologie altrui, Marx non ha poi applicato con la stessa coerenza a se stesso e alla classe che ha voluto rappresentare con la propria opera il punto di vista critico che costituisce l'anima della sua riflessione.

Accanto al problema dell'ideologia, e al tempo stesso legato ad esso, vi è quello del carattere non autonomo, ma sovrastrutturale e storicamente determinato della filosofia, della politica, della religione, del diritto, dell'arte, della morale, ecc. Tutte queste discipline emanano direttamente dal modo di produzione vigente e, di conseguenza, lo legittimano: su questo punto abbiamo già concentrato la nostra attenzione a proposito della religione e della filosofia (dalla quale Marx prende le distanze proprio in quanto incapace di trasformare il mondo, assorbita com'è nella sua legittimazione). Si tratta ora di affrontare questo nodo, seppur brevemente, dal punto di vista del diritto, della morale e dell'arte. Partiamo dal primo. Proprio perché liquidato come una manifestazione sovrastrutturale del modo di produzione, il diritto non è, per Marx, un qualcosa che sta al di là delle classi in lotta e che giudica imparzialmente le azioni degli attori sociali: al contrario, esso è il riflesso di determinati rapporti sociali (che sancisce e legittima) e, insieme, uno strumento con cui la classe dominante esercita il suo dominio su quella dominata[226]. Marx lo afferma

226 Per quel che concerne la spinosa questione del diritto in Marx, cfr. E. Ripepe, *Alla ricerca della concezione marxista del diritto*, Giappichelli, Torino

esplicitamente, ad esempio, nei *Grundrisse*: «ogni forma di produzione produce i suoi rapporti giuridici, forma di governo, ecc.»[227], in maniera tale che essi favoriscano il determinato modo di produzione da cui scaturiscono. Non esiste dunque un «giusto secondo natura», che il diritto farebbe valere sovranamente dall'alto e apartiticamente: al contrario – come si dirà nel *Capitale* – «è giusto ciò che corrisponde al modo di produzione»[228] ed è «ingiusto quanto si trova in contraddizione con esso»[229]; in questo senso, il diritto non fa altro che assumere le difese del modo di produzione vigente, condannando come illegale e ingiusto tutto ciò che gli si oppone. Di conseguenza, il diritto del mondo borghese, che Marx tende a liquidare come raddoppiamento della forma di merce e come garanzia legale per la sua sovranità, è una delle tante armi con cui la classe dominante difende le sue posizioni contro la classe dominata. Ciò affiora assai nitidamente se si considera la proprietà privata, che, pur storicamente determinata, viene difesa dal sistema giuridico come un diritto imprescrittibile dell'uomo in quanto tale. Conseguenza di questa concezione del diritto è che ogni modo di produzione genera, oltre che una sua filosofia e una sua arte, un suo diritto, stabilendo cosa è giusto e cosa è ingiusto o, meglio, ciò che favorisce il modo di produzione e ciò che invece lo ostacola. L'esempio addotto da Marx per fare chiarezza su questo punto è quello della schiavitù: nel modo di produzione antico, che si reggeva su di essa, la schiavitù non solo non era moralmente condannata, ma anzi era legalmente tutelata, trovando per di più nelle teorie dei filosofi (ecco riaffiorare il carattere intrinsecamente ideologico della filosofia) una sua precisa legittimazione (Platone e Aristotele sono, a questo proposito, i casi più eclatanti). Essa

1987, pp. 209 ss. Cfr. anche N. Bobbio, *Marx e la teoria del diritto*, in Id., *Né con Marx né contro Marx*, cit., pp. 153-166. Secondo Bobbio, le due tesi elaborate da Marx per quel che riguarda la teoria del diritto sono la concezione del diritto come «uno strumento di dominio di classe» (ivi, p. 158) e come «riflesso di determinati rapporti sociali» (*ibidem*).

227 K. Marx, *Lineamenti fondamentali di critica dell'economia politica*, cit., I, p. 10.

228 K. Marx, *Il capitale*, III, cit., p. 405.

229 *Ibidem*.

era ritenuta giusta perché costituiva la base del modo di produzione antico. Ma per gli ideologi del modo di produzione borghese, che non poggia più sulla schiavitù diretta, essa rappresenta l'apice dell'ingiustizia: essi non percepiscono però come ingiusto che vi sia chi muore di fame ai bordi delle strade e chi è costretto a lavorare nell'inferno delle fabbriche, perché il modo di produzione capitalistico si fonda proprio su questo. Scrive Engels, a questo proposito:

> «Gli uomini hanno dimenticato che il loro diritto deriva dalle condizioni della loro vita economica, così come essi medesimi derivano dal mondo animale. [...] E questa giustizia non è altro che l'espressione ideologizzata, incielata nei rapporti economici, che si ottiene seguendo ora la loro tendenza conservatrice, ora quella rivoluzionaria. La giustizia dei Greci e dei Romani riteneva giusta la schiavitù: la giustizia dei borghesi del 1789 postulava l'abolizione del feudalesimo ritenendolo ingiusto»[230].

Qualcosa di analogo vale per la morale, anch'essa storicamente determinata: è moralmente giusto ciò che favorisce il modo di produzione capitalistico, mentre è ingiusto ciò che lo ostacola. La questione della condanna della schiavitù, poc'anzi evocata, vale anche per la morale. Ne discende una conseguenza fondamentale che, come vedremo tra poco, rappresenta una fortissima ambivalenza, una «zona d'ombra», nel pensiero di Marx: non è possibile criticare moralmente il modo di produzione capitalistico, e ciò sulla base di tre assunti, sui quali ha insistito soprattutto Emmanuel Renault: a) lo storicismo di cui si sostanzia la teoria marxiana induce a dubitare della validità delle norme morali, e «avrebbe poco senso denunciare a partire da ciò di cui si mette in questione il valore»[231]; b) rimanendo, in ciò, allievo di Hegel e della sua critica feroce del formalismo kantiano e della sua astratta *Moralität*, Marx sembra convinto del «carattere vuoto delle norme morali»[232]; c) infine, Marx «rimprovera alle denunce

[230] F. Engels, *Zur Wohnungsfrage*, 1873; tr. it. *La questione delle abitazioni*, Samonà e Savelli, Roma 1971, a cura di V. Parlato, p. 100.

[231] E. Renault, *Marx e l'idea di critica*, cit., p. 136.

[232] Ivi, p. 137.

morali di avere un destinatario universale»[233], ossia di rivolgersi indistintamente a tutti gli individui, a prescindere dalla classe di appartenenza. Di conseguenza, la critica organica del modo di produzione capitalistico non può in alcun caso essere una critica morale. Ciò che più stupisce, tuttavia, è che, dopo aver dichiarato del tutto impossibile una denuncia morale del modo di produzione capitalistico, Marx, di fatto, non fa altro che svilupparne una, la più potente che sia mai stata levata contro il capitalismo stesso: tutto ciò, che nei *Manoscritti economico-filosofici* e negli altri scritti giovanili è già evidente (si pensi, per esempio, al concetto di «alienazione»), vale anche – seppur in modo più sfumato – per gli scritti della maturità, come è testimoniato non solo dall'impiego di nozioni che, in ultima analisi, restano di marca morale (la nozione di «pluslavoro», traduzione economica della nozione morale di «sfruttamento»), ma anche dal fatto che Marx è soggettivamente convinto – come ha rilevato lo stesso Renault – che «l'esistenza sarebbe migliore nel comunismo che nel capitalismo»[234]. Alcuni interpreti si sono spinti addirittura a sostenere la tesi secondo cui Marx condurrebbe una critica moralistica del capitalismo a partire dalla stessa etica borghese, inconsapevolmente introiettata[235]. In ciò risiede, probabilmente, una delle maggiori ambiguità del pensiero di Marx e della sua feconda incoerenza. Una incoerenza di cui, almeno in parte, ha preso atto egli stesso affrontando il problema del-

[233] Ivi, p. 139. Su quest'ultimo punto, cfr.: A. Tosel, *Marx, la justice, et sa production*, in Id., *Etudes sur Marx (et Engels). Vers un communisme de la finitude*, Kime, Paris 1966, pp. 75-103; Y. Quiniou, *La question morale dans le marxisme*, in «Actuel Marx», 1996; A. Wood, *Marx's Immoralism*, in E. Angehrn – G. Lohmann (a cura di), *Ethik und Marx*, Hain, Konigstein 1986; P. Pasquale, *Il problema morale nella concezione di Karl Marx*, Aracne, Roma 1999.

[234] E. Renault, *Marx e l'idea di critica*, cit., p. 141. Non ha dunque torto Ernst Bloch quando tenta di dimostrare come il pensiero di Marx si sostanzi di una concezione che, in ultima analisi, è «giusnaturalistica»: cfr. E. Bloch, *Naturrecht und menschliche Würde*, 1961; tr. it. *Diritto naturale e dignità umana*, Giappichelli, Torino 2005, a cura di G. Russo.

[235] Cfr. A. Buchanan, *Marx and Justice. The Radical Critique of Liberalism*, Rowman & Allanheld, Totowa 1982; D. Turner, *Marx, Ideology and Moral*, in D. McLellan – S. Sayers, *Socialism and Morality*, Macmillan, Basingstoke 1990.

l'arte, nei *Grundrisse*[236]. Come il diritto e la morale, anche l'arte non coincide, nell'ottica di Marx, con una presunta manifestazione espressiva, universale ed eterna, dell'uomo o con una «categoria universale dello Spirito». Come in ogni epoca è legalmente e moralmente giusto ciò che si armonizza con il modo di produzione, allo stesso modo risulta artisticamente fruibile ed esteticamente bello ciò che, di epoca in epoca, favorisce il modo di produzione dominante. In questa maniera, l'orecchio europeo non riesce ad apprezzare pienamente i ritmi della musica indiana, che gli paiono striduli e rozzi, proprio come davanti a un piatto raffinato e «artistico» il primitivo – dice Marx – non vede altro che cibo, ossia uno strumento per soddisfare un bisogno: infatti, «il senso, prigioniero dei bisogni pratici primordiali, ha soltanto un senso limitato»[237]. Proprio per il fatto che «i *sensi* dell'uomo sociale sono diversi da quelli dell'uomo non sociale»[238], questi uomini appartenenti a epoche differenti avranno necessariamente maturato concezioni artistiche diverse. Ma la riduzione – ancorché sia tale solo «in ultima istanza» – dell'arte a sovrastruttura comporta una contraddizione interna alla «concezione materialistica della storia». L'aporia può essere formulata nel modo che segue: se *in ultima istanza* piace ciò che rispecchia il modo di produzione vigente, perché capita che si provi piacere estetico dinanzi alle realizzazioni artistiche di modi di produzione ormai tramontati? Perché ci piacciono le opere di Giotto o il Partenone? Non dovrebbero forse lasciarci del tutto indifferenti, essendo esse il frutto di modi di produzione ormai tramontati?

Per quel che riguarda l'arte – precisa Marx nei *Grundrisse* – «determinati suoi periodi di fioritura non stanno affatto *in*

[236] Per quel che riguarda il problema dell'arte e delle sue aporie nel pensiero di Marx, cfr. K. Marx – F. Engels, *Sur la littérature et l'art*, Editions Sociales Internationales, Paris 1936, a cura di J. Freville; C. Salinari, *Introduzione* a K. Marx – F. Engels, *Scritti sull'arte*, Laterza, Roma–Bari 1967; G. Prestipino, *Introduzione* a K. Marx, *Arte e lavoro creativo: scritti di estetica*, Newton, Roma 1976; V. Gerratana, *Introduzione* a K. Marx – F. Engels, *Sull'arte e la letteratura*, Universale Economica, Milano–Novara 1954. Cfr. anche D. Fusaro, *Per una teoria dell'arte in Karl Marx*, in «Koiné» (2007), pp. 111-125.

[237] K. Marx, *Manoscritti economico-filosofici del 1844*, cit., p. 119.

[238] Ivi, pp. 118-119.

rapporto con lo sviluppo generale della società (*im Verhältnis zur allgemeinen Entwicklung der Gesellschaft*), e quindi neppure con la base materiale, per così dire con la *struttura ossea* (*Knochenbau*) della sua organizzazione»[239]. Con ciò, Marx sta evidentemente ridimensionando i possibili sviluppi del materialismo storico quale era stato formulato ai tempi dell'*Ideologia tedesca*: è vero che in ultima istanza è la «base materiale» a determinare lo sviluppo sovrastrutturale, ma ciò non toglie che quest'ultimo possa godere di una parziale autonomia, com'è per l'appunto dimostrato dal caso dello sviluppo artistico. Benché la società greca fosse per molti versi una società arcaica, fondata sull'istituto della schiavitù, essa godette di un «sovrasviluppo» artistico, che sfociò in opere d'arte ineguagliabili come il Partenone o l'*Iliade*. In questo senso – sembra suggerire Marx – l'elemento sovrastrutturale può talvolta, almeno in parte, autonomizzarsi e svilupparsi in maniera indipendente, andando più «in là» rispetto a quello strutturale (e dunque non rispecchiandolo). Il secondo punto su cui Marx pone l'accento nella sua trattazione riguarda il fascino che l'arte greca continua a esercitare su di noi. Come è possibile che le realizzazioni artistiche di un modo di produzione intercettino l'interesse di uomini appartenenti ad altri modi di produzione? La domanda è formulata da Marx in questi termini:

> «La visione della natura e dei rapporti sociali che sta alla base della fantasia greca, e quindi della [mitologia] greca, è possibile con le filatrici automatiche, le ferrovie, le locomotive e i telegrafi elettrici? Che ne è di Vulcano di fronte a Roberts & Co., di Giove di fronte ai parafulmini e di Ermes di fronte al Crédit Mobilier?»[240].

Detto altrimenti, «la difficoltà non consiste nel comprendere che l'arte e l'*epos* greci sono connessi con determinate forme di sviluppo sociale»[241]; sta piuttosto «nel fatto che essi suscitano ancora oggi in noi un *godimento artistico* (*Kunstgenuß*) e in un certo senso sono ancora considerati norma e *modelli ine-*

239 K. Marx, *Lineamenti fondamentali di critica dell'economia politica*, cit., I, p. 36.

240 *Ibidem*.

241 Ivi, p. 37.

guagliabili (*unerreichbare Muster*)»[242], spintisi a tal punto oltre la base materiale del «modo di produzione antico» da essere, di fatto, contemporanei a modi di produzione successivi. In altri termini, con le sue considerazioni sull'arte greca, Marx ha messo in luce come lo sviluppo della produzione materiale e quello della produzione artistica non sempre siano paralleli, ma possa talvolta sussistere uno scarto. Qualcuno ha sostenuto, non senza esagerazioni, che nella presa d'atto marxiana di questo paradosso si cela la comprensione, da parte di Marx, del naufragio della «concezione materialistica della storia», per via delle contraddizioni insuperabili che sono insite in essa[243]: a chi scrive pare, piuttosto, che tramite questa tacita autocritica Marx, da un lato, si riconfermi come il «filosofo del cantiere», che è già sempre al di là delle proprie posizioni (non perché le abbandona, ma perché le problematizza senza mai coerentizzarle), e, dall'altro, metta in guardia da ogni possibile interpretazione economicista del suo pensiero (da Kautsky ad Amadeo Bordiga), mostrando l'importanza e la (almeno parziale) autonomia della sfera sovrastrutturale. Senza tale autonomia, del resto, resterebbero irrisolti due aspetti fondamentali inerenti alla vita di Marx e a quella del movimento comunista: in primo luogo, se le idee si limitassero a rispecchiare in maniera conservativa il reale, non si potrebbe in alcun caso rendere conto dell'adesione di Marx e di Engels alla causa proletaria, dato che – essendo entrambi borghesi di origine – avrebbero dovuto, a rigore, giustificare ideologicamente la classe dominante da cui provenivano, anziché forgiare le armi teoriche per abbatterla. Per poter rendere ragione di questa «diserzione» individuale di classe non è sufficiente immaginare una sorta di «deviazione» casuale, simile al *clinamen* epicureo: occorre, invece, ammettere una relazione dialettica tra il reale e le idee, le quali si originano, sì, a partire dalla «struttura» materiale, ma possono poi guadagnare una parziale autonomia e, grazie ad essa, agire esse stesse sulla struttura materiale. In questo modo, l'individuo può «rompere» teore-

242 *Ibidem*.

243 Cfr. K. Löwith, *Significato e fine della storia. I presupposti teologici della filosofia della storia*, cit., pp. 65 ss.

ticamente con la propria classe di appartenenza e aderire intellettualmente a un'altra, identificandosi con i suoi scopi e i suoi interessi, nella consapevolezza che è la storia stessa a procedere nella direzione del trionfo finale di quella classe: è così che, storicamente, accade che «una piccola parte della classe dominante si stacca da essa per unirsi alla classe rivoluzionaria, a quella che ha l'avvenire nelle sue mani»[244]. In secondo luogo, l'assenza di una parziale ammissione dell'autonomia delle idee entrerebbe in contrasto con la teorizzazione marxiana dell'importanza della «lotta teorica» e propagandistica per fare acquisire agli operai la «coscienza di classe» necessaria a un'azione organizzata in vista della rivoluzione e dell'abbattimento del sistema capitalistico. Se tutto, infatti, dipendesse soltanto dalla sfera strutturale dell'economia e fosse meccanicamente predeterminato, che senso avrebbe lottare per prendere coscienza dell'imminente crollo del modo di produzione? Non basterebbe forse starsene comodamente seduti sulla riva del fiume ad aspettare passivamente che sia la corrente a trasportare il cadavere del capitalismo?

4. *Hegel a testa in giù: una filosofia della storia «futuro-centrica».*

«Le rivoluzioni sono le locomotive della storia».
(K. Marx, *Le lotte di classe in Francia dal 1848 al 1850*)

La filosofia della storia marxiana prende le distanze da quella hegeliana non soltanto per il motivo che, in Marx, l'attore della storia non è più lo Spirito, nelle sue varie determinazioni temporali, ma attori sono gli individui concreti, in carne e ossa; ma anche per il fatto, solitamente più trascurato, che se in Hegel la storia ha raggiunto nell'epoca moderna il suo traguardo, ossia il pieno dispiegarsi della libertà di tutti gli uomini nell'hegeliano «mondo cristiano-germanico», per Marx essa, propriamente, non è neppure ancora cominciata, e ci tro-

[244] K. Marx – F. Engels, *Manifesto del partito comunista*, cit., p. 19.

viamo ancora proiettati in una delle molteplici fasi di una lunga «preistoria»[245]. Quest'ultima potrà dirsi conclusa soltanto nel momento in cui termineranno gli antagonismi che animano il mondo moderno, scompariranno le classi e la società assumerà un assetto comunista, garantendo quella libertà e quell'uguaglianza che, nel presente, hanno una cittadinanza meramente formale. Secondo un'acquisizione guadagnata da Marx già nel 1843, è solo la classe sulla quale grava l'ingiustizia universale a poter riscattare la società nel suo complesso. Affermare, con Marx, che nell'epoca presente la libertà – contrariamente alle convinzioni hegeliane – non si è ancora dispiegata significa, in concreto, sostenere che nella modernità sopravvivono elementi di assoggettamento e di vera e propria schiavitù che permettono di leggere il presente nella sua continuità, più che nella sua rottura, con le precedenti fasi storiche. Come si sosterrà in maniera esplicita nel *Capitale*, da una angolatura più specificamente economica, in ogni epoca la classe dominante vive del «pluslavoro», ossia del lavoro estorto ai dominati, cosicché «solo la *forma* in cui viene spremuto al produttore immediato, al lavoratore, questo pluslavoro, distingue le formazioni economiche della società; p. es., la società della schiavitù da quella del lavoro salariato»[246]. La continuità che lega indissolubilmente tra loro le varie epoche della storia è allora individuata nel fatto che «nelle forme storiche del lavoro, come lavoro schiavistico, servile e salariato, esso si presenta sempre come repulsivo, sempre come *lavoro coercitivo esterno* (*äußre Zwangsarbeit*) rispetto al quale il non-lavoro si presenta come "libertà e felicità"»[247]. Di qui deriva quel particolare capovolgimento marxiano della filosofia della storia di marca hegeliana, che si inserisce nel più generale «capovolgimento della dialettica di Hegel» rivendicato da

[245] K. Marx, *Per la critica dell'economia politica*, cit., p. 6.

[246] K. Marx, *Il capitale*, I, cit., p. 250.

[247] K. Marx, *Lineamenti fondamentali di critica dell'economia politica*, cit., I, p. 610. Cfr. E. Donaggio – P. Kammer, *Karl Marx: antologia. Capitalismo, istruzioni per l'uso*, Feltrinelli, Milano 2007, p. 245: «per Marx, la continuità tra la condizione di schiavi, servi e proletari è costituita dalle catene e dallo sfruttamento, diversi da un'epoca all'altra; dalla costrizione di fornire una quantità di lavoro non retribuito ai possessori dei mezzi di produzione».

Marx come uno dei propri meriti principali. Se, per Hegel, la storia si configura come «il progresso nella *coscienza della libertà* (*Bewußtsein der Freiheit*)»[248] che si realizza gradualmente e che giunge a compimento con la modernità (ponendo, tra l'altro, il non semplice problema di una presunta fine della storia), per Marx, al contrario, il corso storico si presenta come l'emersione di sempre nuove forme di schiavitù, sempre più difficili da percepire perché sempre più indipendenti dalla sfera giuridico-politica e sempre più intrecciate con una libertà apparente e con una graduale preparazione delle condizioni che porteranno all'avvento della società senza classi. Con ciò, non si vuol certo negare o sminuire l'importanza della sostituzione dell'impianto «idealistico», che reggeva la filosofia della storia hegeliana, con quello «materialistico» di Marx, che, in ciò allievo di Feuerbach (e, più in generale, del materialismo epicureo[249]), riscontra nella materialità, e non nell'Idea, il momento egemonico, con la nota conseguenza per cui «la dialettica hegeliana veniva raddrizzata, o, per dirla più esattamente, mentre prima si reggeva sulla testa, veniva rimessa a reggersi sui piedi»[250]. Si intende, piuttosto, ribadire come il capovolgimento della filosofia hegeliana attuato da Marx non si esaurisca in questa sostituzione ma, piuttosto, muovendo da essa, si spinga poi in profondità, andando a coinvolgere l'ambito delle concrete realizzazioni storiche della libertà e della schiavitù, in una prospettiva diametralmente opposta a quella hegeliana: libertà e uguaglianza, se intese in senso non meramente formale, sono assenti nel presente non meno di quanto lo fossero nel passato, e se Hegel ha creduto di poter intendere la modernità come l'epoca della libertà *par excellence*, ciò è potuto accadere solo in forza di una sorta di illusione ottica

248 G. W. F. Hegel, *Lezioni sulla filosofia della storia*, cit., p. 18.

249 Ci permettiamo, a questo proposito, di rimandare al nostro *Marx e l'atomismo greco: alle radici del materialismo storico*, Il Prato, Padova 2007, prefazione di G. Vattimo, in cui abbiamo cercato di ricostruire l'importanza del materialismo di Epicuro (inteso come «quarta fonte» di Marx) nella genesi della concezione materialistica della storia.

250 F. Engels, *Ludwig Feuerbach und der Ausgang der klassischen deutschen Philosophie*, 1886; tr. it. *Ludovico Feuerbach e il punto d'approdo della filosofia classica tedesca*, Rinascita, Roma 1950, pp. 51-52.

che lo ha indotto a scambiare un certo tipo di libertà – quella giuridica e politica – con la libertà in quanto tale.

Il fatto che Marx si discosti da Hegel non implica, naturalmente, che non sia rintracciabile nella sua filosofia della storia un'incancellabile matrice hegeliana: come è noto, tutti e due gli autori scandiscono il corso storico in tappe fondamentali che, grosso modo, coincidono cronologicamente (vi è, infatti, corrispondenza storica tra i «mondi storici» hegeliani e i «modi di produzione» marxiani), anche in forza del comune metodo dialettico; diversissimo, per non dire opposto, è però l'esito a cui essi giungono. Per Hegel, la storia è il progresso dello Spirito nella coscienza della libertà, che giunge a pieno compimento nell'età moderna, e rispetto al quale i conflitti, le passioni, gli scontri che l'hanno fatta emergere in superficie, e che continuano ad agire sullo scenario storico, sono un qualcosa di puramente accidentale, dal quale il filosofo della storia, in forza di quella lungimiranza che gli permette di guardare al corso storico con gli «occhi della ragione» piuttosto che con quelli fisici, deve prescindere[251]. Secondo l'espressione di Hegel, la conciliazione finale che si realizza sotto forma di superamento dialettico degli antagonismi che animano la storia «può esser raggiunta solo mediante la conoscenza del risultato affermativo, nel quale *quel momento negativo svanisce come qualcosa di subordinato*, superato, ossia mediante la consapevolezza non solo di quale sia in verità il fine ultimo del mondo, ma anche del fatto che questo fine si è realizzato, non ha permesso al male di farsi valere al suo fianco sino all'ultimo»[252]. Il fine si è realizzato e il male, alla fine, non ha trionfato: sono questi i due principali ingredienti di ogni filosofia

[251] Cfr. G. W. F. Hegel, *Lezioni sulla filosofia della storia*, cit., pp. 11 ss. Come è noto, per Hegel la possibilità di guardare razionalmente alla storia poggia sulla convinzione che «la ragione governi il mondo», innervandolo dall'interno, in maniera immanente. Così intesa, la storia non è se non il dispiegarsi nel tempo di quella stessa ragione che regge il mondo. L'obiettivo principale – e in Hegel assume quasi la forma di un'ossessione – che il filosofo della storia deve porsi (operando con le tre categorie fondamentali del mutamento, del ringiovanire dello spirito, e del fine ultimo della storia) è di eliminare l'accidentale e, più in generale, gli eventi privi di senso.

[252] Ivi, p. 15.

della storia, compresa – come vedremo – quella di Marx. Non stupisce che, nella prospettiva hegeliana, in cui la modernità vede svilupparsi in sé la libertà in maniera completa nella forma dello Stato monarchico, l'uomo moderno si sia definitivamente affrancato dai vincoli che in passato facevano di lui ora uno schiavo, ora un servo della gleba. Com'è noto, il fenomeno della schiavitù e della sua genesi, considerato dal punto di vista del concetto, è trasfigurato in quella particolare figura del «servo» (*Knecht*) e del «signore» (*Herr*) centrale nella *Fenomenologia dello Spirito*. Se ci atteniamo alla prospettiva di Hegel, secondo cui il progresso storico della libertà sarebbe scandito dalla graduale sussunzione di ogni essere umano sotto la categoria di uomo in quanto tale (sussunzione resa possibile dal messaggio universalistico del cristianesimo), la schiavitù entrò in crisi quando ci si affrancò da essa a livello ideale. L'obiezione più ovvia, che è poi quella mossa implicitamente da Marx, è che una libertà, per così dire, meramente ideale, limitata alla sfera del pensiero e alla quale non corrisponda una libertà reale dalle catene che fanno dell'uomo un servo, è monca e del tutto insufficiente. Il fatto che, per Hegel, «il fondamento della schiavitù in genere è che l'uomo non abbia ancora *coscienza della propria libertà* (*Bewußtsein seiner Freiheit*) e così decada a una cosa, a un'entità senza valore»[253] comporta che dalla schiavitù si esca tramite il pensiero, con la conseguenza per cui, a rigor di logica, la libertà che si guadagna è una libertà limitata al pensiero: la libertà, per l'appunto, di chi pensa alla maniera stoica di essere libero anche se si trova in catene. Si può allora sostenere che, nella prospettiva hegeliana, l'uomo non si è liberato *dalla* schiavitù, ma si è liberato *mediante* la schiavitù: e ne ha ottenuto una libertà che, lungi dall'escludere la schiavitù, coesiste con essa, senza metterla di fatto in discussione, ma liquidandola come indifferente ai fini della libertà dello spirito. Nelle *Lezioni sulla filosofia della storia*, la figura del servo e del signore è riportata, dal piano del concetto nel quale era sviluppata nella *Fenomenologia*, a quello della storia, la quale, per Hegel, coincide con «il cammino razionale, necessario dello *spirito del mondo*

[253] Ivi, p. 84.

(*Weltgeist*)»[254]: aggirandosi tra le «rovine della storia», intesa in maniera decisamente realistica come un «banco da macellaio»[255] (*Schlachtbank*) che fa a pezzi quanto di bello l'uomo produce nel corso del suo sviluppo, il filosofo della storia comprende che essa è un cammino – tortuoso e non esente da regressi – verso quel fine ultimo che è il completo sviluppo della libertà, fine che, per l'appunto, si è realizzato nell'epoca moderna, facendo sorgere nel lettore il dubbio che il presente rappresenti, oltre che *il* fine, anche *la* fine del corso storico. Più precisamente, per chi si spinga oltre la superficie caotica dei singoli accadimenti, diventa autoevidente, dice Hegel, che la libertà è l'«assoluto fine ultimo»[256] (*absoluter Endzweck*) dell'avanzare della storia e che, dall'iniziale libertà di un solo uomo (il mondo orientale), si è passati alla libertà di pochi uomini (il mondo greco e romano), per poi approdare all'universale libertà dell'uomo, teorizzata per la prima volta dal cristianesimo e portata a compimento dalla modernità, che ha saputo «mondanizzare» il messaggio cristiano incarnandolo nella concreta esistenza sociale degli uomini. La modernità è significativamente connotata da Hegel come il «periodo dello spirito che si sa libero»[257]. La storia sembra dunque essere giunta, col mondo moderno, alla sua stazione finale. Nella concezione marxiana, a far procedere la storia non sono le determinazioni di un ipotetico «Spirito del mondo», ma è piuttosto, secondo l'espressione utilizzata in *Miseria della filosofia*, il suo «lato cattivo»[258] (*schlechte Seite*). Contro le istanze

[254] Ivi, p. 11.

[255] Ivi, p. 20.

[256] Ivi, p. 43. Per un'analisi del problema hegeliano della libertà moderna e dello Stato (e del loro rapporto), cfr.: V. Vitiello (a cura di), *Hegel e la comprensione della modernità*, Guerini, Milano 1991; S. Rodeschini, *Costituzione e popolo. Stato moderno nella filosofia della storia di Hegel*, Quodlibet, Macerata 2005; M. Bovero, *Hegel e il problema politico moderno*, Franco Angeli, Milano 1990^2; R. Bonito Oliva, *L'individuo moderno e la nuova comunità. Ricerche sul significato della libertà in Hegel*, Guida, Napoli 2000; E. Cafagna, *La libertà nel mondo. Etica e scienza dello Stato nei «Lineamenti di filosofia del diritto» di Hegel*, Il Mulino, Bologna 1998; L. Cortella, *Hegel: libertà e storia*, in C. Vigna (a cura di), *La libertà del bene*, Vita e Pensiero, Milano 1998, pp. 289-317.

[257] G. W. F. Hegel, *Lezioni sulla filosofia della storia*, cit., p. 337.

[258] K. Marx, *Miseria della filosofia*, cit., pp. 78 ss. Abbiamo scelto di riferirci

conciliatrici fatte valere dalla dialettica hegeliana, Marx tiene aperto, in tutta la sua drammaticità e senza congedarlo come un «qualcosa di subordinato», il momento dello scontro, dell'assoggettamento, la tensione concreta tra i due poli opposti della classe dominata e della classe dominante che si contrappongono in ogni epoca storica. Quello scontro, anziché essere liquidato come accidentale, è assunto come il fondamento della storia, come il motore che la fa evolvere in sempre nuove forme, nelle quali la schiavitù assume sembianze sempre diverse: una concezione che è ben compendiata nell'asserto marxiano secondo cui «*nella storia reale* (*in der wirklichen Geschichte*) la parte importante è rappresentata, come è noto, dalla conquista, dal soggiogamento, dall'assassinio e dalla rapina, in breve dalla *violenza* (*Gewalt*)»[259]. Tesi, questa, che verrà tematizzata nel modo più efficace (e più noto) nel *Manifesto del partito comunista* (1848), quando Marx sosterrà che «la storia di ogni società sinora esistita è la storia delle lotte di classe»[260] (affermazione sulla quale avremo modo di tornare).

Prima di passare all'analisi della forza dell'antagonismo non risolto e presente anche nella contemporaneità, soffermiamoci brevemente su quelle che Marx stesso individua come difficoltà insuperabili della posizione hegeliana. Un primo punto sul quale è bene insistere fin da ora riguarda il *tipo* di libertà al quale fanno riferimento Hegel e, pur muovendo da altri presupposti, buona parte dei principali autori liberali moderni[261]: è questo il tema fondamentale intorno al quale

all'edizione tedesca di quest'opera (presente in *MEW*, IV, Dietz Verlag, Berlin/DDR 1972, pp. 63-182), anche se, come è noto, essa venne composta da Marx in francese nel luglio del 1847: la traduzione tedesca, curata da Karl Kautsky e da Eduard Bernstein (con note e prefazione di Engels), apparve nel 1885.

259 K. Marx, *Il capitale*, I, cit., p. 778.

260 «Die Geschichte aller bisherigen Gesellschaft ist die Geschichte von Klassenkämpfen»: K. Marx – F. Engels, *Manifesto del partito comunista*, cit., p. 5.

261 A proposito della filosofia della storia hegeliana e di quella liberale, Domenico Losurdo ha sostenuto che si tratta di «due contrapposte letture della storia»: D. Losurdo, *Hegel e la libertà dei moderni*, Editori Riuniti, Roma 1992, pp. 126 ss. Il limite di questa prospettiva è che finisce per tentare di argomentare come, in ultima analisi, le prospettive di Marx e di Hegel concordino nel riconoscimento che il presente non è l'epoca della libertà, instaurando una contrapposizione tra i liberali, da una parte, e Hegel e Marx dall'altra. Ciò che non riesce alla

orbita la riflessione marxiana dalla gioventù alla maturità. Agli occhi di Marx la libertà, che, secondo Hegel, si è pienamente affermata nell'età moderna, non coincide affatto con la libertà in quanto tale, ma deve essere identificata, piuttosto, con una forma di *libertà parziale* e in un certo senso fittizia che, paradossalmente, non solo può convivere con la schiavitù, ma addirittura può concorrere a generarla. È, se letta in trasparenza, la libertà della società civile, di cui abbiamo già detto: la libertà dei cieli della politica e della legge. In realtà, Hegel si riferisce ad essa in una forma assai diversa e decisamente più complessa rispetto a un Adam Smith o a un Mandeville, intendendola non nella sua semplice accezione giuridica, bensì, secondo l'espressione di Charles Taylor, come «libertà in situazione»[262], ossia come libertà sempre vincolata a situazioni particolari e tale da poter essere intesa, in definitiva, come libera

prospettiva di Losurdo è confutare che l'operaio, per Hegel, è libero. È qui, infatti, che si gioca la partita decisiva tra la prima prospettiva (che ammette la libertà dell'operaio) e la seconda (che la nega). Losurdo mostra come l'affamato si trovi in una condizione che Hegel stesso paragona a quella dello schiavo (pp. 220 ss.): ma l'affamato a cui Hegel si riferisce non è lo schiavo salariato, è piuttosto il mendicante, il senza-lavoro. Hegel riconosce, è vero, che, come lo schiavo, anche il mendicante che muore di fame ha il diritto di violare la proprietà altrui, ma non considera il morto di fame se non come un'anomalia nella libertà universale, la quale non è affatto compromessa dall'esistenza dei mendicanti. E non ha alcun dubbio sul fatto che l'operaio è, in ogni caso, un soggetto libero. Proprio perché la libertà si è già realizzata nel presente e il reale è già razionale al suo stato attuale, non ha senso, per Hegel, auspicare rivolte e mutamenti strutturali. Sembra fuorviante, pertanto, ravvisare nella lettura hegeliana della modernità il ritorno della «dialettica del servo e del padrone che già conosciamo dalla *Fenomenologia* e che ora viene applicata ai nuovi rapporti capitalistici»: D. Losurdo, *Hegel, Marx e la tradizione liberale*, cit., p. 178. Questa interpretazione, come cercheremo di chiarire nel corso della presente esposizione, si attaglia maggiormente alla lettura marxiana della modernità.

262 C. Taylor, *Hegel and Modern Society*, 1979; tr. it. *Hegel e la società moderna*, Il Mulino, Bologna 2000^3, pp. 216 ss. Se ci atteniamo alla ricostruzione che della lettura marxiana del problema della libertà in Hegel ha condotto David McLellan, «la coscienza umana si manifestava oggettivamente nelle istituzioni giuridiche, sociali e politiche dell'uomo, uniche garanti della sua possibilità di conseguire la piena libertà. Solo il più alto livello di organizzazione sociale – lo Stato – era in grado di unire i diritti individuali e la ragione universale. Hegel rifiutava quindi l'idea che l'uomo fosse libero per natura: anzi, ai suoi occhi lo Stato era il solo mezzo per fare della libertà dell'uomo una realtà effettiva»: D. McLellan, *La concezione materialistica della storia*, in AA. VV., *Storia del marxismo*, 4 voll., I, *Il marxismo ai tempi di Marx*, Einaudi, Torino 1978, p. 41.

accettazione del posto che a ciascuno riserva la società. Solo nello Stato si realizza, secondo Hegel, la vera libertà: esso – e più precisamente, come abbiamo visto, la monarchia prussiana – è quell'istituzione particolare che, concretamente, esprime la realtà del tutto configurandosi come «*la realtà della Libertà concreta*»[263], come «Spirito oggettivo» che si è incarnato in istituzioni concrete. Se l'individuo partecipa dello Stato come «cittadino», ossia come momento costitutivo dello Stato stesso, egli realizza allora la propria appartenenza al tutto, è momento della totalità, e la sua volontà viene a coincidere con quella dello Stato, inteso come piena realizzazione della libertà e come superamento degli antagonismi che permeano la «società civile». Nello Stato, scrive Hegel, «*l'universale* (*das Allgemeine*) non viene compiuto senza l'interesse, il sapere e il volere *particolari* (*besondere*), né gli individui vivono come mere persone: essi, piuttosto, vogliono a un tempo *nel* e in vista *dell'*universale, e hanno un'attività consapevolmente rivolta a questo fine»[264]. Abbiamo già esaminato i dubbi avanzati da Marx, in *Per la critica della filosofia del diritto di Hegel*, su questa concezione dello Stato, a cui, in quel testo, veniva contrapposta la democrazia come «*genus* della costituzione» in grado di coniugare forma e contenuto e di garantire una piena ed effettiva partecipazione, per ogni cittadino, alla vita collettiva.

Vi è ancora un punto della prospettiva hegeliana sul quale è bene soffermare l'attenzione; un punto che è particolarmente significativo perché aiuta a fare chiarezza sul modo in cui Hegel concepisce la libertà moderna. A permettere il graduale superamento della schiavitù è, infatti, l'imporsi della visione cristiana del mondo, in accordo con la quale l'uomo in quanto tale è un essere libero. Nessun cambiamento nella struttura della morta positività della realtà esistente sarebbe possibile senza un cambiamento nella maniera di rappresentarsi tale realtà: parafrasando e invertendo una nota espressione marxiana, potremmo dire che, per Hegel, mutato il *concetto* della realtà, è mutata anche la realtà stessa. In virtù di questa posizione, che Marx liquida ironicamente come «illusione di con-

263 G. W. F. Hegel, *Lineamenti di filosofia del diritto*, cit., p. 417.

264 Ivi, p. 429.

cepire *il reale* (*das Reale*) come risultato del *pensiero* (*Denken*)»[265], per Hegel l'asservimento si è estinto all'alba della modernità per il fatto che, poco alla volta, l'uomo ha compreso che il *concetto* dello Spirito in quanto tale include in se stesso la nozione di libertà. Pertanto, quando il messaggio cristiano, annunciatore dell'universale libertà dell'uomo, ebbe permeato la realtà e tutti gli uomini, sia liberi sia schiavi, ebbero, per così dire, «rivoluzionato» il proprio modo di interpretare il reale, acquisendo «coscienza di sé» (*Selbstbewußtsein*) in quanto esseri umani, intrinsecamente partecipi del concetto di umanità e, di conseguenza, necessariamente partecipi di quello di libertà, ecco che allora l'asservimento umano, in ogni sua forma, cessò di esistere e potè affermarsi la libertà. In forza di questo assunto, Hegel non esita a riconoscere che nel «mondo orientale» nessuno, neppure il sommo sacerdote, fu pienamente libero e che nel «mondo greco» la libertà fu un bene effimero, perché soffocata dalla persistente schiavitù che soggiogava buona parte della popolazione. Ecco allora farsi più netti i contorni del concetto hegeliano di libertà moderna: essa coincide, per molti versi, con la libertà annunciata dal messaggio cristiano e realizzata pienamente, agli albori dell'epoca moderna, da Lutero[266].

[265] K. Marx, *Lineamenti fondamentali di critica dell'economia politica*, cit., I, p. 25. Giudizi di questo tipo compaiono già nella *Sacra famiglia* e nell'*Ideologia tedesca*. In quest'ultimo scritto, si sostiene che «la filosofia della storia di Hegel è l'ultima conseguenza, portata alla sua "espressione più pura", di tutta questa storiografia tedesca, nella quale non si tratta di interessi reali e neppure politici, ma di *puri pensieri* (*reine Gedanken*)»: K. Marx – F. Engels, *L'ideologia tedesca*, cit., pp. 31-32. Su questo punto, e in particolare sul rapporto pensiero-realtà in Hegel e in Marx, cfr. R. Fineschi, *Marx e Hegel. Contributi a una rilettura*, cit., pp. 35-44.

[266] Cfr. G. W. F. Hegel, *Lezioni sulla filosofia della storia*, cit., pp. 337 ss. Nella prospettiva hegeliana, è con Lutero che ha cominciato a prendere forma il momento dell'«eticità» e «la libertà cristiana è divenuta reale» (ivi, p. 340): infatti, per Hegel, è con Lutero che il Cristianesimo si fa mondo, pervadendo di sé la realtà e cessando di essere un mero ideale astratto e contraddetto dalla realtà stessa. Infatti, il cuore del messaggio cristiano – tutti gli uomini sono liberi – restava assolutamente contraddetto nell'età medievale, in cui vigevano la servitù e una rigida gerarchia ecclesiastica: in particolare, nel Medioevo, «la libertà cristiana si è capovolta nel suo contrario, tanto dal punto di vista religioso quanto da quello mondano, fino ad arrivare da un lato alla più dura servitù, dall'altro alla licenziosità più immorale e alla rozzezza di tutte le passioni» (ivi, p. 285). Quello che nel Medioevo era solo un dogma astratto e contraddetto dalla realtà, con Lutero si cala nel mondo e lo innerva, diventando un principio immanente alla realtà stessa.

La posizione hegeliana sembrerebbe trovare una sonora smentita nella condizione del proletariato, ossia di quella classe che – secondo la diagnosi di Marx – è vittima di ingiustizie e di patimenti universali, trovandosi gettata, se non in una nuova forma di schiavitù, almeno in una vistosa eccezione rispetto alla libertà universale dell'epoca moderna; ma Hegel, inaspettatamente, sostiene a chiare lettere che il proletariato urbano di fabbrica costituisce una particolare estrinsecazione della libertà moderna, come si evince dal passo seguente:

> «Delle *mie particolari attitudini* e possibilità di attività – sia *corporee* sia *spirituali* –, Io posso *alienare* (*veräußern*) alcune loro produzioni singole e il relativo uso, *limitato nel tempo*, che un altro può farne. Questa limitazione, infatti, conferisce a tutto ciò un rapporto esteriore con la mia *totalità* e *universalità*. Mediante l'alienazione del tempo *totale* concretizzato del mio lavoro e della totalità della mia produzione, Io ne renderei proprietà di un altro l'aspetto sostanziale, cioè la mia *universale* attività e realtà, la mia personalità»[267].

Proprio qui è giocato il punto essenziale che distingue nettamente la forza-lavoro libera e la schiavitù e che permette a Hegel di fare salvo il suo impianto di filosofia della storia: come operaio, io posso alienare liberamente la mia forza-lavoro per un tempo limitato e, ciò non di meno, restare libero, ossia padrone della mia vita, scegliendo di non alienare ulteriormente la mia forza-lavoro. L'impiego delle forze del lavoratore in fabbrica non sfocia nella dialettica tra servo e signore «nella misura in cui esso è quantitativamente limitato»[268]. Anch'egli figlio legittimo della modernità, l'operaio è, per Hegel come già per Smith, libero e sciolto da ogni vincolo che possa essere accostato a quelli tipici dell'antica schiavitù o della servitù della gleba. Significativamente, è proprio sul tema dello Stato e della libertà universale che si consuma la rottura marxiana con Hegel.

Da un certo punto di vista, la posizione hegeliana è lo specchio in cui si riflettono i principali postulati dell'Età moderna, primo tra tutti il progressivo dispiegarsi di una libertà che, pressoché inesistente presso i popoli vissuti agli albori della

267 G. W. F. Hegel, *Lineamenti di filosofia del diritto*, cit., p. 167.
268 *Ibidem*.

storia, si realizzerebbe compiutamente presso i moderni, che innalzano la libertà e l'uguaglianza a universali diritti dell'uomo. Tra noi e gli antichi si verrebbe dunque a creare, se non una frattura, sicuramente una differenza radicale: essi non erano liberi, ma anzi erano in balia di sempre nuove forme di assoggettamento che era la legge stessa a sancire; noi, al contrario, siamo liberi, e godiamo di una libertà che ci è stata trasmessa dal messaggio cristiano e che trova la sua massima espressione nell'apparato giuridico e politico. Anche gli strati più bassi e disagiati della società moderna – e Hegel non meno di Adam Smith[269] ha in mente gli operai, il proletariato – sono liberi.

Alla posizione hegeliana, in cui il principale attore della storia è lo Spirito, Marx risponde che la scomparsa della schiavitù antica e della servitù della gleba non implica la scomparsa dello sfruttamento *in toto*, ma piuttosto il suo ripresentarsi in nuove sembianze e con nuove caratteristiche nelle successive epoche storiche. L'operaio, politicamente libero e uguale dinanzi al capitalista, non è né libero né uguale non appena si abbandoni l'angusto ambito del politico, ed è anzi sottomesso a una coercizione che, rispetto a quella dell'antico schiavo, è sì diversa quanto alla forma, ma tale da produrre poi esiti uguali sul piano dell'esistenza concreta. In particolare, l'operaio è formalmente libero e poi, enigmaticamente, si trova «liberamente» costretto a servire il capitalista e a lavorare alle sue condizioni disumane, pena il non avere di che vivere. Anch'egli, al pari di ogni altro individuo moderno, gode di una doppia cittadinanza, trovandosi a vivere nel cielo della politica, in cui è libero e uguale a ogni altro cittadino, e, insieme, sulla terra della società civile, in cui non solo non è né uguale agli altri né libero quanto gli altri, ma addirittura costretto a portare «catene radicali», invisibili per lo Stato e per il resto della società. Nell'ottica marxiana, la modernità, Hegel compreso, s'è illusa che quella politica fosse la più alta forma di libertà, liquidando le contraddizioni, i soprusi, le forme di sfruttamento che da essa scaturiscono come superati dall'ambito dello Stato, o come ineliminabili perché dettati dalla stes-

269 Cfr. A. Smith, *Lectures on Jurisprudence,* Liberty Classics, Indianapolis 1982 (1764), pp. 452 ss.; Id., *La ricchezza delle nazioni*, cit., pp. 638 ss.

sa indole umana (Kant[270]), o addirittura come positivi perché tali da permettere lo sviluppo della civiltà verso forme sempre più evolute (Smith[271]). Ma nelle fabbriche, a partire dal 1843, Marx scopre l'esistenza di una classe sociale che, nel bel mezzo della modernità, si trova a essere letteralmente asservita a una forza estranea, compendiando in sé, al grado massimo, le contraddizioni e la limitatezza della libertà politica. Anche nelle sue determinazioni storiche, il reale, ben lungi dall'essere razionale, quale era parso a Hegel, attende ancora di essere razionalizzato: di qui l'esigenza, in Marx, di elaborare una filosofia della storia «futurocentrica»[272], ossia tale da proiettare nel futuro il superamento delle contraddizioni che infettano il passato e, in forma non meno acuta, il presente. In questo senso Marx compie una duplice mossa filosofica che lo porta, da un lato, a superare Hegel, a capovolgerlo, e, dall'altro, a restare fedele al suo insegnamento. Hegel, infatti, è criticato duramente per essersi illuso che la libertà universale avesse già trovato cittadinanza nel reale, ma, ciò non di meno, Marx continua a muoversi in una prospettiva che resta *toto coelo* hegeliana, nella misura in cui mantiene un impianto di filosofia della storia che è, di fatto, iperhegeliano. Esso è infatti fondato (ancorché in maniera capovolta) sulle leggi della dialettica e sull'assunto che la libertà (per Hegel *già realizzata*, per Marx *da realizzarsi*) sia il *telos* della storia, il punto d'arrivo in grado

[270] Cfr. I. Kant, *Idee zu einer allgemeinen Geschichte in weltbürgerlicher Absicht*, 1784; tr. it. *Idea per una storia universale dal punto di vista cosmopolitico*, in Id., *Scritti di storia, politica e diritto*, Laterza, Roma-Bari 2006⁶, a cura di F. Gonnelli, pp. 33 ss. Secondo l'antropologia kantiana, l'uomo è tendenzialmente un essere egoista, e gli antagonismi della società civile traggono origine dall'indole stessa dell'uomo, dal suo naturale «voler condurre tutto secondo il proprio interesse» (ivi, p. 33); in tale conflitto Kant non vede, di per sé, un male: al contrario, ne esalta la funzione decisamente positiva, sostenendo che gli uomini, come gli alberi, crescono rigogliosi solo quando, per mancanza di spazio, si privano vicendevolmente dell'aria e del sole, mentre divengono storti e deformi quando sono liberi e lontani tra loro (ivi, p. 35). La stessa nozione kantiana di «insocievole socievolezza» (*ungesellige Geselligkeit*) segnala, come è noto, la tendenza degli uomini a unirsi in società e, al contempo, la resistenza a farlo, l'esigenza di sciogliere la società stessa e di isolarsi dai propri simili, intesi come altrettanti avversari.

[271] Cfr. A. Smith, *La ricchezza delle nazioni*, cit., pp. 72 ss.

[272] Cfr. K. Löwith, *Significato e fine della storia. I presupposti teologici della filosofia della storia*, cit., pp. 53-72.

di riscattare l'intero corso storico, donando un senso generale anche agli eventi del passato. È nel presente stesso che Marx individua le strutture che faranno sorgere la società futura. In questo modo, la prospettiva marxiana si riconferma prometeica e aperta al futuro.

In particolare, la filosofia della storia hegeliana, che legge il presente come ricomposizione finale (e definitiva) dei conflitti e delle ingiustizie nella totalità organica dello Stato monarchico, trova in Marx un vero e proprio capovolgimento tradotto in una filosofia della storia che, proiettando nel futuro della società comunista la ricomposizione degli antagonismi e il vero compimento della libertà, tiene aperto, per quel che riguarda tanto il passato quanto il presente, il momento dello scontro, dell'assoggettamento, del dominio più radicale dell'uomo sull'uomo. La mancata soluzione del problema è, in Hegel, dovuta in buona parte al modo erroneo con cui egli l'ha formulato: grazie al metodo dialettico, egli è stato in grado di comprendere un discreto numero di contraddizioni che lacerano la società civile, ma il suo errore fatale sta nell'aver ritenuto che quelle contraddizioni sussistano tra le essenze ideali di società e di Stato, a loro volta intesi come meri momenti dell'articolazione del «Pensiero», dell'«Idea», che nel suo procedere supera l'opposizione di tali essenze ideali. In altri termini, Hegel – e questa è l'accusa che Marx gli muove già nella *Critica* del 1843 – ha adeguatamente compreso le contraddizioni che permeano il mondo moderno, ma ha poi preteso di superarle in maniera idealistico-speculativa, tramite una *Aufhebung* meramente concettuale. Come antidoto al «misticismo speculativo» e all'uso meramente idealistico della contraddizione di Hegel (ma anche dei «Giovani hegeliani», sempre in lotta contro essenze astratte e idee vuote), Marx – convinto che la contraddizione sia materiale, e che sia contraddizione di forze e di elementi empirici – elabora la «concezione materialistica della storia», che non può essere affatto liquidata come un semplice «canone di interpretazione storica»[273] (Benedetto Croce) o

273 Cfr. B. Croce, *Materialismo storico ed economia marxistica*, Laterza, Roma–Bari 1977 (1900): nella ricostruzione di Croce, il materialismo storico è un canone di interpretazione storica e non una valida filosofia generale della storia, in

come una «epistemologia dei modi di produzione» (Althusser), ma che deve essere piuttosto intesa come una vera e propria filosofia della storia centrata sulla duplice idea di progresso (ogni «modo di produzione» è superiore rispetto a quello precedente) e di senso e *telos* della storia (il comunismo come «regno della libertà»). In ogni epoca, scrive Marx, vi sono rapporti di subordinazione espressi da due classi antagonistiche che confliggono tra loro in uno scontro che, scarnificato al suo nocciolo, si configura in ogni tempo come «guerra degli schiavi contro i loro asservitori»[274]. A prescindere dalla fase considerata e dalle modalità concrete in cui avviene lo scontro, tanto nell'antichità e nel Medioevo quanto nell'epoca moderna, la lotta di classe è combattuta dai dominanti, che, alla stregua del padrone di cui diceva Hegel nella *Fenomenologia*, vivono del lavoro che i dominati sono costretti a erogare. Questa tensione insanabile è, a ben vedere, ciò che più di ogni altro aspetto fonda la continuità delle epoche storiche che si sono fino a ora succedute: così, lo scontro di classe che Marx ed Engels hanno sotto i loro occhi, nella società del XIX secolo, è rintracciato, anche se in forme diverse, anche nelle società del passato, alla luce del fatto che tutte le società finora succedutesi nella storia presentano un'analoga struttura dicotomica, i cui poli sono sempre costituiti da una classe che domina e da una classe che è dominata e costretta a lavorare al servizio dei suoi oppressori, dei quali è, in ultima analisi, schiava. La libertà degli uni è resa possibile dall'assoggettamento degli altri. Tale dicotomia è determinata dall'esistenza della proprietà privata e dalla stratificazione sociale che immancabilmente ne discende. La classe proprietaria può presentarsi, a seconda

quanto richiama l'attenzione sulla struttura economica della società e invita lo storico a prenderla in esame per comprendere più chiaramente le configurazioni e gli eventi della storia. In particolare, il *Capitale* non può essere considerato nè una descrizione storica, nè un trattato di economia: esso è, piuttosto, una costruzione ipotetica e astratta di carattere sociologico e comparativo, finalizzata – spiega Croce – a chiarire le condizioni del lavoro nella società e la formazione del profitto del capitale. Da un sistema di proposizioni così generali è, di conseguenza, impossibile dedurre non solo il programma sociale del marxismo, bensì un qualsiasi programma politico.

274 K. Marx, *Der Bürgerkrieg in Frankreich*, 1871; tr. it. *Guerra civile in Francia*, Rinascita, Roma 1950, pp. 101-102.

dell'epoca storica considerata, nelle sembianze di un solo uomo, come accade nel caso del despota esterno del mondo asiatico, oppure sotto forma di pochi uomini liberi e del tutto padroni dei loro schiavi, come si verifica nel mondo greco-romano e, con notevoli variazioni, nel Medioevo; o, ancora, sotto forma di una classe che detiene i mezzi di produzione e sfrutta chi ne è privo costringendolo *economicamente* a lavorare al suo servizio, come accade nel moderno modo di produzione capitalistico, anch'esso imperniato su forme di schiavitù e, più precisamente, su quella particolare forma di schiavitù – ammantata da una libertà solo apparente – che è il lavoro salariato. Ciò che conta, al di là delle specificità delle singole epoche, è che ogni fase della storia vede la presenza di grandi schieramenti che, ora apertamente ora in maniera sotterranea, si scontrano in quanto sostenitori di interessi materiali che sono non solo differenti, ma anche inconciliabilmente contrapposti e in perenne conflitto.

Nel *Manifesto del partito comunista*, del 1848, questa «teoria dello sviluppo sociale di tipo dicotomico»[275] sfociante in una concezione polemologica della storia come teatro di sempre nuovi scontri di classe (idea, peraltro, già fortemente presente in Augustin Thierry), trova la sua formulazione più chiara – anche in virtù del fatto che si tratta di un testo di carattere eminentemente divulgativo, e proprio del manifesto politico più famoso di tutti i tempi – nella già ricordata asserzione secondo cui la storia di ogni società sinora esistita è la storia delle lotte di classe. Tali lotte, combattute nell'antichità tra l'uomo libero e lo schiavo, nel Medioevo tra il barone e il servo della gleba e nell'epoca moderna tra il capitalista e il proletario, possono in ultima analisi – al di là delle notevoli differenze e delle specificità di ogni momento storico – essere lette come lotte tra «oppressori e oppressi»[276], tra padroni e schiavi, tra assoggettatori e assoggettati. C'è però un aspetto importantissimo che distingue l'epoca moderna da quelle antiche, ed è l'«aver semplificato i conflitti di classe»[277] in una duplice

[275] G. Bedeschi, *Introduzione a Marx*, cit., p. 00.

[276] K. Marx – F. Engels, *Manifesto del partito comunista*, cit., p. 5.

[277] Ivi, p. 6.

direzione: in primo luogo, nell'aver radicalizzato la dicotomia tra oppressori e oppressi scindendoli in due grandi blocchi direttamente contrapposti (i borghesi e i proletari), e dunque superando gli infiniti frazionamenti interni in cui le classi erano suddivise (per esempio, nel Medioevo, quando il barone era contrapposto al servo, l'artigiano al garzone, e così via). La seconda semplificazione subentrata nell'epoca moderna consiste nel fatto che lo scontro di classe si è per la prima volta manifestato nella sua forma più «pura», ossia sfrondato dalle incrostazioni politiche e giuridiche con le quali si era presentato nelle epoche passate, quando lo schiavo o il servo della gleba erano tali non solo di fatto ma anche di diritto, essendo la legge stessa a sancire la loro condizione di subordinazione all'interno della società. Come si sostiene nel *Manifesto*, la borghesia, «in luogo dello sfruttamento velato da illusioni religiose e politiche, ha introdotto lo sfruttamento aperto, spudorato, diretto e arido»[278], abolendo l'istituzione politica della schiavitù e della servitù tipiche delle epoche precedenti non già per annullarle *tout court*, bensì per farle sopravvivere esclusivamente sul terreno economico della società civile: quella moderna è infatti una schiavitù meramente economica. Con una formulazione desunta dalla tradizione liberale, ma impiegata contro di essa, Marx può sostenere che la società borghese si è costituita nel momento in cui le differenze di classe hanno prevalso su tutte le altre e, a ben vedere, le hanno annullate: ancora una volta, l'asservimento e lo sfruttamento spariscono dal punto di vista politico-giuridico, ma sopravvivono – in nuove forme – sul piano economico-sociale. Nella filosofia della storia delineata da Marx, sussiste dunque una netta continuità delle epoche storiche e dell'asservimento che in ciascuna di esse sopravvive in sempre nuove forme, in una realtà in cui si intrecciano dinamiche e tempi storici stratificati, libertà e schiavitù, modernità e barbarie. È un altro modo per affermare che nell'epoca moderna si rinvengono frammenti superstiti delle epoche passate. Nella stessa misura in cui, secondo una celebre espressione di Marx (ben attento alle scoperte di Darwin), «l'anatomia dell'uomo fornisce una chiave

278 Ivi, p. 9.

per l'anatomia della scimmia»[279], la società borghese diventa la chiave interpretativa per decriptare i meccanismi delle società del passato, per svelare come – al di là dei veli politici, religiosi e giuridici – ogni società finora esistita abbia visto svolgersi al proprio interno una lotta senza tregua tra chi deteneva il dominio dei mezzi di produzione e chi ne era privo ed era costretto a garantire, col proprio lavoro forzato, il sostentamento della classe dominante. In forza di questa sostanziale unità delle fasi storiche, nei *Grundrisse* si sottolinea efficacemente che la società borghese è l'organizzazione storica più evoluta e differenziata della produzione, e che le categorie che esprimono i suoi rapporti sociali permettono di comprendere anche «l'articolazione e i rapporti di produzione di tutte le forme di società scomparse, sulle cui rovine e con i cui elementi essa si è costruita, e di cui in parte in essa sopravvivono ancora residui parzialmente non superati»[280]. Marx sottolinea l'unitarietà storica, del tutto analoga a quella che lega le specie più evolute a quelle meno evolute, da cui derivano, e al tempo stesso fa valere una prospettiva tale per cui, come è stato efficacemente messo in evidenza, «è il *presente che spiega il passato* anche se il presente *proced*e dal passato»[281]: Louis Althusser ha, a tal proposito, parlato di «legittimo primato epistemologico del presente sul passato»[282]. Un'importante conseguenza di questo assunto poggiante sull'unità della storia è che, sul piano dell'indagine storica, instaura una circolarità in forza della quale, per descrivere l'evoluzione storica che ha portato dal lavoro svolto dagli schiavi antichi a quello degli schiavi salariati moderni, si procede dal passato al presente, ma, al tempo stesso, per poter comprendere pienamente, nella loro specificità, le forme passate di schiavitù e di assoggettamento bisogna aver preventivamente compreso la reale natura della schiavitù

279 «In der Anatomie des Menschen ist ein Schlüssel zur Anatomie des Affen»: K. Marx, *Lineamenti fondamentali di critica dell'economia politica*, cit., I, p. 30.

280 *Ibidem*.

281 G. Carandini, *Un altro Marx. Lo scienziato liberato dall'utopia*, cit., p. 88.

282 «Primat épistémologique légitime du présent sur le passé»: L. Althusser, *Leggere il «Capitale»*, cit., p. 207.

salariata che caratterizza il modo di produzione capitalistico. Grazie a tale circolarità, è possibile sostenere che, anche se il capitalismo deriva direttamente dal feudalesimo, è solo studiando il capitalismo che diventa possibile comprendere anche le contraddizioni e le dinamiche dei modi di produzione passati. Per Marx, benché l'asservimento odierno derivi da quello del passato, è il primo a spiegare il secondo, permettendoci di capire come la vera schiavitù sia quella economica, rispetto alla quale le altre forme (giuridica e politica) sono subordinate e funzionali. Una simile circolarità presenta inoltre un enorme vantaggio: permette a Marx di muoversi più liberamente tra passato e presente, cogliendo la continuità tra i due, tra gli elementi che, anziché sparire, si sono conservati di epoca in epoca, pur assumendo forme nuove e, spesso, a tal punto diverse rispetto a quelle originarie da renderle pressoché irriconoscibili. Alla luce di questi elementi che ritornano – anche se in forme sempre diverse – in ogni fase della storia, il confine che separa l'epoca moderna da quella antica diventa decisamente più fluido e meno netto rispetto a quello tracciato da Hegel e, soprattutto, da Adam Smith. Per Marx, il vero confine è, piuttosto, quello che separa la lunga «preistoria» (comprendente il modo di produzione antico, quello feudale, quello asiatico e quello capitalistico) e l'inizio della vera storia, che si avrà con l'instaurarsi della società comunista senza classi e che è una necessità inscritta nelle leggi stesse della storia.

Abbiamo sostenuto poc'anzi che, nella prospettiva di Marx, a far muovere il processo storico è lo scontro di classi: più precisamente, è quel «lato cattivo» della storia costituito dalle classi sottomesse ai dominatori e inclini alla lotta che fa avanzare il corso storico. In *Miseria della filosofia* (1847), polemizzando con Proudhon, Marx lo sostiene espressamente, asserendo che «è il lato cattivo a produrre il movimento che fa la storia, determinando la lotta»[283]: e, per fare chiarezza su questo punto, adduce l'esempio del feudalesimo, anch'esso inteso, al pari di ogni altra epoca, come «un modo di produzione fondato sull'antagonismo»[284] e in cui il «lato buono»,

283 K. Marx, *Miseria della filosofia*, cit., pp. 78-79.

284 Ivi, p. 79.

costituito dalle virtù cavalleresche, dai maestri d'arte e dall'industria organizzata in corporazioni, era in costante tensione col «lato cattivo», rappresentato dai privilegi e dalla servitù. Da tale tensione, uscì infine vincitrice la classe che rappresentava a quel tempo il «lato cattivo della storia», vale a dire la borghesia, nelle cui mani si concentrarono le forze produttive che si erano sviluppate sotto il regime feudale. Alla luce di questa considerazione, Marx tesse quindi le lodi della borghesia, sostenendo che «essa ha giocato nella storia un ruolo altamente rivoluzionario»[285], distruggendo tutti i rapporti feudali e permettendo l'evolvere della storia nel nuovo modo di produzione capitalistico. È per questo motivo che, nel *Manifesto*, troviamo il più grande elogio che sia mai stato cantato della borghesia (e della globalizzazione allora nascente): non solo essa «ha distrutto tutti i rapporti feudali»[286] dai quali era incatenato l'uomo premoderno, ma ha anche, per la prima volta, «mostrato di cosa è capace l'attività dell'uomo»[287], conferendo un'«impronta cosmopolita alla produzione e al consumo di tutti i paesi»[288] e creando opere ben più meravigliose delle piramidi egizie e degli acquedotti romani (macchine, ferrovie, telegrafi, fiumi resi navigabili, ecc.). Si tratta di un elogio entusiastico della borghesia che, a ben vedere, assume la forma di un epitaffio, alla luce della convinzione marxiana secondo cui, svolta la sua missione storica, la borghesia si avvia ormai al suo tramonto, a causa delle contraddizioni sociali che ha fatto erompere in superficie: prima tra tutte una classe – il proletariato – sempre più universale (come il mercato e il modo di produzione capitalistico, del resto) che svolgerà ineluttabilmente la funzione di becchino di una borghesia che, simile allo stregone, non riesce più a padroneggiare le forze degli inferi da lui stesso evocate. Altamente rivoluzionaria rispetto al mondo feudale, di cui un tempo costituiva il «lato cattivo», la borghesia è ora diventata una classe conservatrice, cedendo il ruolo di «lato cattivo della storia» al moderno proletariato. Si è svilup-

[285] K. Marx – F. Engels, *Manifesto del partito comunista*, cit., p. 8.

[286] *Ibidem*.

[287] Ivi, p. 9.

[288] Ivi, p. 10.

pato di qui il moderno scontro di classe tra il «lato buono» della borghesia e quello «cattivo» della classe operaia: a permettere il trapasso di un'epoca nella successiva è sempre – per impiegare una categoria hegeliana – «l'immane potenza del negativo»[289], vale a dire la spinta delle contraddizioni reali che essa alberga al proprio interno. La grande novità dell'epoca moderna, di cui s'è già detto in precedenza, consiste nel fatto che tra le due classi dei dominati e degli oppressi non sussiste più quella rigida gerarchia che invece troviamo nelle epoche passate. In un perenne dinamismo in forza del quale «non può esistere senza rivoluzionare di continuo gli strumenti di produzione, quindi i rapporti di produzione, quindi tutto l'insieme dei rapporti sociali»[290], la borghesia ha spazzato via le gerarchie fino ad allora vigenti, con la conseguenza decisiva per cui, per la prima volta nella storia, le due classi contrapposte sono costituite da individui politicamente liberi e uguali, la cui subordinazione e il cui rapporto di asservimento avviene soltanto sul terreno economico della società civile. In questa maniera, volatilizzandosi le antiche gerarchie sociali, fisse e immutabili, «gli uomini sono finalmente costretti a considerare con sguardo disincantato la propria posizione nella vita e i propri reciproci rapporti»[291] e a scoprire che tali rapporti non sono certo contraddistinti dall'universale libertà di cui diceva Hegel. La borghesia è dunque rivoluzionaria perché genera un notevole progresso tecnico e le condizioni per il sopraggiungere del comunismo. Nonostante le numerose differenze che distinguono tra loro le varie epoche, l'elemento che le congiunge e che ne determina la continuità è quindi lo scontro tra due classi che, in ultima istanza, possono essere ricondotte a due schieramenti, dei quali uno sottomette e sfrutta l'altro, con la fondamentale conseguenza, colta da Walter Benjamin più che da ogni altro, che la storia, dall'antichità a oggi, costituisce un'unica grande lotta di classe tra schiavi e padroni scandita in diverse epoche. Detto altrimenti: il «lato cattivo» della storia è,

289 «Die ungeheure Macht des Negativen»: G. W. F. Hegel, *Fenomenologia dello spirito*, cit., p. 85.

290 K. Marx – F. Engels, *Manifesto del partito comunista*, cit., p. 9.

291 Ivi, p. 10.

come quello positivo, uno solo e coincide con gli assoggettati di tutte le epoche. Più precisamente, il proletariato figura in Marx – nota Benjamin – «come l'ultima classe schiava, come la classe vendicatrice, che porta a termine l'opera della liberazione in nome di generazioni di vinti»[292]. *Politicamente* libero e uguale a ogni altro cittadino, l'operaio non dispone dei mezzi di produzione, saldamente in mano ai borghesi, al servizio dei quali deve necessariamente lavorare, se non vuole letteralmente morire di fame. Questa nuova forma di schiavitù si incarna appunto in quella classe che, rappresentando la piena disumanizzazione dell'uomo e costituendo il «lato cattivo» della storia odierna, si oppone, nel moderno scontro di classe, al dominio della borghesia e che è agli occhi di Marx destinata a far tramontare l'attuale modo di produzione capitalistico, dalle cui ceneri sorgerà il comunismo e si avvierà finalmente la storia in senso proprio. È grazie all'azione rivoluzionaria del proletariato, nuovo soggetto della storia moderna, che, nella prospettiva di Marx, la storia potrà raggiungere il suo *telos*. Saranno le analisi economiche di Marx, soprattutto nei *Grundrisse* e nel *Capitale*, a suffragare le sue tesi di filosofia della storia. In particolare, sarà il concetto di «pluslavoro» che permetterà a Marx di trovare la conferma decisiva del suo impianto di filosofia della storia: mostrando che l'asservimento si annida, in ogni epoca, nel lavoro coatto che la classe oppressa è costretta a compiere da quella dominante, e che tale lavoro coatto è ben presente anche nel modo di produzione capitalistico, Marx potrà sostenere, con rigore quasi sillogistico, che anche la modernità è soggiogata dall'asservimento. Si tratta di uno schema di pensiero che assume la schiavitù – nella sua forma di sfruttamento del lavoro altrui, non retribuito – come costante della storia, come sua sostanza invariante, come suo unitario «lato cattivo» che solo in seconda battuta può essere scomposto in una pluralità di antagonismi diversi e a sé stanti. A mutare sono quindi soltanto le forme fenomeniche in cui

292 «Als die letzte geknechtete, als die rächende Klasse auf, die das Werk der Befreiung im Namen von Generationen Geschlagener zu Ende führt»: W. Benjamin, *Über den Begriff der Geschichte*, VI, 1940; tr. it. *Tesi di filosofia della storia*, in Id. *Angelus Novus*, Einaudi, Torino 1995, a cura di R. Solmi, XII, p. 82.

tale struttura si presenta di epoca in epoca. Sono esse a creare l'illusione della sua scomparsa per il solo fatto che l'asservimento convive con l'apparente libertà garantita dalla legge e dalla politica. Nel *Capitale*, Marx potrà affermare che «il punto di partenza dello sviluppo che genera tanto l'operaio salariato quanto il capitalista è stata la *servitù del lavoratore*. La sua continuazione è consistita in un *cambiamento di forma di tale asservimento*, nella *trasformazione dello sfruttamento feudale in sfruttamento capitalistico*»[293]. In questo senso, il lavoro come costrizione e l'espropriazione dei prodotti del proprio lavoro, nel capitalismo, «ricevono *soltanto* una forma *diversa* da quella dei modi di produzione precedenti»[294]; il che implica, a sua volta, che lo stesso fenomeno della schiavitù assuma, nel modo di produzione capitalistico, «soltanto una forma diversa» rispetto alle epoche passate. Secondo l'impeccabile formulazione di Engels:

> «La schiavitù è la prima forma dello sfruttamento, peculiare al mondo antico; segue ad essa la servitù della gleba del Medioevo e il lavoro salariato dei tempi moderni. Sono queste le tre grandi forme del *servaggio* (*Knechtschaft*) caratteristiche delle tre grandi epoche della civiltà; la *schiavitù* (*Sklaverei*), prima *aperta* (*offne*) poi *mascherata* (*verkleidete*), le accompagna sempre»[295].

Se nell'epoca antica, o nel feudalesimo, l'asservimento era un fenomeno che nessuno si sarebbe sognato di negare, nell'epoca moderna esso è mascherato dall'apparente libertà formale: si tratta di scavare in essa per scoprire una nuova forma di assoggettamento dell'uomo. Come vedremo, la *concezione continuista* della storia fatta valere da Marx tramite l'assunzione del lavoro coatto come costante di tutte le epoche convive con l'idea che il processo storico, nella sua evoluzione, generi *progresso* e renda ogni epoca «superiore» a quelle precedenti.

293 K. Marx, *Il capitale*, I, cit., p. 779.

294 K. Marx, *Das Kapital. Erstes Buch, Der Produktionsprozess des Kapitals. Sechstes Kapitel. Resultate des unmittelbaren Produktionsprozesses*, 1933; tr. it. *Il capitale, libro I, capitolo VI inedito*, La Nuova Italia, Firenze 1969, a cura di B. Maffi, p. 60.

295 F. Engels, *L'origine della famiglia, della proprietà privata e dello Stato*, cit., p. 206.

Questa prospettiva rispecchia perfettamente il movimento di pensiero con il quale Marx è solito procedere nella sua critica delle realizzazioni del «modo di produzione capitalistico», soprattutto nel *Capitale* e, in particolare, nelle pagine dedicate alla merce. Tutto lo sforzo teoretico di Marx è racchiuso nel suo tentativo di spingersi sempre sotto l'epidermide della realtà, per scoprire i meccanismi segreti che operano nel profondo e che risultano occultati dai «fenomeni percepibili ad una considerazione superficiale delle relazioni economico-sociali di una società borghese»[296]. L'apparenza non si limita a ingannare, come spesso si dice; fa ben di più: mostra l'esatto contrario delle cose, esibendo la libertà dove invece regna la schiavitù, liberi scambi dove si hanno forme di coercizione, semplici «cose» dove invece sussistono rapporti sociali[297]. Essa mostra un «mondo capovolto» (*verkehrte Welt*), e lo fa perché il mondo stesso è a testa in giù: non solo le cose appaiono capovolte rispetto a come sono realmente, ma sono esse stesse, nella realtà, capovolte rispetto a come dovrebbero essere. In altri termini, il mondo è sbagliato, ma l'apparenza lo mostra giusto. Marx tematizza questa costante discrasia tra la realtà e la parvenza sostenendo che «ogni scienza sarebbe superflua, se la forma fenomenica e l'essenza delle cose coincidessero immediatamente»[298]. In questo senso, «i fenomeni della superficie sono, secondo Marx, forme fenomeniche»[299], le quali «nascondono l'intima struttura della società borghese»[300], legittimandola così com'è[301]. La vera essenza, schiavistica e

[296] W. Euchner, *Karl Marx*, 1982; tr. it. *Karl Marx*, Mondadori, Milano 1991, cura di C. Vittone, p. 101.

[297] «Nella loro *apparenza* le cose spesso si presentano invertite»: K. Marx, *Il capitale*, I, cit., p. 587. In questo costante tentativo di Marx di spingersi oltre le apparenze alla ricerca dell'essenza nascosta dei fenomeni, Louis Althusser scorge «l'attitudine scientifica in quanto tale»: L. Althusser, *Leggere il «Capitale»*, cit., p. 173.

[298] K. Marx, *Il capitale*, III, cit., p. 930.

[299] W. Euchner, *Karl Marx*, cit., p. 101.

[300] *Ibidem*.

[301] «Con il concetto di superficie Marx intende sempre qualcosa che ha a che fare con l'"apparenza" e l'"illusione", qualcosa quindi che copre e maschera l'"essenziale" e che richiede di essere superato in quanto non vero»: O. K. Flechtheim – H.-M. Lohmann, *Marx zur Einführung*, 1988; tr. it. *Marx*, Massari, Bolsena 2005, a cura di G. Sgrò, p. 139.

violenta, del modo di produzione capitalistico, che lo accomuna a tutte le epoche passate della storia, si schiude soltanto se forzata dall'istanza del sospetto e della critica di chi si spinge oltre l'ingannevole apparenza che copre e avvolge i rapporti vigenti nella società borghese. In questo senso, la filosofia della storia di Marx si coniuga perfettamente con la sua istanza critica e demistificante.

5. *Schiavi, servi e operai salariati: il problema delle classi sociali.*

«La storia è il giudice e il proletariato il suo esecutore».

(K. Marx, *Discorso per l'anniversario del «People's Paper»*)

La categoria di «classe» (*Klasse*) è la chiave di volta non solo della filosofia della storia di Marx, ma anche dell'analisi economico-sociologica da lui sviluppata nei *Grundrisse* e, successivamente, nel *Capitale*. Si tratta però di una categoria scivolosa e alquanto problematica per diversi ordini di motivi che ora cercheremo di illustrare. In primo luogo, è una categoria che Marx desume direttamente dal moderno mondo borghese, contraddistinto, per l'appunto, dallo scontro frontale e diretto di due classi, ossia di due gruppi sociali (la borghesia e il proletariato) che, formalmente liberi e uguali, sono portatori di interessi economici e sociali antitetici. Dopo averla ricavata dallo studio della società moderna, egli applica questa categoria disinvoltamente, in maniera retrospettiva, alle precedenti epoche storiche, sostenendo che anche il mondo antico e quello feudale furono animati da scontri di classe. Viene spontaneo perciò chiedersi fino a che punto l'assunto marxiano che affida al presente il compito di spiegare il passato possa essere serenamente accettato, senza portare a inattese mistificazioni e a rischiosi fraintendimenti. Non entriamo nel merito della *vexata quaestio* inerente alla legittimità o meno dell'impiego marxiano delle categorie di «classe sociale» e di «scontro di classe» in riferimento alle epoche precapitalistiche, su cui gli interpreti hanno disputato a lungo. Il fatto che talvolta Marx usi la categoria di «ceto» in riferimento alle società precapitalistiche, per far risaltare la differenza rispetto al mondo moderno e alla sua divisione in classi (il ceto, a cui si appartiene per nascita, implica una mobilità sociale molto limitata, per non dire inesistente), non risolve comunque il problema, soprattutto perché egli continua ugualmente a utilizzare lo stesso modello dicotomico (schiavi-possessori di schiavi, servi-padroni, operai-capitalisti) per leggere le diverse epoche della storia. Ci limitiamo a segnalare che si tratta di un impiego alquanto problematico e denso di aporie, che comporta, per molti versi, una lettura semplificata della storia, ingabbiata in categorie incapaci di rendere ragione delle specificità delle singole epoche. Come è possibile, infatti, impiegare la nozione di «lotta di classe» in riferimento a epoche in cui le classi non esistevano neppure e a esistere erano, tutt'al più, i ceti e gli ordini? Che, almeno in parte, tale ambiguità fosse avvertita dallo stesso Marx emerge soprattutto dalla concezione che egli mostra di avere della lotta di classe nel mondo antico. Ai tempi del *Manifesto*, come abbiamo visto, gli schiavi vengono intesi, non meno dei proletari e dei servi della gleba, come una delle tante classi antagonistiche che hanno fatto irruzione sullo scenario storico, facendo avanzare la storia dal suo «lato cattivo». La stessa concezione emerge, del resto, nell'*Ideologia tedesca*, in cui si parla espressamente di «rapporto di classe fra cittadini e schiavi»[302]. Nel *Capitale*, invece, quando tratta del mondo antico, Marx non sostiene più che lo scontro di classe che lo caratterizza è quello tra liberi e schiavi; al contrario, afferma che «la lotta delle classi nel mondo antico [...] si muove principalmente nella forma di una lotta *fra creditore e debitore* (*zwischen Gläubiger und Schuldner*)»[303]. A un certo punto

302 «Das Klassenverhältnis zwischen Bürgern und Sklaven»: K. Marx – F. Engels, *L'ideologia tedesca*, cit., p. 10.

303 K. Marx, *Il capitale*, I, cit., p. 168. Per quanto concerne questo problema, cfr. J.-P. Vernant, *Remarques sur la lutte de classe dans la Grèce ancienne*, 1965; tr. it. *La lotta di classe nella Grecia antica*, in M. Vegetti (a cura di), *Marxismo e società antica*, Feltrinelli, Milano 1977, pp. 187-204.

della sua riflessione pare, dunque, che Marx abbia abbandonato l'idea degli schiavi come classe, per sposare quella che vede lo scontro di classe, nel mondo antico, come contrapposizione tra i ricchi e i poveri nella cerchia dei soli cittadini liberi. Questa concezione viene con forza sostenuta anche nella prefazione del 1869 alla seconda edizione de *Il 18 brumaio di Luigi Bonaparte*, in cui Marx sostiene esplicitamente che nell'antichità «la lotta di classe si svolgeva soltanto all'interno di una minoranza privilegiata, *tra i ricchi e i poveri* che erano liberi cittadini, mentre la grande massa produttiva della popolazione, gli *schiavi*, costituiva soltanto *il piedistallo meramente passivo dei combattenti* (*das bloß passive Piedestal für jene Kämpfer*)»[304]. In una simile prospettiva, a cui Marx approda verso la seconda metà degli anni Cinquanta, gli schiavi cessano di essere intesi come una classe e si configurano piuttosto come un sostrato sociale inerte. Il che testimonia della problematicità della categoria di «classe» e di «scontro di classe» (*Klassenkampf*) all'interno dell'opera di Marx, quasi come se egli, nell'elaborazione del suo pensiero, si fosse accorto dell'inadeguatezza di quelle categorie moderne per fare luce sui modi di produzione precapitalistici. Certo, Marx non rinuncia all'idea di classe per spiegare il mondo antico, ma non lo fa senza oscillazioni problematiche e senza rivelare forti perplessità, come se, in qualche modo, avvertisse l'inadeguatezza del suo impianto concettuale. Karl Korsch ne traeva la conclusione secondo cui il metodo del «materialismo storico» sarebbe applicabile esclusivamente al modo di produzione capitalistico[305]. Va comunque detto, in

304 K. Marx, *Il 18 brumaio di Luigi Bonaparte*, Prefazione alla seconda edizione. Cfr. A. Carandini, *L'anatomia della scimmia. La formazione economica della società prima del capitale: con un commento alle forme che precedono la produzione capitalistica dai «Grundrisse» di Marx*, Einaudi, Torino 1979, p. 159: «a partire dalla seconda metà degli anni '50 e soprattutto negli anni '60 Marx ritiene che gli antagonismi sociali nelle epoche precapitalistiche avvengano principalmente fra maggiori e minori possessori di mezzi di produzione e non tra chi tali mezzi possiede e chi non ne possiede affatto, dal momento che i soli a non possedere – gli schiavi/strumento che cooperano nel processo lavorativo schiavistico – sono considerati appunto fuori dall'ordine civile, immersi e ciechi nella loro naturalità». Cfr. anche P. Vidal-Naquet, *Les esclaves grec étaient-ils une classe?*, in «Raison présente», 6 (1968), pp. 103-112.

305 Cfr. K. Korsch, *Karl Marx,* 1967; tr. it. Laterza, Roma–Bari 1969[2], a cura di G. Bedeschi; cfr. Id., *Marxismus und Philosophie*, 1923; tr. it. *Marxismo e filosofia*, SugarCo, Milano 1966, a cura di G. Backhaus. L'assunto implicito di Korsch

difesa di Marx, che in fondo la categoria di classe, che pure è inadeguata per venire a capo del mondo antico o di quello medievale (i cui rapporti erano decisamente più intricati e trasversali, come riconosce Marx stesso), è in ogni caso indispensabile per individuare le leggi generali con cui evolve la storia, per fare piena luce cioè sul processo storico nella sua totalità e, in definitiva, per strutturare una vera filosofia della storia. Può darsi, e anzi è probabilissimo, che Marx non sia stato uno studioso eccellente delle epoche precapitalistiche, ma del resto ciò che veramente gli interessava era la comprensione del moderno mondo capitalistico: di conseguenza non è errato sostenere che egli non si occupò della «dinamica interna dei sistemi precapitalistici, tranne che nella misura in cui essa spiega i presupposti del capitalismo»[306]. Come per ogni filosofo della storia che si rispetti, anche per Marx la domanda «come andrà a finire?» è, in definitiva, più importante rispetto a quella con cui ci si chiede «come siamo giunti fin qui?»[307]. Né,

è quello secondo cui Marx, in realtà, avrebbe indagato il «modo di produzione capitalistico» senza disporre di una teoria generale dei modi di produzione: dietro a questa convinzione, non è difficile scorgere la volontà di Korsch di strappare la teoria della rivoluzione di Marx all'evoluzionismo progressistico di Karl Kautsky, eliminando ogni residuo di filosofia della storia e ogni teoria del progresso garantito. Cfr. K. Korsch, *Die materialistische Geschichtsauffassung. Eine Auseinandersetzung mit Karl Kautsky*, 1929; tr. it. *Il materialismo storico antikautsky*, Laterza, Roma-Bari 1971, a cura di E. Tota.

306 E. Hobsbawm, *Introduction*, in K. Marx, *Pre-capitalist Economic Formations*, Lawrence and Wishart, London 1964, pp. 39-43. Traduzione nostra. Cfr. E. Balibar, *Sui concetti fondamentali del materialismo storico*, in L. Althusser, *Leggere il «Capitale»*, cit., p. 265: «Marx non può studiare la differenza specifica del modo di produzione capitalistico se non a condizione di studiare, nello stesso tempo, *gli altri modi di produzione*». Un giudizio analogo è quello formulato da Gianfranco La Grassa, il quale sostiene che, rispetto al modo di produzione capitalistico, «tutti gli altri (schiavistico, feudale, ecc.) sono, in fondo, stati pensati – in modo abbastanza generico – per differenza rispetto al primo, vero asse portante della teoria marxiana relativa alla moderna società»: G. La Grassa, *Ricostruire il concetto di modo di produzione capitalistico (per ripensarne la trasformazione)*, in Id. – C. Preve, *La fine di una teoria. Il collasso del marxismo storico del Novecento*, Unicopli, Milano 1996, p. 156. Gian Mario Cazzaniga ha messo in luce come, in certi casi, Marx cerchi di avviare studi più approfonditi delle fasi precapitalistiche, senza tuttavia svilupparli adeguatamente: G. M. Cazzaniga, *Funzione e conflitto. Forme e classi nella teoria marxiana dello sviluppo*, Liguori, Napoli 1981.

307 K. Löwith, *Significato e fine della storia. I presupposti teologici della filosofia della storia*, cit., p. 38.

d'altro canto, bisogna dimenticare che tramite la propria concezione della storia, che per molti versi opera semplificazioni difficilmente accettabili e tende a cristallizzare il magma degli eventi in strutture fisse e stabili in quanto predeterminate, Marx riesce a illuminare la storia nella sua totalità e a scoprire, spazzolandola «contro pelo», secondo l'espressione di Benjamin, come essa sia sempre stata fino a oggi ritmata dall'asservimento e dallo sfruttamento e come si configuri, in ultima analisi, dall'antichità all'epoca moderna, come una sola grande lotta tra schiavi e padroni che riattiva la speranza collettiva in un futuro finalmente umano in grado di riscattare la storia nel suo complesso.

Ma la problematicità del concetto marxiano di classe non si esaurisce nella sua ambigua applicazione a epoche in cui le classi erano, se non assenti, sicuramente non così centrali (ed esclusive) come nel mondo moderno: essa va anche a coinvolgere la nozione di classe in quanto tale, nella sua definizione. Che cosa intende Marx quando parla di «classe»? Ebbene, questo concetto, che accompagna incessantemente l'opera marxiana dalla giovinezza alla maturità, al di là di ogni presunta «rottura epistemologica», non viene definito nemmeno una volta. Si frughi finché si vuole tra le pagine degli scritti marxiani: la nozione di classe, che pure è il cardine su cui si reggono tanto l'analisi socio-economica quanto la filosofia della storia marxiana, resta imprecisata, senza ricevere una benché minima legittimazione teorica (sorte pressoché analoga, come vedremo, tocca alla nozione di «comunismo»). Proprio quando, nel capitolo cinquantaduesimo del terzo libro del *Capitale*, Marx sta per affrontare l'argomento e si domanda «che cosa costituisce una classe?» («Was bildet eine Klasse?»), il manoscritto si interrompe. Ciò, naturalmente, non impedisce di tentare di ricavare ermeneuticamente dagli scritti marxiani un senso della nozione di classe, ma non deve in ogni caso farci scordare che Marx non lo ha mai esplicitato in maniera sistematica e compiuta (ecco un'ulteriore prova a favore dell'idea di un Marx «filosofo del cantiere»). In particolare, ci sembra di poter sostenere che con il termine «classe» Marx intende, in termini generalissimi, un gruppo di individui che sono portatori di interessi socio-economici comuni e che sono potenzialmente in grado di acquisire coscienza di sé come membri di una classe. È soprattutto in *Miseria della filosofia* che si trovano preziose indicazioni in questo senso. Qui Marx, a proposito della fondazione del proletariato, distingue – in termini rigorosamente hegeliani – il momento della classe «in sé» (*an sich*), ossia dell'iniziale massa di operai gettati dall'affermarsi del capitale in una condizione in cui essi si trovano ad avere interessi comuni, e della classe «per sé» (*für sich*), ossia della successiva unione dei salariati in coalizioni finalizzate alla lotta per il mantenimento del salario e per il conseguimento di vantaggi per la loro classe: fin tanto che esistono solo come classe «in sé», l'identità dei loro interessi non crea ancora un'unione politica organizzata, ed essi formano una massa informe di individui indipendenti tra loro, «allo stesso modo che un sacco di patate risulta dalle patate che sono in un sacco»[308], come si dice nel *Diciotto Brumaio*. Nella misura in cui prendono coscienza dei loro interessi comuni, e della necessità di associarsi per poterli realizzare, essi vanno a formare una classe «in sé e per sé», ossia una classe che *è* e che *sa* di essere tale: «una volta giunta a questo punto, l'associazione acquista un carattere politico»[309] e può condurre, in maniera organizzata, quella lotta di classe che, secondo Marx, porterà al rovesciamento del modo di produzione capitalistico, rendendo possibile, con l'affermarsi di una società senza classi e antagonismi, l'inizio della «vera» storia umana. Per tutta la vita Marx resterà convinto che l'emancipazione della classe operaia sia un compito della classe operaia stessa, e non di un partito gerarchicamente strutturato o di pochi «rivoluzionari di professione» (secondo quello che, invece, sarà il progetto di Lenin): di qui l'intensissima attività politica di Marx – costellata da successi e sconfitte in rapida alternanza – al fianco degli operai e in vista della loro emancipazione[310]. L'idea della classe che, alla fine di un

[308] K. Marx, *Il 18 brumaio di Luigi Bonaparte*, cit., p. 199.

[309] K. Marx, *Miseria della filosofia*, cit., p. 120.

[310] Nella nostra approssimazione al pensiero di Marx, attenta soprattutto alla dimensione filosofica del discorso marxiano, lasceremo necessariamente sullo sfondo la sua teoria politica. Ci limitiamo a segnalare alcuni testi che affrontano diffusa-

lungo e tortuoso processo, riesce ad acquisire il duplice statuto dell'«inseità» e della «perseità» rimanda, in maniera fin troppo evidente, allo schema hegeliano che vede il momento dell'«autocoscienza» dello Spirito come suo momento supremo, come momento dello Spirito che sa di se stesso, ma anche come momento dell'Idea che, inizialmente «in sé», esce «fuori di sé» per poi diventare, alla fine, «in sé e per sé». In maniera non così diversa da come Hegel aveva tratteggiato il rapporto tra il servo e il signore nella *Fenomenologia dello Spirito*, per Marx l'autocoscienza o, meglio, la coscienza di classe si manifesta nella relazione, e più precisamente come relazione riconosciuta e come progettualità volta a superarla. Del resto, la stessa concezione del proletariato come classe universale – ha scritto Shlomo Avineri – «era ancora all'interno della tradizione concettuale dell'eredità hegeliana»[311] e, più in generale, dell'eredità dell'idealismo. A rimarcare l'indissolubile nesso che lega Marx a Hegel, Jean Hyppolite ha sostenuto, a questo proposito, che è «tramite il proletariato che si farà l'Idea reale. Così Marx non ha completamente abbandonato la filosofia hegeliana, ha tentato di fondere più strettamente l'Idea e la Realtà nel soggetto umano»[312]. Marx è convinto che, proprio in virtù della consapevolezza della loro «missione» di classe e della lotta che ingaggiano consapevolmente contro i capitalisti (oltre che, naturalmente, in virtù della libertà formale di cui sono titolari), i proletari siano più «vicini» alla realizzazione della società comunista e che, pertanto, si trovino in una posizione incommensurabilmente superiore rispetto a quella degli

mente (e da prospettive diverse) l'argomento: J. Sanderson, *An Interpretation of the Political Ideas of Marx and Engels*, Longmans, London 1969; A. Tosel, *Marx et le rationalisme politique*, in «La Pensée», 303 (1995), pp. 35-45 ; B. Guibert, *La violence capitalisée. Essai sur la politique de Marx*, Les editions du Cerf, Paris 1986; B. De Giovanni, *La teoria politica delle classi nel «Capitale»*, De Donato, Bari 1976; D. Coccopalmerio, *La teoria politica di Marx*, Giuffrè, Milano 1970; M. Barbier, *La pensée politique de Karl Marx*, L'Harmattan, Paris 1992. Per ulteriori indicazioni bibliografiche circa la teoria politica di Marx, rimandiamo alla bibliografia generale.

311 S. Avineri, *The Social and Political Thought of Karl Marx*, 1968; tr. it. *Il pensiero politico e sociale di Marx*, Il Mulino, Bologna 1972, p. 85.

312 J. Hyppolite, *Études sur Marx et Hegel*, Rivière, Paris 1965, p. 141. Traduzione nostra [esiste anche la traduzione italiana: *Saggi su Marx e Hegel*, Bompiani, Milano 1965].

schiavi antichi o dei servi del mondo feudale, incapaci di unirsi e di dare vita a una prassi rivoluzionaria. Perché possa divampare la rivoluzione, non basta che vi siano le condizioni oggettive e storiche: occorre anche che la classe operaia si adoperi attivamente, tramite associazioni autonome, per organizzare un'azione collettiva finalizzata all'instaurazione della società senza classi; e questo in base all'assunto marxiano secondo cui, tra gli aspetti che contraddistinguono il lavoro umano da quello animale, vi è anche il carattere progettuale, che non si rinviene né nel castoro né nell'ape, che pure «fa vergognare molti architetti con la costruzione delle sue cellette di cera»[313], ma soltanto nell'essere umano.

Se nell'antichità e nel mondo feudale l'antagonismo, rispettivamente, tra schiavi e liberi e tra servi e padroni era poco sviluppato, per non dire del tutto impossibilitato a emergere e a dare luogo a un concreto scontro di classe, nell'epoca moderna esso raggiunge il massimo dell'intensità, poiché la società diventa il terreno di scontro di due gruppi portatori di interessi antitetici e coscienti della loro situazione conflittuale. Nella prospettiva marxiana, nel mondo antico e in quello feudale la situazione era decisamente diversa, e l'antagonismo tra le classi (o, meglio, tra i ceti e tra gli ordini) tendeva a non emergere, almeno non nella radicalità con cui affiora col proletariato: Marx sostiene infatti apertamente, nel *Manifesto* e in molti altri luoghi, che la divisione tra oppressi e oppressori – radicale nel modo di produzione capitalistico –, pur presente nell'antichità, veniva offuscata da elementi di altro genere, quali ad esempio le radicali disuguaglianze giuridiche e politiche, l'esistenza di uomini poverissimi ma giuridicamente liberi, e così via. Proprio perché la società era strutturata secondo una gerarchia più complessa e più stratificata, determinata da fattori assai eterogenei, era alquanto difficile individuare non solo classi «per sé», ma anche classi «in sé» (e con ciò siamo riportati al problema di partenza, ossia la dubbia applicabilità della nozione di «classe» alle realtà precapitalistiche). È in questa prospettiva che devono essere intese le parole di Marx, quando egli parla di una «*differenza così completa* (*so gänzli-*

313 K. Marx, *Il capitale*, I, cit., p. 212.

cher Verschiedenheit) tra le condizioni materiali ed economiche della lotta di classe nel mondo antico e nel mondo moderno»[314]: solo in quest'ultimo lo scontro di classe si manifesta apertamente, in maniera pienamente visibile e senza essere offuscato da interferenze politiche ed extraeconomiche. Ciò significa che, secondo Marx, sono soltanto gli operai a trovarsi nelle condizioni di condurre consapevolmente la battaglia contro la classe antagonista.

Si deve soprattutto a György Lukács l'articolato sviluppo di questo discorso, tramite la nozione – sconosciuta a Marx ma decisiva per il marxismo – di «coscienza di classe» (*Klassenbewußtsein*). Nella prospettiva marxiana – spiega Lukács – nelle epoche precapitalistiche «la *coscienza di classe* non è in grado, per sua essenza, né di ricevere una forma del tutto chiara, né di influire coscientemente sugli eventi storici»[315] perché in tale periodo gli interessi di classe non possono mai «emergere in primo piano in piena chiarezza (economica)»[316], perché l'elemento economico è ancora inestricabilmente legato con gli elementi sovrastrutturali della politica, della religione, e così via. È solo nell'epoca del capitalismo che per Marx – prosegue Lukács – si sviluppa in maniera chiara e consapevole la lotta di classe, poiché nella dipendenza meramente economica non interferiscono elementi di altro genere. Si riconferma così come, nella prospettiva marxiana, soltanto l'operaio sia in grado di rovesciare lo stato di cose e di riscattare l'intera società, con la conseguenza fondamentale per cui, se i modi di produzione precapitalistici sono tramontati indipendentemente da presunte iniziative degli schiavi o dei servi della gleba, quello capitalistico verrà abbattuto coscientemente dall'azione rivoluzionaria del proletariato[317]. L'organizzazione di classe

314 K. Marx, *Il 18 brumaio di Luigi Bonaparte*, cit., p. 41.

315 G. Lukács, *Geschichte und Klassenbewußtsein*, 1923; tr. it. *Storia e coscienza di classe*, SugarCO, Milano 1973, a cura di G. Piana, p. 69.

316 *Ibidem*.

317 «È interessante che Marx suggerisca una sorta di "analogia asimmetrica" [...] per cui da un lato gli schiavi ed i servi della gleba *non* sono, e *non* possono essere in alcun modo, i seppellitori dei modi di produzione schiavistico e feudale, mentre i proletari lo sarebbero invece del modo di produzione capitalistico»: C. Preve, *Il pianeta rosso. Saggio su marxismo e universalismo*, Vangelista, Milano 1992, p. 103.

(l'inseità e la perseità del proletariato) è dunque l'obiettivo da raggiungere, ed è il sistema capitalistico della produzione a generare le condizioni affinché ciò sia possibile, producendo miseria, dicotomie, sfruttamento e antagonismi insanabili.

Non bisogna, tuttavia, dimenticare che il quadro tracciato da Marx a proposito delle classi sociali che si fronteggiano nel mondo moderno viene reso più complesso e più evanescente dalla presenza di una terza classe, che compare spesso – in maniera non priva di ambiguità – nei testi del nostro autore: il cosiddetto «sottoproletariato» (*Lumpenproletariat*), significativamente etichettato da Marx e da Engels, nel *Manifesto*, come «*putrefazione passiva* (*passive Verfaulung*) degli strati più bassi della vecchia società»[318]. Si tratta di una massa passiva di individui allo sbando, privi di un impiego e di obiettivi specifici, per lo più rappresentata come una plebaglia confusa, un'accozzaglia di elementi declassati, pronti a seguire il primo avventuriero reazionario disposto a blandirli o a comprarli. In questo senso, essi vengono spesso assoldati dai reazionari. Proprio perché «incline a farsi comprare per manovre reazionarie»[319] e perché privo di coscienza di classe, il sottoproletariato costituisce «una massa nettamente distinta dal proletariato industriale, nella quale si reclutano ladri e delinquenti di ogni genere, che vivono dei rifiuti della società – gente senza un mestiere definito, vagabondi, *gens sans feu et sans aveu*, diversi secondo il grado di civiltà della nazione cui appartengono, ma che non perdono mai il carattere dei lazzaroni»[320]. Tra il sottoproletariato e il proletariato vi è una differenza (e, spesso, una rivalità) che rende più ambiguo e meno lineare lo scontro di classe: proprio perché costituiscono una massa senza obiettivi e senza coscienza di classe, i sottoproletari possono allearsi indistintamente, a seconda dei casi, con una delle due classi in lotta. Come ricorderà Engels, il sottoproletariato è, per il proletariato, «il peggiore di tutti i possibili alleati. È una plebaglia assolutamente venale e assolutamente impuden-

[318] K. Marx – F. Engels, *Manifesto del partito comunista*, cit., p. 20.

[319] *Ibidem*.

[320] K. Marx, *Le lotte di classe in Francia dal 1848 al 1850*, cit., p. 61.

te»[321]. Va comunque segnalato che nell'analisi marxiana ed engelsiana, all'enfasi riservata al ruolo centrale della classe operaia fa da contraltare la relativa povertà dell'analisi sugli specifici caratteri di classe del sottoproletariato[322]. I due autori tendono, generalmente, a scorgere nel sottoproletariato una raccolta di elementi residui di classi diverse, retaggio per lo più di modi di produzione precedenti e superati, ma ancora presenti, in qualche modo, nella formazione sociale capitalistica. Secondo la definizione di Marx, il sottoproletariato rappresenta la «feccia»[323] (*Auswurf*) e la «schiuma di tutte le classi»[324].

In questo modo, abbiamo almeno in parte fatto chiarezza su che cosa intenda Marx per «classe sociale» e, al tempo stesso, abbiamo sfiorato un nuovo, grande problema centrale nell'analisi marxiana: antichi schiavi, servi della gleba e operai salariati – queste tre grandi incarnazioni storiche della figura del lavoratore asservito – sono accomunati dallo sfruttamento di cui sono vittime, ma, al tempo stesso, è soltanto il moderno proletariato, nuovo Spartaco dalle sembianze terrifiche, a poter portare a compimento la transizione decisiva verso la società senza classi. In questo senso, nella prospettiva marxiana, il proletariato è una classe «intermodale», cioè in grado di attuare la transizione decisiva dal modo di produzione capitalistico alla società senza classi, versione secolarizzata del paradiso cristiano (e, non a caso, qualificata da Marx come «regno della libertà»[325]). A differenza degli schiavi antichi, che erano senz'altro capaci di sollevazioni (come è attestato dalle vicende di Spartaco, di Euno e di Aristonico), ma che non diedero mai vita a una «classe in sé e per sé», in grado di produrre una

321 F. Engels, *Der deutsche Bauernkrieg*, 1850; tr. it. *La guerra dei contadini in Germania*, Prefazione alla seconda edizione, Editori Riuniti, Roma 1976, a cura di G. De Caria, p. 17.

322 Cfr. R. Huard, *Marx et Engels devant la marginalité: la découverte du lumpenproletariat*, in «Romantisme», XVIII, 59 (1988), pp. 5-17.

323 K. Marx, *Il 18 brumaio di Luigi Bonaparte*, cit., p. 129.

324 *Ibidem*. Per il problema del sottoproletariato nell'indagine di Marx ed Engels, cfr. M. Mauke, *Die Klassentheorie von Marx und Engels*, 1971; tr. it. *La teoria delle classi nel pensiero di Marx ed Engels*, Jaca Book, Milano 1971, a cura di C. Papini.

325 «Reich der Freiheit»: K. Marx, *Il capitale*, III, cit., p. 933.

rivoluzione e di permettere il superamento del modo di produzione antico, l'operaio moderno ha quella che Marx stesso, nei *Grundrisse*, definisce come una «coscienza enorme»[326] (*enormes Bewußtsein*) dell'ingiustizia che grava su di lui e sulla sua classe, e proprio per questo può «riconoscere i prodotti come propri e giudicare la separazione dalle condizioni della sua realizzazione come separazione indebita, forzata»[327]. Solo lo schiavo del capitale può sperare collettivamente in un mondo migliore, senza padroni, e rivoluzionare il modo di produzione. Come Marx non si stanca mai di ripetere, tra tutte le classi che hanno popolato il mondo dalle epoche più remote fino a quella contemporanea, è solo il proletariato che, emancipando se stesso, può emancipare la società nel suo complesso: tema che emerge per la prima volta nell'*Introduzione* a *Per la critica della filosofia del diritto di Hegel*. È esattamente in forza di questo presupposto che, nelle pagine marxiane, la classe degli operai viene sempre presa in esame *dialetticamente*, come classe degli schiavi asserviti alla valorizzazione del capitale e, al tempo stesso, come potenziale forza dirompente in grado di emanciparsi e di negare l'ordine esistente. Più precisamente, nel discorso marxiano – dagli scritti giovanili fino al *Capitale* – si verifica una costante e problematica sovrapposizione tra la classe sociologico-economica degli operai salariati di fabbrica, vittime dello sfruttamento capitalistico, e quella filosofico-metafisica del Proletariato, che è in grado di permettere il trapasso rivoluzionario al comunismo[328]. E proprio in

[326] K. Marx, *Lineamenti fondamentali di critica dell'economia politica*, cit., I, p. 441.

[327] *Ibidem*.

[328] Alcuni interpreti hanno ravvisato, in quest'operazione marxiana, una fallacia, un'indebita commistione di filosofia della storia, di sociologia e di economia: cfr. ad esempio C. Preve, *Il pianeta rosso. Saggio su marxismo e universalismo*, cit., pp. 82 ss. Preve sostiene che tale sovrapposizione è «un'ingenua metafisica a base sociologica» (ivi, p. 82) e, altrove, afferma che «il grande limite filosofico di Marx resta ovviamente il paralogisma che identifica metafisicamente la *classe dei proletari* con la *classe sociologica dei salariati*, dando luogo alla grande narrazione che vede mistificatamente un inesistente soggetto pieno che garantisce con il mantenimento della sua identità iniziale la realizzazione finale del suo progetto originario (filosoficamente nobilitata con la teoria dell'esistenza di una classe-in-sé che diventerà alla fine anche classe-per-sé)»: cfr. C. Preve, *L'assalto al cielo. Saggio su marxismo e indi-*

virtù del fatto che anche nel *Capitale* la classe operaia figura come Proletariato, ossia come soggetto che fa coscientemente la storia, è lecito sostenere che anche quell'opera si regge su una forma di filosofia della storia. La denuncia e la critica dei meccanismi di sfruttamento e di oppressione di fabbrica, che Marx conduce dai *Manoscritti economico-filosofici* in avanti, convivono con una filosofia della storia con il «lieto fine» assicurato (il trionfo finale del comunismo, vale a dire la certezza – proprio come in Hegel – che alla fine il male non avrà la meglio). La critica del presente e delle sue contraddizioni trova così un suo sbocco nella speranza, dialetticamente declinata, di un futuro diverso e migliore, in cui non vi siano più servi né signori: il giovanile «sogno di una cosa» si trasforma dunque in una possibilità realmente fondata, inscritta nelle leggi dialettiche che ritmano la storia.

Nella prospettiva marxiana, è il modo di produzione capitalistico stesso a recare in sé la necessità dialettica di un suo tramonto ad opera del proletariato. Infatti, a differenza dello schiavo antico e del servo della gleba, che per Marx – come ha scritto Lukács – non potevano in alcun caso essere intesi come «un destino umano, come il destino dell'uomo»[329], nell'epoca del capitalismo l'operaio non solo è parte integrante del contesto sociale del suo tempo – e, più precisamente, la classe operaia è «rappresentante dell'intera società»[330] (*Vertreterin der*

vidualismo, Vangelista, Milano 1992, pp. 215-216. Corsivi nostri. La conclusione che Preve ne trae è che anche gli operai salariati, non meno degli antichi schiavi e dei servi della gleba, non formano né possono formare una classe «intermodale», tale cioè da permettere per via rivoluzionaria la transizione da un modo di produzione a un altro. In particolare, secondo Preve, «la classe operaia non è una classe universale, esattamente come non lo sono state a suo tempo la classe degli schiavi antichi e la classe dei servi della gleba medioevali», C. Preve, *L'eguale libertà. Saggio sulla natura umana*, Vangelista, Milano 1994, p. 11. Per questa via, l'operaio moderno viene assimilato allo schiavo antico e al servo della gleba in maniera ancora più accentuata rispetto a Marx. Lo stesso Jürgen Habermas sembra condividere questa idea, quando sostiene, a proposito degli operai, che il progresso dell'industria nel Novecento non favorisce «la loro associazione rivoluzionaria, ma solo una nuova organizzazione del lavoro al posto della vecchia»: J. Habermas, *Zur Rekonstruktion des historischen Materialismus*, 1976; tr. it. *Per la ricostruzione del materialismo storico*, ETAS, Milano 1979, a cura di F. Cerutti, p. 120.

[329] G. Lukács, *Storia e coscienza di classe*, cit., p. 118.

[330] K. Marx – F. Engels, *L'ideologia tedesca*, cit., p. 37.

ganzen Gesellschaft) –, ma il suo destino «si trasforma in destino generale dell'intera società»[331]. Essa è infatti destinata ad andare incontro – secondo i calcoli di Marx – a una sempre più accentuata proletarizzazione: la classe operaia è – caso unico nella storia dell'umanità – una classe potenzialmente universale e, dunque, in grado di abbattere il modo di produzione da cui è asservita. Se Marx si interessa agli operai non lo fa certo perché sono i «deboli» che devono essere assistiti – secondo i canoni dell'etica cristiana o secondo una versione aggiornata del principio «victrix causa deis placuit, sed victa Catoni» – ma perché essi costituiscono una «forza» potenzialmente rivoluzionaria, che reca in sé l'avvenire dell'uomo e la necessaria soppressione della società presente. Nella prospettiva marxiana, quindi, se lo schiavo antico e il servo feudale erano al di fuori della società del suo tempo, quello salariato rappresenta il destino di quella moderna. E questo, nell'ottica marxiana, non è il destino della sola realtà occidentale: proprio perché il modo di produzione capitalistico è, a suo avviso, «un fenomeno storico mondiale, differente perciò da quello classico e feudale»[332], che rimasero sempre limitati ad aree geografiche dai confini «ristretti», l'operaio – a differenza dell'antico schiavo e del servo della gleba – è una figura tendenzialmente universale, destinata a comparire in ogni area del pianeta. Ed è proprio sulla base di questa previsione che Marx fonda la sua teoria della rivoluzione mondiale, oltre che l'invito all'unione dei proletari di tutti i Paesi con il quale si chiude il *Manifesto*. La «proletarizzazione universale» diagnosticata da Marx significa, allora, che nelle società occidentali i proletari saranno sempre più numerosi e che, al tempo stesso, la produzione capitalistica (con il suo conseguente scontro di classe) tenderà gradualmente a manifestarsi in ogni zona del pianeta, dando luogo, di fatto, a quella globalizzazione che abbiamo oggi sotto i nostri occhi; anche se occorre notare incidentalmente che Marx, in virtù della sua convinzione che il capitalismo annulli le differenze nazionali (di qui l'avversione marxiana per il

331 G. Lukács, *Storia e coscienza di classe*, cit., p. 118.

332 L. Krader, *Evoluzione, rivoluzione e Stato: Marx e il pensiero etnologico*, in AA. VV., *Storia del marxismo*, I, *Il marxismo ai tempi di Marx*, cit., p. 238.

to) e porti ineluttabilmente all'universalis
vedere né a spiegare adeguatamente un fe ad esisten-
sente nella sua epoca, si sarebbe manifestat con la diffe-
tutte le sue conseguenze, nel secolo succe amento che
lismo. Nella prospettiva marxiana, incentrata ingoli indi-
ione che lo sviluppo della società borghese coincid compiu-
on il movimento dialettico della sua soppressione, i lav ndividui
ri moderni vengono a essere una classe potenzialment tre, in
ominante e universale, assumendo il ruolo di soggetti della voli
storia; ruolo che Marx codifica in un quadro di filosofia della storia in cui la classe socio-economica degli operai è assunta come soggetto della storia: «la storia è il giudice e il proletariato il suo esecutore»[333]. Questa constatazione deve indurre a riflettere su due aspetti che sono fondamentali se si ragiona nella prospettiva della filosofia della storia: in primo luogo, il proletariato di cui dice Marx compendia in sé, sotto questo punto di vista, il ruolo di esecutore della storia proprio degli hegeliani «eroi cosmico-storici», attori che è la storia stessa a governare; e, in secondo luogo, il corso storico continua a essere inteso come un tribunale in cui si svolgono sentenze e si fa giustizia, secondo un tema classico della filosofia della storia che aveva trovato la sua più netta formulazione nel motto schilleriano – caro anche a Hegel – «die Weltgeschichte ist das Weltgericht» («la storia del mondo è il tribunale del mondo»). Anche da queste ultime considerazioni affiora come, in definitiva, la filosofia della storia marxiana mantenga un intimo legame con quella hegeliana, di cui può essere senza esagerazioni considerata una «figlia materialista»: l'immagine stessa che Marx impiega per descrivere la rivoluzione proletaria – la talpa che scava in profondità e che solo alla fine emerge in superficie[334] – si richiama fin troppo chiaramente a quella con cui Hegel aveva tratteggiato il movimento carsico dello «spirito del mondo» (*Weltgeist*), «che batte alle porte del presente, che

333 «History is the judge – its executioner, the proletarian»: K. Marx, *Speech at anniversary of the «People's Paper»*, 1856; tr. it. *Discorso per l'anniversario del «People's Paper»*, in Id. – F. Engels. *Opere complete*, Editori Riuniti, Roma 1982, XIV, p. 656.

334 *Ibidem*.

è tuttora sotterraneo, che non è ancora progredit za attuale ma che vuole prorompervi»[335]. Certo, renza fondamentale che ad aprire le porte al mut segna il trapasso alla nuova epoca sono, in Hegel, i vidui eccezionali, destinati poi, una volta che abbian to la loro missione, a diventare – come tutti gli altri – «polvere della storia» (*Staub der Geschichte*), men Marx, è la classe sociale dei proletari, strumenti consap della storia: suoi esecutori ma, al tempo stesso, liberi e a protagonisti dell'avvenire.

6. *Una radiografia del capitalismo.*

> «Il mondo moderno lascia insoddisfatti, o, dove esso appare soddisfatto di sé, è *volgare*».
>
> (K. Marx, *Grundrisse*)

Sospeso tra il passato dei modi di produzione antico e feudale e il futuro del regno comunistico della libertà, il modo di produzione capitalistico è il nostro presente: ad esso quindi Marx rivolge la stragrande maggioranza delle sue attenzioni filosofiche. La stessa teleologia che innerva la storia si riversa, in maniera evidente, nella spiegazione marxiana, che studia il passato esclusivamente per fare luce sul presente, a sua volta indagato, nelle sue contraddizioni, per far emergere la sua necessaria transitorietà e il suo imminente trapasso nel comunismo. Come si configura, in concreto, il modo di produzione capitalistico? E in che cosa si distingue dalle forme di produzione e di esistenza che l'hanno preceduto? Studiando la modernità tramite la categoria interpretativa del «modo di produzione», Marx ritiene di poter individuare i tratti essenziali del capitalismo nella mercificazione universale e nel movimento illimitato di «valorizzazione del valore». In particolare, come spiega in *Miseria della filosofia*, il moderno modo di produzione capitalistico ebbe origine quando «tutto divenne commercio»[336], con-

[335] G. W. F. Hegel, *Lezioni sulla filosofia della storia*, cit., pp. 28 ss.

[336] K. Marx, *Miseria della filosofia*, cit., p. 7.

figurandosi in questa maniera come l'epoca in cui «ogni realtà, morale o fisica, divenuta valore venale, viene portata al mercato per essere apprezzata al suo giusto valore»[337]. Per la prima volta nella storia, nel mondo moderno la produzione non è più orientata alla soddisfazione di bisogni, ma diventa un'attività fine a se stessa, nella misura in cui non si produce più (come ancora avveniva nel mondo antico o in quello feudale) per la conservazione della società nel suo complesso, ma per accrescere sempre più il capitale, in un movimento autoreferenziale e potenzialmente senza limiti. E l'esigenza di questa «valorizzazione del valore» comporta, di conseguenza, una produttività sempre più massiccia e più intensa: se la forma dominante nei modi di produzione precedenti – spiega Marx nel *Capitale* – è esprimibile nella formula M-D-M (merce-denaro-merce), che si riferisce alla trasformazione della merce in denaro con il quale si acquista nuova merce, dato il presupposto che nelle realtà precapitalistiche «la circolazione semplice delle merci – la vendita per la compera – serve di mezzo per un fine ultimo che sta fuori della sfera della circolazione, cioè per l'appropriazione di valori d'uso, per la soddisfazione di bisogni»[338], nel modo di produzione capitalistico predomina invece la forma esprimibile con la formula D-M-D^I, dove D^I è maggiore rispetto a D[339]. Concretamente, subentra un cambio di paradigma per cui lo scopo della produzione cessa di essere il consumo (e la conseguente soddisfazione di un bisogno) e diventa la «valorizzazione del valore», ossia il guadagno, che è notoriamente un bisogno inesauribile; cioè, scrive Marx, «la circolazione del denaro come capitale è fine a se stessa, poiché la *valorizzazione del valore* esiste soltanto entro tale movimento sempre rinnovato. Quindi il movimento del capitale è senza misura»[340]. Il capitalismo è la prima società umana in cui l'economia non è incorporata nel più ampio tessuto della socie-

[337] *Ibidem*.

[338] K. Marx, *Il capitale*, I, cit., p. 185.

[339] Il che, nell'ottica marxiana, è reso possibile dal furto col quale il capitalista ottiene dal salariato un pluslavoro mediante il prolungamento e l'intensificazione della giornata lavorativa oltre il tempo e oltre il grado che occorre per ripagare il valore dei beni con cui il salariato stesso si mantiene in vita. Cfr. ivi, pp. 269 ss.

[340] Ivi, p. 185.

tà, ma ambisce a una autonomia assoluta. Se nei modi di produzione precedenti si vendeva per comprare, in quello capitalistico – spiega Marx – si compra per vendere, il che rende necessaria una produzione sempre più intensa che la schiavitù e la servitù della gleba, nella loro forma classica, non sono certo in grado di garantire: in questo senso, la schiavitù e la servitù della gleba rappresentano il tipico esempio di come i «rapporti di produzione» diventino catene per le «forze produttive», imponendo la transizione a un nuovo modo di produzione. È a questo punto che nasce, secondo Marx, l'esigenza di un raffronto tra le figure dello schiavo antico e del servo, da una parte, e del moderno salariato, dall'altra: le prime due forme di lavoro forzato diretto non rendono possibile una produzione allargata e finalizzata all'accrescimento illimitato della ricchezza, soprattutto per il fatto che il servo e, soprattutto, lo schiavo non hanno alcun interesse ad essere produttivi, in quanto ricevono il loro sostentamento a prescindere dal lavoro svolto. Il lavoro del «libero» operaio moderno è invece assai più produttivo perché da esso dipende l'esistenza dell'operaio stesso, che proprio perché non è stato acquistato dal suo «padrone» può in qualsiasi momento essere lasciato a casa: se perde quel lavoro, perde se stesso. Non appartenendo a un padrone, si vede costretto a cercarsene uno che gli fornisca i mezzi per lavorare e per vivere, non potendoseli procurare da solo. Se l'antico schiavo non ha interesse a essere produttivo nel lavoro che è costretto a svolgere e che compie esclusivamente per evitare una dose di frustate, il lavoratore «libero» è costretto a essere produttivo per non venir abbandonato in balia della fame dal suo padrone: proprio perché non è stato acquistato una volta per tutte, può essere lasciato a casa non appena il suo lavoro non risulti sufficientemente produttivo. Niente di ciò poteva accadere invece con lo schiavo antico, per l'acquisto del quale il padrone aveva investito dei soldi: «licenziare» lo schiavo avrebbe voluto dire perdere i soldi spesi per acquistarlo. Il primo ha dunque tutto l'interesse a lavorare e a essere produttivo, per poter avere di che vivere; il secondo – avendo l'esistenza garantita – mira invece a lavorare il meno possibile. Solo il «libero» lavoro salariato moderno è pienamente funzionale all'esigenza di valorizzazione del modo di produzione capitalistico. Marx stesso ha tematizzato il limite posto dal rapporto schiavistico (e da quello servile) a ogni ulteriore sviluppo della società, sostenendo che «un libero e pieno sviluppo sia nell'individuo sia nella società qui è inconcepibile, giacché un tale sviluppo è in contraddizione con il *rapporto originario*»[341]. Entro certi limiti, i modi di produzione antico e feudale erano strutturati in maniera tale da produrre quel tanto che bastava alla soddisfazione dei bisogni vitali degli individui, in un'ottica che tutto era fuorché capitalistica. Come scrive Marx in quella sezione dei *Grundrisse* intitolata *Forme che precedono la produzione capitalistica*, a proposito del lavoro nelle società precapitalistiche, «lo scopo di questo lavoro non è la *creazione di valore* [...]; il suo scopo è invece il mantenimento del singolo proprietario e della sua famiglia»[342]. Proprio perché funzionale a una produzione limitata alla sussistenza del proprietario, nella prospettiva marxiana la schiavitù antica si inabissava per le contraddizioni che essa stessa aveva generato, trapassando in nuove forme di società in cui la produzione era più efficace ai fini dello scambio e dell'arricchimento; e qualcosa del genere sarebbe poi accaduto alla servitù del modo di produzione feudale. Per rispondere alla nuova esigenza di una valorizzazione del valore, era indispensabile quindi che il lavoratore diventasse libero, e dunque costretto a essere il più produttivo possibile.

È esattamente in forza della «libertà» dalla coartazione extraeconomica che «il capitale supera in energia, dismisura ed efficacia tutti i sistemi di produzione del passato fondati *sul lavoro forzato diretto* (*auf direkter Zwangsarbeit*)»[343]. Fondan-

341 K. Marx, *Lineamenti fondamentali di critica dell'economia politica*, cit., I, p. 465.

342 «Der Zweck dieser Arbeit ist nicht *Wertschöpfung* [...]; sondern ihr Zweck ist Erhaltung des einzelnen Eigentümers und seiner Familie»: ivi, p. 451.

343 K. Marx, *Il capitale*, I, cit., p. 348. Questo insegnamento di Marx è stato recepito, tra gli altri, da Jean-Paul Sartre, il quale l'ha formulato assai efficacemente: «è questa la seccatura, con la servitù: quando si addomestica un membro della nostra specie, se ne diminuisce il rendimento, e per poco che gli si dia, un uomo da cortile finisce per costare più di quanto frutti». Cfr. J.-P. Sartre, *Préface*, in F. Fanon, *Les damnés de la terre*, 1961; tr. it. *Prefazione* a *I dannati della terra*, Einaudi, Torino 1962, a cura di C. Cignetti, p. XIV.

dosi sul «lavoro forzato indiretto» – questa, secondo Marx, la grande differenza che lo separa dagli altri «modi di produzione» – il capitalismo supera in efficacia produttiva ogni altra epoca della storia. In questo senso, la libertà di cui gode l'operaio – dice Marx – fa di lui «un lavoratore molto migliore»[344], ossia molto più produttivo, rispetto allo schiavo antico, a differenza del quale «è responsabile della merce che fornisce, e che deve fornire in una certa qualità se non vuol lasciarsi battere ed eliminare dagli altri venditori della stessa merce»[345], che nella loro sovrabbondanza esercitano su di lui una concorrenza agguerrita e inesistente nel «modo di produzione antico» (dove semmai si lamentava la scarsità di schiavi). Il modo di produzione capitalistico non esiste, secondo Marx, senza creare in modo fisiologico disoccupazione e miseria per la classe sfruttata, che deve costituire – quando già non sia attivamente impiegata nella produzione – un immenso «esercito industriale di riserva» sempre pronto per essere arruolato in fabbrica[346]. Si tratta, cioè, di un modo di produzione che, per tenere insieme la *libertà* formale-giuridica dell'individuo e la *costrizione* economica al lavoro, deve fare sì che una parte della popolazione resti costantemente nella miseria: e, ciò non di meno, il modo di produzione capitalistico è anche un modo di produzione che crea ricchezza e progresso, superando (e questa è la sua grandezza, a più riprese esaltata da Marx) la produzione finalizzata alla mera soddisfazione di bisogni naturali. È esattamente con queste lenti interpretative che bisogna leggere, nell'ottica marxiana, il passaggio da un modo di produzione all'altro: dapprima i rapporti di produzione non corrispondono più alle nuove forze produttive, ma anzi le ostacolano; successivamente si adeguano ad esse, assecondandole. La

344 K. Marx, *Il capitale, libro I, capitolo VI inedito*, cit., p. 65.

345 *Ibidem*.

346 Cfr. K. Marx, *Il capitale*, I, cit., p. 831: «la gran bellezza della produzione capitalistica consiste nel fatto ch'essa non solo riproduce costantemente l'operaio salariato come operaio salariato, ma inoltre produce sempre una *sovrappopolazione relativa di operai salariati* (*relative Übervölkerung von Lohnarbeitern*) in proporzione dell'accumulazione del capitale. Così la legge della domanda e dell'offerta del lavoro viene tenuta sul binario giusto, l'oscillazione dei salari viene tenuta entro limiti giovevoli allo sfruttamento capitalistico».

libertà formale di cui gode il lavoratore, e che distingue nettamente il presente dal passato, fa di lui un soggetto libero, che solo la sua condizione economica di nullatenente costringe al lavoro forzato in fabbrica: la libertà di cui egli dispone, e che – come abbiamo visto – è il grande problema su cui Marx si affatica fin dai tempi dello scritto *Sulla questione ebraica*, non è altro che il frutto di un'epoca che ha trasformato in merce ogni cosa, compreso il lavoro umano. In questo senso, tale libertà non è se non la derivazione della generalizzazione del rapporto di scambio, ed è, più precisamente, la libertà delle merci che si muovono senza impedimenti e restrizioni sul mercato. Valorizzazione illimitata, lavoro salariato, mercificazione universale e trionfo della libertà politico-formale sono dunque, per Marx, i tratti salienti del moderno modo di produzione capitalistico, sospeso nell'incantesimo di quel feticismo delle merci su cui avremo modo di tornare.

Una volta abbozzata questa «radiografia» del presente, occorre però domandarsi anche come si sia giunti al modo di produzione capitalistico, lasciandosi alle spalle le forme passate di produzione. Per fare chiarezza su questo punto, nell'ultimo capitolo del primo libro del *Capitale* e nei *Grundrisse*, Marx deve preventivamente sgombrare il campo dalle spiegazioni *ideologiche* dei «pensatori borghesi»: se infatti si presta fede ad Adam Smith o a Malthus (o, ancor prima, a John Locke), si ricava un'immagine deformata del capitalismo, dato che questi autori organici alla borghesia lo presentano ideologicamente come un modo naturale di vivere e di lavorare, frutto dell'astinenza di un virtuoso gruppo di individui parsimoniosi e morigerati. A questo costrutto ideologico dell'economia politica classica, consistente nel proiettare retrospettivamente all'«origine» una condizione che è desiderata ma che è sconosciuta alle vicende storiche reali, Marx dà il nome di «robinsonate»[347] (*Robinsonaden*), in riferimento alle vicende

347 Cfr. K. Marx, *Introduzione* a *Per la critica dell'economia politica*, cit., pp. 171 ss. Dal punto di vista di Marx, la robinsonata occulta la propria funzione altamente ideologica, indossando le vesti dell'esempio e del modello epistemologicamente utile. Essa pretende di indicare una condizione essenziale, in quanto stabile, poiché prescinde da quelle determinazioni, che differenziano un periodo storico dall'altro, un tipo di società da un altro; addirittura la «robinsonata» finge la

di Robinson Crusoe. Il «robinsonismo» si configura, in particolare, come la mistificazione giusnaturalistica del capitalismo (presente soprattutto a partire da John Locke) secondo cui l'accumulazione capitalistica si sarebbe avviata a partire dal risparmio e dal sudore dei primi capitalisti, proprio come Robinson Crusoe avrebbe intrapreso una vera e propria accumulazione originaria nella solitudine dell'isola su cui aveva fatto naufragio. Contro questa prospettiva pancapitalistica e giusnaturalistica, che poggia su una destoricizzazione e su una naturalizzazione ideologiche, Marx sostiene che «delle *piacevoli fantasie* (*gemütlichen Einbildungen*), secondo cui il capitalista e l'operaio si associano ecc., la storia non sa nulla, né se ne trova traccia nello sviluppo del concetto di capitale»[348]. È vero – e Marx si guarda bene dal negarlo – che, una volta affermatosi il capitalismo, l'operaio e il capitalista si incontrano sul mercato e scambiano le loro merci senza che il rapporto venga imposto dalla legge o dall'impiego della violenza: ma perché si potesse giungere a questo, occorreva creare una massa di individui nullatenenti che, pur formalmente liberi, fossero poi costretti a vendere la propria forza-lavoro. Infatti, «finché il lavoratore può accumulare per se stesso – e lo può finché rimane proprietario dei suoi mezzi di produzione –, sono impossibili l'accumulazione capitalistica e il modo di produzione capitalistico»[349]. In opposizione a queste mistificazioni della storia operate dagli economisti, Marx spiega che, in origine, nessun lavoratore libero si può porre dinanzi al capitalista con l'obbligo esclusivamente economico di vendergli la propria forza-lavoro, se già il capitalismo non si è affermato come sistema di produzione: in questo senso, la separazione del «libero» lavoratore dalle condizioni del suo lavoro e dai mezzi di sussistenza è, secondo l'espressione marxiana, il «*fondamento realmen-*

relazione economica come se implicasse esclusivamente il rapporto dell'uomo alla natura e non anche quello dell'uomo all'altro uomo, alla società nel suo complesso. Cfr. S. Garroni, *Tracciati dialettici. Note di politica e cultura*, Kappa, Roma 1994, pp. 25 ss. Cfr. anche S. Hymer, *Robinson Crusoe e il segreto dell'accumulazione originaria*, in «Monthly Review», edizione italiana, ottobre 1971.

348 K. Marx, *Lineamenti fondamentali di critica dell'economia politica*, cit., I, p. 487.

349 K. Marx, *Il capitale*, I, cit., p. 800.

te dato»[350] del modo di produzione capitalistico, il suo reale punto di partenza da cui non si può fare astrazione. Nella prospettiva marxiana, questo significa che, con buona pace di Adam Smith e degli altri liberali, il libero incontrarsi sul mercato del capitalista con l'operaio non è mai avvenuto all'inizio del capitalismo, poiché esso, per poter avvenire, presuppone un capitalismo già avviato. Come si sostiene nei *Grundrisse*, «solo a un certo livello dello sviluppo del capitale *lo scambio tra capitale e lavoro diviene, di fatto, formalmente libero*»[351]. Ma come si è arrivati, allora, alla situazione del capitalismo a cui siamo abituati, quella cioè in cui si effettua uno scambio tra capitalista e operaio in piena libertà e senza costrizioni extraeconomiche? Marx lo spiega nel ventiquattresimo capitolo del primo libro del *Capitale*, con una ricognizione storica sulla cosiddetta «accumulazione originaria» (*ursprüngliche Akkumulation*). Se è vero che in Paesi quali l'Inghilterra o la Francia la schiavitù diretta è stata messa al bando (eccezion fatta, come vedremo, per le «workhouses»), e sopravvive solo più nella sua forma mascherata di schiavitù salariata, ciò non toglie che se volgiamo retrospettivamente lo sguardo alla «*preistoria del capitale*»[352], all'«accumulazione originaria», scopriamo una verità pietrificante: il capitale non nasce dalla dissoluzione dell'asservimento diretto del lavoratore, ma, piuttosto, affonda le radici in esso, e solo secondariamente se ne libera, per mantenere i tratti di quella «schiavitù mascherata» che, a dire di Marx, si perpetua nelle fabbriche. Se una volta affermatosi a pieni ritmi il capitale fa a meno dell'assoggettamento diretto del lavoratore, ben «altrimenti vanno le cose durante la genesi storica della produzione capitalistica»[353]: in particolare, il sorgere e l'imporsi di questo ordinamento della produzione, che poggia sulla separazione dei lavoratori dalle loro condizioni di lavoro e dai mezzi di sussistenza, è stato il frutto della violenza e dell'asservimento extraeconomici nella loro forma più

350 «Der Ausgangspunkt»: ivi, p. 625.

351 K. Marx, *Lineamenti fondamentali di critica dell'economia politica*, cit., II, p. 793.

352 K. Marx, *Il capitale*, I, cit., p. 779.

353 *Ibidem*.

brutale, senza i quali non sarebbe mai potuto nascere. Per usare le parole di Marx: «*tantae molis erat* il parto delle "eterne leggi di natura" del modo di produzione capitalistico, il portare a termine il processo di separazione fra lavoratori e condizioni di lavoro, il trasformare a un polo i mezzi sociali di produzione e di sussistenza in capitale, e il trasformare al polo opposto la massa popolare in operai salariati»[354]. Con l'analisi dell'accumulazione originaria, Marx mostra come il modo di produzione capitalistico – ben lungi dall'essere eterno e «secondo natura» – abbia una precisa data di nascita, che coincide con quello che egli chiama, richiamandosi ancora una volta alla metafora religiosa, il «*peccato originale*»[355] del capitale, consistente in quell'accumulazione originaria che si configura come l'avvio del modo di produzione capitalistico e che avrebbe cominciato ad affermarsi soprattutto a partire dal XV secolo. Proprio in base al presupposto per cui gli economisti spiegano in che modo avvenga la produzione nell'ambito dei rapporti produttivi nell'epoca del capitalismo ma non spiegano «come questi rapporti si producano, vale a dire non ci spiegano il movimento storico che li ha generati»[356], perché li assumono surrettiziamente come eterni, Marx tenta una ricostruzione genetica di quel movimento, e lo fa soffermando l'attenzione sulla storia inglese del Quattrocento. Come era già stato chiarito nei *Grundrisse*, i due grandi presupposti perché potesse fiorire il modo di produzione capitalistico sono, da un lato, l'imporsi della nuova prospettiva per cui il fine della produzione diventa la valorizzazione del denaro, la creazione di valore di scambio, e, dall'altro, «il distacco del lavoratore dalla terra quale suo *laboratorio naturale*»[357] (*natürliches Laboratorium*):

354 Ivi, pp. 822-823.

355 Ivi, p. 777.

356 K. Marx, *Miseria della filosofia*, cit., p. 65.

357 K. Marx, *Lineamenti fondamentali di critica dell'economia politica*, cit., I, p. 451. Lo sviluppo del capitalismo è impossibile fin tanto che sussiste il libero accesso a una terra relativamente abbondante: questo assioma marxiano ha trovato una sconcertante conferma nella tragedia imposta ai popoli dello Zimbabwe e dell'Africa del Sud, allontanati violentemente dalle loro terre natali e rinchiusi in delle «riserve» per essere costretti a vendere la loro forza-lavoro al capitale; e sembra trovare oggi una sua ulteriore conferma nelle vicende di nuova «accumulazio-

la storia di questo distacco, già abbozzata nei *Grundrisse*, dove era assunta principalmente come presupposto teorico, trova un pieno sviluppo nel *Capitale*. Cominciata nella sua forma più radicale sul finire del XV e all'inizio del XVI secolo, tale espropriazione originaria consiste, secondo le parole di Marx, nel «*processo storico di separazione del produttore dai mezzi di produzione*»[358] che ha portato alla formazione dei due schieramenti che si contrappongono nel moderno scontro di classe, i borghesi, che detengono i mezzi di produzione, e i proletari, che ne sono sprovvisti. Come sappiamo, l'accumulazione originaria, con metodi che «son tutto quel che si vuole fuorché idillici»[359], si attua concretamente come espropriazione violenta e coercitiva dei mezzi di sussistenza ai danni di grandi masse di persone che, fino ad allora, erano vissute grazie ad essi: si tratta di quegli uomini che nell'epoca feudale, «come la chiocciola è unita al suo guscio»[360], erano legati a piccoli appezzamenti di terra dai quali traevano di che vivere. Costoro, separati violentemente dalle loro terre e dalle loro proprietà, furono gettati «sul mercato del lavoro come proletari eslege»[361], ossia come uomini che non disponevano di altre risorse all'infuori delle proprie braccia e che, pertanto, finivano per essere costretti a mettersi in vendita a vantaggio di chi disponeva delle proprietà e dei mezzi di lavoro. In questo senso – nota Marx – «l'*espropriazione dei produttori rurali*, *dei contadini* e la loro espulsione *dalle terre* costituisce il fondamento di tutto il processo»[362]: è dalla dissoluzione della società feudale che si sono liberati gli elementi da cui è sorta quella capitalistica. Senza quell'esproprio violento, non sarebbe potuto nascere,

ne originaria» che stanno coinvolgendo aree del pianeta in cui non si è ancora affermato il modo di produzione capitalistico. Cfr. E. Mandel, *La formation de la pensée économique de Karl Marx de 1843 jusq'à la rédaction du «Capital»*, 1967; tr. it. *La formazione del pensiero economico di Karl Marx dal 1843 alla redazione del «Capitale»*, Laterza, Roma–Bari 1969, pp. 151 ss.

358 K. Marx, *Il capitale*, I, cit., p. 777.

359 *Ibidem*.

360 Ivi, p. 402.

361 Ivi, p. 780.

362 *Ibidem*.

secondo Marx, il modo di produzione capitalistico[363]. Assumendo l'Inghilterra come paradigma per spiegare questo processo nella sua «forma classica»[364], come del resto per spiegare l'intera analisi del modo di produzione capitalistico presente nel *Capitale*, Marx delinea una situazione pre-capitalistica di prosperità generale, nella quale abbondava una sorta di ricchezza popolare di cui beneficiavano anche gli strati sociali più bassi, come i servi della gleba. A causa dello slancio della manifattura laniera europea, si andò sempre più verso l'espropriazione dei piccoli e medi contadini a favore dei grandi proprietari fondiari, i quali recintarono il terreno che fino ad allora era stato adibito alla coltivazione e lo trasformarono in terreno da pascolo: avida di denaro, la nuova nobiltà inglese andava sempre più accogliendo la pressante richiesta di lana da parte dei Fiamminghi, impiegando sempre più la terra secondo una concezione propria del «capitalismo agrario», ossia producendo materie prime per la manifattura laniera. «Le pecore divorano gli uomini»[365], aveva rilevato con preoccupazione Thomas More di fronte al fenomeno delle *enclosu-*

[363] Verso la metà del XX secolo, sul problema dell'interpretazione marxiana della transizione dal modo di produzione feudale a quello capitalistico fiorì un vivace dibattito in ambito marxista, i cui due principali interlocutori furono Paul Marlor Sweezy e Maurice Dobb. Il primo sostenne che il commercio internazionale, e in particolare quello triangolare tra l'Inghilterra, l'Africa e l'America, fu l'elemento dominante per l'accumulazione del capitale monetario necessario per il successivo decollo industriale; il secondo, invece, sostenne che il fattore decisivo per la transizione capitalistica non fu «esterno» (non riguardò, cioè, il commercio internazionale), bensì «interno», ed ebbe a che fare con la transizione da un'agricoltura e da un artigianato precapitalistici a un'agricoltura e a un artigianato capitalistici (transizione contraddistinta dal passaggio dagli *open fields* alle recinzioni, dalla formazione della classe dei fittavoli capitalisti, dal passaggio dal lavoro artigianale a domicilio alla manifattura e, successivamente, alla fabbrica vera e propria). Cfr. P. M. Sweezy, *The Theory of Capitalist Development*, 1942; tr. it. *La teoria dello sviluppo capitalistico. Princìpi di economia politica marxiana*, Einaudi, Torino 1951, a cura di L. Ceriani e C. Napoleoni; M. Dobb, *Studies in the Development of Capitalism*, 1946; tr. it. *Problemi di storia del capitalismo*, Editori Riuniti, Roma 1974[4], a cura di R. Zangheri. Un'ampia ricognizione sulle diverse teorie sulla nascita del capitalismo, con una ricca bibliografia ragionata, è la seguente: A. Cavalli, *Le origini del capitalismo*, Loescher, Torino 1973.

[364] K. Marx, *Il capitale*, I, cit., p. 780.

[365] T. More, *Utopia*, 1516; tr. it. a cura di D. Artioli, La Spiga, Milano 1998, p. 26. Traduzione modificata.

res: e, se ci poniamo nell'ottica marxiana, non aveva certo torto, poiché, nel corso di questo sviluppo irreversibile, la proprietà comune, che fino ad allora era stata utilizzata da tutti e aveva garantito un sostentamento ai più, così come pure il terreno a maggese, furono recintati e trasformati, mediante la violenza dell'esproprio, in proprietà privata.

Il modo di produzione capitalistico non è, per così dire, partito da zero, ma piuttosto si è trovato dinanzi ad aspetti lasciati in eredità dal precedente modo di produzione, tra cui il servaggio, che è stato prontamente trasformato in una forma di libera contrattazione salariale. Tanto l'operaio moderno quanto il servo della gleba medievale sono – dice Marx – derivazioni dello schiavo, del lavoratore asservito, sue manifestazioni in modi di produzione differenti. Dissoltasi la società feudale e, con essa, i suoi rapporti di produzione, il produttore immediato è stato liberato da tutti i vincoli medievali che facevano di lui un servo della gleba al servizio di un'altra persona, affrancandosi anche dal dominio esercitato dalle corporazioni con tutte le loro prescrizioni riguardanti il lavoro: in questo senso, quello che segna la transizione dalla società feudale a quella capitalistica si configura come un positivo processo di «liberazione dalla servitù e dalla coercizione corporativa»[366]. Ma esiste anche un altro volto di questo processo, decisamente meno positivo e omesso – secondo Marx – dagli «storiografi borghesi», tutti assorbiti dalla legittimazione ideologica dell'attuale sistema produttivo. La liberazione in questione, infatti, implica non solo l'affrancamento dai vincoli feudali e dalla servitù *ex lege*, ma anche la privazione di tutti i mezzi di produzione di cui disponeva il produttore feudale e delle garanzie per l'esistenza che gli erano assicurate dal suo *status* sancito dalla legge; un'espropriazione certo non pacifica, che «è scritta negli annali dell'umanità a tratti di sangue e di fuoco»[367]. Infatti, il processo che ha portato alla separazione dei lavoratori dalla proprietà dei mezzi produttivi tramite l'esproprio delle terre comuni, in nome della parola d'ordine

366 K. Marx, *Il capitale*, I, cit., p. 779.

367 «Ist in die Annalen der Menschheit eingeschrieben mit Zügen von Blut und Feuer»: *ibidem*.

«trasformare i campi in pascoli da pecore»[368], avvenne in maniera violenta. Furono infatti scacciati con la forza, tramite l'usurpazione coercitiva, i contadini che, in pieno accordo con la giurisdizione feudale, occupavano e lavoravano le terre comuni: le leggi per la recinzione di queste ultime – i cosiddetti *Bills for Inclosures of Commons* – non fecero altro che fornire una legittimazione formale a quanto, di fatto, stava già accadendo in opposizione alla legislazione dell'epoca feudale. Con questi decreti, «per mezzo dei quali i signori dei fondi regalano a se stessi, come proprietà privata, terre del popolo»[369], viene portato a compimento l'esproprio ai danni delle masse, che così si trovano prive di tutto ciò che serve loro per sopravvivere e, dunque, costrette a mettersi in vendita ai proprietari che ora dispongono in forma esclusiva delle proprietà che un tempo erano comuni. Si comprende in questo modo, cogliendolo nella sua genesi storica, il processo che costringe alla schiavitù individui che sono formalmente liberi ma che non possono fare altro che porsi al servizio di chi dispone dei mezzi per lavorare. Dato che gli uomini scacciati in massa dalla terra e privati dei mezzi di produzione erano decisamente di più rispetto a quelli che potevano essere assorbiti dalla nascente manifattura, ne seguì che essi si trasformarono «in mendicanti, briganti, vagabondi, in parte per inclinazione, ma nella maggior parte dei casi sotto la pressione delle circostanze»[370]. Infatti, liberati tanto dai rapporti che li legavano ai loro antichi padroni, quanto dalle proprietà di cui potevano disporre, questi uomini andarono a formare una «massa ridotta a trovare l'unica fonte di guadagno nella vendita della propria capacità di lavoro, o nella mendicità, nel vagabondaggio, nella rapina. È assodato storicamente che essi hanno tentato dapprima quest'ultima via, ma che da questa sono stati però spinti, mediante la forca, la gogna e la frusta, sulla stretta via che conduce al mercato del lavoro»[371]. Infatti, al fenomeno della men-

[368] Ivi, p. 782.

[369] Ivi, p. 796.

[370] Ivi, p. 797.

[371] K. Marx, *Lineamenti fondamentali di critica dell'economia politica*, cit., I, p. 489.

dicità, per tutto il XVI secolo, si rispose con una «*legislazione sanguinaria* contro *il vagabondaggio*»[372], partendo dal presupposto che questi uomini non lavoravano per scelta e che dipendeva dalla loro volontà continuare o meno a lavorare nelle antiche condizioni lavorative ormai tramontate. Per tutto il secolo XVI, tanto in Inghilterra quanto in Francia, non si fa altro che emettere «*leggi fra il grottesco e il terroristico*»[373], che impongono, a chi è stato espropriato di tutto, di sottomettersi alla disciplina del lavoro salariato: in questa fase, se letta in trasparenza, gli operai – rileva Marx – sono in tutto e per tutto schiavi diretti del capitale, ed è la legge stessa a «costringere questi uomini a vendersi volontariamente»[374], educandoli alla dura necessità del lavoro salariato. È questa la maniera in cui, per Marx, il nascente modo di produzione capitalistico trasforma il mondo a propria immagine e somiglianza, creando un modo di esistenza che gli corrisponda pienamente. In particolare, man mano che il capitalismo si afferma, si sviluppa sempre più una «classe operaia che per educazione, tradizione, abitudine, riconosce come leggi naturali ovvie le esigenze di quel modo di produzione»[375] a cui inizialmente opponeva resistenza. Pertanto, l'impiego della «forza extraeconomica» diventa gradualmente più sporadico, configurandosi sempre più come un'eccezione: infatti, assuefatto al capitalismo, l'operaio non è più in grado di opporgli resistenza, lo vive sempre più come il solo modo di esistenza possibile; e, una volta che l'operaio l'abbia interiorizzato come una necessità a cui non può sottrarsi, può finalmente venirgli garantita la libertà formale che, secondo Marx, gli economisti contrabbandano falsamente e in maniera ideologica come la forma che contraddistingue il capitalismo fin dalle sue origini[376]. Disgregatosi il

372 «Blutgesetzgebung wider Vagabundage»: K. Marx, *Il capitale*, I, cit., p. 797.

373 «Grotesk-terroristische Gesetze»: ivi, p. 800.

374 «Sie zu zwingen, sich freiwillig zu verkaufen»: *ibidem*.

375 *Ibidem*.

376 Tra le pieghe del suo discorso, Marx sembra sostenere, in maniera non del tutto convincente, che, col passare del tempo, il materiale umano che ha subito e interiorizzato quell'addestramento si adatta ormai spontaneamente alle leggi del

guscio della schiavitù diretta, ormai superflua, resta il nocciolo di quella velata, della «silenziosa coazione dei rapporti economici»[377] che costringono l'operaio a lavorare per il capitalista, in una «dipendenza dal capitale, che nasce dalle stesse condizioni della produzione, e che viene garantita e perpetuata da esse»[378]. Come sappiamo, di questa forma di schiavitù indiretta e meramente economica, che fa leva sullo «sfruttamento del lavoro che è sì lavoro altrui, ma, formalmente, libero»[379], non troviamo traccia nelle pagine dei pensatori borghesi, che pongono l'accento soltanto sul secondo aspetto, quello della libertà, trascurando del tutto l'asservimento che vi si nasconde dietro.

Nella ricostruzione genealogica di Marx, sono soprattutto due i fenomeni che avvalorano la tesi dell'asservimento diretto e della violenza originaria con cui si macchia il nascente modo di produzione capitalistico: le «case di lavoro» (*workhouses*) e la «strage erodiana degli innocenti». Vera e propria «istituzione totale», come le definiremmo oggi, le «workhouses» svolgevano il ruolo di prigioni in cui venivano ammassati, ancora nell'Ottocento, i poveri, poi costretti a lavorare nelle condizioni più degradate e in un regime di schiavitù che era la legge stessa a tutelare. Gli internati in queste, che solo eufemisticamente erano dette «case di lavoro», perdevano il diritto civile alla libertà e venivano trattati come oggetti di disgusto e di orrore posti ai margini della società, costretti a portare un'uniforme e completamente soggetti all'arbitrio del direttore

mercato e a un modo di vivere e di lavorare che, benché storicamente determinato, si presenta surrettiziamente come eterno. Questa spiegazione marxiana, a ben vedere, non è poi così distante da quella con cui Friedrich Nietzsche spiegherà la nascita e l'accettazione della morale. Cfr. F. Nietzsche, *Zur Genealogie der Moral. Eine Streitschrift*, 1887; tr. it. *Genealogia della morale: uno scritto polemico*, Adelphi, Milano 1996[8], a cura di M. Montinari. Ciò che Marx non spiega è quale sia stata l'ideologia che ha indotto il lavoratore ad accettare tale mistificazione per cui si è trovato a essere libero solo formalmente, ma si limita a sostenere che, di fatto, è avvenuta una sorta di graduale assuefazione al nuovo modo di produzione e di vita. Si tratta di una soluzione che, coi suoi contorni frastagliati, lascia aperti molti problemi.

377 K. Marx, *Il capitale*, I, cit., p. 800.

378 *Ibidem*.

379 Ivi, p. 825.

della casa. Come sa bene Marx, è Jeremy Bentham colui che, più di ogni altro, decanta i benefici di questi «campi di concentramento della "borghesia illuminata"»[380], che permettono di sfruttare al meglio il lavoro dei malcapitati. Bentham non si limita a farne l'encomio con toni entusiastici, ma si propone addirittura di perfezionarli, trasformando la casa di lavoro in un edificio «panottico» che, organizzato militarmente, permetta al padrone di esercitare un controllo segreto e totale su ogni istante della vita degli operai, ripristinando, di fatto, l'antica situazione dello schiavo perennemente dominato dal suo padrone[381]. Con altrettanta ferocia, a testimonianza del fatto che la schiavitù diretta fu la scaturigine del capitalismo, Marx ricorda la cosiddetta «*strage erodiana degli innocenti*», con cui vennero rapiti numerosissimi ragazzi e costretti a lavorare come operai in condizioni di schiavitù nelle fabbriche, controllati da guardiani che sorvegliavano impietosamente il loro lavoro e che non esitavano a ricorrere alla frusta[382]. Non stupisce affatto che queste «creaturine derelitte»[383], in molti casi, vedessero nel suicidio l'unica fuga possibile da quella situazione disumana che in nulla differiva, quanto ad atrocità, dalle antiche forme di asservimento.

«Il *capitale* viene al mondo grondante sangue e sporcizia dalla testa ai piedi»[384], dice Marx per adombrare nella maniera più efficace la base violenta e dispotica da cui è sorto quel modo di produzione: ma anche quando si è pienamente instaurato, e non ha dunque più bisogno – se non in via eccezionale – della costrizione e della violenza diretta, si determi-

380 L. Colletti, *Ideologia e società*, Laterza, Roma–Bari 1969, p. 280.

381 J. Bentham, *The Panopticon*, 1791; tr. it. *Panopticon, ovvero «La casa d'ispezione»*, Marsilio, Venezia 1983, a cura di M. Foucault e M. Perrot, pp. 76 ss. In particolare, come rileva Bentham stesso, nel sistema «panottico» si realizza il sogno del padrone di «tenere sotto controllo, in apparenza sempre, in realtà tutte le volte che a lui sembra utile, qualsiasi sguardo e qualsiasi movimento di ogni operaio»: ivi, p. 77. Secondo lo stroncante giudizio di Marx, Bentham è autore di «robaccia che ha riempito montagne di libri», vero e proprio genio della «stupidità borghese»: K. Marx, *Il capitale*, I, cit., pp. 666-667.

382 Ivi, pp. 820 ss.

383 Ivi, p. 821.

384 Ivi, p. 823.

na una situazione ben diversa da quell'armonia dello scambio di equivalenti teorizzata, in maniera non meno ideologica, dai pensatori alla Adam Smith e che rivela ancora le cicatrici della sua nascita violenta. Instancabili apologeti dello *status quo*, costoro, secondo Marx, hanno fantasticato che il capitalismo fosse già nato sotto forma di incontro di due persone che, libere e uguali, instaurano un rapporto di lavoro all'insegna del rispetto, dell'utile e del riconoscimento reciproco. In questo modo, quello che costituisce solo uno sviluppo del capitalismo viene assunto come il suo presupposto. Con le pagine dedicate all'«accumulazione originaria», che costituiscono una vera e propria «controstoria» del pensiero liberale, Marx ha fatto luce sulla strada percorsa per realizzare questa libertà formale dello scambio: la strada dell'asservimento e della violenza ai danni dei nullatenenti, spogliati dapprima dei loro averi e poi gettati in massa nelle fabbriche, contro la loro volontà, e costretti infine a lavorarvi, pena le sanzioni previste allora dalla legge. La nostra epoca, che pure ha generato fattori di progresso sensazionali, continua a reggersi sullo sfruttamento e ad agire in vista di un obiettivo irrazionale, nella misura in cui, in essa, la produzione non è mirata alla soddisfazione dei bisogni ma, piuttosto, alla valorizzazione del valore. Gli individui sono formalmente liberi, è vero: ma il fatto che siano stati espropriati di ogni avere e delle terre comuni comporta – come vedremo meglio in seguito – che essi, benché formalmente liberi, siano poi economicamente costretti (pena la fame) a vendersi come operai di fabbrica. È alla luce di queste considerazioni che va inteso l'abbozzo di filosofia della storia delineato nei *Grundrisse*. In questo scritto, la visione della storia continua a essere scandita attraverso la transizione da forme di dipendenza personali ad altre anonime e materiali, ma il fuoco prospettico di questa fenomenologia dell'evoluzione viene più esplicitamente individuato nel «libero sviluppo delle individualità»[385] (*freie Entwicklung der Individualitäten*), non più sottomesse al dominio di uomini e cose. Dall'iniziale *dipendenza personale* del mondo antico e medievale – argomenta Marx –

[385] K. Marx, *Lineamenti fondamentali di critica dell'economia politica*, cit., I, p. 718.

si passa alla *dipendenza materiale* del mondo capitalistico (fondata su individui apparentemente liberi ma in realtà economicamente asserviti), per poi raggiungere – come terzo stadio – il traguardo (con la futura società senza classi) di una «*libera individualità* (*freie Individualität*), fondata sullo sviluppo universale degli individui e sulla subordinazione della loro produttività collettiva, sociale, come loro patrimonio sociale»[386].

Il nostro modo di produzione, nato nel sangue, non è eterno: nella prospettiva marxiana, esso reca in sé, come vedremo, le contraddizioni che, come altrettante mine, sono destinate a farlo esplodere e a determinare la transizione al «regno della libertà», a un paradiso terrestre contraddistinto da rapporti trasparenti e orizzontali tra individui liberi e uguali. Ma su questo problema torneremo nell'ultima parte della nostra approssimazione a Marx, perché esso costituisce, in un certo senso, il traguardo della sua riflessione.

7. *Marx di fronte al colonialismo.*

> «Il paese industrialmente più sviluppato non fa che mostrare a quello meno sviluppato l'immagine del suo avvenire».
>
> (K. Marx, *Il capitale*, I)

Una delle accuse che vengono più frequentemente mosse all'impianto di filosofia della storia elaborato da Marx è che si tratta, come del resto in Hegel, di uno schema unilineare ed eurocentrico, che assume quella che è stata la storia dell'Europa – ritmata dal succedersi del modo di produzione antico, di quello medievale e di quello capitalistico – come paradigma per la storia di ogni altra realtà extraeuropea; come se ogni altra area del pianeta dovesse necessariamente percorrere, nella sua evoluzione, le tappe percorse dall'Europa, assunta ideologicamente in questo modo come centro in cui converge la storia dell'intera umanità. In questo modo, nella prospettiva marxiana, l'Europa industriale (in particolare l'Inghilterra) è il

386 Ivi, p. 89.

modello e il destino del mondo intero, con la conseguenza per cui – come la critica ha messo in evidenza – per Marx «una parte del mondo viene a presentarsi come l'asse centrale dell'evoluzione storica umana»[387]. Vi sono alcuni passaggi, nel *Capitale*, che suffragano queste nostre affermazioni: in particolare, nella prefazione del primo libro, Marx spiega al lettore che ha assunto come principale modello di indagine del modo di produzione capitalistico l'Inghilterra in quanto essa rappresenta l'apice dell'evoluzione mondiale e, di conseguenza, mostra ai Paesi meno sviluppati le «leggi bronzee» del loro avvenire, prefigurando il loro destino. Ogni Paese, dall'Italia al Giappone, dalla Francia all'India, può scorgere nell'Inghilterra capitalistica la propria futura fisionomia. In questo senso, Marx si spinge a sostenere espressamente che il Paese «più sviluppato non fa che mostrare a quello meno sviluppato l'immagine del suo avvenire»[388]. Tale concezione presuppone che vi sia un progresso inscritto nelle leggi della storia (tema sul quale abbiamo già ampiamente insistito), che si possa parlare di una «storia universale» (secondo il sogno illuministico) e che vi siano Paesi più evoluti e Paesi più arretrati, i quali comunque – presto o tardi – dovranno percorrere le stesse tappe storiche che i Paesi più evoluti si sono già lasciati alle spalle. Da questo punto di vista, sono particolarmente rilevanti le considerazioni che Marx svolge a proposito delle realtà coloniali cinesi e indiane, soprattutto in qualità di giornalista. Si tratta di mondi lontanissimi (non solo spazialmente) da quello europeo, ove sopravvivono modi di produzione antiquati (il cosiddetto «modo di produzione asiatico»[389] evocato

[387] C. Luporini, *Dialettica e materialismo*, Editori Riuniti, Roma 1974, p. 221. Cfr. A. Negri, *Marx oltre Marx. Quaderno di lavoro sui Grundrisse*, Feltrinelli, Milano 1979, p. 130: «verrebbe voglia di gridare al cinismo marxiano, tanto la linearità del processo, tanto la funzione civilizzatrice del capitale sono esaltate».

[388] K. Marx, *Il capitale*, I, cit., p. 42.

[389] Cfr. K. Marx, *Lineamenti fondamentali di critica dell'economia politica*, cit., I, pp. 458-474. Per un'attenta analisi del problema e della storia delle interpretazioni della nozione di «modo di produzione asiatico», cfr. G. Sofri, *Il modo di produzione asiatico. Storia di una controversia marxista*, Einaudi, Torino 1969. Lo studio marxiano del mondo asiatico (come è stato sottolineato da Sofri e da molti altri interpreti) risente fortemente dell'immagine dell'Asia diffusa da Hegel

nei *Grundrisse*) e nei quali il moderno modo di produzione capitalistico non ha ancora fatto il suo ingresso: mondi che, nell'Ottocento, l'Europa ha preso di mira nella sua espansione colonialistica. Il problema che si pone, per Marx, è quale valore attribuire, nel quadro di filosofia della storia da lui tratteggiato, a un fenomeno come il colonialismo. Da un lato, egli smaschera con forza l'ipocrisia e la barbarie dei colonizzatori, il cui solo obiettivo è la valorizzazione del capitale, mettendo in luce come quello che in «casa loro» è un asservimento mascherato e mediato dal contratto (l'asservimento dell'operaio), in questi Paesi extraeuropei si mostra senza maschere come assoggettamento violento e diretto dell'uomo:

> «La profonda ipocrisia e l'intrinseca barbarie della civiltà borghese ci stanno davanti senza veli quando dalla madrepatria, dove assumono *forme rispettabili* (*respectable forms*), volgiamo gli occhi alle colonie, dove esse vanno *nude* (*naked*)»[390].

Questa duplicità, per cui il capitalismo si mostra in forma «incivilita» quando opera in Europa, e in forma «barbara» quando invece viene a contatto con le realtà extraeuropee, resta una costante del pensiero marxiano. Dall'altro lato, tuttavia, Marx mostra il «lato positivo» dell'espansione capitalistica, la quale, nel suo stesso movimento di colonizzazione, conduce nella contemporaneità europea (e dunque nella civiltà) le aree del mondo più «arretrate» con le quali entra in contatto, traghettandole nel flusso della storia da cui prima di allora erano escluse. In queste zone sprofondate in un sonno millenario, in cui tutto è paralizzato e predomina la stazionarietà, la civiltà, secondo Marx, non può che essere introdotta nelle sue forme più meschine e violente, non senza il ricorso alla schiavitù nella sua forma più cruda. È in questo senso che, nell'ottica marxiana, «l'Inghilterra deve assolvere una doppia missione in India, una distruggitrice, l'altra rigeneratrice: *an-*

e incardinata su tre idee fondamentali: a) l'Asia è la culla millenaria del dispotismo orientale; b) in essa non sono state scoperte la dignità e la libertà dell'uomo; c) in Asia domina la staticità assoluta.

390 K. Marx, *The Future Results of British Rule in India*, 1853; tr. it. *I risultati futuri della dominazione britannica in India*, in Id., *India*, Editori Riuniti, Roma 1993, p. 73.

nientare (*the annihilation*) la vecchia società asiatica e porre le fondamenta materiali della società occidentale in Asia»[391]. Ciò significa che l'eliminazione della vecchia società asiatica, l'introduzione delle ferrovie e degli altri prodotti del modo di produzione capitalistico, compresa la creazione di un moderno proletariato (condizione imprescindibile, come abbiamo visto, per l'universalizzazione della classe operaia), sono indispensabili per portare queste aree del pianeta alla contemporaneità storica europea, condizione inaggirabile affinché possa divampare una rivoluzione su scala globale. Infatti, affinché avvenga la transizione al comunismo è, secondo Marx, necessario che tutto il mondo assuma un assetto capitalistico, in quanto un modo di produzione non tramonta finché non ha esaurito tutte le sue possibilità: in questo senso, «qualunque sia il crimine perpetrato dall'Inghilterra, essa fu, nel provocare una simile rivoluzione, lo *strumento inconscio della storia*»[392]. Di qui l'auspicio marxiano che le realtà extraeuropee si allineino con la storia dell'Europa e che presto possa campeggiare sulla muraglia cinese la scritta «Liberté, Egalité, Fraternité»[393]. Per questa via, le possibilità della rivoluzione del proletariato vengono da Marx teoricamente ancorate alla previsione di uno sviluppo uniforme del capitalismo su scala mondiale; e, alla luce di ciò, egli può paragonare la condizione della Cina prima della penetrazione coloniale a quella di una mummia conservata in un sarcofago chiuso ermeticamente a ogni contatto con l'esterno, e dirsi convinto, a proposito del suo «Celeste Impero», che «la storia dovesse intossicare tutto questo popolo prima di farlo uscire dal suo stato di *ottusità ereditaria*»[394], spezzando l'incantesimo della fissità atemporale del «modo di produzione asiatico». Già in un famoso passag-

391 Ivi, p. 67. Cfr. F. Tichelman – I. Habib, *Marx on Indonesia and India*, Karl-Marx-Haus, Trier 1983.

392 K. Marx – F. Engels, *India, Cina, Russia*, cit., p. 61. Corsivo nostro.

393 K. Marx, «Neue Rheinische Zeitung», I, marzo 1850; tr. it. *America e Cina*, in Id., *Cina*, Editori Riuniti, Roma 1993, p. 6.

394 K. Marx, *Revolution in China and in Europe*, 1853; tr. it. *Rivoluzione in Cina e in Europa*, in Id., *Cina*, cit., p. 9. Corsivo nostro.

gio di *Miseria della filosofia*, Marx notava – mutuando da Proudhon alcune categorie di pensiero – che, accanto a un «lato cattivo» della schiavitù, ve ne è uno «buono», che emerge se si tiene presente che «solo la schiavitù ha conferito alle colonie il loro valore, le colonie hanno creato il commercio mondiale, e il commercio mondiale è la condizione della grande industria»[395], la quale a sua volta – e questo è il punto cruciale – è la condizione imprescindibile affinché divampi la rivoluzione proletaria; un po' come l'operaio sta al di sopra dello schiavo antico e del servo della gleba perché, rispetto a loro, è più vicino alla mèta cui tende la storia, così la schiavitù coloniale si trova un gradino più in alto rispetto a ciò che la precedeva, perché rappresenta un passo avanti nell'avvicinamento alla società senza classi. Da questo punto di vista, le forze che, tra spargimenti di sangue e nuove forme di asservimento, «civilizzano» le realtà extraeuropee sono – strumento inconscio della storia – la condizione indispensabile affinché si unifichi il pianeta e si formi una classe operaia su scala mondiale in grado di produrre la transizione al comunismo. Infatti, nella prospettiva marxiana, la colonizzazione procede tra tormenti e tragedie, lasciando dietro di sé montagne di cadaveri, ma al tempo stesso reca con sé un inarrestabile sviluppo delle forze produttive e un'introduzione forzata del modello europeo (capitalistico) di produzione, con un doppio movimento di iniziale asservimento diretto dei lavoratori e di successiva emancipazione formale nella forma di schiavitù del salario. D'altra parte, convinto che lo svolgimento delle contraddizioni di una forma storica sia l'unica possibilità per la sua dissoluzione, Marx non nasconde il suo ottimismo dialettico anche di fronte a spettacoli macabri riguardanti la classe operaia, come il progressivo annientamento dei tessitori inglesi conclusosi nel 1838 («molti morirono di fame, molti vegetarono a lungo, assieme alle loro famiglie, con due pence e mezzo al giorno»[396]) o come la tragedia dei tessitori di cotone inglesi nelle Indie Orientali (le cui ossa «imbiancano le pianure india-

[395] K. Marx, *Miseria della filosofia*, cit., p. 70.

[396] K. Marx, *Il capitale*, I, cit., p. 475.

ne»[397]). Nella prospettiva eurocentrica di Marx (come, del resto, già di Hegel), «nessuna società poteva prendere "il treno in corsa", ma ciascuna doveva percorrere tutta la serie necessaria dei modi di produzione regolamentari»[398], fermandosi in tutte le stazioni già attraversate dalla più evoluta Europa (tesi, questa, che assumerà la forma di un vero e proprio «catechismo per le masse» nell'Unione Sovietica). La filosofia della storia marxiana assume dunque dialetticamente il colonialismo e l'esportazione, nelle forme tutt'altro che idilliache del modo di produzione (e di vita) capitalistico, come un qualcosa di positivo, se considerati teleologicamente. Non deve, del resto, sfuggire l'influenza che, anche in questo, viene esercitata su Marx da Hegel, il quale, con un giudizio particolarmente miope, aveva sostenuto che «l'India non possiede una storia»[399] e aveva propugnato l'idea (peraltro già ampiamente tematizzata da Herder nelle *Idee per la filosofia della storia dell'umanità*[400]) dell'«elemento stazionario»[401] (*das Statarische*) come cifra degli imperi asiatici. Sulla stessa lunghezza d'onda, Marx scorge nel mondo asiatico la staticità per eccellenza, rispetto alla quale la storicità non poteva essere introdotta se non tramite la violenza coloniale: il colonialismo, con tutti i suoi mali, segna pur sempre un progresso, comportando – spiega Marx – un'introduzione (anche se marchiata a sangue dalla violenza) del modo di produzione capitalistico e, dunque, avvicinando queste aree periferiche del mondo alla storia europea e al comunismo. Si tratta di una prospettiva inattesa (declinata da Engels in maniera decisamente più ingenua perché meno «dialettica»[402]), che è il necessario risultato della

[397] Ivi, p. 476.

[398] L. Althusser, *Marx nei suoi limiti*, cit., p. 63.

[399] G. W. F. Hegel, *Lezioni sulla filosofia della storia*, cit., p. 55.

[400] J. G. Herder, *Ideen zur Philosophie der Geschichte der Menschheit*, 1791; tr. it. *Idee per la filosofia della storia dell'umanità*, Zanichelli, Bologna 1971, a cura di V. Verra, pp. 261 ss. L'immagine impiegata da Herder per descrivere la staticità orientale è quella del «sonno invernale» (ivi, p. 205).

[401] Cfr. G. W. F. Hegel, *Lezioni sulla filosofia della storia*, cit., pp. 97-147.

[402] Anche in Engels è indubbiamente presente una condanna del colonialismo, che tuttavia si accompagna spesso a giudizi eurocentrici a proposito dei popoli extraeuropei e a compromettenti elogi dell'occupazione colonialistica degli

scansione dialettica della storia. È stato soprattutto Iring Fetscher a insistere sulla continuità che lega Marx a Hegel per quel che riguarda la limitazione del processo storico all'Occidente (che lo si intenda come «mondo cristiano-germanico» o come «modo di produzione capitalistico» è, almeno sotto questo profilo, irrilevante) e l'impiego dei concetti complementari di staticità e di dinamicità, oltre che di quelli di stazionarietà e di storicità[403]. Si tratta, indubbiamente, di una delle zone d'ombra della riflessione di Marx, che pure conosceva abbastanza bene la storia dell'Oriente.

Va comunque segnalato che lo studioso giapponese Kenzo Mohri ha messo in luce come Marx, invecchiando, sia diventato sempre più pessimista circa il lato «progressivo» e «civilizzatore» del capitalismo fino ad allora propugnato, abbandonando gradualmente l'apologia modernistica del capitale che troviamo nel *Manifesto* e, ancora, negli scritti degli anni

Europei. Questo punto risulta lampante se si considera un'affermazione di Engels a proposito dell'occupazione francese dell'Algeria (1830-1847): «la conquista dell'Algeria è un *evento importante e felice per il progresso della civiltà* (*important and fortunate fact for the progress of civilisation*)» (F. Engels, «The Northern Star», 22 gennaio 1848, in *MECW*, International Publishers, New York, VI (1976), p. 469, traduzione nostra; cfr. H. Jaffe, *Engels, Marx and Marxism on Colonialism*, 2007; tr. it. *Davanti al colonialismo: Engels, Marx e il marxismo*, Jaca Book, Milano 2007, a cura di P. Degiovanni, pp. 9 ss.); o, ancora, se si considera che Engels parla espressamente di «*superiorità morale* (*moral superiority*) degli Europei nei confronti degli Indù»: F. Engels, *The British Army in India*, in «New York Daily Tribune», n. 5361, 26 giugno 1858, in *MECW*, cit., XV (1975), pp. 556 ss. Nella prospettiva (non esente da forzature) di Hosea Jaffe, autore che si è occupato diffusamente del problema del rapporto tra il marxismo e il colonialismo, Engels non fu soltanto un pensatore eurocentrico, ma anche razzista: «Engels si espresse come un tipico colonialista inglese, francese o tedesco, sulla conquista genocida e l'occupazione dell'Algeria da parte del colonialismo capitalista francese» (*Davanti al colonialismo*, cit., p. 15). Per Jaffe, Marx fu decisamente più cauto rispetto a Engels e non scivolò mai nell'apologia del colonialismo, né tanto meno nel razzismo; Jaffe si spinge a sostenere che «Marx è un anticolonialista scientifico» (ivi, p. 70). Anche questa posizione non è certo priva di forzature, nella misura in cui Marx intrattenne un rapporto piuttosto ambiguo col colonialismo. Le categorie marxiane ed engelsiane di barbarie e di «stato selvaggio» applicate a fasi della civilizzazione non europee sono state criticate duramente, tra gli altri, dagli studiosi senegalesi Léopold Senghor e Cheikh Anta Diop: cfr. C. A. Diop, *Nations, nègres et culture*, Présence africaine, Paris 1955. Cfr. anche U. Melotti, *Marx e il Terzo Mondo. Per uno schema multilineare dello sviluppo storico*, Il Saggiatore, Milano 1972.

403 Cfr. I. Fetscher, *Hegel, Grosse und Grenzen*, 1971; tr. it. *Grandezza e limiti di Hegel*, Feltrinelli, Milano 1973, a cura di L. Derla.

Cinquanta (e che, a ben vedere, aleggia anche nel *Capitale*), in cui esso era ottimisticamente concepito come forza civilizzatrice ed emancipatrice delle aree ancora arretrate del pianeta[404]. Questa interessante considerazione di Mohri, che avvalora l'immagine di un Marx «pensatore del cantiere», sembrerebbe almeno in parte confermata da un duplice fatto. In primo luogo, Marx, negli ultimi anni della sua vita, si occupò principalmente di studi antropologici dedicati alle società precapitalistiche e «primitive», lasciando sullo sfondo l'analisi economica del moderno modo di produzione capitalistico (e, forse per questo motivo, non pubblicò mai il secondo e il terzo libro del *Capitale*, che vedranno la luce grazie a Engels), quasi come se, a un certo punto della sua vita, i suoi interessi teorici avessero preso a ruotare intorno al fuoco prospettico del mondo extracapitalistico. Non è semplice capire che cosa, concretamente, abbia indotto Marx a spostare il baricentro della sua analisi dal mondo capitalistico a quello non-capitalistico. Benché non corroborata dalla filologia marxologica, si potrebbe forse avanzare cautamente l'ipotesi che tale spostamento sia avvenuto per una progressiva perdita di fiducia nell'imminente crollo del capitalismo (il che aiuterebbe, tra l'altro, a capire perché Marx pubblichi il primo libro del *Capitale*, al cui cuore sta una teoria di cui egli si dimostrò sempre convinto – l'esorsione del plusvalore –, ma non il secondo e il terzo, i cui cardini teorici sono la teoria della crisi e quella della circolazione). In secondo luogo, nell'ultimissima fase della sua evoluzione intellettuale, Marx, nello studiare le vicende della realtà russa, ipotizzò la possibilità di una transizione diretta dalla comune rurale russa al comunismo, «saltando» la tappa del capitalismo[405]. In particolare, attaccato da Michajlovskij – uno dei principali animatori del populismo russo –, che gli rinfacciava di aver condannato, con la sua teoria stadiale dell'evoluzione storica, tutti i popoli del pianeta a

404 K. Mohri, *Marx and «Underdevelopment»*, 1979; tr. it. *Marx e il sottosviluppo*, in «Monthly Review» [edizione italiana], 7-8 (1979).

405 Cfr. K. Marx, *Possibilità teoriche e premesse storiche del passaggio dalla comune rurale russa al comunismo superiore*, 1877, in Id. – F. Engels, *India, Cina, Russia*, cit., pp. 300-315.

4. Il male sulla terra: la vita di fabbrica.

«Il punto di partenza dello sviluppo che genera tanto l'operaio salariato quanto il capitalista, è stata la servitù del lavoratore. La sua continuazione è consistita in un cambiamento di forma di tale asservimento, nella trasformazione dello sfruttamento feudale in sfruttamento capitalistico».

(K. Marx, *Il capitale*, I)

1. *La sfera della circolazione: la compra-vendita della forza-lavoro e la forma abbagliante del denaro.*

«La continuità del *rapporto fra schiavo e schiavista* era assicurata dalla *costrizione diretta* di cui lo schiavo era vittima. Il lavoratore libero è invece *costretto* ad assicurarla egli stesso, perché l'esistenza sua e della sua famiglia dipende dal continuo ripetersi della vendita ai capitalisti della propria capacità lavorativa».

(K. Marx, *Il capitale, libro I, capitolo VI inedito*)

In parallelo agli studi di filosofia della storia, Marx ha svolto anche un grandioso tentativo di decriptare i meccanismi economici e sociali su cui poggia il moderno mondo capitalistico. Ciò non significa, tuttavia, come spesso si è sostenuto, che a un certo punto della sua vita egli abbia abbandonato la filosofia della storia per dedicarsi in maniera esclusiva agli studi di economia e alla «critica dell'economia politica». Al contrario, l'intera opera marxiana, dai *Manoscritti economico-filosofici* fino al *Capitale*, presenta un fecondo intreccio di teoria economica e di filosofia della storia, soprattutto se si considera che Marx inserisce sempre in una cornice di filosofia della storia le sue scoperte scientifiche (prime tra tutte le due nozioni complementari di «pluslavoro» e di «plusvalore»). Tanto più che il proletariato continua a figurare, anche nelle opere marxiane più «scientifiche», come alfiere della missione storico-universale di palingenesi dell'umanità. La critica dell'economia politica sviluppata nel *Capitale*, scrive Marx, «può *rappresentare* (*vertreten*) solo la classe la cui *missione* (*Beruf*) storica è di rivoluzionare il modo di produzione capitalistico e, alla fine, di abolire le classi: il proletariato»[411]. In una simile prospettiva, quella compiuta nel *Capitale* è, sì, una «critica dell'economia politica», ma è anche (e inscindibilmente) uno studio storico-filosofico delle diverse forme di assoggettamento che si sono date storicamente nei diversi modi di produzione, nella convinzione che il «pluslavoro» (ossia, come vedremo, il tempo di lavoro eccedente) sia una costante della storia e che, rispetto a come veniva estorto nel mondo antico o in quello feudale, sia mutata soltanto la *forma*. Se nel mondo antico il pluslavoro veniva estorto al lavoratore tramite la schiavitù diretta e, nel mondo feudale, tramite la *corvée*, nel mondo capitalistico esso viene estratto tramite uno scambio apparentemente equo, ma che in realtà nasconde un furto, un'espropriazione indebita di lavoro non retribuito[412]. Del resto, anche nel *Capitale* e nelle opere più propriamente «scientifiche», il comunismo continua a essere l'entelechia dello sviluppo storico. Cercheremo dunque, nelle pagine che seguono, di sviluppare i punti essenziali della critica marxiana dell'economia politica quale viene svolta embrionalmente nei *Manoscritti economico-filosofici* e, in maniera compiuta, nel *Capitale* e nelle *Teorie sul plusvalore*, cercando di rimanere fedeli al quadro di filosofia della storia tracciato da Marx. Nella ricostruzione marxiana, il sistema di fabbrica costituisce il punto in cui affiora più nitidamente la contraddittorietà dell'epoca moderna, essendo la fabbrica il luogo in cui viene prodotta – con l'asservimento del lavoratore – la merce, ossia la cellula originaria di tutte le altre contraddizioni. È qui che la riflessione di Marx dà

411 K. Marx, *Il capitale*, I, cit., p. 41.

412 Per quel che riguarda la particolare forma di «schiavitù» su cui si regge il modo di produzione capitalistico, che costringe economicamente uomini formalmente liberi a vendersi sul mercato del lavoro e a condurre, nella realtà concentrazionaria di fabbrica, sotto il dispotismo del capitale, un'esistenza analoga a quella degli antichi schiavi, ci permettiamo di rimandare al nostro *Karl Marx e la schiavitù salariata: uno studio sul lato cattivo della storia*, Il Prato, Padova 2007, prefazione di A. Tosel.

i suoi risultati più apprezzabili, in un equilibrio virtuoso di quelle che abbiamo visto essere le due componenti essenziali del suo pensiero: l'istanza critica e la filosofia della storia. Nel seguito della nostra trattazione, cercheremo dunque di far emergere le principali scoperte del *Capitale* seguendo il filo conduttore dello sfruttamento del lavoratore in fabbrica e cercando di porre in evidenza l'impianto di filosofia della storia che fa da sfondo a tali scoperte.

Il fatto che i salariati siano formalmente liberi e uguali nasconde la soggezione materiale a cui essi sono sottoposti non meno degli schiavi antichi. Tale assoggettamento avviene interamente sotto la parvenza della libertà e si manifesta, secondo Marx, in due momenti distinti ma reciprocamente implicati, che determinano una circolarità nella quale il primo è il presupposto del secondo, che a sua volta ha, come risultato, il ripresentarsi del primo. Si tratta dei due momenti della stipula del contratto di lavoro e della concreta forma con cui il capitalista sfrutta il lavoro dell'operaio dopo averlo assoldato. Assumiamo come punto di avvio della nostra analisi un luogo del *Capitale* in cui Marx distingue i due momenti poc'anzi ricordati, nei quali si articola il processo della produzione:

> «La trasformazione del denaro in capitale si articola in due processi indipendenti, che appartengono a sfere diverse e separate. Il primo rientra nella sfera della *circolazione delle merci* e quindi si svolge *sul mercato*: è la *compra-vendita della forza-lavoro*; il secondo è il *consumo della forza-lavoro acquistata*, e coincide col processo produttivo. Nel primo, capitalista e operaio si fronteggiano unicamente come possessore di denaro e possessore di merce, e la loro transazione, come ogni transazione fra acquirenti e venditori, consiste in uno scambio di equivalenti; nel secondo, l'operaio appare *pro tempore* come vivente parte costitutiva del capitale, e la categoria dello scambio ne è del tutto esclusa, perché il capitalista, mediante l'atto della compera, si è già appropriato tutti i fattori materiali e personali del processo produttivo prima ancora che questo abbia inizio. I due processi, pur esistendo l'uno accanto all'altro in forma autonoma, si condizionano a vicenda: il primo introduce il secondo e questo completa quello»[413].

[413] K. Marx, *Il capitale, libro I, capitolo VI inedito*, cit., p. 33.

Nell'ottica marxiana, se ci si arresta alla superficie dei due momenti in cui si articola il processo, tutto sembra avvenire all'insegna della libertà e dell'uguaglianza: dapprima il capitalista acquista liberamente la forza-lavoro, poi, altrettanto liberamente la impiega, retribuendo l'operaio nel pieno rispetto dello «scambio degli equivalenti» (io ti do *x* e tu mi dai un *y* di ugual valore). Ma se solo ci si spinge sotto la superficie, al di là della fenomenicità del processo, si scopre una realtà opposta. Soffermiamoci per ora sul primo processo, quello della compra-vendita della forza-lavoro, di cui Marx si occupa soprattutto nei *Grundrisse* e nel sesto capitolo inedito del primo libro del *Capitale*. È noto che lo scambio è la forma più tipica dell'epoca del capitalismo e che, per prodursi, necessita di soggetti liberi e uguali che si fronteggino in qualità di meri possessori di merci portate al mercato. L'estendersi del rapporto contrattuale anche alla produzione, tramite la compra-vendita della forza-lavoro, ha come condizione che il lavoratore sia libero, ossia che possa disporre, senza vincoli legali che glielo impediscano, della propria capacità lavorativa e della propria persona, delle quali è «proprietario». Ma, sull'altro versante, come abbiamo visto, il generalizzarsi dello scambio implica che l'operaio sia libero, ovvero spoglio, dei mezzi di produzione: in seguito all'«accumulazione originaria», l'operaio è libero nel doppio senso che può disporre di se stesso come meglio crede (e ciò segna un innegabile progresso rispetto alla condizione dello schiavo antico e del servo della gleba) e che è del tutto privo dei mezzi di sostentamento e di produzione (che si sono concentrati al polo opposto di quelli che sono poi divenuti i capitalisti). Sul mercato, vale a dire nella sfera della circolazione, il capitalista e l'operaio si fronteggiano come liberi e uguali possessori di merci che effettuano uno scambio: nella compra-vendita della forza-lavoro «entra innanzitutto in scena il momento giuridico della persona, e della libertà nella misura in cui vi è contenuta. Nessuno si impadronisce della proprietà dell'altro con la violenza. Ciascuno l'aliena di sua spontanea volontà»[414]. Io servo il tuo bisogno mediante la merce *x* solo perché tu servi il mio bisogno con la merce *y*, e in questo

[414] K. Marx, *Lineamenti fondamentali di critica dell'economia politica*, cit., I, p. 187.

senso «ciascuno rende un servizio all'altro per rendere un servizio a se stesso»[415], in pieno accordo con i princìpi utilitaristici su cui si regge l'epoca moderna. Infatti, questo scambio in vista del proprio utile rimanda all'hegeliano «sistema dei bisogni» (*System der Bedürfnisse*) della società civile, in cui ciascuno impiega il suo simile come strumento per realizzare i propri fini, senza mai violarne la libertà formale. In un'epoca in cui tutto assume la forma di merce liberamente scambiabile sul mercato, anche il lavoratore – dice Marx – doveva *mercificarsi*, acquisendo la libertà e la mobilità propria di ogni altra merce che si muove senza vincoli sul mercato e che viene acquistata secondo la legge della domanda e dell'offerta: nell'ambito della circolazione non meno che in quello della produzione l'operaio appare infatti come «forza-lavoro puramente materiale, come una merce»[416] tra le tante. Nell'epoca del capitalismo, l'estorsione di pluslavoro implica che il lavoratore perda i tratti dell'uomo per assumere quelli anonimi della merce, il cui *acquisto* viene continuamente rinnovato ma la cui *reale proprietà* non cessa mai di essere nelle mani dei capitalisti. Nella prospettiva marxiana, il grande paradosso sotteso al modo di produzione capitalistico è che, in esso, gli uomini vengono intesi come merci: il loro valore viene calcolato sulla base dei costi necessari per produrli, e la loro esistenza viene concepita alla stregua di quella di mere bestie da soma che vivono per lavorare, a tal punto che «ormai – scrive Marx nel *Manifesto* – ci sono soltanto *strumenti di lavoro* (*Arbeitsinstrumente*), il cui costo varia a seconda dell'età e del sesso»[417]. Nel primo libro del *Capitale*, la compra-vendita della forza-lavoro viene tratteggiata nel modo che segue:

> «Affinché il possessore di denaro incontri sul mercato la forza-lavoro come *merce* debbono essere soddisfatte diverse condizioni. In sé e per sé, lo scambio delle merci non include altri *rapporti di dipendenza* (*Abhängigkeitsverhältnisse*) fuori di quelli derivanti dalla sua propria natura. Se si parte da questo presupposto, la

[415] *Ibidem*.

[416] K. Marx, *Il capitale*, III, cit., p. 71.

[417] K. Marx – F. Engels, *Manifesto del partito comunista*, cit., p. 16.

forza-lavoro come *merce* può apparire sul mercato soltanto in quanto e perché viene offerta o venduta *come merce* dal *proprio possessore,* dalla persona della quale essa è la *forza-lavoro*. Affinché il possessore della forza-lavoro la venda come merce, egli deve poterne disporre, quindi essere *libero proprietario* della propria capacità di lavoro, della propria persona. Egli si incontra sul mercato con il possessore di denaro e i due entrano in rapporto reciproco come *possessori di merci,* di pari diritti, distinti solo per essere l'uno compratore, l'altro venditore, *persone* dunque *giuridicamente eguali* (*juristisch gleiche*). La continuazione di questo rapporto esige che il proprietario della forza-lavoro la venda sempre e soltanto *per un tempo determinato* (*für bestimmte Zeit*); poiché se la vende in blocco, una volta per tutte, vende se stesso, si trasforma *da libero in schiavo* (*aus einem Freien in einen Sklaven*), da possessore di merce in merce. Il proprietario di forza-lavoro, *quale persona,* deve riferirsi costantemente alla propria forza-lavoro come a sua proprietà, quindi come a sua propria merce; e può farlo solo in quanto la mette a disposizione del compratore ossia gliela lascia per il consumo, sempre e soltanto, transitoriamente, per un periodo determinato di tempo, e dunque, mediante l'alienazione di essa, non rinuncia alla *sua proprietà* su di essa»[418].

Non si dimentichi che, secondo la diagnosi dei *Grundrisse*, la modernità è l'epoca dell'*indipendenza personale* fondata sulla *dipendenza materiale*. Tutto il processo della compra-vendita della forza-lavoro, esaminato in superficie, sembra avvenire in quello che Marx definisce ironicamente un «*Eden dei diritti innati dell'uomo*»[419], in cui regnano soltanto «*Libertà*, *Eguaglianza*, *Proprietà* e *Bentham*»[420]. Il lavoratore si è finalmente emancipato da tutti i vincoli che in passato ne azzeravano la libertà, e può dunque disporre della propria forza-lavoro come più gli pare opportuno, scegliendo *se* e *a chi* venderla, in base al proprio tornaconto personale. Se – come si sostiene nei *Grundrisse* – «nel rapporto di schiavitù egli appartiene al proprietario *particolare*, *singolo*, di cui è la *macchina da lavoro* (*Arbeitsmaschine*)»[421], e nel rapporto di servitù della gleba

418 K. Marx, *Il capitale*, I, cit., p. 200.

419 Ivi, p. 208.

420 *Ibidem*.

421 K. Marx, *Lineamenti fondamentali di critica dell'economia politica*, cit., I, p. 443.

si presenta come «*momento della proprietà fondiaria stessa* (*Moment des Grundeigentums selbst*), è un accessorio della terra, proprio come il bestiame da lavoro»[422], ora, nell'ambito della compra-vendita della forza-lavoro, «la capacità lavorativa si presenta, nella sua stessa totalità, come sua proprietà, come uno dei suoi momenti, che egli trascende come soggetto, e che conserva alienandolo»[423]. Pare aver ragione, allora, l'economia politica classica, che caratterizza il sistema capitalistico e, con esso, l'epoca moderna come il paradiso in cui regnano libertà, uguaglianza, proprietà e Bentham. Ma se si scava all'interno di queste quattro determinazioni, si scopre, con Marx, che anche l'eguaglianza, non meno della libertà e della proprietà, è radicalmente negata, nella misura in cui, già nella situazione di partenza, è presupposta la netta diversità tra l'operaio, che non ha nulla, e il capitalista, che ha invece tutto: essi non sono solo diseguali, sono l'uno agli antipodi dell'altro. Da ciò, risulta ancora una volta evidente come l'apparenza delle cose nasconda il loro opposto: libertà, uguaglianza e proprietà sono la parvenza che occulta e, al tempo stesso, legittima l'asservimento, la disuguaglianza e la totale mancanza di proprietà di uno dei poli dello scambio, «*costretto* a mettere in vendita, come *merce*, la *sua* stessa *forza-lavoro*»[424], ossia se stesso.

Finché ci si muove sul terreno dei rapporti giuridico-politici, in quello che il «giovane» Marx definiva il «cielo» della vita politica, Adam Smith e gli economisti avranno sempre ragione. Il rapporto di compra-vendita è infatti del tutto scandito da proprietà, libertà, eguaglianza e utilità, poiché «la capacità lavorativa vivente appartiene a se stessa e, attraverso lo scambio, dispone della estrinsecazione della propria forza»[425], senza subire alcuna coartazione politica o *ex lege*: capitalista e operaio si stanno di fronte come persone giuridicamente e politicamente uguali, e, dunque, solo «*formalmente* (*formell*) il loro rapporto è quello, uguale e libero, tra soggetti

422 *Ibidem*.

423 *Ibidem*.

424 K. Marx, *Il capitale*, I, cit., p. 201.

425 K. Marx, *Lineamenti fondamentali di critica dell'economia politica*, cit., I, p. 443.

di scambio in generale. Che questa forma sia una *parvenza*, e una *parvenza ingannevole* (*täuschender Schein*), è un fatto che, finché si considera il rapporto giuridico, sembra rimanere *esterno* al rapporto stesso»[426]. Che il rapporto tra il capitalista e l'operaio sia inquinato, fin da principio, dal fatto che il primo detiene i mezzi di produzione e di sostentamento di cui il secondo ha bisogno per mantenersi in vita, è un aspetto che, per Marx, non ha alcun valore di fronte alla legge o alla politica: l'una – ideologica per sua natura – tutela gli interessi dei dominanti e si limita a considerare dal punto di vista giuridico gli individui che effettuano lo scambio, senza prendere in esame ulteriori determinazioni; l'altra ha di fatto abolito – politicamente – la proprietà privata, dichiarandola irrilevante ai fini della cittadinanza, e dunque non si cura affatto che essa continui a sussistere, con tutte le sue conseguenze, sulla terra della società civile. Restando sulla superficie delle apparenze, l'economia politica classica può agevolmente difendere il «mito» secondo cui il gioco tra la classe capitalista e quella operaia si risolve in una pacifica transazione, in piena libertà e uguaglianza, in una libera cessione di equivalenti per cui non si riceve più di quanto si dà. Questa transazione, che prelude al processo di produzione, sembra chiudersi, con il contratto, in una fraterna stretta di mani tra il capitalista e l'operaio, ugualmente soddisfatti per l'affare concluso: sceso al mercato come cittadino uguale *de jure* a tutti gli altri, quest'ultimo sembra aver scelto in tutta libertà a chi gli conveniva vendere la sua merce, la forza-lavoro, scartando quanti non gli garantivano i vantaggi auspicati. Sul piano fenomenico, si vedono soltanto individui singoli, i quali «si fronteggiano come persone che si stanno davanti solo come possessori di merci, e solo come tali entrano in contatto reciproco (cosa che esclude la schiavitù, ecc.)»[427], senza essere spinti da costrizioni imposte dalla legge o dalla condizione politica. Ma non appena si sposta lo sguardo dal singolo alla classe, all'insieme dei compratori di forza-lavoro (la classe capitalista) e all'insieme dei venditori di forza-lavoro (la classe lavoratrice), ecco che – precisa

[426] *Ibidem*.

[427] K. Marx, *Il capitale, libro I, capitolo VI inedito*, cit., p. 5.

Marx – «quest'*apparente* uguaglianza e libertà degli individui scompaiono»[428] e si scopre l'essenza che si cela dietro la parvenza, il rapporto in cui è sottomesso non il *singolo* operaio al singolo capitalista, bensì l'intera sua *classe* (quella dei nullatenenti) alla classe dei capitalisti (quella dei possessori dei mezzi di produzione), alla quale è costretto a vendersi se vuole continuare a vivere[429], ove il contratto con cui si chiude la compravendita della forza-lavoro è una «forma che si distingue *solo formalmente* dalle altre e più dirette forme di *asservimento* e di appropriazione del lavoro da parte del detentore delle condizioni della produzione»[430]. La classe operaia, formalmente libera e uguale a quella capitalistica, è economicamente costretta ad alienare la propria capacità lavorativa, perché l'insieme dei mezzi di produzione (le condizioni oggettive del lavoro) e l'insieme dei mezzi di sussistenza gli stanno di fronte al polo opposto come proprietà altrui, in forza di quel processo di accumulazione originaria avvenuto secondo modalità che, come abbiamo visto, non hanno nulla a che vedere con la trinità di libertà, uguaglianza e proprietà. Al momento della compra-vendita la condizione di privazione del lavoratore è presupposta, ed è esattamente ciò che permette di fare apparire libera quella che è invece una costrizione[431]. In questo

[428] K. Marx, *Lineamenti fondamentali di critica dell'economia politica*, cit., I, p. 191. Corsivo nostro.

[429] «Egli [*l'operaio*] vende la particolare estrinsecazione di forza a un capitalista particolare, di fronte al quale, in quanto *singolo* capitalista, egli è indipendente. È chiaro che questo non è il suo rapporto con l'esistenza del capitale in quanto capitale, ossia con la classe dei capitalisti. Solo così, per quanto riguarda la singola persona reale, gli è lasciato un ampio campo di scelta, di arbitrio, e perciò di libertà formale. Nel rapporto di schiavitù egli appartiene al proprietario *particolare, singolo*, di cui è la macchina da lavoro»: ivi, p. 443.

[430] «Eine Form, die sich nur der Form nach von andren mehr direkten Formen der Knechtung der Arbeit und des Eigentums an sie auf seiten der Besitzer der Produktionsbedingungen unterscheidet»: K. Marx, *Il capitale, libro I, capitolo VI inedito*, cit., pp. 98-99. Corsivi nostri.

[431] L'operaio sembra libero proprio in forza del fatto che quella che grava su di lui è una costrizione extrapolitica ed extragiuridica, una costrizione meramente economica e materiale, che formalmente non ha nulla a che vedere con quella a cui erano sottoposti gli antichi schiavi o i servi della gleba: «tale compra-vendita [*tra operaio e capitalista*] implica a sua volta la separazione delle condizioni oggettive del lavoro – quindi dei *mezzi di sussistenza* e dei *mezzi di produzione* – della forza-lavoro viva, cosic-

modo, viene presentata in più ricca veste economico-scientifica l'intuizione giovanile del proletariato come classe dell'ingiustizia universale. Ne segue dunque – dice Marx – che nel rapporto di scambio, ancora prima che si attui quello di produzione, il «libero» lavoratore è già di fatto ridotto in schiavitù, in quanto è del tutto dipendente dal capitalista, proprietario esclusivo delle sue condizioni di esistenza. In altri termini – e questo è il punto decisivo – «fin dall'inizio il compratore si presenta insieme come possessore dei mezzi di produzione, i quali costituiscono le condizioni oggettive per il dispendio produttivo della forza-lavoro da parte del suo possessore»[432]. Non si può sfuggire a questa aporia, per cui già nello scambio, e dunque ancor prima che il processo di produzione prenda il via, si rinviene secondo Marx tutta la disuguaglianza e l'illibertà che si ritrovano poi nel processo produttivo, già presupposto ancora prima che inizi. Il contratto di lavoro viene così a essere una «*fictio juris*»[433], una forma di apparente libertà dietro la quale si nasconde una costrizione abilmente dissimulata: la sottoscrizione del contratto dimostra soltanto che il lavoratore ha accettato «liberamente» ciò che deve accettare per forza. Letta in trasparenza, la compra-vendita della forza-lavoro è, per l'operaio, soltanto la «*forma mediatrice* del suo *soggiogamento al capitale* (*Unterjochung unter das Kapital*)»[434]; una forma che nasconde appunto la sostanza reale, nella misura in cui «*maschera* (*vertuscht*) come puro rapporto monetario la vera transazione e quella *dipendenza* che la mediazione della compra-vendita rinnova di continuo»[435]. La condizione di libertà e uguaglianza presupposta dagli economisti al momento della stipula del contratto di lavoro si dissolve, mostrando distintamente i tetri contorni di una schiavitù economica di una classe a vantaggio di un'altra:

ché quest'ultima sia l'unica proprietà di cui l'operaio dispone e l'unica merce che ha da offrire in vendita. Questa separazione si spinge fino al punto che le condizioni oggettive del lavoro si ergono di fronte all'operaio come *persone autonome*»: ivi, p. 50.

[432] K. Marx, *Il capitale*, II, cit., p. 35.

[433] K. Marx, *Il capitale*, I, cit., p. 629.

[434] Ivi, p. 98.

[435] Ivi, p. 99. Corsivo nostro.

«Così svanisce anche l'*apparenza* che il rapporto possedeva in superficie, l'apparenza cioè che nella circolazione, sul mercato, si fronteggino *proprietari di merci* dotati di eguali diritti e distinti l'uno dall'altro – come ogni proprietario di merci – soltanto a causa del contenuto materiale della loro merce, del particolare valore d'uso delle merci che hanno rispettivamente da vendersi. Ovvero, questa forma *originaria* del rapporto non sussiste più che come *apparenza* del rapporto *capitalistico* che sta alla sua base»[436].

La stessa falsa apparenza, che rinveniamo sul terreno della compra-vendita della forza-lavoro, si manifesta al grado massimo nel sistema del denaro, esso stesso ben diverso, nella sua essenza, da come appare. Il denaro appare innanzitutto come una convenzione materiale, quando in realtà esso cristallizza in sé un ben preciso rapporto sociale. Marx, nel *Capitale*, lo qualifica con l'efficace espressione di «abbagliante forma di denaro»[437] (*blendende Geldform*), giocando sul fatto che esso, con la sua lucentezza, abbaglia non solo l'occhio fisico, ma anche quello intellettuale, facendogli prendere, appunto, quell'abbaglio che gli impedisce di vedere che ciò che ha dinanzi è – come nel caso delle merci – l'espressione di un determinato rapporto sociale nato da una determinata forma di produzione sociale della ricchezza[438]. Contraddittorio nella sua essenza, il denaro sembra garantire libertà e uguaglianza al grado massimo, permettendo quello scambio in cui *io* ti vendo una data merce e *tu*, di rimando, mi dai una certa quantità di denaro[439]; fungendo da equivalente universale, esso contribuisce a creare

[436] Ivi, p. 97.

[437] Ivi, p. 80.

[438] «Il capitale non è una *cosa* più che non lo sia il denaro. Nell'uno come nell'altro, determinati *rapporti produttivi sociali fra persone* appaiono come *rapporti fra cose e persone*, ovvero determinati rapporti sociali appaiono come *proprietà sociali naturali* di cose»: K. Marx, *Il capitale, libro I, capitolo VI inedito*, cit., p. 37.

[439] È proprio a causa della sua capacità di cancellare le differenze extraeconomiche che – nota Marx – il denaro andò incontro a dure condanne nell'antichità da parte di quei pensatori che si accorsero che esso effettivamente poteva smuovere il sistema sociale costituito conferendo potere a chi, per condizione giuridica e politica, non doveva detenerlo: «la società antica – scrive Marx – lo denuncia come moneta *dissolvitrice del suo ordinamento economico ed etico* (*Scheidemünze ihrer ökonomischen und sittlichen Ordnung*)» (*Il capitale*, I, cit., p. 147, traduzione modificata), e rimanda alla condanna del denaro pronunciata esemplarmente da Sofocle nell'*Antigone* (versi 295-301).

quell'illusione che farebbe tutti liberi e uguali: non importa chi sei, cosa fai, di dove sei originario; se hai denaro, puoi tutto. Come scrive in proposito il giovane Marx, tramite il denaro puoi avere donne belle anche se sei brutto, e puoi avere ventiquattro gambe anche se sei storpio[440]: il denaro è il «potere alienato»[441] (*entäußerte Vermögen*) dell'umanità. In questo senso, nei *Grundrisse* si sostiene che «nei rapporti di denaro espressi in forma semplice tutte le *antitesi immanenti* (*immanenten Gegensätze*) della società borghese appaiono cancellate»[442]: asservimento, illibertà, disuguaglianza spariscono come per miracolo, occultati dalla parvenza del loro opposto che il denaro contribuisce a creare in superficie, sul piano fenomenico. Che si tratti di un'apparenza illusoria, sembra quasi superfluo doverlo dire: il denaro eguaglia, ma – molto banalmente – non è ugualmente presente nelle tasche di tutti; anzi, a voler essere più precisi, nelle tasche dei lavoratori esso – rileva Marx – è assente, ed è proprio tale assenza a forzarli a sottoscrivere il contratto di lavoro. Proprio come nel fronteggiarsi dei due possessori di merci liberi e uguali di poc'anzi, anche «nella semplice determinazione del valore di scambio e del denaro è contenuta in forma latente l'antitesi tra salario e capitale»[443], tra la classe degli oppressi e quella degli oppressori. Ecco allora che il denaro, se è un equivalente, è innanzitutto equivalenza di una disuguaglianza sociale che esso stesso concorre a coprire. Con il denaro, il potere sociale è trasferito direttamente nelle tasche degli individui.

Il processo di asservimento dell'operaio, scomposto nella nostra analisi nelle sue due componenti di vendita della forza-lavoro e di successivo impiego della medesima, è in realtà uno

440 K. Marx, *Manoscritti economico-filosofici del 1844*, cit., p. 153.

441 Ivi, p. 154.

442 K. Marx, *Lineamenti fondamentali di critica dell'economia politica*, cit., I, p. 183. Cfr. Id., *Il capitale*, I, cit., p. 147: «come nel denaro è cancellata ogni distinzione qualitativa delle merci, il denaro cancella per parte sua, *leveller* radicale, tutte le distinzioni. Ma anche il denaro è merce, una cosa esterna, che può diventare proprietà di ognuno. Così la potenza sociale diventa *potenza privata della persona privata* (*Privatmacht der Privatperson*)».

443 K. Marx, *Lineamenti fondamentali di critica dell'economia politica*, cit., I, p. 192.

solo. Infatti, arruolato in fabbrica tramite la mediazione ingannevole del contratto, l'operaio, col suo lavoro, non fa altro che produrre e riprodurre se stesso come mera capacità lavorativa e il capitale che gli sta di fronte, così come, al polo opposto, il capitalista non fa che produrre sempre di nuovo se stesso come capitale e la capacità lavorativa vivente che gli sta di fronte in modo antagonistico[444]. Portato a termine il ciclo produttivo, l'operaio si trova nuovamente costretto a sottoscrivere, tramite il contratto, la propria coercizione. In questo senso, come rileva Marx, l'illusione della compra-vendita della capacità lavorativa è, insieme, «la premessa e il risultato»[445] del processo di produzione, costituendo ciò in forza di cui quest'ultimo può avviarsi e, allo stesso tempo, l'esito a cui esso porta sempre e di nuovo. Anche per questo motivo, è legittimo parlare di «circolo del presupposto-posto»[446] in Marx.

444 Ivi, p. 436.

445 K. Marx, *Il capitale, libro I, capitolo VI inedito*, cit., p. 22. Cfr. Id., *Lineamenti fondamentali di critica dell'economia politica*, cit., I, pp. 257-258: «la separazione tra lavoro e proprietà del prodotto del lavoro, tra lavoro e ricchezza, è quindi già posta in quest'atto dello scambio stesso. Ciò che appare paradossale come *risultato*, è già implicito nel presupposto stesso».

446 Nell'analisi marxiana, quello che dapprima è un presupposto teorico (la separazione dei lavoratori dai loro mezzi di produzione), trova poi conferma nella ricognizione storica (nelle pagine del *Capitale* dedicate all'accumulazione originaria): e questo perché, come è noto, nell'indagine marxiana i due piani della storia e della teoria si intrecciano costantemente, confermandosi a vicenda. I presupposti (primo tra tutti la mancanza di proprietà da parte del lavoratore) sono sia logici (senza di essi la produzione capitalistica è impossibile), sia storici (la produzione capitalistica si è avviata quando i fenomeni richiesti si sono storicamente verificati). Roberto Finelli ha coniato l'espressione di «circolo del presupposto-posto», per adombrare come quella che in Marx presenta inizialmente la forma di un'ipotesi astratta si dimostri poi storicamente vera non appena ci si muova sul terreno della storia reale, i cui eventi, d'altro canto, possono trovare piena comprensione solo tramite la teoria preventivamente illustrata. Più precisamente, secondo la proposta di Finelli, il «presupposto» consiste negli elementi ereditati da un precedente sistema, mentre il «presupposto-posto» consiste in quegli stessi elementi una volta che vengano riprodotti dal sistema stesso e possano a loro volta essere impiegati come nuovi presupposti. «La legge del valore-lavoro [...] che all'inizio dell'esposizione ha la forma solo di un presupposto mentale, di un'ipotesi generalizzante e astraente di Marx, si dimostra invece oggettivamente vera, solo quando l'intera storia del capitalismo, nei suoi vari passaggi tecnologici, giunge a mettere in campo nella produzione moderna il lavoro astratto, facendone l'esito della prassi lavorativa di milioni di persone»: R. Finelli, *La scienza del Capitale come «circolo del presupposto-posto». Un confronto con il decostruzionismo*, in M.

Lavorando per il capitalista, l'operaio non fa altro che riprodurre continuamente la propria condizione di operaio e la sudditanza al capitale che la contraddistingue, con l'inevitabile conseguenza che lo vede costantemente costretto a vendere la propria capacità lavorativa, entrando in un circolo vizioso per cui il «libero» contratto lo costringe a lavorare per il capitalista, e il «libero» lavoro per il capitalista lo costringe a vendersi di nuovo a quest'ultimo: in ciò emerge il carattere antagonistico-oppositivo del modo di produzione capitalistico, che Marx non cessa mai di considerare hegelianamente come Totalità al cui interno le parti sono in lotta costante. La classe dei capitalisti mantiene in una condizione di costante asservimento economico i suoi schiavi, in maniera tale che essi non possano mai liberarsi dalle loro «catene radicali» e che «l'accesso delle due parti al mercato si ripeta *costantemente* – e come tale non s'interrompa mai – *nella stessa determinazione antagonistica* (*in derselben entgegengesetzen Bestimmung*)»[447], in quella che Marx qualifica come una «eternizzazione del rapporto fra il capitale in quanto compratore e l'operaio in quanto venditore di lavoro»[448]. L'intero processo di sfruttamento dell'operaio da parte del capitalista è velato dal fatto che «le loro relazioni reciproche terminano con il giorno della scadenza del contratto»[449], e così si ha l'impressione fuorviante che, se il rapporto torna a instaurarsi, ciò accade esclusivamente per l'interesse che ciascuno dei due liberi stipulanti ha a rinnovarlo, e non per il fatto che, scaduto il contratto, l'operaio si trova nella medesima condizione di quando l'ha sottoscritto.

Musto (a cura di), *Sulle tracce di un fantasma. L'opera di Karl Marx tra filologia e filosofia*, Manifestolibri, Roma 2005, pp. 211-223. E quelli che sono i presupposti del modo di produzione (la mercificazione universale, la mancanza di proprietà del lavoratore, e così via) vengono continuamente posti dal modo di produzione stesso, che senza di essi non potrebbe esistere.

447 K. Marx, *Il capitale, libro I, capitolo VI inedito*, cit., p. 47.

448 Ivi, p. 98.

449 K. Marx, *Il capitale*, I, cit., p. 642.

2. *Alienazione e asservimento: i* Manoscritti economico-filosofici del 1844.

> «La *svalorizzazione* del mondo umano cresce in rapporto diretto con la *valorizzazione* del mondo delle cose».
>
> (K. Marx, *Manoscritti economico-filosofici del 1844*)

Prima di trattare il secondo dei «due processi indipendenti»[450] con cui, da un lato, si articola la trasformazione del denaro in capitale e, dall'altro, viene portato a compimento l'asservimento dell'operaio nel sistema di fabbrica tramite «il *consumo della forza-lavoro acquistata*»[451], occorre misurarsi con un testo che, fino ad ora, è rimasto sullo sfondo della nostra trattazione: i cosiddetti *Manoscritti economico-filosofici del 1844*, noti anche come *Manoscritti parigini*, in quanto composti da Marx durante il soggiorno parigino del 1844 (ma pubblicati soltanto nel 1932). Come nel *Capitale* e nei *Grundrisse*, anche nei *Manoscritti economico-filosofici* troviamo un'attenta analisi della vita di fabbrica: con la differenza fondamentale che, in quest'ultimo scritto, il problema viene affrontato da un'ango-

[450] K. Marx, *Il capitale, libro I, capitolo VI inedito*, cit., p. 33. Questo secondo processo, riguardante la produzione, viene analizzato soprattutto nel *Capitale*: secondo Maurice Dobb, nei *Grundrisse* Marx se ne occupava assai meno, concentrandosi maggiormente sulla circolazione e sullo scambio, per il fatto che «si era reso conto che proprio nella sfera della circolazione era da ritrovarsi il luogo d'origine delle illusioni tipiche dell'economia politica borghese, illusioni che – in modo consapevole o inconsapevole – svolgevano un preciso ruolo sociale, quello di occultare l'esistenza e la fonte originaria del plusvalore come elemento centrale dell'economia borghese, del modo di produzione capitalistico. Marx cercò di svelare, e di dissipare, l'illusione che così nasceva al livello delle "apparenze", pur non essendo ancora giunto a penetrare sino in fondo la realtà essenziale che si celava dietro quelle apparenze»: M. Dobb, *La critica dell'economia politica*, in AA. VV. *Storia del marxismo*, I, *Il marxismo ai tempi di Marx*, cit., p. 94. È anche in virtù di questa continuità tra le due opere che, nella nostra trattazione, abbiamo scelto di analizzarle insieme, come se costituissero un tutto di cui *Il capitale*, per molti versi, rappresenta la forma più matura, e non come due opere autoesclusive, come tende a leggerle, ad esempio, Antonio Negri: il quale finisce per intendere i *Grundrisse* come un testo non tanto «oltre» *Il capitale*, quanto piuttosto «contro» quest'ultimo. Cfr. A. Negri, *Marx oltre Marx*, cit.

[451] K. Marx, *Il capitale, libro I, capitolo VI inedito*, cit., p. 33.

latura prettamente filosofica e «umanistica». Come è noto, essi sono la prima opera in cui Marx descrive diffusamente le condizioni operaie, scoprendo nelle fabbriche i luoghi in cui, nel bel mezzo della modernità, si produce quotidianamente – insieme al grande quantitativo di merci destinate al mercato – la schiavitù dell'operaio, vincolato alle «catene radicali» della produzione fine a se stessa. In questo modo diventa possibile spiegare, per la prima volta, in che cosa consistano concretamente quelle «catene radicali» di cui si diceva, ancora in termini vaghi, nell'*Introduzione* a *Per la critica della filosofia del diritto di Hegel*, e in che maniera l'operaio ne sia succube.

Notiamo fin da ora come una tra le principali caratteristiche proprie dei *Manoscritti* risieda nel fatto che l'asservimento viene riconosciuto come unilateralmente gravante sulla classe operaia: nel *Capitale*, in maniera molto più sottile, Marx metterà in luce come anche la classe capitalistica non ne sia esente, ancorché su di essa si abbatta una soggezione di altro tipo. Come è stato rilevato dalla critica, la vera peculiarità dei *Manoscritti* è che, in essi, «il proletariato viene considerato principalmente in quanto "classe alienata"»[452]: ciò significa che la soggezione che lo perseguita in fabbrica è letta, da Marx, attraverso la categoria interpretativa dell'«alienazione»[453] (*Ent-*

[452] M. Löwy, *Il giovane Marx*, cit., p. 145.

[453] Intorno alla nozione di «alienazione» (*Entfremdung*) e al significato da attribuire ai *Manoscritti economico-filosofici del 1844* nell'economia complessiva del pensiero marxiano è sorta una grande controversia già all'indomani della loro prima pubblicazione, nel 1932. A nostro avviso, è senz'altro vero che i *Manoscritti* sono un'opera per molti versi a sé stante nella produzione marxiana, ma ciò non toglie che essa segni una tappa coerente e non contraddittoria del cammino di Marx. In particolare, la categoria di «alienazione» (che ritorna nell'opera matura, in particolare nella nozione di «feticismo») e, ancor più, quella di «capovolgimento» (*Verkehrung*) costituiscono lo snodo cruciale della riflessione marxiana, la cerniera tra il «primo» e il «secondo» Marx. Erich Fromm ha scritto – anche se in maniera, a nostro avviso, fuorviante – che «per comprendere Marx, è di estrema importanza constatare come la nozione di alienazione sia sempre stata e rimasta il nucleo del pensiero del "giovane" Marx, che ha scritto i *Manoscritti economico-filosofici*, e del "vecchio" Marx che ha scritto il *Capitale*» (E. Fromm, *Marx's Concept of Man*, Frederick Ungar publishing Co, New York 1961, p. 51. Traduzione nostra). Molto più appropriata la diagnosi di Roberto Fineschi, che, a proposito del Marx «maturo», parla di «persistenza dell'alienazione in una teoria che però non vede in essa il proprio asse portante» (R. Fineschi, *Marx e Hegel. Contributi a una rilettura*, cit., p. 99). Ciò non significa naturalmente che i *Manoscritti*

fremdung). Non troviamo ancora alcuna traccia della teoria economica dello sfruttamento (vale a dire del «pluslavoro»), ma ciò non impedisce a Marx di smascherare, per una via che è filosofica più che economica, le storture e l'asservimento che derivano dal processo di produzione capitalistico. In questo senso, come è stato sottolineato soprattutto dalla scuola di Althusser, quella dei *Manoscritti* resta una «critica antropologica»[454], che risente direttamente (e in maniera assai pronunciata) della lezione feuerbachiana e che ruota intorno all'idea secondo cui, in fabbrica, l'operaio perde la sua natura.

Ciò che stupisce, nei *Manoscritti*, è che da un lato Marx utilizza ampiamente le categorie dell'economia politica (che, in quanto prodotto della società borghese, ne rappresenta al meglio la struttura) e, dall'altro, le rigetta (in quanto espressione *ideologica* che la società borghese produce per autolegittimarsi): è in quest'opera, infatti, che troviamo il primo abbozzo marxiano di critica dell'economia politica, sviluppato più diffusamente nelle opere successive. In particolare, dice Marx, «l'economia parte dal fatto della proprietà privata. Ma non ce la spiega»[455], in quanto la assume – e, così facendo, la legitti-

siano il punto d'arrivo del pensiero di Marx, o che in essi sia già racchiuso *in nuce* ogni sviluppo successivo del pensiero marxiano, come invece credeva, oltre a Fromm, Palmiro Togliatti, il quale notava – a proposito dei *Manoscritti* – che «si sente che tutto il marxismo è già contenuto qui»: P. Togliatti, *De Hegel au Marxisme*, in «Recherches internationales à la Lumière du Marxisme», n. 19, 1960, p. 49. Significa, piuttosto, che i *Manoscritti* non sono in contraddizione e incompatibili con l'analisi economica del *Capitale* (come invece sostiene, tra gli altri, Louis Althusser, per il quale l'alienazione è addirittura una categoria «premarxista»: cfr. L. Althusser, *Per Marx*, cit., pp. 214 ss.), né tanto meno più avanzati ed evoluti rispetto ad esso, bensì segnano una tappa dell'evoluzione del pensiero marxiano: una tappa per molti versi ambigua e aporetica, ma di un'ambiguità che persiste anche negli altri scritti marxiani. Più in generale, riteniamo che l'impronta filosofica del giovane Marx si farà sempre più sfumata in opere come il *Capitale*, ma rimarrà comunque la linfa vitale della sua diagnosi della modernità, come è avvalorato dalle nozioni di «feticismo» e di «religione della vita quotidiana». Per un'attenta ricostruzione della nozione di alienazione e del ruolo che essa ha svolto nel pensiero marxiano, cfr. E. Pasini, *Alienazione*, in P. P. Portinaro, *I concetti del male*, Einaudi, Torino 2002, pp. 3-18.

454 J. Rancière, *Il concetto di critica e la critica dell'economia politica dai Manoscritti del 1844 al Capitale*, cit., p. 68.

455 K. Marx, *Manoscritti economico-filosofici del 1844*, cit., p. 69.

ma – come un presupposto eterno, senza coglierne la storicità (come emerge assai chiaramente anche dalla *Dichiarazione dei diritti dell'uomo e del cittadino*, che intende la proprietà come un diritto eterno e imprescrittibile dell'uomo). In questo modo l'economia politica, che pretende di descrivere avalutativamente le leggi che presiedono al funzionamento della società capitalistica, è in realtà intrinsecamente ideologica, nella misura in cui fa valere una prospettiva «pancapitalistica» e trasforma le leggi del mercato, storicamente determinate e valide per una data epoca (l'epoca del modo di produzione capitalistico), in leggi eterne, valide *da* sempre e *per* sempre. Essa non solo liquida le figure di un altro mondo possibile, ma rimuove gli altri mondi storici non-capitalistici (come il mondo antico e quello feudale, che erano retti da leggi non assimilabili a quelle del modo di produzione capitalistico), come si precisa in *Miseria della filosofia*:

> «Dicendo che i rapporti attuali – i rapporti della produzione borghese – sono naturali, gli economisti fanno intendere che si tratta di rapporti entro i quali si crea la ricchezza e si sviluppano le forze produttive conformemente alle leggi della natura. Per cui questi stessi rapporti sono leggi naturali indipendenti dall'influenza del tempo. Sono leggi eterne che debbono sempre reggere la società»[456].

In questo modo, gli economisti «in tutte le forme di società vedono sempre quella borghese»[457]. Ma l'ideologia di cui è imbevuta l'economia politica affiora anche dal suo modo di presentare il mondo moderno come un tessuto di rapporti armonici e ordinati, e non come un terreno di conflitti insuperabili e di contraddizioni insanabili, che contraddicono palesemente i presupposti di «ordine naturale», «felicità della maggioranza» e «armonia sociale», sostenuti dalla maggior parte degli economisti.

Il secondo punto che colpisce, nei *Manoscritti*, è l'impianto radicalmente hegeliano dell'opera. Riprendendo un tema ampiamente sviluppato già nella *Sacra famiglia*, Marx adombra l'idea secondo cui il rapporto tra il lavoro salariato e il capita-

[456] K. Marx, *Miseria della filosofia*, cit., p. 103.

[457] K. Marx, *Lineamenti fondamentali di critica dell'economia politica*, cit., I, p. 31.

le costituisce una totalità dialettica in contraddizione perenne: proprietari e proletari costituiscono una totalità – dice Marx –, ma tale totalità non è e non può essere armonica; in essa sussiste una «contraddizione dialettica» per la quale la proprietà genera e insieme nega il proletariato, il quale, a sua volta, genera e insieme nega la proprietà. In questa totalità oppositiva, ognuno dei due termini sussiste mantenendo in vita il suo opposto, e, insieme, il suo sussistere si risolve nel tentativo, sempre reiterato, di distruggerlo. Ma mentre la classe proprietaria – spiega Marx – aspira a distruggere il proletariato per conservare la proprietà privata, il proletariato vuole distruggere, con la classe proprietaria, la stessa proprietà privata; ciò significa, nell'ottica marxiana, che mentre la prima classe mira a eliminare il conflitto conservando l'opposizione, la seconda aspira ad annientare, insieme al conflitto, anche l'opposizione. La conseguenza di una simile concezione, incentrata sull'elemento materiale dell'esistenza concreta, è che proprio quando la proprietà privata genera e sostiene la classe proletaria, genera con ciò stesso l'elemento distruttore della sua stessa essenza. E, per converso, il proletariato non fa che eseguire, con la rivoluzione, la condanna a morte che la stessa classe proprietaria ha pronunciato per se stessa. Con questa «traduzione nell'ambito dei fatti storici di quella necessità, di quel legame essenziale, che Hegel aveva teorizzato nell'ambito concettuale e ideale»[458], il futuro di un comunismo all'insegna dei rapporti orizzontali tra individui liberi e uguali viene fondato, ancora una volta, nelle leggi stesse del reale e del movimento della storia.

Ma l'influenza di Hegel è anche evidente – e scientemente rivendicata da Marx – nella concezione marxiana del lavoro: tanto Hegel quanto gli economisti (soprattutto Adam Smith) hanno, con diritto, riconosciuto che il lavoro é il tratto costitutivo dell'essenza dell'uomo, ma ne hanno enfatizzato solo il lato positivo. In particolare, per gli economisti il lavoro é qualcosa di naturale, privo di storia; spetta, invece, a Hegel il merito di aver colto il carattere storico del lavoro. Per Hegel, infatti, nello spirito si esprime la vera essenza dell'uomo, e dal

458 M. Dal Pra, *La dialettica in Marx. Dagli scritti giovanili all'Introduzione alla critica dell'economia politica*, Laterza, Roma–Bari 1965, pp. 263-264.

momento che lo spirito é autoproduzione di se stesso, allora l'uomo é il risultato del proprio lavoro. Questa autoproduzione é un processo di sviluppo in cui lo spirito si oggettiva nel mondo, ossia diventa altro da sé, si aliena e poi ritorna a sé arricchito da tutte le determinazioni acquisite in questo processo di autoproduzione. Il lavoro dello spirito é dunque un processo di alienazione e di disalienazione, di *uscita da sé* e di *ritorno in sé*, secondo un tema caro all'idealismo tedesco[459], ma questo processo avviene – per Hegel – solo nel pensiero: é la storia dell'autocoscienza quale viene sviluppata nella *Fenomenologia dello Spirito* (1807). Il limite di Hegel sta però, per Marx, nell'aver considerato equivalenti l'alienazione e l'oggettivazione: per Hegel, ogni relazione con un oggetto altro dal soggetto è, per ciò stesso, alienazione, ossia perdita di sé in altro, con la conseguenza fondamentale che la disalienazione coincide con la disoggettivazione, vale a dire con l'abbandono di ogni relazione con il mondo oggettivo e il ritorno del pensiero a se stesso. Tenendo ferma la centralità assoluta del lavoro (e, dunque, restando inconsapevolmente prigioniero dell'ideologia del produttivismo borghese), Marx riconosce a Hegel il merito di aver preso atto che l'essenza dell'uomo é suscettibile di perdita (alienazione) e di riappropriazione (disalienazione), e cioè che l'essenza dell'uomo é storica, é un autoprodursi dell'uomo tramite il lavoro. In questo modo Marx contrappone Hegel a Feuerbach, che aveva inteso l'essenza del-

[459] Lo si ritrova, infatti, sia in Johann Gottlieb Fichte sia in Friedrich Wilhelm Joseph Schelling. Cfr. J. G. Fichte, *Grundzüge des gegenwartigen Zeitalters*, 1806; tr. it. *I tratti fondamentali dell'epoca presente*, Guerini, Milano 1999, a cura di A. Carrano, p. 89: «l'intero cammino che [...] l'umanità ha percorso quaggiù non è altro però che un ritorno al punto in cui già si trovava in principio, e non si propone che di far ritorno alla propria origine». Cfr. F. W. J. Schelling, *Philosophie und Religion*, 1804; tr. it. *Filosofia e religione*, in Id., *Scritti sulla filosofia, la religione e la libertà*, Mursia, Milano 1974, a cura di L. Pareyson, p. 67: «la storia è un epos composto nello spirito di Dio; le sue parti principali sono due: la prima descrive l'uscita dell'umanità dal suo centro fino al massimo all'allontanamento da esso, e la seconda descrive il ritorno. La prima è per così dire l'Iliade, la seconda l'Odissea della storia. Nella prima l'orientamento era centrifugo, nella seconda diventa centripeto. In tal modo nella storia si esprime il grande disegno dell'intera vicenda universale». Per quel che riguarda l'uso del termine «alienazione» in Hegel, cfr. M. D'Abbiero, *«Alienazione» in Hegel: usi e significati di Entäusserung, Entfremdung, Veräusserung*, Edizioni dell'Ateneo, Roma 1970.

l'uomo come un qualcosa di statico, di assolutamente a-storico; aspetto su cui Marx insiste soprattutto nelle *Tesi su Feuerbach* e nell'*Ideologia tedesca*, sostenendo che «fin tanto che Feuerbach è materialista, per lui la storia non appare, e fin tanto che prende in considerazione la storia, non è un materialista. Materialismo e storia per lui sono del tutto diversi»[460]. Di qui la necessità di immergere nella storia il materialismo a-storico di Feuerbach, nella convinzione che l'uomo non sia semplicemente «ciò che mangia», ma che vi sia in lui una forte componente storica per quel che riguarda il suo sviluppo e i suoi bisogni. Ma il grande limite di Hegel, a questo proposito, sta nell'aver concepito il processo di alienazione e di disalienazione *idealisticamente*, come un processo meramente spirituale che riguarda solo il pensiero (e non l'esistenza concreta del singolo individuo in carne e ossa), problema su cui abbiamo del resto già insistito. Come antidoto contro l'idealismo hegeliano, occorre far valere il materialismo di Epicuro e di Feuerbach, a cui spetta il merito di aver rivendicato il primato della sensibilità e della corporeità (anche se in maniera statica e priva di riferimenti alla storia e alla prassi); un tema sul quale Marx si era già ampiamente soffermato nella *Sacra famiglia*, mostrando il forte legame tra la tradizione materialista (da Democrito ed Epicuro fino a La Mettrie e a Feuerbach) e il socialismo, e dichiarandosi, in un certo senso, erede di quella corrente di pensiero[461]. Di qui l'esigenza – su cui già ci siamo

460 K. Marx – F. Engels, *L'ideologia tedesca*, cit., p. 18.

461 Cfr. K. Marx – F. Engels, *La sacra famiglia*, cit., pp. 172 ss. In particolare, la convinzione di Marx è che la radice storica e il punto di partenza teorico del socialismo debbano essere ricercati nel teorema materialista (presente in Epicuro quanto in La Mettrie) secondo cui le circostanze formano gli uomini e, per trasformare gli uomini, bisogna trasformare le circostanze. Se è vero che il materialismo poggia su questo teorema, allora è vero che il materialismo non può sfociare che nel socialismo. Infatti, «se si muove dalle dottrine del materialismo sulla bontà originaria degli uomini e sulla loro eguale capacità intellettuale, sull'onnipotenza dell'esperienza, dell'abitudine, dell'educazione, sull'influsso delle circostanze esterne sull'uomo, sulla grande importanza dell'industria, sul diritto al godimento, ecc., non occorre una grande acutezza per cogliere la *connessione necessaria del materialismo con il comunismo e il socialismo* (*notwendigen Zusammenhang mit dem Kommunismus und Sozialismus*). Se l'uomo si forma ogni conoscenza, ogni percezione, ecc., dal mondo sensibile e dall'esperienza nel mondo sensibile, ciò che importa allora è ordinare il mondo empirico in modo che l'uomo, in esso, faccia

concentrati – di rovesciare la dialettica hegeliana, rimettendola sui piedi della materia e della sensibilità, e quindi di riconoscere che per l'uomo l'oggettività è un condizionamento intrinseco e ineliminabile, e non un momento negativo. Per questo aspetto, l'uomo è un *essere naturale*, indisgiungibilmente legato alla natura, ma è al tempo stesso un *essere storico* e, in quanto tale, può sopprimere l'alienazione, recuperare la sua essenza, che include come costitutiva l'oggettivazione, ossia l'impiego della natura in cooperazione con gli altri uomini. Quello di Marx è, per l'appunto, un «materialismo» (come quello di Feuerbach) ma «storico» e della «prassi», secondo l'insegnamento di Hegel e di Fichte. Saremmo tentati di sostenere che Marx critica hegelianamente Feuerbach e feuerbachianamente Hegel. In questo modo, può dirsi anche risolta l'annosa questione del «Marx materialista o idealista?»[462], trascinatasi fino ai giorni nostri tra mistificazioni e fraintendimenti (a partire dalla dicotomia tra materialismo e idealismo come poli inconciliabili teorizzata da Engels nell'*Antidühring*): quello di Marx non è né univocamente un materialismo né univocamente un idealismo, ma è piuttosto, se così si può dire, un «materialismo idealistico» o «materialismo della prassi», in cui l'istanza materialistica della sensibilità e della mondanità dell'uomo viene coniugata, in un equilibrio virtuoso, con l'istan-

esperienza di ciò – e prenda l'abitudine a ciò – che è veramente umano, in modo che l'uomo faccia esperienza di sé come uomo» (ivi, p. 172). Per quel che riguarda il problema del materialismo nella riflessione di Marx, ci permettiamo di rimandare ancora al nostro *Marx e l'atomismo greco: alle radici del materialismo storico*, cit., pp. 83 ss.

462 Ad esempio, cfr. C. Preve, *Una approssimazione al pensiero di Karl Marx. Tra materialismo e idealismo*, cit., pp. 46 ss.; E. Balibar, *La filosofia di Marx*, cit., pp. 31-33. Sia per Balibar, sia per Preve quello di Marx è un «materialismo senza materia», ossia un idealismo in cui la materia compare soltanto come metafora (dei rapporti di produzione, della prassi, ecc.) che non rimanda mai alla «materia» tradizionalmente intesa. I due autori insistono, con diritto, sulla componente idealistica del pensiero marxiano, ma la loro proposta teorica diventa più debole quando si spingono a sostenere – seppure in modi molto diversi tra loro – che il materialismo marxiano è del tutto senza materia e che quest'ultima, nel lessico marxiano, figura sempre solo come metafora di qualcosa che non ha alcunché a che vedere con la materia tradizionalmente intesa. Se si segue la lettura di Balibar o quella di Preve, non è possibile rendere ragione né del richiamo marxiano al sensualismo di marca feuerbachiana né dell'interesse nutrito da Marx (e testimoniato dalla *Sacra famiglia*) per il materialismo tradizionale di La Mettrie, di D'Holbach e dell'atomismo greco.

za (tipicamente idealistica) della prassi e della filosofia della storia. È lo stesso Marx, del resto, a ripetere senza tregua di sentirsi al di là tanto del materialismo quanto dell'idealismo, ritenuti insufficienti e parziali se presi autonomamente[463]. E, certo, il fatto che egli si autocertifichi in più luoghi come «non-idealista» – impegnandosi anzi in una lotta senza tregua contro l'idealismo – non è sufficiente, di per sé, a provare che su di lui non operi alcuna influenza idealistica.

Ciò che occorre attuare è il superamento della scissione e dell'alienazione in cui è precipitato l'uomo e, in seconda battuta, il recupero della sua essenza originaria di *Gattungswesen*, ossia di «essere appartenente a una specie» (il che presuppone l'idea di una natura umana che, al di là della storia, resta almeno in parte immutata: idea dalla quale Marx, nelle opere successive rispetto ai *Manoscritti economico-filosofici*, prenderà gradualmente le distanze). Come si vede, questa concezione poggia interamente sullo schema dialettico dell'*Aufhebung* hegeliana, secondo cui l'unità originaria, ossia la perfezione innocente della «bella eticità», va in frantumi nel mondo moderno, regno dell'«intelletto» (*Verstand*) che tutto calcola e tutto scompone, per poi essere recuperata nel momento sintetico dell'unità finale e ricomposta, superiore rispetto a quella originaria perché passata per il momento del negativo e della scissione: non è un caso che nei *Manoscritti economico-filosofici* si parli espressamente (come del resto se ne parlerà nel *Capitale*) del comunismo – in termini dialettico-hegeliani – come della «negazione della negazione»[464], ossia, per l'appunto, come del recupero del momento tetico a un livello innalzato perché passato per il momento negativo della scissione borghese-capitalistica. Quest'ultima viene non a caso intesa come un momento che è doloroso ma necessario, alla stregua delle «doglie del parto»[465], per la successiva instaurazione della

[463] È interessante, a questo proposito, che nella sua monumentale *Storia del materialismo* Friedrich Albert Lange non includesse il «materialismo storico» marxiano. Cfr. F. A. Lange, *Geschichte des Materialismus*, 1866; tr. it. *Storia del materialismo*, Monanni, Milano 1932, 2 voll., a cura di A. Treves.

[464] K. Marx, *Manoscritti economico-filosofici del 1844*, cit., p. 126.

[465] K. Marx, *Il capitale*, I, cit., p. 18.

società dell'avvenire e che, insieme, è decisamente superiore ai momenti che l'hanno preceduto (Marx condivide, con la sua epoca, il mito del progresso, ancorché declinato in forma dialettica). Proprio perché rappresenta una forma compiuta, unitaria e in sé perfetta (anche se di una perfezione originaria, fragile e macchiata dalla presenza della schiavitù), «l'infantile mondo antico si presenta come *il momento più elevato* (*das Höhere*)»[466] e «l'antica concezione secondo cui l'uomo, quale che sia la sua limitata determinazione nazionale, religiosa, politica, è sempre lo scopo della produzione, sembra molto elevata rispetto al mondo moderno»[467], che di quell'unità armonica originaria costituisce, come per Hegel, la frantumazione; rispetto alla quale il comunismo si porrà, per l'appunto, come *Aufhebung*, in una sorta di ritorno odisseico dell'umanità verso una patria che non è ancora mai stata raggiunta. Questo schema hegeliano, del resto, rimane centrale, nel «materialismo idealistico» di Marx, anche per quel che riguarda – come abbiamo visto – l'idea della «classe in sé e per sé».

Cerchiamo ora di fare chiarezza sulla «celebre ed oscura nozione dell'alienazione»[468], come qualcuno l'ha definita. Come abbiamo visto, l'economia politica non rende conto del fatto che, nell'ambito del rapporto tra il lavoro salariato e il capitale, non si producono solo merci e ricchezza, ma anche – dice Marx – «alienazione» (*Entäusserung*) o «estraniazione» (*Entfremdung*), termini che Marx usa senza operare precise distinzioni. Nella sezione dei *Manoscritti* del 1844 dedicata al «lavoro estraniato» (*entfremdete Arbeit*), Marx afferma che, nelle fabbriche, l'operaio è vittima di una alienazione che si estrinseca in quattro modalità differenti: a) l'operaio si rapporta con il prodotto del suo lavoro come con un oggetto estraneo e ostile; b) l'operaio non considera il suo lavoro una parte reale della sua vita, ma fa di tutto per evitarlo; c) l'essenza specifica dell'uomo, vale a dire la sua natura comunitaria, gli viene sottratta nel lavoro; d) l'uomo si sente estraniato nei confronti dei

466 K. Marx, *Lineamenti fondamentali di critica dell'economia politica*, cit., I, p. 466.

467 *Ibidem*.

468 H. Lefebvre, *Le marxisme*, 1953; tr. it. *Il marxismo visto da un marxista*, Garzanti, Milano 1964⁴, a cura di E. Pischel, p. 21.

suoi simili. Non bisogna perdere di vista il fatto che la categoria della negazione è centrale nei *Manoscritti* ed è decisiva per comprendere quanto avviene nelle fabbriche, dove sull'operaio si abbattono «negazioni» di ogni tipo. Così, se il suo lavoro genera benessere e comodità per la società civile, al tempo stesso le nega all'operaio, che ottiene soltanto «eccesso di lavoro, morte prematura, degradazione a macchina»[469]; se il capitalista si arricchisce senza lavorare, l'operaio, lavorando oltre ogni limite, guadagna tanto che «su quattro figli due devono morirgli di fame»[470]; ancora, quanto maggiore è la quantità di oggetti che l'operaio produce con il sudore della sua fronte, tanto minore è poi la quantità che egli può possedere: anzi, «ben lungi dal poter comprare ogni cosa, è costretto a vendere se stesso e la sua umanità»[471], riducendosi a merce tra le tante.

Dunque, compiamo anche noi, con il Marx dei *Manoscritti*, la catabasi nelle fabbriche per studiare da vicino il soggiogamento che vi si produce: la prima delle quattro forme in cui si realizza l'alienazione riguarda il prodotto del lavoro dell'operaio, nei confronti del quale egli si viene a trovare «come rispetto ad un oggetto *estraneo*»[472]. Infatti, l'oggetto che egli produce con il suo lavoro non gli appartiene, ma, al contrario, gli viene strappato di mano dal capitalista, che, pur non avendo contribuito al processo lavorativo, ne rivendica la proprietà, poiché gli appartengono i mezzi con cui esso è stato compiuto e ha, inoltre, acquistato la disposizione sulla capacità lavorativa dell'operaio. L'inevitabile conseguenza è che il prodotto del lavoro, di fronte all'operaio che l'ha creato, si pone come un essere estraneo, come una «*potenza indipendente*»[473], dotata di vita autonoma e tale da esercitare su di lui una forma di dominio, costringendolo a chinare il capo di fronte ad essa. È l'analogo, sul piano della produzione materiale, di quanto avviene secondo Feuerbach nei cieli della religione, ove la divinità si erge come una creatura estranea e spaventosa di fronte all'uo-

469 K. Marx, *Manoscritti economico-filosofici del 1844*, cit., p. 15. Corsivo nostro.

470 Ivi, p. 18.

471 Ivi, pp. 17-18. Traduzione modificata.

472 Ivi, p. 72.

473 Ivi, p. 71.

mo che l'ha creata. Proprio come nella religione quanto più l'uomo mette in Dio, tanto meno mantiene in se stesso, così, nella produzione materiale, «quanti più oggetti l'operaio produce, tanto meno egli ne può possedere»[474]; e quanto più mette nel prodotto, tanto meno gli resta di se stesso, poiché «la *svalorizzazione* del mondo umano cresce in rapporto diretto con la *valorizzazione* del mondo delle cose»[475]; in altri termini, «la vita che egli ha dato all'oggetto, gli si contrappone ostile ed estranea»[476]. Ciò vuol dire che il prodotto del suo lavoro non solo diventa un «oggetto» (*Gegenstand*), ossia – letteralmente – qualcosa che gli sta di fronte[477], ma assume i tratti di un'entità che esiste all'esterno, dotata di una vita autonoma e indipendente da chi l'ha prodotta. Senza forzare il testo di Marx, è legittimo sostenere che, una volta portato a termine il processo lavorativo, l'operaio ha di fronte a sé non un oggetto, bensì un padrone che lo sottomette e lo domina, un ente «estraneo e oppressivo»[478], analogo al dio della religione. A tal proposito, Marx impiega un'espressione particolarmente efficace, parlando espressamente di «signoria del suo prodotto» (*Herrschaft seines Produkts*), a causa della quale l'operaio diventa un vero e proprio «servo del suo oggetto»[479], che lo domina e che gli è estraneo, anziché permettergli di soddisfare bisogni e di realizzare se stesso in quanto uomo. Si tratta, per l'operaio, di una soggezione la cui realizzazione passa per i due momenti distinti dell'imposizione dell'oggetto da lavorare e della sottrazione del prodotto di quel lavoro da parte del capitalista, che se ne appropria e corrisponde all'operaio un salario tale da consentirgli di mantenersi in vita e di non interrompere il processo lavorativo.

A questo punto della riflessione marxiana, emerge come l'operaio sia asservito non soltanto al prodotto del suo lavoro, ma

474 Ivi, p. 72.

475 Ivi, p. 71.

476 Ivi, p. 72.

477 Come è noto, il termine tedesco «Gegenstand» è composto dalla preposizione «gegen» («contro») e dal verbo «stehen» («stare»): letteralmente, significa «ciò che sta di fronte», a segnalare l'alterità e l'opposizione rispetto al soggetto.

478 Ivi, p. 76.

479 Ivi, p. 73. Traduzione modificata.

anche al lavoro in quanto tale o, se si preferisce, all'attività lavorativa: per usare l'espressione impiegata dallo stesso Marx, «l'estraniazione si mostra non soltanto nel risultato, ma anche nell'*atto della produzione*, entro la stessa *attività produttiva*»[480]. Ciò vuol dire che il lavoro stesso, vale a dire quell'attività che, nella prospettiva «lavoro-centrica» marxiana, permette all'uomo di dominare la natura e di distinguersi dalle bestie, diventa uno strumento con cui egli viene tenuto in catene: da strumento di libertà, esso si capovolge in mezzo di asservimento. Come si vede, è ancora una volta la categoria dialettica della negazione a prevalere: per i capitalisti, il lavoro è fonte di ricchezza, di bellezze, di civiltà, di tempo libero; per l'operaio, viceversa, non fa che creare privazioni, deformità, barbarie, repressione di bisogni, soggezione. Più in generale, col suo lavoro l'operaio non si afferma, ma, al contrario, si nega, si sente infelice e si abbruttisce in ogni suo aspetto, con la conseguenza che nel lavoro, ossia in ciò in cui dovrebbe al massimo grado sentirsi realizzato e libero, egli «si sente fuori di sé»[481], privo di libertà. Questo accade in virtù del fatto che, come sottolinea Marx, nelle fabbriche il lavoro non è volontario, ma è «costretto»[482], giacché viene posto nella forma di un «*lavoro forzato*»[483] (*Zwangsarbeit*) a cui l'operaio, non meno dell'antico schiavo, non può sottrarsi, pena il morir di fame e il trascinare nella stessa sorte infausta la propria famiglia. Con lo stesso rovesciamento dialettico che abbiamo visto all'opera fino a ora, il lavoro cessa di essere il soddisfacimento di un bisogno per capovolgersi perversamente in mezzo per soddisfare i bisogni di un altro individuo, il capitalista. Egli non lavora e, ciò non di meno, trae tutti i vantaggi possibili del lavoro, lasciando generosamente all'operaio ogni svantaggio. Una prova empirica che testimonia di come l'operaio viva il proprio lavoro in fabbrica come una costrizione viene, secondo Marx, dal fatto che «non appena vien meno la coazione fisica o qualsiasi altra coazione, il lavoro viene fuggito come la peste»[484].

480 Ivi, p. 74.

481 Ivi, p. 75.

482 *Ibidem*.

483 *Ibidem*.

484 *Ibidem*. Corsivo nostro.

Nel processo lavorativo che si attua in fabbrica, «l'attività dell'operaio non è la sua propria attività. Essa appartiene ad un altro»[485], che la dirige dall'alto senza prendervi parte. Essendogli dunque precluso il lavoro come forma di autorealizzazione e di libertà, l'operaio cerca altrove la propria libertà e la trova, nella sua forma più bassa, in quelle funzioni che ha in comune con gli animali e che coincidono con la soddisfazione dei bisogni naturali: il mangiare, il bere e il riprodursi. In tal modo, «ciò che è animale diventa umano, e ciò che è umano diventa animale»[486], nel senso che le caratteristiche tipicamente animali del mangiare, del bere e del riprodursi vengono sentite dall'operaio come le sole in cui egli sia libero e umano; e, al tempo stesso, il lavoro che egli svolge in fabbrica, svuotato da ogni connotato umano, si colora di quelle caratteristiche inumane proprie del lavoro che svolgono gli animali al servizio dell'uomo. È la stessa economia politica – rileva Marx – a considerare, di fatto, l'operaio alla stregua di un animale, più precisamente «come *soma da lavoro* (*Arbeitstier*), come una bestia ridotta ai più elementari bisogni della vita»[487], guardandosi bene dal concepirlo come un uomo nelle ore che egli non dedica al lavoro. Ciò si riverbera immancabilmente sul salario che egli percepisce, poiché, agli occhi cinici dell'economia politica, «al pari di un cavallo, deve guadagnare quel tanto che gli basti per poter lavorare»[488], come se la sua vita si esaurisse interamente nell'attività lavorativa. Il fatto che l'operaio sia sottomesso, a un tempo, alla propria attività lavorativa e al prodotto che ne scaturisce implica che, in effetti, egli sia anche assoggettato a un altro uomo che, senza partecipare al processo lavorativo, gode dei frutti che esso produce. Entriamo così nella quarta determinazione dell'alienazione (della terza tratteremo poco più avanti, per via della sua problematicità). Vista da una diversa angolatura, la questione può così essere formulata: col lavoro estraniato che si attua nelle fabbriche, l'uomo «costituisce pure il rapporto in cui altri uomini stanno con la sua produzione e col suo pro-

485 *Ibidem.*

486 *Ibidem.*

487 Ivi, p. 22. Corsivo nostro.

488 Ivi, p. 20.

dotto, e il rapporto in cui egli sta con questi altri uomini»[489]. Marx esprime questo punto asserendo che «nel mondo reale pratico l'autoestraneazione può presentarsi soltanto nel rapporto reale pratico con gli altri uomini»[490]. L'operaio, tramite il proprio lavoro, «pone in essere la *signoria* (*Herrschaft*) di colui che non produce»[491], una signoria che rimanda in maniera fin troppo evidente al rapporto dialettico tra il servo e il padrone che era stato tratteggiato da Hegel e che, come abbiamo visto, è duplice (sul prodotto e sull'attività lavorativa). In fabbrica, l'attività lavorativa avviene «sotto il dominio, la coercizione e il giogo di un altro uomo»[492] (*unter der Herrschaft, dem Zwang und dem Joch eines andern Menschen*), che dispone del lavoro altrui a proprio piacimento, piegandolo alle condizioni che è egli stesso a dettare, dato che, nelle ore che trascorre in fabbrica, la capacità lavorativa dell'operaio appartiene al capitalista. In questo rapporto che, esattamente come in quello del servo e del signore nella *Fenomenologia* hegeliana, lega l'operaio con «un uomo che è estraneo e al di fuori del lavoro»[493], si realizzano una schiavitù e una subordinazione radicali. La dialettica servo-signore, che Hegel aveva limitato al mondo antico, è assunta da Marx come ancora viva nel moderno sistema di fabbrica. In questo modo, l'estraniazione dell'uomo dall'uomo raggiunge il vertice. Attraverso l'estraniazione dell'attività produttiva, l'operaio si estrania anche dal genere umano, smarrisce la sua essenza di «essere appartenente a una specie» (*Gattungswesen*) che può pienamente realizzarsi solo tramite il lavoro. Con il lavoro estraniato, come abbiamo visto, l'uomo esce «fuori di sé», nega la sua essenza originaria e «comunitaria» (il *Gemeinwesen* di cui si diceva, ad esempio, nello scritto *Sulla questione ebraica*[494]): come l'Idea, nel sistema hegeliano, esce fuori di sé per poi tornare, alla fine del percorso dialettico, «in sé e per sé», così l'uomo, nei *Manoscritti* marxiani, dopo essere uscito fuori di sé a

[489] Ivi, p. 82.

[490] *Ibidem*.

[491] *Ibidem*. Corsivo nostro.

[492] *Ibidem*.

[493] Ivi, p. 83.

[494] K. Marx, *Sulla questione ebraica*, cit., p. 116.

causa della scissione borghese propria del mondo moderno, deve riguadagnare la sua essenza in forma superiore, perché transitata per il momento negativo della frattura moderna. Così, il comunismo è qualificato come negazione della negazione, cioè come recupero dell'essenza dell'uomo a un superiore livello. Si tratta di una prospettiva problematica, dalla quale Marx prenderà parzialmente le distanze sviluppando una concezione storicistica (che troviamo esposta in parte nei *Grundrisse* e, soprattutto, nel *Capitale*) per cui non esiste una natura umana immutabile e fissa, essendo l'uomo immerso nel flusso della storia. Ma in questa ambivalenza per cui Marx sembra propendere ora per l'idea di una natura umana da recuperare, ora per l'idea di uno storicismo assoluto, si annida uno dei punti più ambigui del pensiero marxiano, un'irrisolta ambivalenza strutturale, anche alla luce del fatto che essa non verrà superata, neppure nella maturità (anche in questo caso, dunque, il teorema della «rottura epistemologica» sembra incapace di fornire una soluzione coerente). Presente già nel periodo giovanile, quando da un lato Marx parla dell'uomo come *Gattungswesen* e *Gemeinwesen* e, dall'altro, sostiene ambiguamente che «l'*essenza umana* non possiede una realtà vera»[495], che «l'uomo è il mondo dell'uomo»[496] e che «l'essere umano non è un'astrazione immanente all'individuo singolo, [...] esso è l'insieme dei rapporti sociali»[497] (il che equivale a sostenere che a esistere non è l'uomo, ma sempre e solo le forme storicamente determinate delle relazioni tra gli uomini e delle loro realizzazioni oggettive), tale ambivalenza ritorna con insistenza nelle opere della maturità, come quando, nei *Grundrisse* e nel *Capitale*, dopo aver argomentato in favore dell'assoluta storicità della natura umana, Marx la definisce – contraddicendosi palesemente – in maniera analoga a come l'aveva definita Aristotele, ammettendo una socialità modellata sulla base di determinati rapporti di produzione e di norme etiche, ma al di sotto della quale sembra comunque problematicamente permanere una qualche «essenza di genere»:

495 K. Marx, *Per la critica della filosofia del diritto di Hegel. Introduzione*, cit., p. 50. Traduzione modificata.

496 Ivi, p. 49.

497 K. Marx, *Tesi su Feuerbach*, cit., p. 51. Traduzione modificata.

«L'uomo è nel senso più letterale del termine uno *zoon politikòn*, non solo *un animale sociale* (*ein geselliges Tier*), bensì un animale che può isolarsi solo nella società. La produzione dell'individuo isolato all'esterno della società – una rarità, un fatto che può effettivamente accadere a un individuo civilizzato che il caso ha condotto in un luogo selvaggio, a un individuo che in sé possiede già dinamicamente le forze sociali – è una assurdità pari al formarsi di una lingua senza che esistano individui che vivano e parlino *assieme*»[498].

Una contraddizione che, del resto, oltre ad affiorare nell'ammissione di uno sviluppo onnilaterale dell'uomo dell'avvenire e nella prospettiva lavoro-centrica di Marx, si riverbera nella stessa concezione marxiana del comunismo, inteso ambiguamente come recupero della vera essenza umana dopo il lungo viaggio della «preistoria» e dell'alienazione, e, insieme, come superamento radicale del passato ed emergenza dell'«homo novus», del tutto slegato dalle forme umane emerse nella storia passata. Così, nel Marx «giovane» troviamo una concezione umanistico-naturalistica del comunismo, inteso (non diversamente da come Hegel intendeva il recupero della «bella eticità» dopo le avventure della scissione moderna) come riconciliazione finale dell'uomo con il suo proprio lavoro e con la natura circostante, e, di conseguenza, con la sua «essenza comunitaria» (*Gemeinwesen*) che la proprietà privata ha soppresso rendendolo straniero a se stesso: concezione che, nel Marx «maturo», sembra indietreggiare (ma non sparire) per fare posto a uno storicismo in accordo con il quale non è neppure possibile, a rigore, parlare di «natura umana». È da questa ambivalenza che ne scaturisce un'altra, su cui gli interpreti hanno a lungo disputato: quella del ruolo da attribuire al concetto di alienazione nel pensiero di Marx, soprattutto nelle opere successive ai *Manoscritti*. Assunta dal Lukács di *Storia e coscienza di classe* (ma anche da Fromm e da molti altri) come fulcro teorico del pensiero marxiano – con la conseguenza del tutto indimostrabile che essa costituirebbe «il nucleo del pensiero del "giovane" Marx, che ha scritto i *Manoscritti economico-filosofici*, e del "vecchio" Marx che ha scritto il *Capitale*»[499]

[498] K. Marx, *Lineamenti fondamentali di critica dell'economia politica*, cit., I, p. 6.

[499] E. Fromm, *Marx's Concept of Man*, cit., p. 51. Traduzione nostra.

(nel *Capitale* il concetto di alienazione è marginale) –, la nozione di alienazione è stata liquidata da Althusser e dalla sua scuola come una «categoria premarxista», che è sì centrale nel «giovane Marx», umanista e filosofo, ma che scompare completamente nel «secondo Marx», scienziato del capitale. Tuttavia, ciò di cui la scuola di Althusser non è in grado di rendere conto è il sopravvivere, anche in un'opera della «maturità» quale è il *Capitale*, del concetto di alienazione, che indubbiamente non occupa più il posto centrale occupato nei *Manoscritti*, ma che non di meno è presente – ancorché a margine – anche nelle opere della maturità (il che avvalora l'idea che vorrebbe Marx in bilico tra un'idea di natura umana fissa, da recuperare, e un'idea di natura umana in divenire e storicamente determinata). Di fronte alla presenza del concetto di alienazione anche nelle pagine del *Capitale*, Althusser e la sua scuola non trovano altra soluzione se non quella di sostenere che «le parole in cui si esprimono i concetti nuovi introdotti dal *Capitale* sono, in molti casi, le stesse che servivano ad esprimere i concetti antropologici del giovane Marx»[500]: ciò significa che, quando ci imbattiamo nel termine «alienazione» nel *Capitale*, esso presenta un significato del tutto diverso (ma non è chiaro, allora, perché Marx abbia dovuto impiegare lo stesso termine) rispetto a quello che aveva nei *Manoscritti*. Tanto la soluzione del Lukács di *Storia e coscienza di classe* quanto quella di Althusser e della sua scuola, nella loro unilateralità, hanno tagliato in maniere antitetiche il nodo gordiano del problema dell'alienazione, senza rendersi conto che si tratta di una «zona d'ombra» della riflessione marxiana, di un'ambivalenza non risolta né coerentizzata: di un'ambivalenza che, ben lungi dall'essere espunta dalle opere della «maturità», sopravvive in esse, nella misura in cui la troviamo problematicamente innestata (e ambiguamente riassorbita) nella «teoria del valore». Detto in altri termini, la teoria filosofica dell'alienazione umana e la teoria economica del valore-lavoro si fondono, nel discorso marxiano, in un'unica e problematica concezione filosofica di stampo idealistico. È il concetto di alienazione,

500 L. Althusser, *Leggere il «Capitale»*, cit., p. 126.

infatti, che – come vedremo – permette a Marx di fondare una teoria dello sfruttamento muovendosi sul terreno di una teoria del valore, reimpostando, in termini originalissimi rispetto a quelli dell'economia politica classica, il problema dello scambio e del valore, rispettando l'equazione valore-lavoro e, insieme, mantenendo la categoria umanistico-filosofica dello sfruttamento-alienazione (il «pluslavoro»). In questo senso, la legge del valore, che per l'economia politica classica incarna e al tempo stesso testimonia la razionalità del sistema capitalistico, per Marx non fa altro che esprimere l'irrazionalità, lo sfruttamento, il feticismo e l'alienazione che lo permeano nelle sue strutture di fondo. Quella che si verifica in Marx è, allora, una problematica «persistenza dell'alienazione in una teoria che però non vede in essa il proprio asse portante»[501].

3. *Pluslavoro e plusvalore: la critica dell'economia politica e il dispotismo di fabbrica.*

> «Si è messo in chiaro che l'operaio salariato ha il permesso di lavorare per la sua propria vita, cioè di vivere, solo in quanto lavora, per un certo tempo, gratuitamente, per il capitalista (e quindi anche per quelli che insieme col capitalista consumano il plusvalore); che tutto il sistema di produzione capitalistico si aggira attorno al problema di prolungare questo lavoro gratuito prolungando la giornata di lavoro o sviluppando la produttività cioè con una maggiore tensione della forza-lavoro, ecc.; che dunque il sistema del lavoro salariato è un sistema di schiavitù».
>
> (K. Marx, *Critica del programma di Gotha*)

Dopo la parentesi sui *Manoscritti* del 1844, possiamo ora tornare al *Capitale* e ai *Grundrisse*. Il nucleo teorico sul quale Marx, in queste due opere, costruisce la sua analisi del modo di produzione capitalistico e del sistema di fabbrica è costituito dalle due nozioni complementari di «pluslavoro» (*Mehr-*

501 R. Fineschi, *Marx e Hegel. Contributi a una rilettura*, cit., p. 99.

arbeit) e di «plusvalore» (*Mehrwert*), nozioni che, se si presta fede alla «lettura sintomale» di Althusser, costituirebbero la grande novità rispetto all'economia politica classica[502] e, al tempo stesso, come ha tentato di mostrare Löwith[503], rappresenterebbero un tentativo di fornire legittimità scientifica a una nozione che, in ultima analisi, resta morale (lo sfruttamento). La teoria marxiana presentata nel *Capitale* è costituita da un problematico intreccio di due nozioni difficilmente compatibili come quella economica di *valore* e quella umanistico-filosofica di *alienazione*: quest'ultima, pur smarrendo la centralità che occupava nei *Manoscritti*, continua a svolgere un ruolo essenziale nell'analisi marxiana. Prima di avviare la trattazione delle nozioni di «pluslavoro» e di «plusvalore», occorre tuttavia svolgere due rapide considerazioni preliminari sul concetto di «critica dell'economia politica» e di «modo di produzione capitalistico», per sgomberare il campo da possibili equivoci.

Marx non è stato – né mai ha voluto essere – un «economista», né tanto meno ha voluto gettare le basi di una «economia politica di sinistra» (quale era quella dei cosiddetti «socialisti ricardiani» e quale sarà quella di Keynes, di Schumpeter e di Sraffa) o di una «economia politica critica»; al contrario, quella da lui intrapresa è – secondo le sue stesse parole – una «critica dell'economia politica»[504], ossia una discussione critica e

502 Cfr. L. Althusser, *Leggere il «Capitale»*, cit., pp. 221-222. Lo stesso Engels, del resto, aveva rilevato, a proposito della teoria marxiana del plusvalore e del pluslavoro, che essa «è brillata come un fulmine a ciel sereno»: Prefazione a K. Marx, *Il capitale*, II, cit., p. 16.

503 Cfr. K. Löwith, *Significato e fine della storia. I presupposti teologici della filosofia della storia*, cit., pp. 63 ss.

504 Cfr. E. Mandel, *La formazione del pensiero economico di Karl Marx dal 1843 alla redazione del «Capitale»*, cit., pp. 41-52. In particolare, se ci atteniamo alla ricostruzione di Ernest Mandel, è nell'estate del 1845, durante il soggiorno a Manchester, che Marx matura la convinzione che il principale bersaglio della critica debba essere l'economia politica (e non più la religione o la filosofia, con cui pure ancora si misura criticamente nell'*Ideologia tedesca*). La ricostruzione di Mandel, in particolare, mette in luce come, in un primo momento, Marx rifiuti il terreno dell'economia politica, e tenda ad accusare Ricardo di «ipocrisia» per la sua tesi che collega strettamente i prezzi ai lavori contenuti nelle merci. Marx trova inutile questo «raddoppiamento», e, attribuendo agli economisti la tesi per cui il lavoro è tutto, sospetta in loro una ambigua intenzione «schiavista», secondo la quale le finalità

polemica delle categorie dell'economia politica classica e dei suoi principali esponenti, per mostrarne le contraddizioni e le aporie: una critica dell'economia politica che investe la riproduzione capitalistica nella sua globalità (dalla produzione ai modi di vita), presentandosi, in ultima analisi, come una teoria generale della società inserita nella cornice di una ben precisa filosofia della storia futuro-centrica. Se l'economia politica coincide, secondo Marx, con l'autocoscienza ideologica del polo borghese, la critica dell'economia politica coincide con l'autocoscienza critica e scientifica del polo proletario. Per questa via, quella elaborata nel *Capitale*, nei *Grundrisse* e negli altri scritti della «maturità» si configura non come una «scienza» (*science*) in senso positivistico (come viene presentata, in modo fuorviante, da Engels nell'*Antidühring*), ma come una «scienza filosofica» (*philosophische Wissenschaft*) – nel senso attribuito a questa espressione da Fichte e da Hegel – che sottopone a critica l'insieme olistico della società capitalistica, prendendo di mira i suoi vari aspetti religioso, politico, sociologico, culturale, organicamente interconnessi. È anche in questa luce che si può leggere il già ricordato motto dell'*Ideologia tedesca* «abbandonare il terreno della filosofia»: tale abbandono si configura come un volgersi non solo verso la «prassi rovesciante», ma anche verso la «scienza», concepita – sulla scia dell'idealismo fichteano-hegeliano – come «superamento» della filosofia, la quale diventa «sapere effettivo», da «amore per il sapere» che era inizialmente. Considerazione, questa, che permette di comprendere aspetti della riflessione marxiana che, altrimenti, resterebbero enigmatici: in primo luogo il fatto che egli possa presentare a Engels, nel 1866, il

spirituali sarebbero riservate alla borghesia, mentre la restante parte della società sarebbe obbligata a lavorare per mantenere i pochi privilegiati. Mandel dimostra come siano decisive le sei settimane trascorse a Manchester (ospite di Engels) a far cambiare idea a Marx, che, affascinato dall'opera dei socialisti ricardiani (molto attivi sia nel movimento cartista sia in quello tradeunionista, e che interpretavano le teorie di Ricardo come «diritto integrale del reddito da parte del lavoro stesso»), si è spinto a individuare nell'economia politica e nella teoria del valore la «scienza alienata» del modo di produzione capitalistico. Pare invece del tutto fuorviante la posizione di chi, come McLellan, sostiene che «Marx fu l'ultimo e il più grande degli economisti classici» (*Marx*, cit., p. 53), e non invece il loro affossatore.

proprio lavoro come «un trionfo della *scienza tedesca* (*deutsche Wissenschaft*)»[505]. Già nel 1858, del resto, Marx aveva preannunciato che uno dei compiti per il futuro consisteva nell'elaborazione di una «economia come scienza *nel senso tedesco* (*im deutschen Sinn*)»[506], ossia nel senso di una «scienza filosofica»; compito che sarà portato a termine con il *Capitale*. In questo senso, Marx non si è limitato a «civettare» (*kokettieren*) qua e là con la dialettica hegeliana, ma l'ha fatta integralmente sua applicandola a un nuovo oggetto: il «modo di produzione capitalistico», inteso hegelianamente come una totalità contraddittoria, come un tutto al cui interno le parti sono in contraddizione dinamica, come – secondo l'espressione dei *Grundrisse* – una «contraddizione in processo»[507] (*prozessierende Widerspruch*), o anche, secondo la diagnosi di Balibar, come «un'impossibilità incessantemente differita»[508]. Il modo di produzione capitalistico, inteso come totalità organica e contraddittoria, viene così a essere, nel discorso marxiano, l'equivalente del *Begriff* («concetto») della *Scienza della logica* di Hegel; come, del resto, la doppiezza contraddittoria riscontrata da Marx nella merce – in cui il «valore di scambio» e il «valore d'uso» si escludono a vicenda e al tempo stesso si implicano reciprocamente (le merci, intese come valori di

505 K. Marx, lettera a F. Engels del 20 febbraio 1866, in *MEW*, cit., XXXI, p. 183. Traduzione nostra.

506 K. Marx, lettera a F. Lassalle del 12 novembre 1858, in *MEW*, cit., XXIX, p. 567. Traduzione nostra.

507 K. Marx, *Lineamenti fondamentali di critica dell'economia politica*, cit., I, p. 718. È stato messo in luce come Marx – specialmente per quel che concerne nozioni come «processo», «totalità» e «contraddizione» – usi la *Scienza della logica* di Hegel non solo nel primo libro del *Capitale*, ma anche nei *Grundrisse* (opera in cui, curiosamente, il nome di Feuerbach è citato una sola volta): «se consideriamo non soltanto il larghissimo uso che i *Grundrisse* fanno della terminologia hegeliana, non soltanto i passi numerosi che riflettono consapevolmente sul metodo hegeliano e consapevolmente ne fanno uso, ma la struttura fondamentale del ragionamento seguita dai *Grundrisse*, diventa evidente l'enorme servizio reso a Marx dallo studio della *Logica* di Hegel. [...] Il contributo di Hegel è nell'aver fornito il criterio per afferrare con la mente una totalità in movimento, in sviluppo» (M. Nicolaus – M. Postone – H. Reinicke, *Dialettica e proletariato. Dibattito sui «Grundrisse» di Marx*, La Nuova Italia, Firenze 1978, a cura di B. Accarino, p. 29).

508 E. Balibar, *La filosofia di Marx*, cit., p. 120.

scambio, sono qualitativamente uguali, simmetricamente divisibili e universali; intese invece come valori d'uso, sono tutte diverse tra loro, non divisibili e particolari) – rimanda direttamente a quella rinvenuta dall'Hegel della *Scienza della logica* nel «finito»[509] (il quale è dialettico, *è* e insieme non *è*, essendo unità di determinazioni contraddittorie). Riprendendo il rapporto dialettico con cui Hegel aveva posto in relazione l'«essere» e l'«essenza», per cui l'essenza (che sembrava secondaria e derivata) si mostrava poi come il primo reale, mentre l'essere (che sembrava il primo assoluto) si configurava come una parvenza posta dall'essenza («la verità dell'essere è l'essenza»), Marx mostra come il valore d'uso diventi la forma di manifestazione del suo opposto (il valore di scambio) e come analogamente il lavoro concreto diventi la forma di manifestazione del suo contrario (il lavoro astratto), assumendo queste inversioni, a partire dalla merce, come base della «inversione» (*Verkehrung*) in cui è sospesa la società moderna. Senza affrontare in questa sede la disputatissima questione del rapporto tra Hegel e Marx (la cui trattazione richiederebbe uno o più libri a parte), ci limitiamo a segnalare – rimandando all'ottima e recente ricostruzione di Roberto Fineschi[510] – come Marx abbia preteso per tutta la vita di superare Hegel, lasciandoselo alle spalle, senza però mai riuscirci del tutto e, in questo senso, restando sempre un hegeliano: così, il giovane Marx critica Hegel (non di rado fraintendendolo e banalizzandolo) per aver assegnato la priorità all'Idea e per aver elaborato una filosofia della storia «Spirito-centrica»[511], precipitando così nel

[509] G. W. F. Hegel, *Wissenschaft der Logik*, 1812; tr. it. *Scienza della logica*, Laterza, Roma–Bari 1924, a cura di A. Moni, 2 voll., I, pp. 135 ss.

[510] R. Fineschi, *Marx e Hegel. Contributi a una rilettura*, cit. Il maggior merito di questo libro sta, a nostro avviso, nella sua radicale messa in discussione della correttezza dell'interpretazione marxiana di Hegel, nella consapevolezza – di per sé banale, ma storicamente assente in quasi tutti gli interpreti del Novecento – che «una cosa è Hegel, altra l'Hegel interpretato da Marx» (ivi, p. 185).

[511] «La concezione della storia di *Hegel* presuppone uno spirito *astratto* o *assoluto*, il quale si sviluppa in modo tale che la umanità è solo una *massa* che coscientemente o inconsciamente lo porta. Hegel fa perciò accadere, all'interno della storia *empirica*, essoterica, una storia *speculativa*, esoterica. La storia dell'umanità si trasforma nella storia dello spirito dell'umanità, di uno spirito *astratto*, e quindi *trascendente* rispetto all'uomo reale»: cfr. K. Marx – F. Engels, *La sacra famiglia*, cit., p. 109. Cfr. R. Fineschi,

«misticismo» speculativo, ma poi resta egli stesso hegeliano nella misura in cui capovolge (e dunque conserva) la filosofia della storia hegeliana, «materializzandola»; il Marx maturo, invece, da un lato ritiene di aver scoperto «il nocciolo razionale entro il guscio mistico»[512] della dialettica hegeliana, capovolgendola e facendola camminare sul terreno materiale della «struttura» e, dall'altro, costruisce – a partire dai *Grundrisse* – la sua analisi del modo di produzione capitalistico e delle sue determinazioni modellandole sulla *Scienza della logica* di Hegel, giungendo all'elaborazione di una «scienza filosofica» in senso hegeliano. In questo senso, più che da Hegel, come ritiene erroneamente Althusser, Marx prende gradualmente le distanze dalla propria originaria visione distorta e mistificante di Hegel, di cui continua a essere – più o meno consapevolmente – seguace, soprattutto per quel che riguarda l'impiego delle categorie di «totalità»[513], di «contraddizione», di «superamen-

Marx e Hegel. Contributi a una rilettura, cit., p. 74: per il giovane Marx «Hegel resta una sorta di mistico "emanazionista". La sua grandezza sta nell'aver individuato il funzionamento dello sviluppo dialettico, però lo ha utilizzato per costruire un sistema mistico in cui il pensiero crea la realtà materialmente concettualizzandola».

[512] K. Marx, *Il capitale*, I, cit., p. 45. Cfr. ivi, pp. 44-45: «per il suo fondamento, il mio metodo dialettico non solo è differente da quello hegeliano, ma ne è anche direttamente l'opposto. Per Hegel il processo del pensiero, che egli, sotto il nome di Idea, trasforma addirittura in soggetto indipendente, è il demiurgo del reale, mentre il reale non è che il fenomeno esterno del pensiero; per me, viceversa, l'elemento ideale non è altro che l'elemento materiale trasferito e tradotto nel cervello degli uomini. [...] Ho criticato il lato mistificatore della dialettica hegeliana quasi trent'anni fa, quando era ancora la moda del giorno. Ma proprio mentre elaboravo il primo volume del *Capitale* i molesti, presuntuosi e mediocri epigoni che dominano nella Germania cólta si compiacevano di trattare Hegel come ai tempi di Lessing il bravo Moses Mendelssohn trattava Spinoza: come un "cane morto". Perciò mi sono professato apertamente scolaro di quel grande pensatore e ho perfino civettato qua e là, nel capitolo sulla teoria del valore, con il modo di esprimersi che gli è peculiare. La mistificazione alla quale soggiace la dialettica nelle mani di Hegel non toglie in nessun modo che egli sia stato il primo ad esporre ampiamente e consapevolmente le forme generali del movimento della dialettica stessa. In lui essa è capovolta. Bisogna rovesciarla per scoprire il nocciolo razionale entro il guscio mistico».

[513] Su questo tema ha insistito soprattutto Lukács, il quale – distinguendo il metodo di Hegel (rivoluzionario) dal suo sistema (statico e conservatore) – ha sostenuto che «la categoria della totalità, il dominio determinante ed onnilaterale dell'intero sulle parti è l'essenza del metodo che Marx ha assunto da Hegel riformulandolo in modo originale e ponendolo alla base di una scienza interamente nuova» (G. Lukács, *Storia e coscienza di classe*, cit., p. 35).

to», di dialettica tra apparenza e realtà. In questo senso, ci sembra legittimo sostenere che Marx, in una sorta di «parricidio mancato»[514] nei confronti del proprio maestro, resta hegeliano non solo per il metodo dialettico, ma anche – almeno entro certi limiti – per l'oggetto, nella misura in cui applica hegelianamente la dialettica alla totalità ontologica della società umana (il modo di produzione capitalistico) concepita come un tutto.

L'impiego marxiano dell'espressione «modo di produzione capitalistico» (*kapitalistische Produktionsweise*) – e così entriamo nella seconda delle considerazioni preliminari preannunciate – rimanda dunque, direttamente, allo studio di un «concetto» articolato in una pluralità di determinazioni (secondo la *Scienza della logica* di Hegel); di un concetto che viene analizzato da ogni possibile punto di vista, e dunque non solo da quello economico, ma anche da quello storico-genetico (il capitolo ventiquattresimo del primo libro, vero e proprio antidoto contro l'illusione robinsoniana) e in un quadro in cui è radicata una ben precisa filosofia della storia (l'epoca del capitale reca in sé le contraddizioni che la faranno evolvere verso il comunismo, assunto implicitamente come *telos* dell'intero processo). È anche per questo motivo che, come è stato messo in luce da Bruno Bongiovanni[515], Marx non impiega neppure una volta, in tutta la sua opera, il termine «capitalismo» (*Kapitalismus*) – che i suoi successori utilizzeranno invece senza tregua, in maniera ossessiva –, benché esso fosse largamente adoperato in quegli anni (lo si ritrova anche in Louis Blanc): infatti, egli non intende descrivere le differenti società capitalistiche empiriche, diverse l'una dall'altra, ma piuttosto creare un modello generale, uno scheletro – per così dire – senza carne e senza sangue; un «concetto», per l'appunto. Questo radicale hegelismo è

[514] Abbiamo desunto questa espressione efficace dal recente libro di Roberto Finelli, *Un parricio mancato. Hegel e il giovane Marx* (Bollati Boringhieri, Torino 2004), in cui l'autore si concentra soprattutto sul rapporto intrattenuto dal giovane Marx con Hegel.

[515] Cfr. B. Bongiovanni, voce «Capitalismo», in «Azimut», n. 21-22 (anno V). Anche noi, sulla scia della tradizione degli studi su Marx e sul marxismo, abbiamo finora utilizzato (e utilizzeremo spesso anche in seguito) l'espressione «capitalismo» come sinonimo di «modo di produzione capitalistico». Cfr. anche M. Manale, *Aux origines du concept de «marxisme»*, in «Economies et sociétés. Cahiers de l'I.S.E.A.», n. 17 (1974), pp. 1400 ss.

stato adombrato, tra gli altri, da chi ha parlato di un «circolo del presupposto posto» nel pensiero marxiano, ma anche – e forse in misura maggiore – da chi, come Chris Arthur, ha sostenuto che Marx intende il capitale come un Soggetto che si autopone (autovalorizzandosi), come una Totalità aperta che include un «elemento materiale» (i lavoratori) e che, per ciò stesso, non riesce a porsi come Totalità chiusa e compiuta, ma resta impigliato in una contraddizione fondamentale[516].

Svolte queste due considerazioni preliminari, possiamo addentrarci, con Marx, nel «segreto *laboratorio della produzione*»[517] e cercare di svelare «l'*arcano* (*Geheimnis*) della fattura del plusvalore»[518], su cui Marx si sofferma soprattutto nel primo libro del *Capitale*. Come abbiamo visto, il modo di produzione capitalistico si configura, per Marx, essenzialmente come epoca della valorizzazione del valore e della produzione di merci e di profitto. Ma, concretamente, come si verifica tutto questo? Marx rigetta la possibilità che il profitto del capitalista derivi dallo scambio delle merci, poiché la forma di produzione capitalistica presuppone che merce contro merce o merce contro denaro vengano sempre scambiate in modo equivalente, dato che un profitto frutto di scambio ineguale si realizza solamente nelle «forme antidiluviane» del capitalismo (più precisamente, nella sua antica forma di capitale commerciale e usuraio). Scartata questa possibilità, Marx rinviene altrove la fonte del plusvalore: nella forza-lavoro, quella merce che, come abbiamo visto, è costretta a mettersi in vendita e che, una volta acquistata, diventa «fonte di valore» per il capitalista che ne è divenuto proprietario. Anche qui, come nel processo della compra-vendita della forza-lavoro, Marx mostra come convivano due diversi livelli, quello fenomenico della superficie e quello profondo del reale: sul primo si muove l'economia politica classica, al fine di dimostrare come tutto il processo dell'impiego della forza-lavoro acquistata si

[516] Cfr. C. J. Arthur, *Dialectics of Labour. Marx and his Relation to Hegel*, Basil Blackwell, Oxford 1986.

[517] K. Marx, *Il capitale*, I, cit., p. 208.

[518] *Ibidem*.

svolga, non meno della compra-vendita, in forma libera ed equa; al secondo livello giunge, invece, Marx con la sua analisi demistificatrice, scoprendo che anche l'utilizzo della «forza-lavoro» (e non del semplice «lavoro», come aveva erroneamente creduto fino al 1849[519]) soggiace a meccanismi di sfruttamento che, rispetto a quelli dei precedenti modi di produzione, hanno cambiato forma senza però mutare la sostanza coercitiva. Restiamo, per ora, in superficie, ed esaminiamo ciò che accade quando il capitalista permette alla forza-lavoro di passare dallo stato potenziale a quello attuale mediante l'impiego degli strumenti di lavoro di cui egli è monopolista. In questo modo, potremo anche chiarire alcuni altri snodi fondamentali dell'analisi marxiana racchiusa nel *Capitale*. Fin dallo studio iniziale dedicato nel primo capitolo del primo libro alla merce, Marx distingue, come già aveva fatto Aristotele, tra un «valore d'uso» (*Gebrauchswert*) e un «valore di scambio» (*Tauschwert*) proprio di ogni merce. Affinché si possano scambiare sul mercato merci diverse (scarpe con guanti, tela con vestiti) occorre che esse, pur nella loro eterogeneità, presentino un tratto comune, che Marx rinviene nel loro essere il frutto del «lavoro umano eguale in astratto». In altri termini, un «valore d'uso», ossia un bene, ha un «valore di scambio» soltanto nella misura in cui in esso viene a cristallizzarsi, oggettivandosi, una determinata quantità di lavoro umano, oggettivamente misurato attraverso la sua durata temporale (più preci-

519 Ancora nelle conferenze del 1846, poi raccolte da Engels con il titolo di *Lavoro salariato e capitale*, o nel *Manifesto* (1848), Marx non distingue nettamente tra «lavoro» e «forza-lavoro» e, in mancanza di questa distinzione, non può ancora svolgere un'analisi del plusvalore, vale a dire un'analisi *scientifica* (e non soltanto *filosofica*) dello sfruttamento e dell'assoggettamento della classe operaia. Il punto fondamentale, acquisito grazie alla nozione di «forza-lavoro» (soprattutto a partire dal 1858), è che l'operaio non vende al capitalista il suo *lavoro*, come credono gli economisti: egli vende al capitalista *se stesso* come capacità lavorativa per un *tot* di ore al giorno; e, infatti, non appena inizia a lavorare in fabbrica, il suo lavoro non gli appartiene più, è proprietà del capitalista. In questo senso, nello scambio che si attua tra l'operaio e il capitalista resta nascosto il fatto che il primo non vende genericamente al secondo il proprio *lavoro*, bensì la propria *forza-lavoro*, ossia la propria capacità lavorativa, che è l'unica merce di cui sia proprietario. Cfr. E. Mandel, *La formazione del pensiero economico di Karl Marx dal 1843 alla redazione del «Capitale»*, cit., pp. 87-110. Cfr. anche K. Marx, *Lohnarbeit und Kapital*, 1849; tr. it. *Lavoro salariato e capitale*, Bompiani, Milano 2008, a cura di D. Fusaro, pp. 115 ss.

samente, attraverso il «tempo di lavoro socialmente necessario», storicamente determinato e non riferito, proprio perché «socialmente necessario», al lavoro del *singolo* individuo). È in questa maniera che diventa possibile lo scambio di merci diverse, reso anche possibile dall'esistenza del denaro, equivalente generale di tutte le merci. Cancellate le qualità fisiche che rendono le merci diverse le une dalle altre e rimossi i determinati lavori che le hanno prodotte, resta solo, come residuo, la «spettrale oggettività» del lavoro umano astratto materializzato, pura quantità priva di determinazioni qualitative. Nella mercificazione generalizzata che contraddistingue il modo di produzione capitalistico, anche l'operaio viene inteso come una merce liberamente acquistabile sul mercato e scambiata con il denaro corrispondente al tempo necessario per produrla: ma nella misura in cui «il valore della forza-lavoro, come quello di ogni altra merce, è determinato dal *tempo di lavoro necessario* alla produzione e, quindi, anche alla riproduzione, di questo articolo specifico»[520], tale valore non potrà che corrispondere a quello della somma degli alimenti che garantiscono il costante mantenimento in vita dell'operaio. In altri termini, rileva Marx, «il *valore della forza-lavoro* è il *valore dei mezzi di sussistenza necessari* per la conservazione del possessore della forza-lavoro»[521]. Come ogni altra merce, anche la forza-lavoro racchiude un «valore d'uso» e un «valore di scambio», i quali – come è dimostrato nel primo capitolo del *Capitale* – sono reciprocamente indifferenti: è proprio in tale indifferenza che riposa, secondo Marx, non solo il nucleo delle contraddizioni della produzione capitalistica[522], ma anche il segreto

[520] K. Marx, *Il capitale*, I, cit., p. 203.

[521] *Ibidem*.

[522] Su questo punto, cfr. J. Zelený, *Die Wissenschaftslogik bei Marx und «Das Kapital»*, Europäische Verlagsanstalt, Frankfurt a. M. 1969, pp. 51 ss., 75 ss., 125 ss. Ci pare che, su questo punto, sia fuorviante l'analisi della «scuola» di Althusser, per la quale la lettura di chi assume la merce come cellula economica e come contraddizione originaria del sistema capitalistico, finirebbe per ammettere erroneamente che la merce presuppone per Marx l'intero sviluppo del processo di produzione capitalistico. Cfr. J. Rancière, *Il concetto di critica e la critica dell'economia politica dai «Manoscritti» del 1844 al «Capitale»*, in L. Althusser, *Leggere il «Capitale»*, cit., p. 100: «dob-

del plusvalore, poiché il capitalista acquista sul mercato la forza-lavoro mirando direttamente a questa «*differenza di valore*»[523], sapendo bene che il valore d'uso peculiare della forza-lavoro è quello di «esser fonte di valore, e di più valore di quanto ne abbia essa stessa»[524]. In che senso? Cerchiamo di fare chiarezza su questo punto. Il venditore della forza-lavoro, costretto a venderla, «*realizza il suo valore di scambio e aliena il suo valore d'uso*»[525], che non gli appartiene, proprio come al venditore d'olio non appartiene il valore d'uso dell'olio che ha venduto: in questo modo, la forza-lavoro diventa proprietà del capitalista che, pagandone il valore giornaliero, è suo legittimo proprietario per l'intera giornata. Il fatto che il mantenimento giornaliero della forza-lavoro costi soltanto, per esempio, una mezza giornata lavorativa, benché la forza-lavoro possa lavorare per una giornata intera, e dunque creare un valore che è doppio rispetto al proprio valore giornaliero, «non è affatto un'ingiustizia verso il venditore»[526], se ci si attiene alle leggi del sistema degli scambi: senza violare alcuna legge, il capitalista calcola il valore della forza-lavoro non in base al suo rendimento, ma al costo necessario per produrla, come farebbe con qualsiasi altra merce. E i costi per produrre la forza-lavoro dell'operaio coincidono con i mezzi di sussistenza necessari per mantenerlo in vita. La merce forza-lavoro, nota Marx, ha invece primariamente la caratteristica di poter produrre valore ben oltre l'equivalente del proprio valore di scambio: è l'unica merce il cui uso produca valore, lavoro oggettivato. Del resto, se per mantenere in vita un operaio per una giornata lavorativa occorresse una giornata lavorativa, il capitale non potrebbe esistere, poiché la giornata lavorativa si scambierebbe con il suo stesso prodotto, il che renderebbe impossibile la valorizzazione

biamo evitare il tranello di una lettura hegeliana del *Capitale*, secondo la quale la forma merce conterrebbe in germe, nella sua interiorità, tutte le contraddizioni del modo di produzione capitalistico». E, proprio per evitare le ammalianti sirene dell'hegelismo, Althusser si spingeva a esortare a non leggere il primo capitolo del *Capitale*.

523 K. Marx, *Il capitale*, I, cit., p. 227.

524 Ivi, p. 228.

525 *Ibidem*.

526 *Ibidem*.

e la conservazione del capitale, che invece scaturisce dal fatto che l'uso della merce forza-lavoro produce un valore che è nelle condizioni di superare il valore di scambio (il salario corrisposto al lavoratore). Il salario non è, dunque, una partecipazione dell'operaio alla merce che egli ha prodotto col suo lavoro: è, al contrario, quella parte di merce preesistente con la quale il capitalista acquista temporaneamente una merce – l'operaio – che ha la caratteristica di poter essere impiegata per lavorare, proprio come la bottiglia di vino ha la caratteristica di poter essere bevuta. L'operaio lavora dodici ore in fabbrica, e il capitalista gliene paga di fatto sei (quelle necessarie per i mezzi di sussistenza), senza peraltro violare alcuna legge: ed è in questo modo che si produce il «plusvalore», che rende possibile la valorizzazione del capitale per il capitalista. Tutto sembra dunque avvenire – osserva Marx – nel pieno rispetto dello scambio degli equivalenti: il capitalista ha le carte in regola, ha regolarmente pagato la merce forza-lavoro e ora pretende di utilizzarla per quel tanto che l'ha pagata, traendo da essa il plusvalore su cui si fonda il suo profitto. Non si deve però – avverte Marx – pensare che il contratto sottoscritto dall'operaio stabilisca che egli *appartenga*, nel vero senso della parola, al capitalista nelle ore in cui lavora in fabbrica, proprio perché tra le conquiste di cui più si gloria l'epoca moderna rientra l'abolizione della tratta delle persone: in questo senso l'acquisto di capacità lavorativa è «potere di disposizione sul lavoro»[527], e non possesso di colui che esercita tale capacità lavorativa. Ciò significa che il capitalista, tramite il contratto, acquista il diritto di utilizzare soltanto la forza-lavoro, che gli appartiene di diritto «esattamente come gli appartengono le condizioni oggettive del processo di lavoro»[528]; l'operaio, formalmente, resta libero, e proprio per questo motivo non può essere ceduto a terzi[529] o barattato con un cane da caccia, come era possibile ai tempi del servaggio, né tanto meno può essere bastonato o sferzato, come accadeva con lo schiavo antico. Ciò segnala come, rispetto alle

[527] K. Marx, *Lineamenti fondamentali di critica dell'economia politica*, cit., II, p. 1148.

[528] K. Marx, *Il capitale, libro I, capitolo VI inedito*, cit., p. 12.

[529] Cfr. K. Marx, *Il capitale*, II, cit., p. 39.

epoche passate dell'asservimento diretto, ci sia effettivamente stato un salto qualitativo, anche se, secondo Marx, nella realtà dei fatti, l'appropriazione di capacità lavorativa tende inevitabilmente a sfumare in appropriazione e dominio dell'uomo che la detiene, proprio perché, come già si è visto, l'operaio *è* quella capacità lavorativa, da cui non può essere separato: in questo modo, l'appropriazione si capovolge, in fabbrica, in un «rapporto *economico* di supremazia e sudditanza»[530] (*ökonomisches Verhältnis der Über- und Unterordnung*) che si manifesta tanto nella sorveglianza di cui è succube l'operaio mentre lavora, quanto nelle pene draconiane che gli vengono inflitte sotto forma di ammende e di trattenute sul salario e che rivelano come la frusta dell'antico possessore di schiavi non sia sparita ma, semplicemente, sia stata rimpiazzata dal cosiddetto «libro delle punizioni» amministrato dai capitalisti[531]; il che ben si attaglia a una schiavitù meramente economica quale è quella del modo di produzione capitalistico. Dietro alla finzione giuridica del contratto e nel pieno rispetto delle leggi (che, non si dimentichi, sono per Marx l'espressione ideologica dello stesso modo di produzione), viene posta in essere una schiavitù a intermittenza, costantemente dissimulata e mediata dalla finzione giuridica del contratto. È nel lavoro eccedente, o «pluslavoro», che Marx individua la cifra della schiavitù operaia, il punto in cui essa si manifesta e, insieme, rivela la sua matrice comune a quelle delle epoche passate: in tutte le società che si sono fino a oggi succedute, dove c'è stato plusvalore, c'è anche stato pluslavoro, ossia lavoro coatto, svolto dal lavoratore a vantaggio di terzi[532]. In un passaggio cruciale del primo libro del *Capitale*, Marx chiarisce che il plusvalore, ben

530 K. Marx, *Il capitale, libro I, capitolo VI inedito*, cit., p. 59.

531 Cfr. K. Marx, *Il capitale*, I, cit., p. 469: «alla frusta del sorvegliante di schiavi subentra il registro delle punizioni del sorvegliante. Tutte le punizioni si risolvono naturalmente in multe e ritenute sul salario, e l'acume legislativo di questi Licurghi di fabbrica rende loro l'infrazione delle proprie leggi anche, se mai possibile, più redditizia della loro osservanza».

532 «Il *saggio del plusvalore* è l'espressione esatta del *grado di sfruttamento della forza-lavoro da parte del capitale*, cioè dell'operaio da parte del capitalista»: ivi, p. 251. In questo passaggio del *Capitale*, viene chiarita in maniera lapidaria l'equazione secondo cui dove vi è stato plusvalore, lì vi è sempre stato pluslavoro.

lungi dall'essere un'invenzione del capitalismo – nel quale si presenta nella sua triplice manifestazione di profitto, di salario e di rendita fondiaria –, è presente in tutti i modi di produzione precedenti, anche se in ciascuno di essi si manifesta in una forma specifica e diversa da quella di tutti gli altri; e ciò in pieno accordo con la filosofia della storia marxiana, il cui caposaldo fondamentale è lo sfruttamento di una classe ai danni dell'altra che si rinnova di epoca in epoca, manifestandosi in sempre nuove maniere e mettendo in moto lo scontro di classe:

> «Il capitale non ha inventato il *pluslavoro*. Ovunque una parte della società possegga il monopolio dei mezzi di produzione, il lavoratore, libero o schiavo, deve aggiungere al tempo di lavoro necessario al suo sostentamento tempo di lavoro eccedente per produrre i mezzi di sostentamento per il possessore dei mezzi di produzione, sia questo proprietario *kalòs kagathòs* ateniese, teocrate, etrusco, *civis romanus*, barone normanno, negriero americano, boiardo valacco, proprietario agrario moderno, o capitalista»[533].

In questo modo, il plusvalore, questo «*furto di tempo di lavoro altrui*»[534], diventa il frutto a cui porta inevitabilmente lo scontro tra le classi (che resta il *background* dell'analisi scientifica marxiana), il segno tangibile dello sfruttamento a cui l'una sottopone l'altra costringendola a quel lavoro coatto che produce ricchezza per gli uni e miseria e schiavitù per gli altri[535]. A rimarcare la diversità solo formale che caratterizza la produzione delle diverse epoche, Marx sostiene che «la ricchezza autonomizzata esiste soltanto o attraverso l'*immediato lavoro coatto* (*unmittelbare Zwangsarbeit*), la schiavitù, oppure attraverso il *lavoro coatto mediato* (*vermittelte Zwangsarbeit*), il *lavoro salariato*»[536]. La forma diversa (diretta nell'antica,

533 Ivi, p. 269.

534 K. Marx, *Lineamenti fondamentali di critica dell'economia politica*, cit., I, p. 717.

535 Già in *Miseria della filosofia*, Marx si era accostato a quest'idea, senza però disporre ancora dell'adeguato strumentario concettuale per comprenderne a fondo i meccanismi. In particolare, è interessante una citazione di John Francis Bray su cui Marx si sofferma con attenzione (p. 38): «la transazione fra il lavoratore e il capitalista è una mera farsa; di fatto essa non è, in moltissimi casi, se non un *furto* impudente, seppur *legale*».

536 K. Marx, *Lineamenti fondamentali di critica dell'economia politica*, cit., I, p. 279.

mediata nell'epoca moderna) lascia sopravvivere una sostanza invariata, il «lavoro coatto» (*Zwangsarbeit*): come è stato sottolineato dagli interpreti, il concetto di pluslavoro e, più in generale, la teoria del «valore-lavoro» viene a essere lo «strumento adoperato da Marx per mostrare l'*identità di sostanza* tra lo sfruttamento precapitalistico e quello capitalistico»[537]. Per l'operaio, rispetto allo schiavo antico e al servo della gleba «la differenza si riferisce *unicamente* ai diversi rapporti che sono all'origine dell'erogazione della sua forza-lavoro»[538], e ciò che resta invariato è il risultato a cui portano tutti quei rapporti: il lavoro forzato, il pluslavoro.

Nel modo di produzione capitalistico, per ottenere il pluslavoro non vi è più bisogno di tenere alla catena i lavoratori, poiché esso è ottenuto nella forma di uno scambio apparente: *apparente* perché, secondo Marx, non è lo scambio che crea il plusvalore, ma è piuttosto un processo grazie al quale il capitalista ottiene senza scambio, senza equivalente, del tempo di lavoro cristallizzato in valore; questo scambio mancato, che nell'antichità era garantito dai rapporti gerarchici di subordinazione e di dominio fissati per legge, nel modo di produzione capitalistico è mediato dallo scambio ed è reso possibile dal carattere di merce assunto dalla forza-lavoro, carattere che fa sì che l'operaio venga «acquistato» in base ai costi necessari per produrlo, non diversamente da un tavolo, da un paio di scarpe o da qualsiasi altra merce presente sul mercato (rispetto ai quali, tuttavia, presenta l'enorme vantaggio, per il capitalista, di essere generatore di valore). Con l'avvento del modo di produzione capitalistico, «sull'orrore barbarico della schiavitù, della servitù della gleba ecc., s'innesta l'*orrore civilizzato* (*zivilisierte Greuel*) del sovraccarico di lavoro»[539]: quella che si

[537] G. Caravale, *La nozione di sfruttamento e l'ingiustizia sociale*, in P. Sylos Labini (a cura di), *Carlo Marx: è tempo di un bilancio*, Laterza, Roma–Bari 1994, p. 79, corsivo nostro.

[538] K. Marx, *Il capitale*, II, cit., p. 404. Corsivo nostro.

[539] Ivi, p. 270. Corsivo nostro. Cfr. Y. Moulier-Boutang, *De l'esclavage au salariat. Économie historique du salariat bridé*, 1998; tr. it. *Dalla schiavitù al lavoro salariato*, Manifestolibri, Roma 2002, pp. 237 ss. La continuità tra le diverse forme di estorsione del pluslavoro viene enfatizzata da Marx a tal punto che Moulier-

verifica, secondo Marx, è una dialettica di emancipazione e di assoggettamento, in cui l'emancipazione si capovolge costantemente in asservimento, in soggezione formalmente emancipata[540]. Per poter lavorare per il tempo necessario alla produzione dei valori d'uso indispensabili per la conservazione della sua forza-lavoro, l'operaio è costretto a sottoporsi a un tempo di lavoro eccedente: come rileva Marx in un passaggio dei *Grundrisse*, «dove *domina* (*herrscht*) il capitale (proprio come dove esiste la schiavitù, la servitù della gleba o una prestazione servile di qualsiasi genere), il tempo di lavoro assoluto del lavoratore è posto per lui come una condizione per poter lavorare quello necessario, cioè per poter realizzare, in valori d'uso per sé, il tempo di lavoro necessario alla conservazione della sua forza-lavoro»[541].

In base al presupposto per cui «solo la *forma* in cui viene spremuto al produttore immediato, al lavoratore, questo pluslavoro, distingue le formazioni economiche della società»[542], diventa finalmente possibile sondare la natura effettiva dell'impiego della forza-lavoro nelle fabbriche, abbandonando la superficie su cui si muove ancora ideologicamente l'economia politica classica. In vista di questo obiettivo, Marx teorizza due diverse forme della produzione di plusvalore (il plusvalore

Boutang si è spinto a sostenere, portando alle estreme conseguenze il discorso marxiano, che per il plusvalore il mercato degli antichi schiavi e quello dei servi medievali «svolgono una funzione sostanzialmente analoga a quella del mercato del lavoro libero» (ivi, p. 237), nella misura in cui portano allo stesso risultato, ossia al lavoro coatto. E ciò implica, per l'operaio, il «trovarsi alla fin fine nella stessa posizione, sul piano della realtà, del lavoratore non libero» (ivi, p. 259), ancorché la coartazione economica sia, quanto alla forma, radicalmente diversa rispetto a quella giuridico-politica.

540 Questa dialettica di asservimento ed emancipazione affiora soprattutto se si considera che, nella prospettiva marxiana, la nozione di «persona» libera si afferma e si generalizza specialmente grazie al modo di produzione capitalistico (e non in virtù del messaggio cristiano, come credeva Hegel), in particolare come conseguenza derivata e giuridica della generalizzazione del rapporto di scambio.

541 K. Marx, *Lineamenti fondamentali di critica dell'economia politica*, cit., I, p. 520. Traduzione modificata. Ciò significa che l'operaio salariato può lavorare «*solo* in quella forma che Marx caratterizza come unità di processo lavorativo e processo di valorizzazione, di lavoro necessario e di pluslavoro»: O. K. Flechtheim – H.-M. Lohmann, *Marx*, cit., p. 141.

542 K. Marx, *Il capitale*, I, cit., p. 250.

«assoluto» e quello «relativo») che si possono associare a due determinate fasi storiche del modo di produzione capitalistico: quella della «sussunzione formale» e quella della «sussunzione reale». Alla fase della «sussunzione formale» (*formelle Subsumtion*) del lavoro sotto il capitale – sussunzione che corrisponde a quel periodo del capitalismo che giunge fino alle soglie della «rivoluzione industriale» e in cui la sottomissione del processo lavorativo al capitale si verifica «sulla base di un *processo lavorativo ad esso preesistente*»[543] (come quando il capitalista «fa lavorare per sé degli artigiani trasformati in salariati»[544]) – corrisponde il «plusvalore assoluto» (*absoluter Mehrwert*), derivante dalla estensificazione del lavoro, ossia dal continuo prolungamento della giornata lavorativa[545]. In questa prima fase del suo sviluppo, nella quale «subordina a sé il lavoro nelle condizioni tecniche, storicamente date, in cui lo trova»[546], il capitale non fa altro che trasformare in salariati gli individui che prima non erano tali, limitandosi ad allungare il più possibile la giornata lavorativa, poiché quanto più dura la giornata di lavoro dell'operaio, tanto più diventa vantaggiosa per il capitalista la proporzione di lavoro necessario alla riproduzione della forza-lavoro acquistata e di pluslavoro: per questa ragione, il capitalista ha tutto l'interesse a prolungare il più possibile la giornata lavorativa, favorito in ciò dall'aver acquistato il valore della forza-lavoro e dal fatto che nella forma del salario è resa invisibile «ogni traccia della divisione della giornata lavorativa in lavoro necessario e in pluslavoro, in lavoro retribuito e lavoro non retribuito»[547]. Come già abbiamo visto – ed è un punto su cui Marx insiste molto anche nei suoi testi più «divulgativi» – tutto il lavoro svolto dall'operaio appare superficialmente come lavoro retribuito, occultando la presenza del pluslavoro, del «puro e semplice *coagulo di tempo di lavoro soverchio*»[548].

543 K. Marx, *Il capitale, libro I, capitolo VI inedito*, cit., p. 53.

544 Ivi, p. 52.

545 «Chiamo *plusvalore assoluto* il plusvalore prodotto mediante *prolungamento* della giornata lavorativa»: K. Marx, *Il capitale*, I, cit., p. 354.

546 Ivi, p. 348.

547 Ivi, p. 590.

548 Ivi, p. 250.

Proprio perché «ha comperato la forza-lavoro al suo *valore del giorno*»[549], il capitalista ha acquisito il diritto di farla lavorare alle sue dipendenze per una giornata e, nella misura in cui la sua natura è quella di «un vampiro»[550] che vive «succhiando lavoro vivo e più vive quanto più ne succhia»[551], fa di tutto per spremere il più possibile la forza-lavorativa, cercando di varcare i confini di «*questa ultima Thule*»[552] che è la giornata lavorativa, rendendola la più lunga possibile e tentando, eventualmente, «di farne di una *due*»[553]. La «voracità di pluslavoro» del capitale, la sua sete «vampiresca» del sangue del lavoratore, portò storicamente, tuttavia, a un sempre più marcato prolungamento della giornata lavorativa: per evitare quindi che si riprecipitasse nella schiavitù diretta, la legge, soprattutto nella prima metà del XVIII secolo, stabilì dei limiti che fissarono come *non plus ultra* della giornata di lavoro le dieci ore, limitando il lavoro di donne e bambini. Questa limitazione legale della giornata lavorativa costrinse il capitale a trovare nuovi espedienti per produrre lavoro eccedente, ossia per mantenere in vita il sistema dello sfruttamento dei lavoratori: si passò così dal plusvalore assoluto al «plusvalore relativo» (*Relativer Mehrwert*), che corrisponde alla fase della «sussunzione reale» (*reelle Subsumtion*) del lavoro sotto il capitale, sussunzione tipica del sistema industriale generalizzato. Perché si arrivasse a ciò, dovettero storicamente succedersi tre tipi di organizzazione capitalistica del lavoro, che Marx studia diffusamente nel *Capitale*: a) la «cooperazione semplice» (*einfache Kooperation*), corrispondente alla prima fase della «sussunzione formale», nella quale la funzione lavorativa mantiene immutata la sua struttura artigiana originaria e l'operaio può variare il suo lavoro entro un'area lavorativa relativamente estesa, benché ormai, entrando alle dipendenze del capitale, abbia perso la propria autonomia di produttore indipendente; b) la «mani-

549 Ivi, p. 267.
550 *Ibidem*.
551 *Ibidem*.
552 *Ibidem*.
553 Ivi, p. 269.

fattura» (*Manufaktur*), in cui – tra la metà del XVI secolo e l'ultimo terzo del secolo XVIII – il lavoro ha ancora un contenuto ed è adattato all'operaio che usa lo strumento (benché lo usi ora in maniera esclusiva e su un'area lavorativa ristretta), ma la cooperazione muta configurazione e il processo lavorativo viene diviso e connesso in operazioni differenti ed eterogenee, che sono il risultato della scomposizione di un'attività artigiana e che vengono assegnate in modo permanente a singoli operai; c) la «fabbrica» (*Fabrik*), in cui viene meno ogni specializzazione e l'operaio, costretto a compiere operazioni monotone per tutta la giornata, diventa in tutto e per tutto un servo della macchina, a cui è costretto a conformare il proprio agire e i propri ritmi, riducendosi esso stesso a macchina che agisce senza dover pensare.

Volendo sfruttare il più possibile l'operaio, ossia la merce che ha legalmente acquistato sul mercato, – osserva Marx – il capitalista agisce nel pieno rispetto delle leggi. Ma dal punto di vista del lavoratore, ecco che quella che al capitalista e agli economisti pare un'operazione legittima e in perfetta armonia con le leggi del mercato, assume i contorni macabri di una nuova forma di schiavitù e, per edulcorarne la durezza, l'operaio invoca la limitazione della giornata lavorativa a una grandezza normale, appellandosi al suo diritto di venditore. Ne nasce un'antinomia nella quale si scontrano due uguali diritti – quello del capitalista e quello dell'operaio –, «entrambi consacrati dalla legge dello scambio delle merci»[554]: ma l'applicazione del diritto uguale a due persone, delle quali – contro le apparenze – solo una è un proprietario in senso autentico, rende quel diritto, che è formalmente eguale, in realtà il diritto del più forte. L'antinomia dei due diritti uguali e antagonistici si risolve infatti in «*lotta per i limiti della giornata lavorativa*»[555] condotta tra le due classi dei capitalisti e degli operai: e «fra diritti eguali decide la *forza*»[556].

554 *Ibidem*.

555 *Ibidem*.

556 «Zwischen gleichen Rechten entscheidet die Gewalt»: *ibidem*. Che Marx, riconoscendo i diritti uguali, si schieri con quello dell'operaio è sicuramente la prova più lampante che il *Capitale* è un'opera che pone la scienza al servizio della lotta politica e sociale.

Nella sua «voracità di pluslavoro»[557] (*Heißhunger nach Mehrarbeit*), il capitale rivoluziona la ripartizione della giornata lavorativa tra lavoro necessario e pluslavoro, naturalmente a favore del pluslavoro[558], il che è possibile solo a patto di far diminuire il valore della merce forza-lavoro. Legato a una «*rivoluzione* nelle *condizioni di produzione*»[559], all'intensificazione e alla concentrazione del lavoro finalizzata ad abbreviare il tempo di lavoro socialmente richiesto per la produzione di una merce, l'imporsi del plusvalore relativo (corrispondente alla fase della «sussunzione reale») trascina con sé uno sfruttamento più massiccio dell'operaio, lo disindividualizza, portando all'estremo la divisione del lavoro e il suo sviluppo sotto forma di lavoro svolto da un gran numero di singoli operai: in questa nuova fase, il capitalista non ha più bisogno del lavoratore se non come servo delle sue macchine; non v'è più nulla che sfugga al capitalismo, e nulla se ne distingue. Benché la forma diventi sempre più libera e ricorra sempre meno all'asservimento diretto («case di lavoro», rapimento di fanciulli, e così via), la coazione si intensifica, lo sfruttamento del lavoratore si rafforza: nella misura in cui il rapporto capitalistico è un rapporto di sottomissione (prima formale e poi reale) della società alla sua riproduzione globale e all'accrescimento potenzialmente illimitato del capitale, l'operaio deve produrre di più in meno tempo, ed è di fatto diventato «capitale variabile», vale a dire parte del capitale, dal quale è sussunto e assoggettato[560]; la sua esistenza viene a dipendere in tutto e per

557 Ivi, p. 270.

558 «Chiamo *plusvalore relativo* il plusvalore che deriva dall'*accorciamento* del tempo di lavoro necessario e dal corrispondente cambiamento del *rapporto di grandezza* delle due parti costitutive della giornata lavorativa»: ivi, p. 354. Per un'analisi della transizione dal plusvalore assoluto a quello relativo, cfr. A. M. Nassisi, *Il plusvalore assoluto e relativo in Marx. Per una analisi comparativa*, in «Critica marxista», 1972, n. 1.

559 K. Marx, *Il capitale*, I, cit., pp. 353-354.

560 «L'operaio entra necessariamente nel processo di produzione come parte integrante del *valore d'uso*, del *modo di esistere* e dell'*esistenza di valore del capitale*»: K. Marx, *Il capitale, libro I, capitolo VI inedito*, cit., p. 20. Cfr. M. Tronti, *Operai e capitale*, Einaudi, Torino 1966, p. 152: «gli operai entrano nel capitale, vengono ridotti a una parte del capitale, in quanto classe operaia. Il capitale ha ormai il suo nemico in se stesso».

tutto da quella del capitale. È dunque evidente dove si nasconde, secondo Marx, la sostanza schiavistica nel sistema di fabbrica: l'operaio non lavora per sé, per guadagnarsi da vivere e per soddisfare i suoi bisogni; al contrario, per potersi guadagnare da vivere, per poter soddisfare i suoi bisogni vitali, è costretto a lavorare più del necessario e a vantaggio di un altro individuo, che è proprietario di tutto ciò di cui l'operaio è privo e che ne amministra militarmente l'attività lavorativa (l'accostamento tra la fabbrica e la caserma ricorre incessantemente nell'opera marxiana). Prima con la sussunzione formale, poi con quella reale «il capitale *costringe* (*zwingt*) l'operaio a dare al suo lavoro il grado normale e, se possibile, un grado superiore d'intensità, e di prolungare il processo lavorativo, quanto più gli riesce, oltre il tempo necessario per la reintegrazione del salario»[561]. Con la nozione di «pluslavoro relativo», emerge un'ulteriore differenza tra la schiavitù antica e la servitù feudale, da una parte, e quella salariata, dall'altra. La prima, in quanto finalizzata alla produzione di valori d'uso, alla soddisfazione di bisogni, trovava in questi un suo limite invalicabile. È vero che non di rado questi bisogni richiedevano sforzi disumani, come nel caso della costruzione delle piramidi egizie e degli acquedotti romani, ma generalmente erano limitati all'essenziale, al sostentamento del proprietario degli schiavi. Al contrario, la schiavitù salariata, in quanto finalizzata alla illimitata valorizzazione del capitale, non trova limiti e tende ad appropriarsi in misura sempre più massiccia del lavoro eccedente dell'operaio. È solo la legge a frenare questo movimento illimitato. Proprio da questo aspetto scaturisce, nell'ottica marxiana, una delle più macroscopiche contraddizioni del capitale: esso cerca di ridurre il più possibile il tempo di lavoro necessario per produrre le merci, e, insieme, assume il tempo di lavoro come unica misura e fonte della ricchezza, con la ovvia conseguenza che cerca di limitare al massimo il tempo di lavoro necessario e di ampliare quanto più è possibile la durata del lavoro eccedente dell'operaio. Si crea e si produce sempre di più, e al tempo stesso i frutti della produzione vengono sempre più canalizzati verso la valorizzazione del

561 K. Marx, *Il capitale, libro I, capitolo VI inedito*, cit., p. 17.

capitale. Si producono cose meravigliose, si superano sempre più i limiti dei meri bisogni naturali, ma si sacrifica in modo sempre più accentuato sull'altare della giornata di lavoro l'esistenza dell'operaio, la cui soggezione cresce di pari passo col crescere del suo pluslavoro. Sospeso tra progresso e barbarie, il capitalismo genera le possibilità di un regno edenico in cui l'uomo può finalmente soddisfare tutti i suoi bisogni e, al tempo stesso, nega dialetticamente tale possibilità piegando la produzione a un fine del tutto irrazionale: il movimento illimitato e autoreferenziale della valorizzazione del valore.

Il risultato dell'analisi marxiana consiste esattamente nell'aver mostrato come «l'arcano dell'*autovalorizzazione del capitale* si risolve nel suo *potere di disporre di una determinata quantità di lavoro altrui non retribuito*»[562]. In questo senso, dice Marx, lo scambio tra lavoro e capitale «da parte del capitalista deve essere non-scambio»[563], in maniera tale che quella dello scambio sia solo la forma apparente che, come nel caso della compra-vendita della forza-lavoro, nasconde i processi di asservimento sfocianti nel lavoro coatto dell'operaio mostrando, in superficie, il loro opposto[564]. Che il capitalista sia vittima dell'apparenza, è evidente. Egli è convinto di essere nel giusto, perché ha comprato una merce e, pertanto, accampa il diritto di utilizzarla: l'apparenza dello scambio, esiste in lui come illusione, come se effettivamente egli desse ai suoi operai non più di ciò che da loro riceve; e tale apparenza «esiste tuttavia come illusione anche nell'operaio»[565], che in molti casi pensa che il suo rapporto col capitalista non sia viziato da alcuna contraddizione o da alcuno sfruttamento; illusione che viene rafforzata, nell'operaio, dalla già ricordata circostanza per cui egli è liberissimo di «scegliere a chi vendersi»[566] e di

[562] K. Marx, *Il capitale*, I, cit., p. 583.

[563] «Muß von seiten des Kapitalisten Nicht-Austausch sein»: K. Marx, *Lineamenti fondamentali di critica dell'economia politica*, cit., I, p. 274.

[564] «Considerato dal lato del capitale, lo scambio dev'essere soltanto apparente, appartenere cioè a una determinazione economica formale diversa da quella dello scambio»: *ibidem*.

[565] Ivi, p. 234.

[566] K. Marx, *Il capitale, libro I, capitolo VI inedito*, cit., p. 66.

«cambiare padrone»[567], e anche dal fatto – anch'esso già esaminato – che egli riceve i mezzi di sostentamento nella forma abbagliante del denaro, che lo induce a credere di poter partecipare alla ricchezza generale, quando in realtà si trova nella condizione «di Esaú che per un piatto di lenticchie cedette la primogenitura»[568]. Abbiamo già insistito su come la parvenza sia, per Marx, la forma dominante nel modo di produzione capitalistico: essa, senza fare distinzioni di classe, investe tanto i proletari quanto i borghesi impedendo loro di guardare in faccia la realtà.

Non meno dei modi di produzione che l'hanno preceduto, quello capitalistico – nuova fase della preistoria dell'umanità – «presuppone l'*autorità* incondizionata del capitalista su uomini che costituiscono solo le membra di un meccanismo complessivo di sua proprietà»[569] e che egli costringe a lavorare oltre il necessario. La differenza specifica tra il capitalismo e i precedenti modi di produzione sta però, ancora una volta, nel fatto che in esso la schiavitù e lo sfruttamento non siano immediati e pienamente visibili, ma siano occultati da un'apparenza che lascia enigmaticamente vedere il loro opposto e che si intreccia con la libertà formale:

> «La differenza tra la produzione del capitale e i precedenti livelli di produzione è *ancora soltanto formale* (*nur noch formell*). La razzia di uomini, la schiavitù, il commercio di schiavi e il lavoro forzato di questi, la moltiplicazione di queste macchine da lavoro, di queste macchine che producono prodotto eccedente, qui sono *direttamente attuati con la violenza* (*direkt durch Gewalt gesetz*), nel caso del capitale sono *mediati dallo scambio* (*durch den Austausch vermittelt*)»[570].

567 *Ibidem*. Nell'epoca del capitalismo, secondo Marx, «il lavoro è libero solo nel senso che può cambiare padrone, passando dalla condizione in cui è sfruttato da un capitalista a quella in cui è sfruttato da un altro»: L. Krader, *Evoluzione, rivoluzione e Stato: Marx e il pensiero etnologico*, cit., p. 244.

568 K. Marx, *Lineamenti fondamentali di critica dell'economia politica*, cit., I, p. 257.

569 K. Marx, *Il capitale*, I, cit., p. 399.

570 K. Marx, *Lineamenti fondamentali di critica dell'economia politica*, cit., II, p. 792.

Grazie a questa apparenza, che abbiamo rinvenuto da principio nella compra-vendita della forza-lavoro e che ritroviamo ora nello scambio degli equivalenti, il plusvalore «sorride al capitalista con tutto il fascino d'una creazione dal nulla»[571], come se esso non scaturisse dal lavoro coercitivo. Eppure, se ci si attiene all'«apologetica borghese» – così la liquida Marx – e ad Adam Smith in particolare, «il lavoro dovrebbe ricevere come salario il suo stesso prodotto, e il salario essere = al prodotto»[572], senza alcun pluslavoro, senza alcuna coartazione. Proprio Smith[573] aveva insistito a più riprese sul fatto che la legge del valore è la legge dello scambio in base a equivalenza, legge che, oltre all'uguaglianza del valore delle merci scambiate, presuppone anche l'eguaglianza dei contraenti dello scambio[574]. Ma, se ci si spinge in profondità, si scopre che tale legge del valore viene contraddetta dal fenomeno del plusvalore e dello sfruttamento, che attestano la presenza di uno scambio ineguale. In una secolarizzazione economica del concetto morale di «sfruttamento» (*Ausbeutung*), le nozioni comple-

571 K. Marx, *Il capitale*, I, cit., p. 250.

572 K. Marx, *Lineamenti fondamentali di critica dell'economia politica*, cit., I, pp. 283-284.

573 A. Smith, *La ricchezza delle nazioni*, cit., pp. 107 ss.; cfr. L. Colletti, *Ideologia e società*, cit., pp. 126 ss.

574 L'economia politica classica si era arenata di fronte a questo fenomeno dello scambio ineguale: dinanzi a ciò, Smith, come è noto, aveva abbandonato la sua teoria del «valore-lavoro contenuto» ed era approdato alla teoria del «valore-lavoro comandato». Lo stesso Ricardo notava la differenza tra lo scambio di merci in generale (ove si scambiano merci di uguale valore) e quello specifico di merce con forza-lavoro, che è uno scambio inconfutabilmente diseguale; ma egli non è stato poi in grado di rendere conto di «come questa eccezione si accordi col concetto del valore» (K. Marx, *Theorien über den Mehrwert. Aus dem nachgelassenen Manuskript «Zur Kritik der politischen Ökonomie» von Karl Marx, herausgegeben von Karl Kautsky. Die Anfänge der Theorie vom Mehrwert bis Adam Smith*, 1905 (1863); tr. it. *Storia delle teorie economiche*, Einaudi, Torino 1988, 3 voll., III, p. 188), e si è dunque limitato a prendere atto della contraddizione senza risolverla. Di qui le molteplici contraddizioni in cui si avvolgono i suoi ragionamenti. Perché ci sia il profitto – spiega Marx –, occorre obbligare l'operaio a compiere lavoro eccedente «ed è il capitale che esercita questa costrizione. Ciò manca in Ricardo» (ivi, II, p. 119), il quale non è stato in grado di decifrare la legge del plusvalore e si è per ciò trovato costretto a sostenere l'assurdità secondo cui l'operaio lavora in fabbrica dodici ore al giorno perché quelle sono effettivamente le ore necessarie per produrre i suoi mezzi di sostentamento (ivi, pp. 117 ss.).

mentari di plusvalore e di pluslavoro hanno per Marx (che le rivendicò come due tra le scoperte più importanti racchiuse nel primo libro del *Capitale*[575]) il duplice effetto di spiegare in che modo nasca il profitto dei capitalisti e di inserire l'operaio in quel «lato cattivo» di schiavitù e di sottomissione che accompagna la storia in ogni sua fase. Si realizza in questo modo una connessione organica tra i due piani disciplinarmente divisi della teoria filosofica dell'alienazione-sfruttamento e della teoria economica del valore e dello scambio tra forza-lavoro e capitale.

Dietro la forma dello scambio degli equivalenti e dell'indifferenza reciproca del valore d'uso e del valore di scambio si nasconde il contenuto reale, lo sfruttamento e l'asservimento del lavoratore:

> «Lo scambio di equivalenti che pareva essere l'operazione originaria si è rigirato in modo che ora si fanno scambi solo per l'apparenza in quanto, in primo luogo, la parte di capitale scambiata con forza-lavoro è essa stessa solo una parte del *prodotto lavorativo altrui appropriato senza equivalente*, e, in secondo luogo, essa non solo deve essere reintegrata dal suo produttore, l'operaio, ma deve essere reintegrata con un nuovo sovrappiù. Dunque, *il rapporto dello scambio fra capitalista ed operaio diventa soltanto una parvenza pertinente al processo di circolazione, pura forma, estranea al contenuto vero e proprio, semplice mistificazione di esso.* La compravendita costante della forza-lavoro è la forma. Il contenuto è che il capitalista torna sempre a permutare contro sempre maggiore quantità di lavoro altrui vivente una parte del lavoro altrui già oggettivato che egli si appropria incessantemente senza equivalente»[576].

L'antico schiavo riceveva direttamente i mezzi di sussistenza, mentre il lavoratore libero li riceve in una forma mediata e

[575] «Quanto vi è di meglio nel mio libro è: 1) (ed è su questo che si basa tutta la comprensione dei fatti) la messa in rilievo, fin dal primo capitolo, del carattere duplice del lavoro, a seconda che si esprima in valore d'uso o in valore di scambio; 2) l'analisi del plusvalore, indipendentemente dalle sue forme particolari, quali il profitto, l'imposta, la rendita fondiaria ecc.»: K. Marx, lettera a F. Engels del 24 agosto 1867, in *MEOC*, XLII, cit., p. 357.

[576] K. Marx, *Il capitale*, I, cit., pp. 639-640. Cfr. Id., *Lineamenti fondamentali di critica dell'economia politica*, cit., I, p. 498: «lo scambio di equivalenti che sembra presupporre la proprietà del prodotto del proprio lavoro [...] si rovescia, si palesa, attraverso una dialettica necessaria, come separazione assoluta tra lavoro e proprietà, e appropriazione di lavoro altrui senza scambio, senza equivalente».

illusoria, in forma di denaro, di valore di scambio: ma in realtà la sostanza non cambia, essendo il denaro della busta-paga «la forma *argentata* o *dorata*, *cuprea* o *cartacea*, dei mezzi di sussistenza»[577]. Come Marx ricorda in più occasioni, nel modo di produzione capitalistico il denaro gioca una parte decisiva nell'occultamento dei rapporti di assoggettamento, nascondendo il fatto che quelli che l'operaio riceve non sono altro che mezzi di sussistenza in una forma differente e abbagliante, che contribuisce a tenere in vita l'illusione che egli sia un membro della società libero e uguale a tutti gli altri. I mezzi di sussistenza ricevuti nella forma di denaro sonante vengono forniti agli operai, non meno che agli antichi schiavi, al solo scopo che essi si conservino e tengano «in moto la propria forza-lavoro, come alla macchina a vapore vengono dati acqua e carbone, come alla ruota si dà l'olio»[578].

In questa prospettiva, il modo di produzione capitalistico non si configura esclusivamente come mera produzione di merci: è anche un sistema di estorsione padronale di plusvalore. Proiettando all'interno della fabbrica la «lotta di classe» che, ai tempi del *Manifesto*, aveva analizzato soprattutto nel «mondo esterno» della piazza e della società civile, Marx spiega che, mentre la «classe dominante» dei capitalisti scorge nel processo lavorativo l'uso legittimo della merce che ha altrettanto legittimamente acquistato sul mercato, al lavoratore salariato si schiude un orizzonte di tutt'altro tipo, visto che «*all'interno del processo di produzione il capitale si è sviluppato in comando sul lavoro* (*Kommando über die Arbeit*), cioè sulla forza-lavoro in attività, ossia sull'operaio stesso»[579]. Il capitalista si è garantito il comando sulla forza-lavoro operaia, che

[577] K. Marx, *Il capitale, libro I, capitolo VI inedito*, cit., p. 66. Cfr. Id., *Lineamenti fondamentali di critica dell'economia politica*, cit., I, pp. 234-235: «egli [*l'operaio*] ottiene sì denaro, ma soltanto nella sua determinazione di moneta, ossia solo *come mediazione autosopprimentesi ed evanescente* (*als sich selbst aufhebende und verschwindende Vermittlung*). Ciò che egli ottiene nello scambio quindi non è il valore di scambio, non è la *ricchezza* (*Reichtum*), ma sono *mezzi di sussistenza* (*Lebensmittel*), oggetti atti a conservare la sua vitalità, a soddisfare in generale i suoi bisogni fisici, sociali ecc.».

[578] K. Marx, *Il capitale*, I, cit., p. 627.

[579] Ivi, p. 348.

nelle ore della produzione gli appartiene «esattamente come gli appartengono le condizioni oggettive del processo di lavoro»[580], ossia gli strumenti e i macchinari. In quanto «produttore di laboriosità altrui»[581], «pompatore di plusvalore»[582] e «sfruttatore di forza-lavoro»[583], il capitale «supera in energia, dismisura ed efficacia tutti i sistemi di produzione del passato fondati sul lavoro forzato diretto»[584]. Se scrutato nella sua essenza reale, il capitale, dice Marx, è un «*rapporto di coercizione* inteso a spremere pluslavoro»[585] (*Zwangsverhältnis, um Mehrarbeit zu erzwingen*) dal lavoro salariato e la cui specificità sta nell'essere un «rapporto che non poggia su alcun legame di signoria e dipendenza personale, ma nasce unicamente dalla diversificazione delle funzioni economiche»[586], il che equivale a dire che nella schiavitù posta in essere dal capitalismo sono rimossi «dai rapporti di sfruttamento tutte le incrostazioni patriarcali, politiche o anche religiose, del passato»[587]. Ne nasce quella che Marx definisce la «servitù economica»[588] (*ökonomische Hörigkeit*) nella sua forma più pura perché sganciata da ogni altra forma di soggiogamento: il lavoro diventa l'attività che alimenta un dominio privo di connotazioni giuridiche e politiche, che si riproduce e che si conserva in forza della costrizione anonima esercitata da un meccanismo esclusivamente economico e dal diversificarsi delle funzioni degli individui. In questo modo è riconfermata la filosofia della storia marxiana, e il capitale, salutato dagli economisti come trionfo della libertà moderna, rivela l'essenza di «un *rapporto di coercizione (Zwangsverhältnis)*, che *forza* (*nötigt*) la classe

580 K. Marx, *Il capitale, libro I, capitolo VI inedito*, cit., p. 12.

581 K. Marx, *Il capitale*, I, cit., p. 348.

582 *Ibidem*.

583 *Ibidem*.

584 *Ibidem*.

585 K. Marx, *Il capitale, libro I, capitolo VI inedito*, cit., p. 54.

586 «Ein Zwangsverhältnis, das auf keinen persönlichen Herrschaft- und Abhängegkeitsverhältnissen beruht, sondern einfach aus verschiednen ökonomischen Funktionen entspringt»: *ibidem*.

587 Ivi, p. 60.

588 K. Marx, *Il capitale*, I, cit., p. 633.

operaia a compiere un lavoro maggiore di quello richiesto dall'ambito ristretto delle sue necessità vitali»[589]. Come già abbiamo visto, la prima metà della giornata lavorativa serve all'operaio per pagare i costi della produzione della capacità lavorativa che egli è, mentre «la seconda metà della giornata lavorativa è *lavoro coatto* (*Zwangsarbeit*)»[590]. Allo schiavo salariato non vengono riconosciuti bisogni all'infuori di quelli vitali, benché la produzione capitalistica abbia generato bisogni e possibilità poliedrici.

Trattando della compra-vendita della forza-lavoro, abbiamo anticipato che, entrato come nullatenente nel processo produttivo, l'operaio ne esce in maniera immutata, trovandosi dunque di fatto costretto a ripercorrere lo stesso ciclo produttivo, senza possibilità alcuna di sottrarsi ad esso. Ora possiamo precisare che, nell'ottica marxiana, la condizione iniziale viene riprodotta in forma sempre più accentuata ed estrema, «in condizioni sempre più favorevoli per una parte e sempre più sfavorevoli per l'altra»[591], cosicché, col lavoro, la soggezione dell'operaio, anziché sciogliersi, si rinsalda. Per questo motivo, oltre che dal «variare del suo padrone salariale»[592] e dall'«oscillazione nel prezzo di mercato del lavoro»[593] che rende possibile il suo accesso ai godimenti che altrimenti gli sarebbero preclusi, «la sua servitù economica è *mediata* (*vermittelt*) e insieme *dissimulata* (*versteckt*) dal rinnovamento periodico della sua vendita di se stesso»[594], che appare sotto il falso sembiante di una scelta sempre reiterata, quando invece è il prodotto della costrizione economica ininterrottamente esercitata dal capitalista. Pertanto, come abbiamo visto, la separazione fondata sulla violenza ancestrale dell'«accumulazione originaria» viene conservata dalla produzione, che fa di essa il suo presupposto e, insieme, il suo risultato: secondo la

589 Ivi, p. 348.

590 K. Marx, *Lineamenti fondamentali di critica dell'economia politica*, cit., I, p. 277.

591 K. Marx, *Il capitale, libro I, capitolo VI inedito*, cit., p. 97.

592 K. Marx, *Il capitale*, I, cit., pp. 633-634.

593 Ivi, p. 634.

594 Ivi, p. 633. Corsivi nostri.

diagnosi di Marx nei *Grundrisse*, «una volta presupposta questa separazione, il processo di produzione può soltanto produrla di nuovo, riprodurla, e riprodurla su scala più larga»[595]. Ciò è reso possibile dal fatto che l'operaio produce se stesso come capacità lavorativa, ma produce anche il capitale che gli sta di fronte, proprio come il capitalista produce se stesso come capitale e la capacità lavorativa che gli sta dinanzi e che sfrutta (ecco riaffiorare la concezione fortemente hegeliana del modo di produzione capitalistico come totalità oppositiva e autocontraddittoria): nella misura in cui il capitalista produce il lavoro come lavoro altrui, e il lavoro dell'operaio produce il prodotto come prodotto altrui, ecco che «ognuno riproduce se stesso in quanto riproduce il suo altro, la sua negazione»[596], proprio come il modo di produzione capitalistico, prodotte le merci, riprende a produrne, in un ciclo illimitato, ponendo sempre di nuovo i propri presupposti. Una volta che sia giunto a compimento il processo produttivo, si ritrovano l'uno di fronte all'altro quei due possessori di merci nelle stesse condizioni in cui si fronteggiavano prima che esso avesse inizio; anche ora il capitalista ha tutto, l'operaio non ha alcunché se non la propria forza-lavoro:

> «Attraverso la pura e semplice continuità del processo cioè attraverso la riproduzione semplice, quel che all'inizio era solo il *punto di partenza*, torna sempre ad esser *prodotto* di nuovo *e* viene *perpetuato* come *risultato proprio* della produzione capitalistica. Da una parte il processo di produzione converte continuamente in capitale, cioè in mezzi di valorizzazione e di godimento per il capitalista, la ricchezza dei materiali. Dall'altra parte l'operaio esce costantemente dal processo come vi era entrato: fonte

[595] K. Marx, *Lineamenti fondamentali di critica dell'economia politica*, cit., I, p. 440. Cfr. Id., *Il capitale*, I, cit., p. 633: «il processo di produzione capitalistico riproduce col suo stesso andamento la *separazione* fra forza-lavoro e condizioni di lavoro. E così riproduce e perpetua le condizioni per lo sfruttamento dell'operaio. Esso *costringe* (*zwingt*) costantemente l'operaio a vendere la sua forza-lavoro, per vivere, e costantemente mette il capitalista in grado di acquistarla, per arricchirsi. Non è più il caso che pone capitalista e operaio l'uno di fronte all'altro sul mercato delle merci come compratore e venditore. È il doppio mulinello del processo stesso che torna sempre a gettare l'operaio sul mercato delle merci come venditore della propria forza-lavoro e a trasformare il suo prodotto in mezzo d'acquisto del capitalista».

[596] K. Marx, *Lineamenti fondamentali di critica dell'economia politica*, cit., I, p. 436.

personale di ricchezza, ma spoglio di tutti i mezzi per realizzare per sé questa ricchezza»[597].

In questa perversa dialettica dello sfruttamento, «*l'appropriazione passata di lavoro altrui appare ora come la semplice condizione per la nuova appropriazione di lavoro altrui*»[598], costringendo l'operaio a immergersi di nuovo nel processo produttivo, il che equivale a perpetuare indefinitivamente il proprio asservimento. Lo sviluppo di questo processo è garantito da una duplice mossa del capitale: esso, da un lato, «come capitale crescente *si appropria* in misura crescente di lavoro altrui senza un equivalente»[599], intensificando sempre più la schiavitù a cui è piegato l'operaio, e dall'altro «pone sempre di nuovo la capacità lavorativa vivente nella sua indigenza soggettiva e priva di sostanza»[600], riproducendola cioè come schiava economica della classe capitalista: il capitale viene anche sotto questo profilo a configurarsi come un processo che pone sempre e di nuovo i propri presupposti, o anche come un'unità oppositiva (di lavoro vivo e di lavoro morto) che si trasforma in processo. Il diritto di proprietà su cui si fonda lo scambio tra i due possessori – liberi e uguali – di merci «si rovescia dialetticamente»[601], dal lato del capitale, nel «diritto di appropriarsi del lavoro altrui senza dare un equivalente»[602] e, dal lato della forza-lavoro, «nel dovere di rispettare il prodotto del proprio lavoro e il proprio lavoro stesso come valori appartenenti ad altri»[603].

597 Ivi, p. 626.

598 Ivi, p. 434.

599 Ivi, p. 435. È soprattutto nei *Grundrisse* che si insiste con enfasi sul fatto che dietro a quello scambio degli equivalenti, che in realtà è «*pura apparenza*» (ivi, p. 436), si nasconde uno sfruttamento che solo formalmente è diverso rispetto all'antica schiavitù: il pluslavoro che in quest'ultima era ottenuto tramite la via lunga della politica, nel modo di produzione capitalistico è ottenuto, molto più agevolmente e con un dispendio decisamente inferiore di energie, tramite la sola diversificazione delle funzioni economiche.

600 K. Marx, *Il capitale*, I, cit., p. 626.

601 *Ibidem*.

602 *Ibidem*.

603 *Ibidem*: «l'operaio stesso produce costantemente *la ricchezza oggettiva in forma di capitale*, potenza a lui estranea, che lo domina e lo sfrutta, e il capitalista produce con altrettanta costanza *la forza-lavoro in forma di fonte soggettiva di ric-*

In questo senso, afferma Marx, «lo schiavo romano era legato *da catene* (*durch Ketten*) al suo proprietario, il salariato è legato al suo *da fila invisibili* (*durch unsichtbare Fäden*)»[604], che sembrano non esserci perché occultate dalla libertà apparente che regna in ogni ambito, dalla finzione giuridica del contratto e dal variare del padrone individuale[605].

Con la sua analisi costruita a partire dalla teoria del «valore-lavoro» (dalla quale dipende interamente, come hanno sostenuto gli interpreti[606], che non hanno tardato a mostrarne

chezza, separata dai suoi mezzi di oggettivazione e di realizzazione, astratta, che esiste nella pura e semplice corporeità dell'operaio, in breve, egli produce l'operaio come *operaio salariato*».

604 *Ibidem*. Corsivi nostri.

605 Come è stato messo in luce dalle analisi di Gianfranco La Grassa, nel processo della produzione il mantenimento della libertà formale dell'operaio ruota tutto, per Marx, intorno a un punto cruciale: «il salario non deve permettere al proprietario di semplice forza-lavoro di uscire da questa sua condizione, deve cioè costringerlo a ripresentarsi comunque nella figura di venditore d'essa in forma di merce»: G. La Grassa, *Ricostruire il concetto di modo di produzione capitalistico (per ripensare la trasformazione)*, cit., p. 120. La Grassa si spinge a sostenere che il capitalismo quale lo concepisce Marx si regge su un «meccanismo autoriproduttivo di rapporti sociali di forma specifica» (ivi, p. 186). In effetti, per Marx, la dinamica decisiva che riproduce in maniera allargata la forma del rapporto sociale di produzione implica che, dopo ogni ciclo produttivo, gli operai si trovino sempre nella necessità di vendere come merce la loro forza-lavoro e, al tempo stesso, che il pluslavoro erogato permetta l'accumulazione di capitale sotto forma di accrescimento degli strumenti produttivi, delle innovazioni tecnologiche e della crescita numerica dei lavoratori salariati.

606 Gli interpreti – primo tra tutti l'economista austriaco Eugen von Böhm-Bawerk (cfr. E. Böhm-Bawerk, R. Hilferding, L. Bortkiewicz, *Economia borghese ed economia marxista. Le fonti dello scontro teorico*, La Nuova Italia, Firenze 1971) – hanno individuato nell'«analisi scientifica» di Marx, e in particolare nel concetto di «valore-lavoro», un errore che comprometterebbe interamente la tesi marxiana dello sfruttamento della classe operaia, tesi che, come è stato messo in luce dalla critica, rappresenterebbe «il cuore del sistema di Marx» (J. Robinson, *An essay on Marxian Economics*, 1942; tr. it. *Marx e la scienza economica*, La Nuova Italia, Firenze 1951, a cura di L. Diena, p. 16). In particolare, Böhm-Bawerk notava come i prezzi, lungi dall'essere l'espressione del valore incorporato in ogni merce (come aveva creduto Marx), ossia del lavoro socialmente necessario per produrla, si formano in maniera indipendente da quella quantità. Del resto, la teoria del saggio generale del profitto, esposta nel terzo libro del *Capitale*, non fa altro che confutare la teoria del valore-lavoro enunciata nel primo libro, la quale si rivela erronea. Il grande errore di Marx – secondo Böhm-Bawerk – sta nel carattere meramente logico-dialettico della dimostrazione che egli dà dell'equivalenza tra valore di scambio e lavoro incorporato, errore da cui ne scaturisce subito un altro, ossia l'indebita limitazione dell'ambito di quel valore alle merci, cioè al prodotto del lavoro umano (con la fuorviante esclusio-

il carattere erroneo), Marx giunge alla conferma, per via scientifica, di quanto aveva già espresso filosoficamente nella prima fase del suo pensiero: il concetto di libertà è un concetto limitato esclusivamente alla sfera della circolazione e il lavoratore vive in un sistema reale di schiavitù. Come avrà occasione di ricordare nel 1875, nella *Critica al programma di Gotha*, e dunque trentuno anni dopo la stesura dei *Manoscritti*, il sistema del lavoro salariato si configura come una schiavitù che diventa sempre più oppressiva nella misura in cui si sviluppano le forze produttive. Il fatto che l'operaio possa ottenere un aumento non incide sul carattere schiavistico che, come abbiamo visto, contraddistingue il modo di produzione capitalistico. Già ai tempi dei *Manoscritti*, del resto, Marx era giunto alla conclusione che quand'anche gli operai ricevessero, per miracolo, un notevole aumento del salario, ciò non muterebbe affatto la loro condizione, giacché equivarrebbe soltanto a una «*migliore remunerazione degli schiavi*»[607], i quali, per l'appunto, non modificherebbero sostanzialmente la loro condizione

ne dei beni naturali). Come ha notato – tra gli altri – Paolo Sylos Labini –, «se la teoria del valore-lavoro non regge, non reggono neppure i concetti di plusvalore e di sfruttamento» (P. Sylos Labini, *Carlo Marx: è tempo di un bilancio*, cit., p. 6), e dunque crolla il «cuore» del sistema marxiano; con la conseguenza – certo non irrilevante – che, cadendo la teoria del valore-lavoro, la nozione di pluslavoro smarrisce la sua valenza scientifica ed economica e rivela immediatamente la sua natura di indebito tentativo di tradurre in un linguaggio economico il concetto di sfruttamento, che *è* e che *resta* un concetto essenzialmente morale ed extraeconomico. In questo senso, della teoria marxiana dell'asservimento del lavoratore, si salverebbe soltanto la parte «filosofico-umanistica». A questo proposito, vi è stato chi ha sostenuto che la teoria del valore-lavoro non tocca minimamente i problemi – centrali in Marx – del comando dispotico in fabbrica, della condizione di assoggettamento dei lavoratori ai capitalisti e dell'espropriazione dei prodotti del lavoro alla quale sono sottomessi gli operai (cfr., ad esempio, P. Garegnani, *Marx e gli economisti classici*, Einaudi, Torino 1981, p. 87: «il fatto che il lavoratore non riceva l'intero prodotto non ha bisogno di alcuna teoria del valore per essere accertato»); secondo questa linea interpretativa, la tesi *filosofica* (così come compare già nel «giovane Marx») dell'asservimento del lavoratore nel sistema di fabbrica sembra «reggere» anche senza la teoria del valore-lavoro, contrariamente a quanto sostenuto, ad esempio, da Claudio Napoleoni, ad avviso del quale, venuta meno quella teoria, la nozione di sfruttamento come «lavoro prestato gratuitamente ad altri» non sarebbe più «nemmeno pensabile» (C. Napoleoni, *Value and Exploitation. Marx's Economic Theory and Beyond*, in G. Caravale, *Marx and Modern Economic Analysis*, Elgar, London 1991, pp. 227-228).

607 «Eine bessere *Salairierung der Sklaven*»: K. Marx, *Manoscritti economico-filosofici del 1844*, cit., p. 84.

schiavile. Questo assunto, che già nel 1844 sfocia nell'invito – che è insieme una necessità storica – ad abbattere il sistema capitalistico, è un filo rosso che percorre le successive opere marxiane, fino al *Capitale*: «come il vestiario, l'alimentazione, il trattamento migliore e un maggiore peculio non aboliscono il rapporto di dipendenza, e lo sfruttamento dello schiavo, così non aboliscono quello del salariato»[608], che potrà ricevere anche il più consistente tra gli aumenti di stipendio senza per questo cessare di essere uno schiavo alle dipendenze del capitale. Tanto più che il movimento reale del capitale procede irreversibilmente nella direzione di una sempre più accentuata discrepanza tra la condizione del capitalista e quella dell'operaio, divisi da un abisso sempre più profondo. La lotta ingaggiata da Marx contro il modo di produzione capitalistico diventa così lotta contro la schiavitù in cui quel modo di produzione necessariamente si sviluppa: e poiché essa lo infetta nelle sue stesse radici, per Marx, non è possibile risanarlo, e dunque non sussiste altra via di salvezza se non l'abbattimento del sistema, operazione della quale, del resto, si è incaricata la storia stessa. È infatti inscritto nelle leggi stesse del progresso storico – convinzione alla quale Marx non rinuncerà mai – che il modo di produzione capitalistico trapassi dialetticamente in una nuova forma di vita e di produzione: il movimento operaio non deve fare nient'altro che assecondare la storia, accompagnandola per mano verso il suo traguardo. In opposizione ai riformisti, che si battono per un'equa remunerazione degli schiavi salariati – e dunque non per spezzare le catene da cui sono avvinti gli operai, ma solo per renderle meno pesanti –, Marx opta per la via rivoluzionaria, esortando gli operai a «scrivere sulla loro bandiera il motto rivoluzionario: "soppressione del sistema del lavoro salariato"»[609] e dell'asservimento

608 K. Marx, *Il capitale*, I, cit., p. 677.

609 K. Marx, *Lohn, Preis und Profit*, 1865; tr. it. *Salario, prezzo e profitto*, Editori Riuniti, Roma 1984, a cura di A. A. Cantucci, p. 75. Ciò non significa, naturalmente, che Marx sia contrario ai sindacati e alle lotte per gli aumenti salariali: benché votate alla sconfitta, queste ultime sono a suo avviso necessarie, specialmente se affiancate dai conflitti per la riduzione del tempo di lavoro; questi ultimi attaccano direttamente la produzione di plusvalore, e dunque di sfruttamento. La stessa legge della domanda e dell'offerta può essere attaccata, almeno entro certi limi-

che esso si trascina appresso. Ed è alla luce di questa convinzione che devono essere lette le vicende politiche di Marx, dalla giovinezza fino alla maturità, dal periodo parigino fino all'Internazionale. Dato che nel sistema legislativo non si fa alcuna menzione del dominio di classe e della schiavitù in cui esso sfocia, ma anzi si presuppone che proletario e capitalista siano due persone libere e uguali, diventa per Marx difficile immaginare di poter superare per via legale e riformistica la schiavitù del salario: il che è testimoniato dal rifiuto marxiano del riformismo utopistico in nome della rivoluzione e del suo cambiamento dell'assetto sociale mediante il ricorso alla violenza. Per questa via, la filosofia della storia marxiana viene a intrecciarsi con l'attività politica di Marx a sostegno della classe degli schiavi dell'epoca moderna, in una partecipazione attiva e diretta alla lotta di classe. In una simile prospettiva, l'azione dei sindacati, che permettono agli operai – spiega Marx – di «elevarsi al di sopra della condizione di semplici schiavi»[610] è indubbiamente imprescindibile, ma di per sé è del tutto insufficiente a spezzare le catene che gravano sulla classe dei lavoratori. Oltre che contro i riformisti, gli strali di Marx sono indirizzati contro quei socialisti francesi – primo tra tutti Proudhon – ad avviso dei quali «avremmo bisogno del capita-

ti: «ogni solidarietà fra gli operai occupati e quelli disoccupati turba infatti l'azione "pura" di quella legge»: K. Marx, *Il capitale*, I, cit., p. 789. Per quel che concerne invece i sindacati, sono per Marx essenzialmente due i loro compiti: lottare contro l'estensione smisurata della giornata lavorativa (facendo sì che sia la legge stessa a fissarne i limiti) e battersi per far ottenere ai lavoratori una parte maggiore della ricchezza sociale che essi stessi hanno creato. Ciò non toglie, naturalmente, che per Marx quella dei sindacati resti una lotta difensiva, che non intacca i rapporti capitalistici di classe: soltanto il movimento rivoluzionario potrà eliminare alla radice le cause dell'asservimento dei lavoratori, asservimento del quale i sindacati cercano di ridurre gli effetti. Alla luce di queste considerazioni, e di quelle svolte da Marx nei *Grundrisse* in riferimento alle contraddizioni che come altrettante «mine» porteranno all'esplosione del modo di produzione capitalistico, sembra del tutto ingiustificata la posizione di Simone Weil, ad avviso della quale «Marx descrive così bene il meccanismo dell'oppressione capitalistica [...] che non si riesce a vedere come tale meccanismo potrebbe smettere di funzionare»: S. Weil, *Oppression et liberté*, Gallimard, Paris 1955, pp. 203 ss. Traduzione nostra.

610 K. Marx, *Istruzioni per i delegati del Consiglio centrale provvisorio sulle singole questioni*, in G. M. Bravo (a cura di), *La prima Internazionale: storia documentaria*, Editori Riuniti, Roma 1978, 2 voll., I, p. 178.

le ma non dei capitalisti»[611]: essi muovono dalla convinzione per cui, se il sistema capitalistico è precipitato nella più insopportabile delle schiavitù, ciò si deve al fatto che i capitalisti sono uomini senza cuore, che mirano intenzionalmente a sfruttare gli operai quanto più è possibile e a non retribuirli per tutte le ore di lavoro svolto. Per questa via, la vera contraddizione economica e sociale viene indebitamente risolta in una contraddizione antropologica; non solo, la schiavitù del capitalismo è inoltre erroneamente intesa come un fenomeno transeunte del modo di produzione, generato dall'indole malvagia dei capitalisti. In particolare, questi pensatori, in forza del loro utopismo, si illudono che, una volta privato degli uomini senza cuore che attualmente lo reggono, il capitalismo possa effettivamente essere il sistema dell'uguaglianza, della libertà e dello scambio rispettato. Il loro errore – nota Marx in proposito – è racchiuso nell'aver trascurato che «nel concetto di capitale è contenuto il capitalista»[612]. Certo, a loro va il merito di aver preso atto – a differenza degli «apologeti borghesi» – della schiavitù e delle contraddizioni che infestano il modo di produzione capitalistico, ma il loro limite sta nell'aver trascurato che quelle contraddizioni sono, come abbiamo visto, connaturate al sistema stesso, che senza di esse non potrebbe sussistere. Dove c'è produzione capitalistica, non può che esserci sfruttamento, proprio perché il capitalismo esiste soltanto creando miseria per una parte della popolazione, costretta a generare ricchezza a vantaggio di altri. Ma è lo stesso modo di produzione capitalistico a preparare, secondo Marx, le condizioni del proprio abbattimento, generando una classe di schiavi che sanno di essere tali e che lottano in vista di un mondo diverso e finalmente umano.

611 K. Marx, *Lineamenti fondamentali di critica dell'economia politica*, cit., I, p. 496.

612 «Im Begriff des Kapitals ist der Kapitalist enthalten»: *ibidem*.

4. *Un mondo in balia delle cose: il feticismo delle merci.*

> «Come nella religione l'uomo è dominato dall'opera della sua testa, così nella produzione capitalistica è dominato dall'opera della sua mano».
>
> (K. Marx, *Il capitale*, I)

Dalle analisi di Marx poc'anzi ripercorse affiora inoltre come il modo di produzione capitalistico sia caratterizzato non soltanto dalla «produzione per la produzione», dalla «valorizzazione del valore» e dall'immane quantità di merci che dà alla luce ogni giorno, ma anche dall'apparenza con cui immancabilmente si presentano le cose, come se fossero condannate a non offrirsi mai nella loro reale configurazione. L'epoca moderna – sembra suggerire Marx –, nella sua opacità, è l'epoca fantasmatica per eccellenza, il regno umbratile in cui trovano cittadinanza fantasmi di ogni tipo: ogni cosa non è che una mera parvenza, un'ombra a cui tuttavia gli uomini danno credito come se si trattasse della realtà. Ciò risulta particolarmente evidente se si guarda a quel «feticismo» tipico dell'economia politica, per il quale vengono scambiati per cose quelli che invece sono rapporti tra uomini. Il «capitale» e il «denaro», ad esempio, vengono indebitamente «cosificati» dall'economia politica, che li intende come meri oggetti, come cose, quando in realtà si tratta di precisi rapporti sociali in forma oggettivata. Qualcosa di analogo capita con la merce, con lo studio della quale si apre il *Capitale*.

Prima di studiarla, con Marx, nelle sue determinazioni e nelle sue manifestazioni ingannevoli, occorre chiedersi perché la trattazione marxiana si apra proprio con lo studio della merce. Essa, in quanto «cellula» economica originaria del modo di produzione capitalistico, implica al livello di astrazione più alto possibile la contraddizione di valore di scambio e di valore d'uso; e dato che, come abbiamo visto, la teoria del *Capitale* non è che lo svolgimento di questa contraddizione e, in esso, questo essere cellula dell'intera teoria trova conferma (poiché ciò che era presupposto viene sempre di nuovo riprodotto come risultato), allora la merce è il presupposto e il risultato della produzione capitalistica, il punto da cui essa muove e quello da cui sempre e di nuovo riparte. Divisibile e insieme indivisibile, universale e al tempo stesso particolare, la merce racchiude in sé la contraddizione genetica fondamentale da cui scaturiscono tutte le altre contraddizioni della produzione capitalistica. Essa è, di conseguenza, il necessario punto di partenza, nel Capitale, dell'esposizione di Marx[613], alla luce della distinzione, precisata nel poscritto alla seconda edizione dell'opera, tra «modo di esporre»[614] (Darstellungs*w*eise) e «modo di compiere l'indagine»[615] (Forschungs*w*eise). Il modo di produzione capitalistico si presenta, innanzitutto, come un'immane produzione e accumulazione di merci: ma che cosa è, in definitiva, una merce? Parrebbe, di per sé, una cosa ovvia e scontata, con cui abbiamo continuamente a che fare anche (e forse ancora di più) noi che veniamo dopo Marx, ogni qual volta entriamo in quei veri e propri «templi della merce» che sono i supermercati. Se la si considera sotto il profilo del «valore d'uso», la merce non crea alcun problema di comprensione: il tavolo serve per mangiare, per appoggiare oggetti, e così via. Ha, cioè, una sua utilizzabilità, quale che sia. Ma non appena si consideri quella merce dal punto di vista del «valore di scambio», ecco accadere qualcosa di davvero bizzarro:

> «*Il tavolo si trasforma in una cosa sensibilmente soprasensibile* (*ein sinnlich übersinnliches Ding*). Non solo *sta coi piedi per terra*, ma, di fronte *a tutte le altre* merci, si *mette a testa in* giù, *e* sgom*itola dalla* su*a testa* d*i legno* d*ei* gr*illi* mo*lto* p*iù* m*irabili che se cominciasse* s*p*on*taneamente a* b*allare*»[616].

Che cosa accade alla merce? A quale strana metamorfosi va incontro? A tutta prima, essa si presenta come un mero oggetto che si scambia sul mercato e che può essere acquistato in cambio di una certa quantità di denaro. Di qui l'impressione di avere a che fare con un semplicissimo rapporto tra cose che si scambiano: e proprio in ciò si annida, per Marx, la parven-

613 Su questo punto, cfr. J. Zelený, *Die Wissenschaftslogik bei Marx und «Das Kapital»*, cit., pp. 51 ss., 75 ss., 125 ss.

614 K. Marx, Il capitale, I, cit., p. 44.

615 Ibidem.

616 *Ivi*, p. 103.

za illusoria che deve essere smascherata. Infatti, «quel che qui assume per gli uomini *la forma fantasmagorica* (*die phantasmagorische Form*) di un rapporto fra cose è soltanto il rapporto sociale determinato fra gli uomini stessi»[617], che le hanno prodotte con il loro lavoro: esse racchiudono in sé l'antagonismo sociale del mondo moderno. Per questa via, la merce viene a esercitare un dominio feticistico sugli uomini, vittime dell'illusione che essa sia semplicemente una «cosa» e non il prodotto del loro lavoro sociale; e, al tempo stesso, nella produzione di merci, i rapporti umani assumono la forma fantasmagorica di rapporti tra cose, la socialità viene feticizzata in cosalità e la società capitalistica viene a configurarsi, nel suo insieme, soprattutto come una società di merci e di mercati, dei quali gli uomini non sono che gli intermediari. Come nella religione i prodotti del cervello umano prendono vita autonoma e vengono venerati come entità di natura superiore, così accade nel mondo delle merci, dove quelli che sono prodotti degli uomini e del loro lavoro sociale sembrano figure indipendenti e del tutto autonome, alle quali gli individui chinano il capo: la sola differenza è che con la religione gli uomini sono dominati dal prodotto del loro cervello, mentre con le merci sono signoreggiati dal prodotto della loro mano. È questo ciò che Marx etichetta come il «carattere di feticcio della merce» (*der Fetischcharakter der Ware*) o anche, più semplicemente, «feticismo della merce». A tutta prima, essa sembra un oggetto autonomo, ma se si riesce a squarciare il velo dell'apparenza si scopre che essa «rimanda agli uomini come uno specchio i caratteri sociali del loro proprio lavoro trasformati in caratteri oggettivi dei prodotti di quel lavoro, in proprietà sociali naturali di quelle cose, e quindi rispecchia anche il rapporto sociale fra produttori e lavoro complessivo come un rapporto sociale di oggetti, avente esistenza al di fuori dei prodotti stessi. Mediante questo *quid pro quo* i prodotti del lavoro diventano merci, cose sensibilmente sovrasensibili cioè cose sociali»[618]. E, di fronte alle merci – la società odierna ne offre un desolante spettacolo –, gli uomini si comportano come di fronte ad

617 Ivi, p. 104.

618 *Ibidem*.

altrettanti dèi (ecco riaffiorare l'intrinseca religiosità del modo di produzione capitalistico), venerandole ossequiosamente, subendone il fascino irresistibile e, in definitiva, venendo da esse dominati. È per questo motivo che, agli occhi di Marx, la merce si configura come una cosa «imbrogliatissima, piena di sottigliezza metafisica e di capricci teologici»[619]. Con lo smascheramento del feticismo delle merci, la potenza descrittiva del discorso marxiano, la sua aderenza al reale, è ancora oggi di un'attualità sorprendente, a tal punto che, se si pratica con Marx l'esercizio che Croce praticava con Hegel[620], non si potrebbe che ascriverla tra gli aspetti ancora vivi del suo pensiero. Essa mette infatti straordinariamente in luce la nostra sudditanza nei confronti di una realtà che produciamo noi stessi ma che è a tal punto opaca da sembrare autonoma e da dominarci minacciosa. Come era già stato messo in luce nei *Manoscritti* del 1844, in cui tuttavia si parlava di «alienazione» e non di «feticismo», finché si resta nell'ambito della produzione capitalistica, il rapporto tra la «cosa» e l'«uomo» si presenta con i tratti del rapporto alienato e reificato, in cui l'uomo non domina la cosa ma ne è dominato e, per ciò stesso, non può utilizzarla come supporto per il proprio sviluppo, in *maniera umana*: «io mi posso in pratica comportare umanamente con la cosa solo se la cosa si comporta umanamente con l'uomo»[621]. Il concetto di alienazione, quale era formulato nei *Manoscritti* del 1844, può ora essere specificato in due concetti ulteriori: a) l'«estraneazione», ossia le eterogenee patologie sociali generate dal capitalismo che rendono l'uomo straniero a se stesso (diagnosticate nei *Manoscritti economico-filosofici*); b) la «reificazione» (*Verdinglichung* o anche *Versachlichung*) feticistica, che pone in essere un rapporto tra entità cosificate e mercificate all'interno di un mondo i cui soggetti sono le merci. Anche da questo punto di vista, affiora come il modo di produzione capitalistico – ancora di più nella odierna «società dello spettacolo, in cui la merce contempla se stessa in un mondo che essa ha crea-

[619] Ivi, p. 103.

[620] Cfr. B. Croce, *Ciò che è vivo e ciò che è morto della filosofia di Hegel: studio critico seguito da un saggio di bibliografia hegeliana*, Laterza, Roma-Bari 1907.

[621] K. Marx, *Manoscritti economico-filosofici del 1844*, cit., p. 117.

to»[622] – sia un «mondo stregato e capovolto»[623], che, accanto a istanze che promuovono il «disincantamento del mondo»[624], genera effetti di perverso reincantamento e di anonimo mistero che stregano, secondo nuove modalità, la quotidianità dei soggetti e che danno luogo a una realtà opaca, a un meccanismo di grandiosa e spontanea complessità, dotato di una logica autonoma e del tutto indifferente alla volontà dei propri artefici, ma a tal punto ingovernabile da risultare ostile e senza senso, enigmatico e autoreferenziale[625]. Il feticismo racchiuso nella merce pervade il modo di produzione capitalistico in tutte le sue ulteriori determinazioni. Un mondo spettrale, per l'appunto, in cui gli uomini, in balia di uno strano sortilegio, producono senza tregua ma senza sapere perché lo fanno; in cui il capitale è un «vampiro»[626] assetato del sangue vivo del lavoro, o, ancora, un «lupo mannaro» vorace di «pluslavoro»[627]; e in cui le merci,

622 G. Debord, *La société du spectacle*, 1967; tr. it. *La società dello spettacolo*, Massari, Bolsena 2002, a cura di P. Stanziale, p. 63.

623 K. Marx, *Il capitale*, III, cit., p. 940.

624 «Entzauberung der Welt»: è questa la diagnosi fornita da Max Weber, che legge il capitalismo come il momento culminante della «razionalizzazione» che caratterizza l'Occidente. Cfr. M. Weber, *Wissenschaft als Beruf*, 1917; tr. it. *La scienza come professione*, Rusconi, Milano 1997, a cura di P. Volontè, pp. 87 ss. Anche su questo punto la posizione di Marx è ben diversa rispetto a quella di Weber: infatti, per Marx, il capitalismo produce nuove forme di «incantamento», come emerge soprattutto dal fatto che ciascun membro della società capitalistica è in balia del mondo, di una realtà prodotta dall'uomo ma divenuta a tal punto opaca da sembrare autonoma e animata.

625 Sembra che queste considerazioni marxiane, non meno di quelle sull'«alienazione» (che – mediate da *Storia e coscienza di classe* di Lukács – sono state decisive per la formulazione della nozione heideggeriana di «deiezione», *Verfallen*), abbiano influenzato Martin Heidegger nella sua elaborazione del concetto di *Gestell*, termine che può essere reso tanto con «impianto» (a indicare un qualcosa di costruito e di artefatto) quanto con «imposizione» anonima di una logica inesorabile di svuotamento di ogni progetto umanistico dotato di un senso. Anche a Heidegger sembra che alla borghesia sia definitivamente sfuggita di mano la situazione e che si sia imposta fatalmente una riproduzione anonima della società nel suo complesso, con la nota conseguenza heideggeriana per cui «ormai solo un Dio ci può salvare»: cfr. M. Heidegger, *Nur noch ein Gott kann uns helfen*, 1976; tr. it. *Ormai solo un dio ci può salvare*, Guanda, Parma 1987, a cura di A. Marini, p. 136; Id., *Die Frage nach der Technik*, 1953; tr. it. *La questione della tecnica*, in Id., *Saggi e discorsi*, Mursia, Milano 1976, a cura di G. Vattimo, pp. 5-27. Cfr. K. Axelos, *Einführung in ein Kunftiges Denken. Über Marx und Heidegger*, 1966; tr. it. *Marx e Heidegger*, Guida, Napoli 1978.

626 *Il capitale*, I, cit., p. 291.

627 Ivi, p. 300.

queste cose «sensibilmente sovrasensibili», si trasformano in realtà vive che ballano e trasformano in enti morti, in fantasmi, chi le ha prodotte. Si tratta di un «mondo capovolto», secondo l'intuizione filosofico-giovanile di Marx (saldamente presente anche nelle opere della maturità); un mondo in cui, in definitiva, tutto funziona in virtù di una enigmatica anarchia efficiente, in cui individui formalmente autonomi agiscono nel quadro di un'eteronomia e di un'interdipendenza assolute, che fanno alcuni uomini schiavi di altri uomini, delle macchine, dei prodotti del loro lavoro e della produzione in quanto tale; per dirla con Marx: «il processo di produzione padroneggia gli uomini, e l'uomo non padroneggia ancora il processo produttivo»[628]. Si tratta di una completa «inversione» (*Verkehrung*) dialettica, in cui il potere sociale e i prodotti del lavoro umano si separano beffardamente da essi e li dominano in modo cieco e irrazionale, generando al tempo stesso le condizioni materiali per un superamento di questa stregoneria moderna. Ed è solo nella coscienza del proletariato – a patto che diventi una «classe in sé e per sé» – che si dà, da un lato, la possibilità della comprensione della vera natura capovolta di quel mondo, il superamento dell'aura di impenetrabilità che esso mantiene per tutte le altre classi; e, dall'altro, la comprensione dell'esigenza del suo raddrizzamento, la quale si traduce, secondo l'espressione delle *Tesi su Feuerbach*, in «prassi rovesciante»[629] (*umwälzende Praxis*), in grado di far poggiare sui piedi, anziché sulla testa, il mondo intero (e non solo Hegel). In questo senso, diventa chiaro un aspetto che fino a ora abbiamo lasciato sullo sfondo, ma che è costantemente al centro della riflessione di Marx dal 1844 in avanti: gli operai non sono solo il *destino* dell'umanità, ma anche il suo punto di possibile *redenzione*, il punto di superamento della feticizzazione dilagante nel capitalismo; essi *sono* per Marx un destino, e al tempo stesso rivelano che il modo di produzione capitalistico *ha* un destino, che è quello di trapassare in una nuova forma di società, strutturata su basi sociali del tutto diverse. La merce

[628] Ivi, p. 113.

[629] K. Marx, *Tesi su Feuerbach*, cit., p. 51.

cosciente, ossia la schiavitù salariata, è la sola classe nella società presente a poter prendere atto delle contraddizioni che la infettano, diventando consapevole che questa realtà, spettralmente capovolta, non è eterna: come quelle che l'hanno preceduta, è solo una fase transitoria della preistoria dell'umanità, destinata a essere ineluttabilmente superata quando la storia avrà un vero inizio grazie al sorgere della società comunista, in cui l'uomo potrà finalmente appropriarsi della realtà sociale in cui è inserito, anziché avvertirla come un mondo estraneo, ingovernabile e fatale a cui doversi adattare.

Lasciando per ora da parte la speranza messianica nel futuro e il suo innesto virtuoso sulla filosofia della storia e sulla critica dell'economia politica, tentiamo di chiarire invece come l'analisi della merce, cellula della società capitalistica e dell'incantamento che in essa si produce, permetta di fare chiarezza su un altro punto dell'analisi di Marx. Nell'*Ideologia tedesca*, egli aveva sostenuto che «sotto il dominio della borghesia gli individui sono più liberi di prima, *nella fantasia* (*in der Vorstellung*), perché per loro le proprie condizioni di vita sono *casuali* (*zufällig*)»[630] e pensano di agire in una libertà incondizionata, scaturente dall'assenza della dipendenza personale che caratterizzava le fasi precedenti della storia; ma «nella realtà sono naturalmente meno liberi perché *più subordinati a una forza oggettiva* (*mehr unter sachliche Gewalt subsumiert*)»[631] che, nata dal loro agire, si è resa autonoma ed è giunta a dominarli impersonalmente, assumendo i tratti opachi di un impianto anonimo e autoreferenziale rispetto al quale gli uomini sono attori, maschere sociali costrette a recitare la parte che viene loro imposta dalla produzione autonomizzatasi: gli uni sono obbligati a vendersi per non morire per inedia, gli altri a valorizzare il capitale per non precipitare nella situazione dei primi. Come Marx sottolinea a più riprese[632], nell'epoca del capitale non vi sono più, propriamente, persone che

630 K. Marx – F. Engels, *Die deutsche Ideologie*, in *MEW*, cit., III, p. 76. Usiamo soltanto qui (e nella citazione successiva) l'edizione *MEW* perché il passo in questione non compare nella traduzione degli Editori Riuniti.

631 *Ibidem*.

632 Cfr. K. Marx, *Il capitale*, I, cit., p. 109.

dominano su altre persone e che, in forza di tale dominio, godono della libertà scaturente dal tempo sottratto all'attività lavorativa: vi è, piuttosto, un rapporto indipendente dagli individui che di essi si serve – contrapponendoli come sfruttatori e sfruttati – per l'autovalorizzazione illimitata del capitale. Il vero soggetto, che usa gli uomini per autovalorizzarsi, è il capitale stesso: dominio della «cosa» sull'uomo, come Marx aveva qualificato il modo di produzione capitalistico nei *Grundrisse*. La conseguenza – su cui gli interpreti raramente hanno posto l'accento – è che nel modo di produzione capitalistico l'autorità spetta ai capitalisti solo «in quanto personificazioni delle condizioni di lavoro rispetto al lavoro, non, come nelle precedenti forme di produzione, in quanto dominatori politici e teocratici»[633]. Nell'epoca del capitalismo non vi è più, propriamente, una classe libera, che sfrutta consapevolmente quelle oppresse: al contrario, la libertà non ha cittadinanza presso alcuna delle classi esistenti, che – come aveva scritto Marx ai tempi dell'*Ideologia tedesca* – agiscono tutte, nella sfera della produzione, senza sapere ciò che fanno[634]. Se si guarda alla produzione e all'esistenza all'interno del mondo capitalistico, può effettivamente risultarne l'impressione, formulata da Althusser, che la storia sia «un processo senza soggetto»[635] (*un procès sans sujet*), con la conseguente aporia del ruolo dell'individuo nella storia o, meglio, nella storia interna al capitalismo[636]. Se i capitalisti si pongono come obiettivo la valorizzazione del valore, e dunque l'estorsione di plusvalore, non lo fanno in quanto uomini senza scrupoli e perfidi per natura, ma

633 K. Marx, *Il capitale*, III, cit., pp. 298-299.

634 K. Marx – F. Engels, *L'ideologia tedesca*, cit., p. 24.

635 L. Althusser, *L'avenir dure longtemps*, 1993 (1985); tr. it. *L'avvenire dura a lungo*, Guanda, Parma 1992, cura di O. Corpet, Y. Moulier-Boutang, F. Bruno, p. 229. Cfr. anche Id., *Réponse à John Lewis*, 1973; tr. it. *Umanesimo e stalinismo. I fondamenti teorici della deviazione staliniana*, De Donato, Bari 1977², a cura di F. Papa, p. 135: «la Storia è proprio un "processo senza Soggetto né Fine(i)", le cui *circostanze* date, nelle quali gli "uomini" agiscono da soggetti sotto la determinazione di *rapporti* sociali, sono il prodotto della *lotta di classe*. La storia non ha dunque, nel senso filosofico della parola, un Soggetto, ma un *motore*: la lotta delle classi».

636 Cfr. L. Althusser, *Leggere il «Capitale»*, cit., pp. 196 ss.

piuttosto perché sono mere proiezioni del capitalismo stesso o, come Marx *ama ripetere, sue «personificazioni»*[637], *«maschere di carattere»* (Charaktermasken) *che svolgono* u*n ruolo preciso imposto dalla posizione* che *occupano nell'am*bito *dei rapporti economici* vigenti. *Così inteso, il modo di produzione capitalistico* viene *a configurarsi come* una *messa in scena, come* un *teatro in cui i singoli individui –* quale che *sia il ruolo* che *si trovano a svolgere – sono gli attori* forzati, *presi nella costrizione di* una *parte e di* un *copione dei* quali *non sono né possono essere gli autori.* Si ha quasi *l'impressione* che *sia lo stesso modo di produzione a servirsi degli* uomini *in* vista *dei propri* fini, *alla maniera dell'«astuzia della ragione»*[638] hegeliana: *non* è *il capitalista a dar* vita *al capitale ma, piuttosto,* è quest'u*ltimo a originare il capitalista,* che *non* è *se non «la personificazione del capitale, della creazione del lavoro dotata di* una volontà, *di* una *personalità propria rispetto al lavoro»*[639]. Egli *non agisce seguendo la sua* volontà, *ma trascinato dalle leggi* ferree *del capitalismo, rispetto alle* quali *– nota* Marx *– egli «non* è *altro* che u*na ruota dell'ingranaggio»*[640]. È *convinto* che *il* suo *calcolo determini il movimento del* valore, *quando invece* è *egli stesso a esserne determinato, in maniera assai simile a come – nella prospettiva* hegeliana *– gli «individui della storia mondiale»*[641] *credono di essere gli attori della sto-*

[637] «I *principali agenti di* questo *modo di produzione stesso, il capitalista e il lavoratore salariato, sono in* quanto *tali, semplicemente incarnazioni, personificazioni del capitale e del lavoro salariato; sono caratteri sociali determinati che il processo di produzione sociale imprime agli individui»*: K. *Marx,* Il capitale, III, *cit., p.* 998. *Cfr.* Id., Il capitale, I, *cit., p.* 195: *«abbiamo concepito le persone solo come* categorie personificate, *e non* individualmente».

[638] *«List der* Vernunft*»*: *G. W. F.* Hegel, Lezioni sulla filosofia della storia, *cit., p.* 30. *Del resto, Marx pone come titolo al suo scritto non* Il capitalista, *o* Il padrone, *bensì* Il capitale, *a sottolineare come sia effettivamente il capitale il vero protagonista del modo di produzione capitalistico, rispetto al* quale *gli operai e i capitalisti rivelano un carattere secondario e strumentale, proprio dell'attore che deve recitare la parte che altri hanno scritto per lui.*

[639] K. *Marx,* Storia delle teorie economiche, *cit.*, III, *p.* 321.

[640] K. *Marx,* Il capitale, I, *cit., p.* 648. *Cfr.* ibidem: *«solo in* quanto *egli* [il capitalista] è *capitale personificato, la sua propria* necessità transitoria (transitorische *Not*wendigkeit) è *insita nella necessità transitoria del modo di produzione capitalistico»*.

[641] *G. W. F.* Hegel, Lezioni sulla filosofia della storia, *cit., pp.* 27 *ss.*

ria quando invece non sono altro che pedine spietatamente mosse dalla ragione universale. Non è certo un caso che Marx, per designare gli individui, impieghi sistematicamente, oltre all'immagine degli attori del teatro, il termine *Träger*, che potremmo tradurre con «supporto», a segnalare come, nella prospettiva marxiana, i singoli individui altro non siano che supporti delle relazioni implicate nella struttura profonda del capitalismo. Marx tematizza questo punto della sua analisi sostenendo che, a differenza di tutte le forme di produzione del passato, il capitale non è un potere personale: è un potere sociale, che, pur creato dagli uomini, li sovrasta e li domina, quale che sia la posizione che essi occupano nell'ambito della società e della produzione[642], dato che, come sottolinea Marx, nell'epoca della libera concorrenza capitalistica «non sono *gli individui* (*die Individuen*), ma è *il capitale* (*das Kapital*) che è posto in condizioni di libertà»[643]. Confutando le posizioni dei socialisti, che assumono indebitamente il singolo capitalista come «responsabile di rapporti dei quali esso rimane socialmente creatura»[644], Marx può chiarire in che senso il capitale assuma la forma di un vero e proprio «mostro animato»[645] dotato di vita autonoma, che spreme il sangue ai suoi schiavi e ne incorpora la forza-lavoro viva e, per fare ciò, si serve dei capitalisti come di altrettante marionette da lui governate. Nel suo incessante bisogno di «carne e sangue freschi da sfruttare»[646], il capitale, incarnandosi nei singoli capitalisti, «*costringe* senza scrupoli l'umanità alla *produzione per la produzione*»[647], incate-

642 Cfr. K. Marx – F. Engels, *Manifesto del partito comunista*, cit., p. 27: «das Kapital ist also keine persönliche, es ist eine gesellschaftliche Macht». Cfr. E. Balibar, *Sui concetti fondamentali del materialismo storico*, cit., p. 287: «il capitalismo è l'unico modo di produzione in cui lo sfruttamento (l'estorsione di pluslavoro) – cioè lo specifico rapporto sociale che lega le classi all'interno della produzione, – è inteso come rapporto tra cose, e come tale feticizzato e mistificato. Da dove nasce questa tesi? Dall'analisi della *merce*».

643 K. Marx, *Lineamenti fondamentali di critica dell'economia politica*, cit., I, p. 657.

644 K. Marx, *Il capitale*, I, cit., Prefazione alla prima edizione, p. 34.

645 K. Marx, *Il capitale, libro I, capitolo VI inedito*, cit., p. 39.

646 K. Marx, *Lavoro salariato e capitale*, cit., p. 215.

647 K. Marx, *Il capitale*, I, cit., p. 648.

nando gli operai al regime di fabbrica: «*capitale personificato*»[648] (*personifiziertes Kapital*) i primi, «schiavitù personificata» i secondi. Così come ignorano la vera essenza della merce, allo stesso modo i capitalisti ignorano quella della produzione capitalistica in quanto tale, di cui credono illusoriamente di essere i soggetti. Se ne può dunque ricavare che nel modo di produzione capitalistico solo alcuni sono *sfruttati* (gli operai salariati), ma tutti sono *alienati*.

Solo in questa prospettiva diventa comprensibile il significato di un'affermazione marxiana che, a un primo sguardo, sembrerebbe indecifrabile, se non addirittura contraddittoria: l'autovalorizzazione del capitale – rileva Marx – «fa apparire il capitalista come sottomesso all'*asservimento del rapporto capitalistico* (*Knechtschaft des Kapitalverhältnisses*) non meno che, dall'altro, al polo opposto, l'operaio»[649]. Proprio perché il capitalismo, come Marx ha messo in evidenza nel primo capitolo del *Capitale*, non è una «cosa», ma un «rapporto», e più precisamente un rapporto di «dominio della cosa sull'uomo»[650] (*Herrschaft der Sache über den Menschen*), «del prodotto sul produttore»[651], anche il capitalista diventa, in un certo senso, schiavo del capitale, della produzione per la produzione. Ciò appare evidente soprattutto se si volge lo sguardo ai fenomeni della concorrenza e della valorizzazione del valore, fenomeni ai quali egli è asservito e ai quali – come nota Marx – non può sottrarsi, pena l'essere eliminato dagli altri capitalisti. Come abbiamo già ricordato, è la merce la fonte di queste contraddizioni e di questa cosificazione universale. Non è certo un caso che Marx definisca la concorrenza tra i capitalisti come «la costrizione esercitata su di essi dalla pressione dei loro interessi reciproci»[652], paragonandola al *bellum omnium contra omnes* che regna in natura. L'antico padrone di schiavi sfruttava la propria «merce umana» al fine di avere di che vive-

648 *Ibidem*.

649 K. Marx, *Il capitale, libro I, capitolo VI inedito*, cit., p. 21. Traduzione modificata.

650 Ivi, p. 20.

651 *Ibidem*.

652 K. Marx, *Il capitale*, I, cit., p. 399. Corsivo nostro.

re, non di rado sontuosamente, senza dover lavorare; il capitalista, invece, non gode a proprio piacimento dei frutti che gli derivano dallo sfruttamento della classe operaia. Non appena li intasca, egli è infatti nuovamente costretto a metterli in circolo per accrescere il suo capitale, in un movimento che è illimitato, autoreferenziale, e che traduce in atto il solo vero comandamento della religione del capitalismo: la produzione fine a se stessa e su scala sempre maggiore. In virtù di questo comandamento, la «religione» del modo di produzione capitalistico impone un ben preciso modo di esistenza e di attività anche al capitalista: in particolare, «lo *costringe* ad espandere continuamente il suo capitale per mantenerlo»[653], per dilazionare il più possibile nel tempo quel processo irreversibile di proletarizzazione che costituisce il destino della società presente. L'asservimento del capitalista si manifesta soprattutto in due aspetti: nel fatto che «la concorrenza impone a ogni capitalista individuale le leggi immanenti del modo di produzione capitalistico come *leggi coercitive* (*Zwangsgesetze*) esterne»[654], alle quali deve piegarsi se non vuole precipitare nella condizione di proletario; e nel fatto che egli non gode dei prodotti dello sfruttamento che esercita sulla classe oppressa, vale a dire nel fatto che «il proprio consumo privato è considerato dal capitalista come furto ai danni dell'accumulazione del suo capitale»[655]. Ciò che a tutta prima sembrerebbe il frutto di un'inarrestabile mania individuale, che spinge il capitalista ad aumentare senza tregua il capitale, è in realtà l'«effetto del meccanismo sociale»[656] in atto nel modo di produzione. Il capitalista, dunque, è schiavo della valorizzazione del valore, dell'incremento inarrestabile del capitale, vero signore nel modo di produzione capitalistico[657]. In particolare, la concorrenza lo

653 Ivi, p. 648.

654 *Ibidem*.

655 *Ibidem*.

656 *Ibidem*.

657 Anche Max Weber insiste diffusamente – anche se da una prospettiva che, con Marx, potremmo qualificare come «sovrastrutturale» – sul problema della schiavitù in cui si capovolge il capitalismo per gli stessi capitalisti, riconducendo il problema direttamente alle sue origini, alla «ascesa intramondana» dei Protestanti: costoro iniziarono ad accumulare al solo fine di guadagnare la certezza di essere

costringe a smerciare i suoi prodotti al minor prezzo possibile, a meno che non voglia perire come capitalista e precipitare egli stesso nella condizione di proletario: e per poter abbassare il prezzo delle merci, egli deve naturalmente aumentare il pluslavoro, ossia intensificare la schiavitù del lavoro degli operai. Appare così una nuova differenza rispetto alle forme di asservimento che hanno preceduto il modo di produzione capitalistico: in tutti i modi di produzione precedenti, si aveva a che fare con un rapporto coercitivo personale, in cui una persona ne asserviva un'altra (o più d'una) per godere dei frutti del suo lavoro e, insieme, dell'ozio derivante dal proprio non-lavorare; con il capitalismo, invece, è come se la realtà fosse sfuggita di mano all'uomo e avesse preso a condurre un'esistenza autonoma, assoggettando gli uomini tramite un asservimento spersonalizzato e gravante anche sui padroni, oltre che sugli schiavi. Né gli uni né gli altri sono veramente padroni della propria esistenza, che è nelle mani di una forza estranea che li sovrasta. Si tratta di una prospettiva assai differente rispetto a quella dei *Manoscritti economico-filosofici*, dai quali traspariva che l'unico schiavo era l'operaio (esattamente come nell'antichità), quasi come se fosse il capitalista stesso, libero e sovrano al pari dell'antico padrone, a scegliere liberamente di sfruttarlo e di tenerlo alla catena.

Il superamento di questa prospettiva dei *Manoscritti* – che peraltro sembra un tratto specifico di questa sola opera[658] –

stati eletti da Dio, ma un po' alla volta, col volgere degli anni, l'accumulazione perse il suo carattere intrinsecamente religioso, senza però smarrire il proprio essere fine a se stessa. Quello che ai tempi dei Protestanti era solo un «mantello sottile», si trasformò fatalmente in una «gabbia d'acciaio» in cui si trovò imprigionato l'intero Occidente: cfr. M. Weber, *Die protestantische Ethik und der «Geist» des Kapitalismus*, 1905; tr. it. *L'etica protestante e lo spirito del capitalismo,* Sansoni, Firenze 1965, a cura di P. Burresi, pp. 305 ss. Va tuttavia sottolineato che anche Marx parla di «Geist des Kapitals» (*Il capitale*, I, cit., p. 315) e rimanda esplicitamente al ruolo svolto – a suo avviso – incidentalmente dal Protestantesimo nel contesto dell'accumulazione originaria: «il protestantesimo rappresenta *una parte importante nella genesi del capitale* (*eine wichtige Rolle in der Genesis des Kapitals*), già per aver trasformato quasi tutti i giorni festivi tradizionali in giorni lavorativi» (ivi, p. 311). In questo modo, risulta significativamente ridimensionata la supremazia dell'ambito «strutturale» su quello «sovrastrutturale».

658 Basti ricordare che già nella *Sacra famiglia*, quando tratteggia il fenomeno dell'«alienazione», Marx lo riferisce ai capitalisti non meno che agli operai. In questo senso, si può sostenere che i *Manoscritti* costituiscono un testo a sé stante, in cui Marx abbozza una strada alternativa che non seguirà negli scritti successivi.

non deve tuttavia indurre a pensare che, per Marx, capitalista e operaio siano ugualmente schiavi: infatti, la grande differenza tra i due poli del rapporto schiavistico che avvolge lo schiavo salariato e il suo padrone sta tutta nel fatto che «quest'ultimo è radicato in un processo di alienazione nel quale trova il suo appagamento assoluto, mentre l'operaio, in quanto ne è la vittima, è a priori con esso in rapporto di ribellione, lo sente come processo di riduzione in schiavitù»[659]. Sulla duplicità dell'asservimento generato dal capitalismo, Marx aveva già insistito fin dai tempi della *Sacra famiglia*, in termini di alienazione a cui sono soggetti tanto gli operai quanto i capitalisti[660]; con la differenza, non certo irrilevante, che se l'uno – il capitalista – dalle sue catene trae un gran numero di vantaggi e finisce per trovare in esse, come scrive Marx, il suo «appagamento assoluto», sull'altro – l'operaio – non si abbattono che disagi e tormenti, con la conseguenza che solo quest'ultimo è nelle condizioni di poter prendere coscienza delle catene che attanagliano l'intera società e, successivamente, di spezzarle, come nel sogno che Marx aveva già tratteggiato nell'*Introduzione* del 1843. Proprio perché, secondo la diagnosi di Lukács, l'operaio è «costretto a subire come oggetto del processo la propria mercificazione, la propria riduzione a pura quantità»[661], la sua coscienza diventa l'autocoscienza della merce, vale a dire «l'autoconoscenza, l'autodisvelamento della società capitalistica fondata sulla produzione e sullo scambio di merci»[662]. È nell'autocoscienza del

Del resto, l'assunzione secondo cui i capitalisti non sarebbero vittime dell'alienazione porta facilmente alle posizioni di quanti sostengono che il carattere schiavistico del capitalismo è il frutto della volontà dei singoli individui.

659 K. Marx, *Il capitale, libro I, capitolo VI inedito*, cit., p. 21.

660 Cfr. K. Marx – F. Engels, *La sacra famiglia*, cit., p. 43: «la classe proprietaria e la classe del proletariato presentano la stessa *autoalienazione* (*Selbstentfremdung*) umana. Ma la prima classe, in questa autoalienazione, si sente a suo agio e confermata, sa che l'alienazione è la *sua propria potenza* e possiede in essa la parvenza di un'esistenza umana; la seconda classe, nell'alienazione, si sente annientata, vede in essa la sua impotenza e la realtà di un'esistenza inumana».

661 G. Lukács, *Storia e coscienza di classe*, cit., p. 219.

662 Ivi, p. 222. Già in Marx – ancor prima che in Lukács o in Adorno – è presente l'idea secondo cui la forma di merce appartiene ormai alla costituzione psichica dell'uomo moderno, nel cui sistema di bisogni e di pulsioni si radica sempre più massicciamente.

proletariato che si sgretola l'intero apparato feticistico in cui è cristallizzata la società capitalistica, in quanto egli è il vero punto nevralgico in cui il capitalismo può essere messo a nudo, lo specchio su cui si riflettono in forma macroscopica tutte le sue contraddizioni e i suoi capovolgimenti. La merce, che appare come un oggetto autonomo e dotato di vita propria, in realtà non è che la cristallizzazione dei rapporti gerarchici su cui è modellata la società; sembra una cosa, e invece è un rapporto, più precisamente un rapporto di dominio. Proprio perché, con il feticismo della merce, la socialità viene feticizzata in cosalità, quella capitalistica si configura come una società di merci e di mercati, dei quali gli uomini non sono che gli intermediari, gli strumenti passivi. In questa deformazione storicamente determinata, anziché dominare le merci utilizzandole per soddisfare dei bisogni, gli uomini – compresi i capitalisti – ne sono schiavi, le accumulano senza tregua e le venerano come altrettante divinità venute al mondo in maniera autonoma. È anche questa forma di asservimento universale alle merci e al mercato che distingue il modo di produzione capitalistico da tutti quelli che lo precedono, nei quali, per oppressivi e schiavistici che siano, «i rapporti sociali fra le persone nei loro lavori appaiono in ogni modo come loro rapporti personali, e non sono travestiti da rapporti sociali fra le cose, fra i prodotti del lavoro»[663]. Di tutti i modi di produzione, è solo il capitalismo, dunque, ad apparire come la realtà spettrale in cui diventano protagonisti le merci e i mezzi di produzione: la maschera della forza delle «cose» viene così a dominare gli uomini, a loro volta ridotti a maschere sociali del proprio lavoro. In questo senso, come la critica non ha mancato di sottolineare, il modo di produzione capitalistico quale lo concepisce Marx viene a configurarsi come un sistema «nel quale l'*intera società* è sottoposta al *dominio dei propri prodotti* (astratti) che la contrastano come una forza estranea»[664], con la conseguenza decisiva per cui l'insieme delle attività vitali dell'uomo «è

[663] K. Marx, *Il capitale*, I, cit., p. 109.

[664] L. Kolakowski, *Glowne nurty marksizmu*, 1976; tr. it. *Nascita, sviluppo, dissoluzione del marxismo*, SugarCo, Milano 1980, 3 voll., I, pp. 281-282. Corsivi nostri.

subordinato a un compito inumano, alla produzione di qualcosa di cui l'uomo in quanto uomo non è in grado di appropriarsi»[665], dal momento che ci si può appropriare (e si può fruire) sempre e solo dei valori d'uso. Un tema che, a ben vedere, benché formulato in maniera pienamente coerente e compiuta nel *Capitale*, costituisce un filo rosso che percorre e unisce pressoché tutte le opere marxiane, e che risulta lampante soprattutto nell'*Ideologia tedesca*, in cui Marx parla espressamente, in riferimento alla produzione capitalistica, del «consolidarsi del nostro proprio prodotto in un *potere obiettivo che ci sovrasta* (*sachliche Gewalt über uns*), che cresce fino a sfuggire al nostro controllo»[666]. La conseguenza è che la cooperazione degli individui nel lavoro appare «come una potenza estranea, posta al di fuori di essi, della quale essi non sanno donde viene e dove va»[667], una potenza che «è indipendente dal volere e dall'agire degli uomini e anzi dirige questo volere e agire»[668].

5. *Regno della libertà, fine della preistoria.*

> «L'intero movimento della storia è quindi l'atto *reale* di generazione del comunismo».
>
> (K. Marx, *Manoscritti economico-filosofici del 1844*)

Marx diceva, a proposito di se stesso e del proprio percorso intellettuale, che pochi altri avevano ragionato intorno al denaro avendone così poco in tasca: allo stesso modo, variando il tema, potremmo dire che nessuno come Marx ha ragionato e agito così tanto in vista del futuro ed è poi stato così incapace di tratteggiarne i contorni. È noto, infatti, che, pur costellata da cima a fondo di sprazzi futurologici, nell'opera marxiana manca una compiuta trattazione e una puntuale defi-

665 Ivi, p. 281.

666 K. Marx – F. Engels, *L'ideologia tedesca*, cit., p. 24.

667 *Ibidem*.

668 *Ibidem*.

nizione di che cosa, effettivamente, sarà la società comunista. Marx stesso non ha mai voluto assumere il futuro se non come un più o meno vago oggetto di speranza, vale a dire – secondo l'espressione giovanile – come un indefinito «sogno di una cosa» in vista della quale trascendere il presente: «consapevolmente parco e sicuro nell'usare colori che potrebbero predipingere in qualche modo il futuro»[669], egli non si sbilancia mai – sono parole sue – a prescrivere ricette «per l'osteria dell'avvenire»[670], né fantastica società future che non siano oggettivamente presenti come possibilità nella realtà presente. Inconsapevolmente stregato dall'incantesimo hegeliano secondo cui la filosofia può legittimamente parlare solo del proprio tempo, Marx è rimasto ambiguamente sospeso tra una speranza (dialettizzata nella sua filosofia della storia) interamente rivolta all'avvenire e una incapacità cronica di prefigurarsi il futuro. Di qui la costante miopia verso il futuro di questo acutissimo critico del presente. Ciò non di meno, non è finora esistita nella storia alcuna società comunista nel senso attribuito (seppur in modo vago e approssimativo) da Marx a questo concetto. Pur nella consapevolezza che la storia tende a una mèta che non si dà nel presente, è a quest'ultimo che egli ha consacrato i suoi studi e le sue ricerche, nella convinzione che soltanto mettendo a fuoco l'oggi e le sue contraddizioni sia possibile coglierne il carattere passeggero e provvisorio, precorrendo così, sotto forma di vaga speranza, l'avvenire. In questo senso, gli studi sul modo di produzione capitalistico condotti nel *Capitale* e nei *Grundrisse* assumono la forma di un attento studio dei motivi e delle contraddizioni che, «come altrettante mine», faranno saltare in aria il capitalismo rendendo possibile la transizione a una superiore forma di esistenza e di produzione, ossia il passaggio al comunismo, già assunto nei *Manoscritti* del 1844 come la soluzione all'«enigma della storia»[671]:

669 E. Bloch, *Karl Marx*, cit., p. 208.

670 K. Marx, *Il capitale*, cit., p. 41.

671 «Rätsel der Geschichte»: K. Marx, *Manoscritti economico-filosofici del 1844*, cit., p. 111.

«All'interno della società borghese fondata sul *valore di scambio* si generano rapporti di traffico e di produzione che sono altrettante mine per farla saltare. (Una massa di forme antitetiche dell'unità sociale, il cui carattere antitetico tuttavia non può mai essere fatto esplodere mediante una quieta metamorfosi. D'altro canto, se nella società così com'è non trovassimo già nascoste le condizioni materiali di produzione e i rapporti di traffico a esse corrispondenti, adeguati a una società senza classi, tutti i tentativi di farla saltare sarebbero donchisciotteschi)»[672].

Non un cambiamento di paradigma rispetto al periodo giovanile, ma semplicemente un cambiamento di metodo, senza che per questo muti la mèta da raggiungere e alla quale tendere. Come già abbiamo avuto modo di vedere, Marx non fa altro che conferire dignità dialettica, inserendola nel quadro di una filosofia della storia dalle transizioni obbligate, alla propria speranza nell'avvenire: il passaggio dal modo di produzione capitalistico al regno della libertà è, nella prospettiva marxiana, un passaggio obbligato, inscritto nelle leggi stesse della storia e della sua tensione teleologica che prepara, in seno alla società presente, il sorgere di una nuova e più alta forma di società e di convivenza, in cui gli uomini diventano finalmente attori consapevoli della loro storia. Non *fine della storia*, bensì *fine della preistoria* e inizio della vera storia: questo è, per Marx, il comunismo, questa «semplicità che è difficile a farsi»[673], come dirà Bertolt Brecht; anche se, a ben vedere, è difficile capire in che misura il comunismo non si configuri, in ultima istanza, come fine (cronologica) della storia, dato che Marx sostiene esplicitamente che la lotta di classe è il motore che fa avanzare la storia[674] e che nella società comunista si verificherà l'estizione delle classi. Anche quando «è riuscita a intravedere *la legge di natura del proprio movimento*»[675], una società «non può né saltare né eliminare per decreto le fasi

[672] K. Marx, *Lineamenti fondamentali di critica dell'economia politica*, cit., I, p. 129.

[673] «Das Einfache, das schwer zu machen ist»: B. Brecht, *Lob des Kommunismus*, 1931; tr. it. *Lode del comunismo*, in Id., *Poesie e canzoni*, Einaudi, Torino 1959, a cura di F. Fortini.

[674] Cfr. K. Marx – F. Engels, *Manifesto del partito comunista*, cit., pp. 5 ss.

[675] K. Marx, *Il capitale*, I, cit., p. 18.

naturali dello svolgimento»[676]: ciò che può fare è, tutt'al più, «abbreviare e attenuare le doglie del parto»[677], cooperando con il movimento dialettico della storia, assecondandola e, in un certo senso, aiutandola a raggiungere più rapidamente la sua mèta; dando la spallata al muro vacillante del capitalismo, come vuole un'immagine che, presente in Engels, godrà di grande fortuna. È esattamente questo, per Marx, il compito del movimento operaio e della sua organizzazione. Nel discorso marxiano tra la necessità storica e la lotta operaia sussiste, dunque, non una contraddizione, ma piuttosto una sinergia: è la storia stessa che genera le condizioni materiali per un superamento del capitalismo, tra le quali una classe che deve lottare attivamente per facilitare tale superamento; come si sosteneva già ai tempi della *Sacra famiglia*, in ultima analisi a contare non è ciò che il proletariato si pone come fine, ma «*che cosa* esso *è* e che cosa esso sarà costretto storicamente a fare»[678], rivelandosi, sotto questo profilo, uno strumento (potenzialmente consapevole) della storia.

E ora una breve digressione sulle due nozioni di «rivoluzione» e di «possibilità». Seguendo la ricostruzione di Reinhart Koselleck[679], il concetto di rivoluzione, che aveva inizialmente un significato astronomico (che si ritrova ancora in Copernico), assume, soprattutto a partire dalle due rivoluzioni inglesi del XVII secolo, un significato politico-sociale di mutamento della struttura della società e, in particolare, di possibilità di accelerare il tempo storico, ben distinto da quello naturale e concepito, alla maniera cristiana, come corsa unidirezionale e progressiva verso il futuro. Ed è anche in questo senso che deve essere intesa la «rivoluzione» nel lessico marxiano: essa è, da un lato, la necessaria transizione che porta da un modo di produzione a un altro e, dall'altro, è l'azione collettiva che sono chiamati a intraprendere gli operai associati per abbattere il

676 *Ibidem*.

677 *Ibidem*.

678 K. Marx – F. Engels, *La sacra famiglia*, cit., p. 44.

679 R. Koselleck, *Vergangene Zukunft. Zur Semantik geschichtlicher Zeiten*, 1979; tr. it. *Futuro passato. Per una semantica dei tempi storici*, Marietti, Genova 1986, a cura di A. Marietti Solmi.

sistema capitalistico senza attendere passivamente che esso crolli da sé. Quest'ultima accezione del termine rimanda al problema della «possibilità nella necessità», ossia all'idea – ben presente in Marx – per cui, anche se il movimento che porta al superamento del modo di produzione è in larga parte determinato da leggi ferree, ciò non impedisce agli operai di agire, almeno entro certi limiti, liberamente, lottando in maniera attiva per accelerare le «doglie del parto» (aspetto, quest'ultimo, che, per inciso, delegittima le posizioni iperdeterministiche di chi, come Rudolf Hilferding, pretenderà di poter prevedere l'avvento del comunismo in maniera analoga a come si prevedono le eclissi). Studiando questo problema, Michel Vadée ha sostenuto che in Marx si possono distinguere ben tre sfumature della nozione di possibilità[680]: a) la «possibilità astratta», ossia l'idea che il capitalismo generi le condizioni materiali per l'avvento del comunismo; b) la «possibilità concreta», vale a dire lo spazio della politica, che potrebbe essere intesa come arte della gestione delle possibilità concrete che si danno, in maniera casuale, all'interno della struttura necessaria del modo di produzione; c) la «possibilità reale», cioè la *praxis* come attività umana dei singoli individui che si associano e lottano come «classe in sé e per sé» in vista del superamento del modo di produzione (esattamente in questo aspetto consisterebbe quello che, secondo la diagnosi di Rodolfo Mondolfo, è l'«umanesimo»[681] di Marx). Ciò significa che la rivoluzione non è un *Godot* da aspettare, ma una possibilità inscritta nelle leggi del reale che, per essere tradotta in atto, richiede l'intervento attivo della classe proletaria. Dunque, oltre che tra realismo e utopismo, tra giusnaturalismo e storicismo, tra messianismo e antimessianismo, l'opera di Marx è ambiguamente in bilico tra determinismo e libertà, tra necessità e possibilità. Il suo pensiero è un sismografo della rivoluzione e, insieme, una miccia che permette alla dinamite rivoluzionaria di esplodere.

Fino a oggi, nei vari modi di produzione che si sono succeduti, l'uomo non è ancora stato libero né consapevole del pro-

680 Cfr. M. Vadée, *Marx penseur du possible*, cit., pp. 37 ss., 161 ss., 309 ss.

681 Cfr. R. Mondolfo, *Umanesimo di Marx. Studi filosofici (1908-1966)*, Einaudi, Torino 1968, a cura di N. Bobbio.

prio agire e, in questo senso, non si è ancora avuta una storia in senso pieno: è solo tramite il tramonto del sistema della produzione capitalistica e del lavoro salariato – «ultimo aspetto servile che l'attività umana assume»[682] – che si dischiude una nuova epoca contraddistinta dal benessere universale, dalla libertà e dalla piena realizzazione dell'uomo in quanto tale. Ciò che Marx preferisce della dialettica di Hegel (ancorché in lui la dialettica sia capovolta e occorra «rovesciarla per scoprire il nocciolo razionale entro il guscio mistico»[683]) è per sua stessa ammissione proprio la sua tensione dinamica, il suo essere «critica e rivoluzionaria per essenza»[684], e soprattutto il suo insistere inossidabilmente sulla transitorietà delle situazioni storiche, nella misura in cui «nella comprensione positiva dello stato di cose esistente include simultaneamente anche la comprensione della negazione di esso, la comprensione del suo necessario tramonto, perché concepisce ogni forma divenuta *nel fluire del movimento* (*im Flusse der Bewegung*)»[685]. Il modo di produzione capitalistico, questa forma di produzione che emancipa e accresce immensamente le forze produttive ma che al tempo stesso spacca il mondo a metà tra miseria e ricchezza, è il negativo che «è insieme positivo» di cui diceva Hegel: un male, sì, ma che reca in sé anche del bene e che, inoltre, è necessario perché sorga il bene; un capovolgimento, un mondo a testa in giù, una negazione di ciò che l'uomo potrebbe essere: ma è pur sempre una negazione necessaria e imprescindibile, per la quale è necessario transitare:

> «Dal punto di vista storico, questa inversione appare come il punto di passaggio obbligatorio per ottenere, a spese della maggioranza, la creazione della ricchezza in quanto tale, l'inesorabile sviluppo di quelle forze produttive del lavoro sociale che sole possono fornire la base materiale di una libera società umana. Passare attraverso questa forma contraddittoria è necessario»[686].

682 K. Marx, *Lineamenti fondamentali di critica dell'economia politica*, cit., II, p. 768.

683 K. Marx, *Il capitale*, I, cit., p. 45.

684 *Ibidem*.

685 *Ibidem*.

686 K. Marx, *Il capitale, libro I, capitolo VI inedito*, cit., p. 21.

Marx adombra quest'ambivalenza del capitale con un'immagine alquanto efficace, definendolo «signore barbaro e, insieme, grandioso»[687], che con uno stesso movimento «si trascina appresso, nell'abisso, i cadaveri dei suoi schiavi»[688] e crea opere titaniche che nessuna delle epoche passate era riuscita a produrre, rendendo possibile lo sviluppo e la soddisfazione di bisogni poliedrici, sconosciuti a ogni altra epoca del passato. Ciò di cui Marx è in cerca sono, come dicevamo, le contraddizioni che, in maniera necessaria e inaggirabile, faranno tramontare il capitalismo, esso stesso inteso come l'epoca contraddittoria per eccellenza, in cui «ogni cosa sembra portare in sé la sua contraddizione»[689]: le macchine, che potrebbero render meno faticoso e più agevole il lavoro dell'uomo, vengono impiegate per ammazzarlo di fatica; il progredire della scienza si accompagna a scoperte che instupidiscono la vita; il crescere a dismisura delle forze produttive, che potrebbe soddisfare i bisogni di tutti, lascia morire di fame gran parte dell'umanità. L'ottimismo dialettico di Marx lo induce a credere che, proprio come i precedenti modi di produzione, anche il capitalismo si inabisserà a causa delle contraddizioni da esso stesso prodotte e lasciate irrisolte e per aver reso possibile il formarsi di una classe in sé e per sé che lotta consapevolmente contro di esso. L'idea di Marx è che il modo di produzione capitalistico sia una totalità dialettica intessuta di contraddizioni che lo faranno esplodere. Quali sono però, in concreto, tali contraddizioni? È soprattutto dall'uso sempre più massiccio delle macchine in fabbrica che Marx pretende di aver scoperto una delle più grandi contraddizioni del modo di produzione capitalistico: proprio perché sono il mezzo più potente per aumentare la produttività del lavoro, esse rendono possibile una diminuzione del tempo necessario per la produzione dei beni e, pertanto, creano potenzialmente tempo libero per tutti. In questo risiede una delle grandi innovazioni introdotte dal capitalismo. La contraddizione sta, tuttavia, nel fatto che il capitale impiega la macchina «soltanto se essa mette l'operaio

687 K. Marx, *Lavoro salariato e capitale*, cit., p. 221.

688 *Ibidem*.

689 K. Marx, *Discorso per l'anniversario del «People's Paper»*, cit., p. 655.

in condizione di lavorare per il capitale per una parte maggiore del suo tempo, di riferirsi a una parte maggiore del suo tempo come a tempo che non gli appartiene, di lavorare più a lungo per un altro»[690]: i macchinari sono cioè impiegati per costringere l'operaio a lavorare, in proporzione, per più tempo a vantaggio del capitale, ad aumentare in percentuale il pluslavoro. In altri termini – in perfetta coerenza con il movimento generale del modo di produzione capitalistico, che crea esso stesso le possibilità di un suo superamento e, al contempo, lo nega continuamente –, le macchine creano tempo libero potenziale, che viene puntualmente riconvertito in nuovo tempo di lavoro forzato: rendendo possibile l'aumento del plusvalore relativo, esse intensificano l'asservimento del lavoratore, in quanto lo costringono a essere, a parità di tempo, più produttivo[691]. Se anche il tempo di lavoro trascorso in fabbrica resta lo stesso, aumenta in proporzione il tempo di lavoro eccedente, poiché ciò che prima l'operaio faceva – ad esempio – in cinque ore, adesso, grazie alle macchine, può farlo in tre. D'altro canto, nell'ottica marxiana, le macchine generano un'ulteriore contraddizione insuperabile, nella misura in cui esse (il «capitale costante», come vengono etichettate nel *Capitale*) «lasciano a casa» molti operai (che Marx qualifica anche come «capitale variabile»), facendo salire vertiginosamente il numero dei disoccupati e, con ciò stesso, l'offerta di forza-lavoro sul mercato; aspetto, quest'ultimo, che determina la contrazione dei salari. Si determina così, con ineluttabile necessità, un sempre più rapido immiserimento dei proletari, con il progressivo accentuarsi di quella che è la principale tra le contraddizioni del capitalismo: il carattere sociale della produzione e la forma privata dell'appropriazione, più precisamente il fatto che il lavoro equivale per l'operaio alla creazione di proprietà per il capitalista, e la proprietà equivale per il

690 K. Marx – F. Engels, *Manifesto del partito comunista*, cit., p. 17.

691 Cfr. A. Negri, *Marx oltre Marx*, cit., p. 128: «il vero ostacolo alla produzione capitalistica è il *rapporto di forza* che costituisce il concetto di capitale, è la separazione che costituisce lo sviluppo. Su questo terreno il concetto stesso di capitale diviene concetto di una strategia, di un progetto di *dominio continuamente ricalibrato* per la produzione adeguata, proporzionata, espansiva secondo *filiere di comando*, del profitto».

capitalista al comando dispotico sul lavoro dell'operaio: quest'ultima si presenta, per il capitalista, come «il diritto di appropriarsi lavoro altrui non retribuito ossia il prodotto di esso»[692], e per l'operaio come «impossibilità di appropriarsi il proprio prodotto»[693]. Contraddizione, quest'ultima, che si inserisce in quella che è, a ben vedere, la più grande delle contraddizioni del modo di produzione capitalistico: il creare progresso e sviluppo e, nello stesso tempo, il negarlo a una parte dell'umanità. Ciò affiora in parecchi punti dell'analisi marxiana: ad esempio, il capitalismo produce bisogni poliedrici e sempre più ricchi, sconosciuti alle epoche del passato, e al tempo stesso rende il lavoratore sempre più impossibilitato a soddisfarli, nella misura in cui «l'operaio esiste per i bisogni di valorizzazione di valori esistenti, invece che, viceversa, la ricchezza materiale esista per i bisogni di sviluppo dell'operaio»[694]. Tanto più che gli operai sono costretti *prima* a cedere gratuitamente il prodotto del proprio lavoro a un terzo – il capitalista –, che ne amministra dispoticamente l'attività lavorativa, e *poi* a ricomprarlo da lui tramite il loro lavoro, vale a dire fornendogli in cambio più lavoro di quello che è contenuto in quel prodotto, procurandogli così un nuovo sovraprodotto: il dispotismo del capitale che si abbatte sul *lavoratore* nel laboratorio segreto della produzione si capovolge in premurosa cortesia nei riguardi del *consumatore* quando ci si muove sulla superficie della sfera della circolazione delle merci prodotte. Da queste constatazioni, oltre che dal fatto che il capitalista trae i suoi profitti soprattutto dallo sfruttamento degli operai, che però vengono gradualmente sostituiti dalle macchine, Marx crede di poter inferire l'esistenza di una «legge tendenziale del saggio di profitto». Ciò avvalorerebbe l'idea marxiana (sconfessata però dalla storia del Novecento) che vuole il capitalismo in esaurimento per progressiva carenza del suo ingrediente principale: il profitto. In questa prospettiva, la previsione marxiana è – come è noto – quella dell'espropriazione degli espropriatori:

692 K. Marx, *Il capitale*, I, cit., p. 640.

693 *Ibidem*.

694 Ivi, p. 680.

«La centralizzazione dei mezzi di produzione e la socializzazione del lavoro raggiungono un punto in cui diventano *incompatibili* (*unverträglich*) col loro involucro capitalistico. Ed esso *viene* spezzato (*wird gesprengt*). Suona l'ultima ora della proprietà privata capitalistica. Gli espropriatori vengono espropriati»[695].

La prospettiva entro la quale si muove Marx, anche nel *Capitale* è – con buona pace di Althusser – quella della dialettica hegeliana, e non è certo un caso se, dopo aver teorizzato l'imminente espropriazione degli espropriatori, egli traccia rapidamente un sunto della sua filosofia della storia, recuperando la definizione del comunismo come «negazione della negazione» impiegata nei *Manoscritti* del 1844:

«Il modo di *appropriazione* capitalistico che nasce dal modo di *produzione* capitalistico, e quindi la proprietà privata capitalistica, sono la prima negazione della proprietà privata individuale, fondata sul lavoro personale. Ma la produzione capitalistica genera essa stessa, *con l'ineluttabilità di un processo naturale* (*mit der Notwendigkeit eines Naturprozesses*), la propria negazione. È la *negazione della negazione* (*Negation der Negation*). E questa non ristabilisce la proprietà privata, ma invece la proprietà individuale fondata sulla conquista dell'era capitalistica, sulla cooperazione e sul possesso collettivo della terra e dei mezzi di produzione prodotti dal lavoro stesso»[696].

Prendendo le mosse da questa concezione dialettica del superamento del capitalismo e della proprietà privata (la quale, come abbiamo visto, accompagna la «preistoria» dell'umanità dal modo di produzione antico a quello capitalistico), concezione alla quale Marx resterà legato per tutta la vita e da cui si allontanerà teoricamente solo quando, nei *Grundrisse*, teorizzerà (ma si tratta di quello che i Greci definivano un «apax legomenon», ossia una cosa sostenuta da un autore una sola volta in tutta la sua opera) una diversa modalità di transizione al comunismo fondata sul *General Intellect*[697], Robert Tucker ha

695 Ivi, p. 823.

696 *Ibidem*.

697 Nei *Grundrisse*, e in particolare nel *Frammento sulle macchine*, Marx prospetta una modalità di superamento del capitalismo che è diversa rispetto a quella prospettata negli altri testi e che si configura come un passaggio diretto e immediato al comunismo: tale passaggio è legato al formarsi di un «general intellect», inteso come la somma dell'esperienza intellettualizzata del lavoro sociale: cfr. K.

sottolineato che, se si vuole capire la concezione marxiana del comunismo, è ancora una volta a Hegel che occorre fare riferimento[698]. In quanto negazione della negazione, il comunismo è, hegelianamente, ricomposizione dell'unità e dell'armonia originarie andate perdute a causa della scissione avviata dalla nascita della proprietà privata e proseguita durante il lungo viaggio che l'umanità ha compiuto nella sua «preistoria», la cui ultima fase è rappresentata dal modo di produzione capitalistico. Ma tale ricomposizione, proprio come il *Gattungswesen* dei *Manoscritti* del 1844, non implica la riconquista di un paradiso perduto, oggetto di nostalgia, ma piuttosto il realizzarsi, per la prima volta, delle potenzialità immanenti dell'uomo e del suo vivere in società. Detto altrimenti, quella pensata da Marx si configura come una ricomposizione dell'unità originaria a un livello più alto (perché passata – hegelianamente – per il momento della negazione), quale mai si è ancora avuta nella storia, ma senza che ciò implichi, in alcun caso, un rimpianto per le forme precapitalistiche: proprio perché la rivoluzione non può trarre la propria poesia dal passato ma solo dall'avvenire, «è ridicolo – scrive Marx – rimpiangere quella pienezza originaria, proprio com'è ridicolo pensare di dover permanere in questa situazione di totale svuotamento»[699].

Marx, *Lineamenti fondamentali di critica dell'economia politica*, cit., II, pp. 399-403. In particolare, Marx parla del sapere astratto che si avvia a diventare la principale forza produttiva: è in tale sapere (che costituisce l'epicentro della produzione sociale) che risiede quello che Marx definisce «cervello sociale», coincidente con le potenze mentali della produzione capitalistica. Sembra tuttavia, come è stato messo in luce (cfr. P. Virno, *Grammatica della moltitudine. Per una analisi delle forme di vita contemporanee*, Rubbettino, Soveria Mannelli 2001), che questo nuovo elemento dell'analisi marxiana metta in crisi la legge del valore, in quanto colloca l'operaio non più al centro, bensì ai margini del processo produttivo. Sia per il capitale sia per gli operai il «tempo di lavoro» resta, in questo scenario, l'unica misura della produzione. Ma il predominio della scienza e il mantenimento della legge del valore creano tra loro una contraddizione insostenibile per il capitale, all'interno della quale potrebbero aprirsi – sembra suggerire Marx – spazi di comunismo inediti, o, per lo meno, possibilità particolari di libertà. Per una ricostruzione del problema del «general intellect» e della sua evoluzione nel Novecento, cfr. D. Melegari, *Il problema scongiurato. Note su Antonio Negri e il «partito» del General Intellect*, C.R.T., Pistoia 1998.

698 Cfr. R. Tucker, *The Marxian Revolutionary Idea*, Norton, New York 1969.

699 K. Marx, *Lineamenti fondamentali di critica dell'economia politica*, cit., I, p. 94.

Occorre segnalare, fin da ora, un tratto caratteristico della descrizione del comunismo, volutamente ambigua e imprecisa, che Marx dissemina in maniera sparsa e rapsodica nei suoi scritti: essendo la negazione dialettica del capitalismo, il comunismo ne è la negazione sotto ogni punto di vista. Se il capitalismo è trionfo assoluto del valore di scambio, il comunismo segnerà invece il dominio del valore d'uso; se il capitalismo implica alienazione, opacità dei rapporti e asservimento, il comunismo garantirà trasparenza, libertà e pieno sviluppo dell'individuo, e così via. In un certo senso, potremmo sostenere che Marx ha pensato il comunismo secondo le modalità proprie della cosiddetta «teologia negativa», in cui la divinità – intesa come ineffabile – non è descritta con categorie ontologiche definite, ma è ricavata per differenza contrastiva assoluta da esse. In maniera analoga, Marx ricava il concetto di comunismo da una sorta di «teologia negativa» del modo di produzione capitalistico. La matrice hegeliana della concezione marxiana del comunismo come negazione della negazione, matrice che contribuisce a fare di Marx – secondo la sua stessa espressione – uno «scolaro di quel grande pensatore»[700], affiora anche in maniera particolarmente nitida nel modo in cui egli intende il momento del «negativo», del modo di produzione capitalistico: esso non è soltanto un «male»; al contrario, come già abbiamo visto, segna anche un reale progresso, nella misura in cui universalizza la produzione e il mercato (oltreché lo scontro di classe), rendendo possibile un superamento inarrestabile delle barriere e dei pregiudizi nazionali, abbattendo tutti gli ostacoli che frenano lo sviluppo delle forze produttive, e favorendo uno sviluppo poliedrico dei bisogni più disparati. Svolgendo riflessioni di questo tipo, Marx sovrappone al sistema hegeliano dei bisogni l'istanza comunistico-naturalistica di Babeuf e, al tempo stesso, sovrappone alla concezione naturalistica e rousseauiana dei bisogni la prospettiva storica – di matrice hegeliana – dell'arricchimento dei bisogni reso possibile dall'evolvere della storia e dallo svilupparsi delle forze produttive. Come ha messo in evidenza la cri-

[700] K. Marx, *Il capitale*, I, cit., p. 45.

tica, Marx *babuvizza Hegel* e, al contempo, *hegelianizza Babeuf*[701]. Il superamento del modo di produzione capitalistico si configurerà, nell'ottica marxiana, come una *Aufhebung* hegeliana, nel doppio senso di un «toglimento» e, insieme, di una «conservazione» del modo di produzione capitalistico stesso, sulle cui basi si svilupperà il comunismo; quest'ultimo, di conseguenza, negherà le contraddizioni del capitalismo ma ne manterrà alcuni presupposti, tra cui le sviluppatissime forze produttive, che verranno appunto impiegate razionalmente come creatrici di tempo libero per tutti. In questo senso, il capitalismo pone le basi per un'effettiva civilizzazione dell'umanità, e non solo per il fatto che la produzione diventa incommensurabilmente più efficiente e in grado di soddisfare, in teoria, i bisogni dell'intera umanità (in quanto lo scopo della produzione, col capitalismo, viene affrancato dalla semplice soddisfazione del bisogno e crea, pertanto, la possibilità materiale di uno sviluppo ulteriore: infatti, la produzione volta al valore di scambio crea nuovi bisogni e nuovi modi di soddisfarli), ma anche per il fatto che si viene a creare un'integrazione reale dell'umanità, le forze produttive si sviluppano come mai era avvenuto prima nella storia:

> «In quanto aspirazione incessante alla forma generale della ricchezza, il capitale spinge però il lavoro oltre i limiti del suo bisogno naturale, e in tal modo crea gli elementi materiali per lo *sviluppo di una individualità ricca* (*Entwicklung der reichen Individualität*) che è universale nella produzione quanto lo è nel suo consumo, di un'individualità il cui lavoro perciò non si presenta nemmeno più come lavoro, ma come pieno dispiegarsi dell'attività stessa»[702].

Il comunismo realizzerà le possibilità che il capitalismo ha per la prima volta nella storia posto in essere ma che ha anche negato nell'atto stesso con cui le ha poste. Occorre però notare come, nella concezione della tecnica e dei suoi progressi fatta valere da Marx, si nasconda uno dei punti più deboli della sua teoria: egli è infatti convinto che la tecnica, non meno della

701 Cfr. B. Binoche, *Critiques des droits de l'homme*, PUF, Paris 1989.

702 K. Marx, *Lineamenti fondamentali di critica dell'economia politica*, cit., I, p. 278.

scienza, sia, di per sé, neutrale e che solo il suo uso capitalistico la trasformi in uno strumento di oppressione (Marx ha in mente soprattutto l'uso dei macchinari in fabbrica). Questa mancata comprensione della vera natura delle macchine – che creano dipendenza e soggezione a prescindere dal loro uso – induce quindi Marx a sostenere che, nella società senza classi, le macchine verranno diversamente impiegate, e più precisamente verranno utilizzate in vista della creazione di valori d'uso: «come l'oro non cesserebbe di avere il suo valore d'uso in quanto oro per il fatto di non essere più *denaro*»[703], allo stesso modo «il macchinario non perde il suo valore d'uso appena cessa di essere capitale»[704]. Nella prospettiva marxiana, le macchine devono cessare di essere usate come strumenti di asservimento dei lavoratori, per essere impiegate come creatrici di tempo libero per tutti: ciò vuol dire, allora, che «le macchine non cesseranno di essere agenti della produzione sociale quando diventeranno, per esempio, proprietà degli operai associati»[705]. La prospettiva marxiana, che sembra nutrirsi di un ingenuo ottimismo positivistico nei confronti della scienza e della tecnologia, è stata adeguatamente superata dagli autori della Scuola di Francoforte, che l'hanno sottoposta a critica muovendo in particolare dall'analisi dei *mass media*: prodotti esemplari della tecnica come la televisione e la radio, che a tutta prima sembrerebbero strumenti tecnici neutri, il cui valore parrebbe dipendere dall'uso che se ne fa, sono in realtà intrinsecamente autoritari e anti-democratici, nella misura in cui – molto banalmente – sono strutturati in maniera tale che a parlare siano pochi (se non uno solo) e ad ascoltare passivamente siano i più (tema assai caro anche a Pier Paolo Pasolini). La mancata comprensione della vera natura della tecnica, da parte di Marx, deve del resto – come ha rilevato Derrida[706] meglio di ogni altro – essere posta in connessione con la sua convinzione utopica della possibilità di una società assolutamente trasparente, di quella che potremmo definire una zona libera da fantasmi e da ogni alone di opacità.

[703] Ivi, p. 710.

[704] Ivi, pp. 710-711.

[705] Ivi, II, p. 871.

[706] J. Derrida, *Spettri di Marx*, cit., pp. 163 ss.

Alla chiara presa d'atto delle contraddizioni che faranno esplodere il capitalismo non fa seguito, nel discorso marxiano, un'altrettanto chiara diagnosi del futuro; Marx non manterrà mai fede alla promessa fatta in gioventù, quando aveva affermato: «attraverso gli stessi princìpi del mondo, noi illustreremo al mondo nuovi princìpi»[707]. L'ipertrofia del lato critico rivolto al presente e al passato si accompagna a una ambigua ipotrofia del *côté* futurologico, che pure è assunto come fuoco prospettico dell'agire e della critica dell'esistente. Ne segue l'aporia per cui, in Marx, tutto è in funzione di un futuro messianicamente atteso ma dai contorni alquanto sfumati e indefiniti. Ciò non toglie, tuttavia, che egli abbia anche ceduto, in rare occasioni, a previsioni futurologiche e ad abbozzi di descrizione della società dell'avvenire: ma si tratta di frammenti, di schegge che percorrono l'opera marxiana senza mai trovare una formulazione coerente e sistematica; frammenti di futuro piovuti inaspettatamente nel presente, nei quali batte il cuore messianico-escatologico del progetto marxiano. Sono soprattutto quattro (l'*Ideologia tedesca*, i *Grundrisse*, il terzo libro del *Capitale* e la *Critica del programma di Gotha*) i testi in cui Marx abbozza una descrizione del futuro, e – aspetto sconcertante – da questi tre testi affiorano immagini contrastanti, se non opposte, di quella che sarà la società senza classi. Ancora una volta, siamo dinanzi a un cantiere aperto, in cui perfino il *telos* della storia viene concepito in maniera ambivalente. In prima approssimazione, possiamo dire che la «teoria» marxiana del comunismo si regge su tre assunti: 1) le contraddizioni dialettiche generate dal capitalismo e destinate a farlo esplodere; 2) il ruolo intermodale del proletariato; 3) il partito politico come espressione della capacità politica della classe operaia di utilizzare il suffragio universale democratico.

Nella *Critica del programma di Gotha* (1875), Marx scandisce l'avvento del comunismo in due fasi distinte e in reciproca successione. Nella fase del «socialismo», in cui vigerà il motto «a ciascuno secondo il suo lavoro», si realizzerà la promessa che il capitalismo aveva solo illusoriamente mantenuto: retribuire ogni individuo sulla base del proprio effettivo lavoro, secondo il principio di prestazione. Nella seconda fase, quella del «comu-

[707] K. Marx, lettera a Ruge del settembre 1843, cit., p. 75.

nismo», in cui finalmente ci si sarà separati in via definitiva dalla convinzione, sorta nel modo di produzione capitalistico, per cui si deve essere retribuiti in base ai propri meriti lavorativi, trionferà invece il motto «ciascuno secondo le sue capacità, a ciascuno secondo i suoi bisogni», in una soddisfazione universale – in verità massimamente utopica – dei bisogni dell'umanità. Ciò che più colpisce, nella *Critica del programma di Gotha*, è che Marx faccia valere una concezione del comunismo come «società giusta», come comunità in cui finalmente si realizza quella giustizia che nella lunga preistoria dell'umanità era sempre stata negata da forme di dominio e di oppressione di varia natura. Un'idea, questa, che peraltro non è neppure particolarmente innovativa, se è vero che, come ha sottolineato Ernesto Screpanti[708], si può trovarla già, in forma pressoché identica, non solo in Louis Blanc e nell'utopismo rinascimentale, ma addirittura nella Bibbia («tutti i credenti vivevano insieme e mettevano in comune tutto quello che possedevano [...] e distribuivano i soldi fra tutti secondo la necessità di ciascuno», *Atti*, 2, 44-45). Questa concezione, che sembra corroborare il teorema della secolarizzazione di Karl Löwith, è altamente problematica non solo per il fatto che, come vedremo, è in piena contraddizione con quanto Marx sosteneva nell'*Ideologia tedesca*, ma anche perché attesta un'inaspettata ricaduta di Marx nell'ambito morale, e più precisamente nell'idea di una giustizia superiore a cui tende la storia nella sua processualità. In particolare, rigettando il principio di prestazione, Marx – come ha messo in luce Elster – «sta qui invocando un principio di giustizia più alto»[709]. In una simile prospettiva, non appaiono certo incongrue le tesi di Ernst Bloch, inguaribile sostenitore del nesso inscindibile tra lo «spirito dell'utopia sociale rivoluzionaria cristiana»[710] e il pensiero messianico-utopico di Marx. Questa inaspettata ricaduta nella sfera morale e nella proiezione delle speranze di un mondo migliore nell'avvenire deve indurre a riflettere e a rimettere in discussione il rapporto intrattenuto

[708] Cfr. E. Screpanti, *Comunismo libertario. Marx, Engels e l'economia politica della liberazione*, Manifestolibri, Roma 2007, pp. 23 ss.

[709] J. Elster, *Making Sense of Marx,* Cambridge University Press, Cambridge 1985, p. 222. Traduzione nostra.

[710] E. Bloch, *Il principio speranza*, cit., I, p. 587.

da Marx con i cosiddetti «socialisti utopisti» (Saint-Simon, Owen, Fourier), così etichettati nel *Manifesto*. Come è noto, per un verso essi vengono apprezzati, in quanto – in un'epoca in cui il proletariato non si era ancora sviluppato e organizzato – essi hanno fantasticato società perfette per l'avvenire, criticando radicalmente quella presente, ma per un altro verso vengono coperti di ridicolo per aver elaborato progetti ideali, sconnessi dalla realtà, e per aver cercato appoggio per la realizzazione dei loro progetti utopici non nelle masse dei lavoratori ma addirittura nei capitalisti, facendo cioè appello «alla filantropia dei cuori e dei borsellini borghesi»[711]. Di conseguenza, il socialismo utopistico, se sembra giustificato per i tempi passati, in cui il proletariato non era ancora una classe in senso pieno, diventa assurdo nel presente: a tal punto che – come chiarirà Engels – chi prospettasse al giorno d'oggi un nuovo socialismo utopista agirebbe non diversamente da chi tornasse all'alchimia dopo la scoperta della chimica moderna. E al «socialismo utopistico» (*utopischer Sozialismus*) Marx contrappone il «socialismo scientifico» (*wissenschaftlicher Sozialismus*) espresso nella concezione materialistica della storia che poggia non su progetti astratti ma su possibilità reali inscritte nella storia[712]. A tal proposito,

[711] K. Marx – F. Engels, *Manifesto del partito comunista*, cit., p. 51. Cfr. F. Engels, *Herrn Eugen Dühring's Umwälzung der Wissenschaft*, 1878; tr. it. *Antidühring*, Editori Riuniti, Roma 1971, pp. 283 ss.: «all'immaturità della produzione capitalistica, all'immaturità della posizione delle classi, corrispondevano teorie immature. La soluzione delle questioni sociali, che restava ancora celata nelle condizioni economiche poco sviluppate, doveva uscire dal cervello umano. La società non offriva che inconvenienti: eliminarli era compito della ragione pensante. Si trattava di inventare un nuovo e più perfetto sistema di ordinamento sociale e di elargirlo alla società dall'esterno, con la propaganda e, dove fosse possibile, con l'esempio di esperimenti modello. Questi nuovi sistemi sociali erano, sin dal principio, condannati ad essere utopie: quanto più erano elaborati nei loro particolari, tanto più dovevano andare a finire nella pura fantasia [...] Gli utopisti, abbiamo visto, furono utopisti perché non potevano essere altro in un'epoca in cui la produzione capitalistica era ancora così poco sviluppata. Essi furono obbligati a costruire gli elementi di una nuova società traendoli dal proprio cervello, perché nella vecchia società questi elementi generalmente non erano ancora chiaramente visibili; per i tratti fondamentali del loro nuovo edificio essi furono ridotti a fare appello alla ragione, precisamente perché non potevano ancora fare appello alla storia del loro tempo».

[712] Come è stato messo in luce soprattutto da Valentino Gerratana (cfr. *Il giovane Marx e l'idea del comunismo*, in N. Merker, *Marx. Un secolo*, Editori Riuniti, Roma 1983, p. 130), Marx ed Engels, dopo alcuni tentennamenti iniziali, impiegano come sinonimi i termini «socialismo» e «comunismo».

Engels parlerà di «evoluzione del socialismo dall'utopia alla scienza»[713]. Ed è proprio alla luce di questa convinzione che Marx, nell'*Ideologia tedesca*, definisce icasticamente il comunismo in termini ben diversi rispetto a quelli che abbiamo rinvenuto nella *Critica del programma di Gotha*:

> «Il comunismo per noi non è uno stato di cose che debba essere instaurato, un *ideale* (*Ideal*) al quale la realtà dovrà conformarsi. Chiamiamo comunismo il *movimento reale* (*wirkliche Bewegung*) che abolisce lo stato di cose presente»[714].

Il comunismo quale viene qui presentato non mostra i tratti dell'utopia e dello stato paradisiaco prefigurato nella coscienza dai socialisti utopisti, ma si configura piuttosto come un «movimento reale» e dialettico in corso nel presente; un movimento che è per Marx destinato – come sappiamo – a determinare il collasso del modo di produzione capitalistico. E, tuttavia, nella *Critica del programma di Gotha* troviamo esattamente, a sorpresa, quel vagheggiamento utopico di uno «stato ideale» che aveva contraddistinto i socialisti utopisti (vagheggiamento che, peraltro, compare qua e là anche nella stessa *Ideologia tedesca*). Come se non bastasse, la critica ha anche evidenziato come Marx, nel tratteggiare la società dell'avvenire, risenta fortemente dell'influenza degli stessi socialisti utopisti, primo tra tutti di Fourier[715]. In questo modo, la concezione marxiana del comunismo resta sospesa in un'ambiguità strutturale non risolta: da un lato, esso viene concepito in maniera eraclitea come un movimento in corso che sopprime dialetticamente lo stato di cose, e dall'altro esso assume i tratti della fissità di un progetto e di una dimensione paradisiaca al di là della storia a cui occorre tendere nella convinzione che esso troverà presto attuazione nel reale. Del resto, un'a-

[713] F. Engels, *Die Entwicklung des Sozialismus von der Utopie zur Wissenschaft*, 1880; tr. it. *L'evoluzione del socialismo dall'utopia alla scienza*, Editori Riuniti, Roma 1971.

[714] K. Marx – F. Engels, *L'ideologia tedesca*, cit., p. 25.

[715] Cfr. E. J. Hobsbawm, *Marx, Engels e il socialismo premarxiano*, in AA. VV., *Storia del marxismo*, cit., I, pp. 19 ss.; cfr. anche M. Moneti, *La meccanica delle passioni. Studio su Fourier e il socialismo critico-utopistico*, La Nuova Italia, Firenze 1979, p. 296; L. Meldolesi, *L'utopia realmente esistente. Marx e Saint-Simon*, Laterza, Roma–Bari 1982.

naloga contraddizione sembra sussistere tra una concezione del comunismo egualitaria, che compare – come abbiamo visto – nella *Critica del programma di Gotha*, e una libertaria-individualistica, che invece troviamo nell'*Ideologia tedesca*, ma anche nei *Grundrisse* e, almeno in parte, nel terzo libro del *Capitale* (in cui il comunismo è significativamente qualificato come il «regno della libertà», e non dell'«uguaglianza»). Nella *Critica del programma di Gotha*, il fuoco prospettico è dato dalla collettività e dalla giustizia, a tal punto che si ammette la creazione di un fondo comune destinato alla soddisfazione collettiva di bisogni come le scuole e la sanità. Va comunque sottolineato che non compare mai, in Marx, l'idea di un comunismo come equa distribuzione dei beni; questo, al contrario, costituisce per lui il massimo errore, tipico dei socialisti volgari, che si illudono che si possa cambiare la distribuzione senza cambiare le condizioni di produzione, ignorando grossolanamente che «i rapporti di distribuzione non sono che i rapporti di produzione *sub alia specie*»[716]. E ciò alla luce del fatto che l'antagonismo pienamente dispiegato, l'opposizione tra ruoli di direzione e ruoli di produzione, tra lavoro intellettuale e lavoro manuale, sia già tutto presente nell'ambito della produzione: in questo senso, l'Unione Sovietica, che si limiterà a rivoluzionare i rapporti di distribuzione lasciando invariati quelli di produzione, non riuscirà a superare la subordinazione e l'asservimento propri del mondo capitalistico, illudendosi (come i socialisti volgari) che questi ultimi siano causati dai soli rapporti di distribuzione.

La seconda concezione (libertaria-individualistica), che è in effetti ben più radicata della prima nei testi marxiani, ha indotto, tra gli altri, Carol Gould e Louis Dumont a riconoscere in Marx il pensatore dell'«individuo» e della «libertà» più che della comunità e dell'uguaglianza[717]: quello di Marx, come affiora soprattutto dalla ricostruzione di Dumont, potrebbe

716 K. Marx, *Storia delle teorie economiche*, cit., III, p. 59.

717 Cfr. C. Gould, *Marx's Social Ontology: Individuality and Community in Marx's Theory of Social Reality*, The Mitt Press, Cambridge 1978; L. Dumont, *Homo aequalis. Genèse et épanouissement de l'idéologie économique*, 1977; tr. it. *Homo aequalis. Genesi e trionfo dell'ideologia economica*, Adelphi, Milano 1984. Cfr. anche H. Touboul, *Marx, Engels et la question de l'individu*, PUF, Paris 2004.

essere etichettato come un «individualismo etico», finalizzato al riscatto dell'individuo da ogni legame di dipendenza e di asservimento. E in effetti, se si perlustrano con cura i testi marxiani, non è difficile accorgersi che «è sempre l'individuo singolo concreto la preoccupazione teorica di Marx»[718]. Ciò, come dicevamo, emerge molto chiaramente nell'*Ideologia tedesca*, dove Marx insiste con enfasi sul fatto che, mentre nel mondo contemporaneo-borghese contano solo le classi (di cui gli individui sono mere «maschere di carattere»), nel futuro «regno» comunista a contare saranno i singoli individui *associati* (e non assunti come atomi a sé stanti, come pretende Max Stirner, quello che – secondo l'analisi di Derrida – fu il più grande avversario teorico di Marx[719]). Infatti, alla comunità dell'avvenire – spiega Marx – «gli individui prendono parte come individui»[720], con la conseguenza che in essa si attuano finalmente «le condizioni del libero sviluppo degli individui»[721] – tema che torna pressoché invariato nei *Grundrisse* –, e per la prima volta la natura e i rapporti tra gli uomini smarriscono la loro opacità per essere soggiogati «al potere degli individui uniti»[722]. In particolare, il processo produttivo verrà portato avanti dai singoli lavoratori che si associano liberamente e si autogestiscono all'interno di una forma di esistenza comunitaria che sembra per molti versi rievocare la *koinonia* aristotelica, in opposizione al dispotismo livellatore che regna nella realtà concentrazionaria della fabbrica capitalistica, dove l'organizzazione del lavoro, i suoi ritmi, le sue modalità sono eterodirette, gestite dispoticamente da uno solo. Grazie a questa cooperazione autogestita e situata al di là del mercato, come si chiarirà nel terzo libro del *Capitale*, «l'uomo socializ-

718 C. Preve, *Marx inattuale. Eredità e prospettiva*, Bollati Boringhieri, Torino 2004, p. 188.

719 Cfr. J. Derrida, *Spettri di Marx*, cit., pp. 163 ss.

720 K. Marx – F. Engels, *L'ideologia tedesca*, cit., p. 57.

721 *Ibidem*.

722 *Ibidem*. Quest'idea emerge assai chiaramente anche nella lettura che Marx diede del fenomeno della Comune di Parigi: ai suoi occhi, essa «rappresenta la liberazione del "lavoro", cioè la condizione fondamentale e naturale di ogni vita individuale e sociale» (K. Marx, *Der Bürgerkrieg in Frankreich*, 1871; tr. it. *Guerra civile in Francia*, Rinascita, Roma 1950, p. 220).

zato, cioè i produttori associati, regolano razionalmente questo loro ricambio organico con la natura, lo portano sotto il loro comune controllo»[723]. Per questa via, contro ogni senso comune, il comunismo rappresenta il trionfo dell'individuo affrancato da ogni vincolo e finalmente posto nelle condizioni di un libero sviluppo all'interno di rapporti razionali con i propri simili: «ciò che è tradotto in esistenza dal comunismo è appunto la base reale che rende impossibile tutto ciò che esiste indipendentemente dagli individui»[724]. Il tema del libero sviluppo dell'individuo come mèta del comunismo viene ripreso anche, oltre che nel *Manifesto* (in cui si parla di una «associazione in cui il libero sviluppo di ciascuno è la condizione per il libero sviluppo di tutti»[725]), nei *Grundrisse*, opera in cui viene collocato all'interno di una filosofia della storia *sui generis*, in un certo senso arricchita rispetto a quella dell'*Ideologia tedesca* e del *Manifesto*: infatti, nei *Grundrisse* la visione della storia continua, sì, a essere scandita secondo la transizione da forme di dipendenza personali ad altre anonime e materiali, ma il fuoco prospettico di questa fenomenologia dell'evoluzione viene più esplicitamente individuato nel «libero sviluppo delle individualità»[726] (*freie Entwicklung der Individualitäten*), non più sottomesse al dominio di uomini e cose. Dall'iniziale *dipendenza personale* del mondo antico e medievale – argomenta Marx – si passa alla *dipendenza materiale* del mondo capitalistico (fondata su individui apparentemente liberi ma in realtà economicamente asserviti), per poi raggiungere – come terzo e ultimo stadio – il traguardo (con la futura società senza classi) di una «*libera individualità* (*freie Individualität*), fondata sullo sviluppo universale degli individui e sulla subordinazione della loro produttività collettiva, sociale, come loro patrimonio sociale»[727]. In questo modo, Marx si riconferma come pensa-

723 K. Marx, *Il capitale*, III, cit., p. 933. Cfr. anche Id., *Guerra civile in Francia*, cit., p. 71: «lavoro libero e associato [...] questo è comunismo».

724 K. Marx – F. Engels, *L'ideologia tedesca*, cit., p. 58.

725 K. Marx – F. Engels, *Manifesto del partito comunista*, cit., p. 37.

726 K. Marx, *Lineamenti fondamentali di critica dell'economia politica*, cit., I, p. 718.

727 Ivi, p. 89.

tore dell'individualità: il fatto che il nostro presente sia l'epoca in cui i vessilli della libertà e dell'individualità vengono agitati soprattutto dai liberali e dai difensori del modo di produzione capitalistico ha impedito (e continua a impedire) di considerare il pensiero di Marx come pensiero della libertà e dello sviluppo delle libere individualità. D'altro canto, a ciò ha contribuito il fatto stesso che la teoria di Marx, nel Novecento, si sia incarnata sempre nella forma di partiti gerarchicamente organizzati che non potevano strutturalmente funzionare sulla base di «libere individualità», ma che anzi dovevano sopprimerle in nome di un livellamento egualitario forzato che con la teoria originaria di Marx non aveva letteralmente nulla a che vedere. In una simile prospettiva, ben si capisce perché Marx fu posto, dai suoi (più o meno legittimi) successori, sul letto di Procuste del livellamento sociale forzato e dell'eliminazione della libertà individuale in nome dell'uguaglianza.

L'idea egualitaristico-livellatrice appena abbozzata nella *Critica del programma di Gotha*, che del resto è incompatibile con quelle espresse negli altri testi marxiani, sarà invece pienamente sviluppata, con tutte le sue conseguenze, nel Novecento e nei comunismi che l'hanno punteggiato. Del resto, a rimarcare la preminenza della posizione individualistico-libertaria marxiana, non è certo casuale il fatto che Marx, del capitalismo, criticasse, tra i vari aspetti, anche la sua incapacità strutturale di permettere uno sviluppo effettivo dell'individuo e la sua negazione del reale merito individuale (tramite il denaro e il capitale, il merito dell'individuo viene annichilito e a contare è, semplicemente, chi dispone di più soldi nelle tasche).

La prospettiva individualistico-libertaria di Marx emerge anche nella sua concezione dell'«uomo onnilaterale»: in quanto negazione del modo capitalistico di produzione e della sua esasperata divisione del lavoro, il comunismo sarà caratterizzato dallo sviluppo dell'uomo onnilaterale, ossia dall'uomo che «non ha una sfera di attività esclusiva»[728], ma al contrario «può perfezionarsi in qualsiasi ramo a piacere»[729], andando –

[728] K. Marx – F. Engels, *L'ideologia tedesca*, cit., p. 24.

[729] *Ibidem*.

secondo la visione bucolica dell'*Ideologia tedesca* – la mattina a caccia, il pomeriggio a pescare, la sera facendo il critico, senza diventare esclusivamente né cacciatore, né pescatore, né critico. Si tratta, evidentemente, di una singolare utopia dalle tinte arcadiche, che peraltro pare del tutto incompatibile con una società progredita e altamente specializzata – se non si vuol sostenere che nella società comunista ciascun individuo potrà fare in maniera interscambiabile l'oculista, il critico d'arte, l'ingegnere navale e il pianista (e l'aporia risulta accentuata quando Lenin precisa che ogni cuoca deve imparare a governare lo Stato). Ma ciò che con essa Marx vuole mettere in luce è l'antitesi tra la società presente, in cui la divisione del lavoro è a tal punto pronunciata che ciascun individuo è – per usare un'espressione di Herbert Marcuse – un «uomo unidimensionale»[730], inchiodato per tutta la vita a un solo ruolo (particolarmente alienante se è quello di lavoratore in fabbrica), in quanto «ha una sfera di attività determinata ed esclusiva che gli viene imposta e dalla quale non può sfuggire»[731], e una società a venire in cui si potrà finalmente realizzare quello che altrove Marx etichetta come l'«individuo totalmente sviluppato»[732] (*das total entwickelte Individuum*), libero di praticare, alternandole, le attività per le quali si sente più portato, senza legarsi definitivamente e in maniera esclusiva ad alcuna di esse: la conseguenza che Marx ne trae è che «in una società comunista non esistono pittori, ma tutt'al più uomini che, tra l'altro, dipingono anche»[733], in un superamento definitivo di quella divisione tra «lavoro intellettuale» e «lavoro manuale» che ha accompagnato la storia in ogni sua fase. Questa concezione faustiana dell'«individuo totale» ritorna anche nel *Capitale*, in cui Marx propugna la necessità di «sostituire all'*individuo parziale* (*Teilindividuum*), mero veicolo di una funzione sociale di dettaglio, *l'individuo totalmente sviluppato* (*das total entwickel-*

730 H. Marcuse, *One-Dimensional Man. Studies in the Ideology of Advanced Industrial Society*, 1964; tr. it. *L'uomo a una dimensione. L'ideologia della società industriale avanzata*, Einaudi, Torino 1967, a cura di L. Gallino e T. G. Gallino.

731 K. Marx – F. Engels, *L'ideologia tedesca*, cit., p. 24.

732 K. Marx, *Il capitale*, I, cit., p. 534.

733 K. Marx – F. Engels, *L'ideologia tedesca*, cit., p. 383.

te Individuum), per il quale differenti funzioni sociali sono modi di attività che si danno il cambio l'uno con l'altro»[734]. Ciò non significa, naturalmente, che nella società comunista si attuerà la fine del lavoro, secondo l'abbaglio di alcuni interpreti, ma, piuttosto, che il lavoro assumerà una forma simile a quella dello svolgimento di quelli «che ora chiamiamo *hobbies*»[735] (Hannah Arendt), in una prospettiva che, in fin dei conti, non è così distante da quella del «lavoro come gioco» abbozzata da Fourier (da Marx però ferocemente criticato). In questo contesto, Marx può ribadire che solo nella società comunista si potrà realizzare la libertà dell'individuo, quel valore predicato in maniera illusoria e mistificata (e men che mai realizzato) dai liberali: «la missione di ciascun uomo è di svilupparsi sotto ciascun punto di vista, di sviluppare tutte le sue capacità»[736], in una libertà che non consiste nella realizzazione di un dato fine, ma, piuttosto, nella libera scelta individuale dei fini da realizzare. Solo in questo modo diventa possibile «*lo sviluppo delle capacità umane*, che è *fine a se stesso*»[737].

Tra i vari aspetti di ambiguità che permangono, in questa visione edenica del comunismo, va segnalato quello per cui Marx si dice pienamente convinto che, una volta scomparsi lo sfruttamento economico e i conflitti di classe, scompariranno anche, per miracolo, tutti gli altri motivi di attrito e di scontro nell'ambito sociale: contrasti ideali, pulsioni sessuali, inimicizie, ecc., quasi come se anch'essi fossero soltanto emanazioni sovrastrutturali. A questo proposito, Max Weber ha messo in luce come uno dei limiti più evidenti della teoria di Marx fosse quello di ritenere che la burocrazia e la burocratizzazione (ampiamente criticati fin dalle opere giovanili) fossero fenomeni destinati a essere superati nella società dell'avvenire[738], senza tener adeguatamente conto dell'impossibilità di concepire una socie-

734 K. Marx, *Il capitale*, I, cit., p. 466.

735 H. Arendt, *The Human Condition*, 1958; tr. it. *Vita activa*, Bompiani, Milano 2004, a cura di A. Dal Lago, p. 83.

736 K. Marx – F. Engels, *L'ideologia tedesca*, cit., p. 274.

737 K. Marx, *Il capitale*, III, cit., p. 933.

738 Cfr. M. Weber, *Der Sozialismus*, 1918; tr. it. *Sul socialismo reale*, Samonà e Savelli, Roma 1970, a cura di M. Ciampa, pp. 44 ss.

tà moderna e specializzata senza burocrazia: di qui la nota profezia weberiana – confermata dalla storia – di un comunismo ineluttabilmente destinato a capovolgersi in dittatura non del proletariato, ma della burocrazia.

Come abbiamo già ampiamente visto, Marx non scende mai nei dettagli quando descrive la società comunisticamente strutturata, e in generale non si spinge mai oltre le seguenti tre affermazioni generalissime: 1) il comunismo comporterà un controllo razionale e consapevole della produzione in vista della soddisfazione di bisogni e non della valorizzazione del valore (Marx, però, non intraprende una precisa discussione dei metodi di pianificazione), con un ritorno del predominio del valore d'uso tipico delle società precapitalistiche ma dialetticamente innalzato perché passato per il momento della scissione borghese; 2) il comunismo renderà possibile il libero sviluppo delle individualità e dell'uomo onnilaterale; 3) con l'avvento del comunismo, si realizzerà l'estinzione dello Stato. È su quest'ultimo punto che occorre ora spendere qualche parola, concentrando in primo luogo l'attenzione su che cosa sia lo Stato dal punto di vista di Marx. Se ci si attiene alla nota tesi di Bobbio, non esisterebbe in Marx una teoria dello Stato[739]: a esistere sarebbero, tutt'al più, alcune riflessioni sparse su quel problema. Senza entrare nel merito della questione, che richiederebbe troppo spazio, ci limitiamo a segnalare che Bobbio non trova (e non può trovare) in Marx una teoria dello Stato perché pretende di poter sovrapporre al pensiero marxiano i classici modelli tradizionali di teoria dello Stato (Hobbes, Locke, ecc.), contraddicendo così, in partenza, uno dei grandi assunti metodologici fatti valere da Marx: quello secondo cui non vi è una chiave interpretativa universale, applicabile indistintamente a ogni realtà, ma bisogna piuttosto cercare «la logica specifica dell'oggetto specifico». Contro la tesi di Bobbio, ci pare invece di poter sostenere, con Gian Mario Bravo, che «esiste, ed è distribuita in tutto il corpo dell'opera di Marx, una concezione dello Stato»[740], tanto nelle

[739] N. Bobbio, *Né con Marx né contro Marx*, cit., pp. 98 ss.

[740] G. M. Bravo, *Karl Marx*, cit., p. 60: in particolare, secondo Bravo, «nella riflessione "matura" di Marx [...] il "politico" domina sugli altri momenti della ricerca» (ivi, p. 71), e il tema centrale è il problema dello Stato.

opere giovanili quanto in quelle della maturità. Marx lo intende come una forma di organizzazione che la borghesia si dà per tutelare la propria proprietà e i propri interessi e, insieme, per condurre la lotta di classe contro i proletari. In particolare, l'origine dello Stato, in maniera analoga a quella delle altre istituzioni e delle classi sociali, rimanda direttamente alla divisione del lavoro e si configura essenzialmente come una comunità illusoria che scherma, occultandole, le reali lotte di classe che si svolgono senza tregua nell'ambito della società civile. Se si vuole ampliare la visuale al di là dei confini del modo di produzione capitalistico, in ogni epoca lo Stato è «la forma in cui gli individui di una classe dominante fanno valere i loro interessi comuni e in cui si riassume l'intera società civile»[741]. Nell'ottica di Marx, dunque, lo Stato non è un potere esterno e neutro, che organizza asetticamente le transazioni tra gli individui e le classi, ma è piuttosto «un comitato, il quale amministra gli affari comuni della classe borghese nel suo complesso»[742] o, come si sostiene nel *Capitale*, «violenza concentrata e organizzata della società»[743]. Nel corso della storia, ogni modo di produzione ha generato un'organizzazione politica adatta a favorire gli interessi della classe dominante in quel momento storico: in quest'ottica, l'epoca del capitalismo, contraddistinto dalla concorrenza e dalla mercificazione universale, ha creato, quale propria organizzazione politica più adatta, il moderno Stato democratico-liberale, all'interno del quale la classe borghese può sviluppare più proficuamente il suo potenziale di classe. Occorre però precisare, per evitare possibili fraintendimenti, che il carattere tendenzialmente sovrastrutturale del politico non implica, per Marx, la sua irrilevanza: al contrario, talvolta il politico può godere di una certa autonomia, come risulta, ad esempio, dalle vicende dei governi Tudor (che generarono *politicamente* le condizioni affinché potesse svilupparsi il capitalismo); è Marx stesso, d'altra parte, a riconoscere esplicitamente che, sebbene l'Inghilterra sia eco-

741 K. Marx – F. Engels, *L'ideologia tedesca*, cit., p. 60.

742 K. Marx – F. Engels, *Manifesto del partito comunista*, cit., p. 8.

743 K. Marx, *Il capitale*, I, cit., p. 41.

nomicamente più evoluta rispetto alla Francia, i Francesi hanno una coscienza politica superiore rispetto a quella degli Inglesi. Ciò non toglie, comunque, che, nella sua analisi dello Stato, Marx finisca poi per operare una surrettizia generalizzazione del «bonapartismo» come forma tipica dello Stato moderno; generalizzazione che, poi, gli impedisce di analizzare in maniera adeguata la III Repubblica costituitasi dopo la grande sconfitta del 1870. Nella prospettiva marxiana, lo Stato si manifesta in una eterogeneità polimorfa di funzioni e di apparati repressivi, ideologici e politici, i quali, pur nella loro irriducibile diversità, concorrono insieme a realizzare uno scopo unitario: il mantenimento del potere e degli interessi della classe dominante. Lungi dall'essere la ricomposizione dei conflitti che dilagano nella società civile (come, con una buona dose di ottimismo, aveva creduto Hegel), esso trae origine da essi e difende una delle parti in causa: esso dichiara che le differenze di cultura, di condizione e di lavoro non hanno valore politico, dichiarando ciascun membro della società libero e uguale in ambito politico, ma «ben distante dal rimuovere queste differenze *di fatto*, lo Stato esiste piuttosto solamente nella misura in cui le presuppone»[744] e le lascia sopravvivere, tutelandole, nella sfera della società civile. Come ha sottolineato Althusser, per Marx «lo Stato è "separato dalla lotta tra classi" per meglio intervenirvi»[745]: esso si pone illusoriamente come interesse universale, come mediatore tra le classi in lotta, e in questa maniera occulta la sua parzialità di strumento al servizio di una ben precisa classe. In questo senso, per Marx, lo Stato, «questo orrendo apparato del dominio di classe»[746], è la manifestazione diretta del rapporto di produzione: in esso il retro-mondo dello scontro di forze e di violenze che innervano la società civile è scomparso, riassorbito in un'unica forza, quella della classe dominante e del suo monopolio della forza e della legge. Pur senza mai studiare lo Stato sotto il pro-

744 K. Marx, *Sulla questione ebraica*, cit., p. 109.

745 L. Althusser, *Marx nei suoi limiti*, cit., p. 97. Cfr. D. Zolo, *La teoria comunista dell'estinzione dello Stato*, De Donato, Bari 1974.

746 K. Marx, *Scritti sulla Comune di Parigi*, Samonà e Savelli, Roma 1971, a cura di P. Flores d'Arcais, p. 121.

filo della riproduzione delle condizioni sociali e materiali della produzione (e questa è sicuramente un'ambiguità della riflessione marxiana), Marx è convinto che lo Stato, proprio perché in ogni epoca è lo strumento con cui una classe difende i propri interessi ed esercita il proprio dominio, si estinguerà nella società senza classi dell'avvenire. In questo senso, come è stato sottolineato da più interpreti, quella di Marx si configura, più che come una coerente teoria dello Stato, come una teoria della sua estinzione[747]: infatti, come già si sostiene apertamente in *Miseria della filosofia*, «la classe lavoratrice sostituirà, nel corso dello sviluppo, all'antica società civile un'associazione che escluderà le classi e il loro antagonismo, e non vi sarà più potere politico propriamente detto, poiché il potere politico è precisamente *il compendio ufficiale* (*der offizielle Ausdruck*) dell'antagonismo nella società civile»[748]. Si tratta, in verità, di una teoria decisamente problematica e a suo modo «utopica», che può sembrare, per alcuni versi, una concessione alle teorie anarchiche di matrice bakuniana. A questo proposito, c'è chi ha sostenuto che l'elaborazione marxiana di un *comunismo utopico* senza Stato non sarebbe altro, in realtà, che un rovesciamento dialettico del *capitalismo utopico* senza Stato di Adam Smith[749]. Come Adam Smith si era illuso che il capitalismo potesse funzionare autonomamente, senza interventi statali, così Marx avrebbe preso l'abbaglio di un comunismo che va avanti da sé, senza lo Stato. A ben vedere, comunque, la necessità di un superamento dello Stato non viene mai declinata da Marx come eliminazione di ogni struttura di autorità e di potere, ma piuttosto – come è stato sottolineato da Danilo

747 «In Marx non c'è propriamente una teoria della politica e dello Stato, per il semplice motivo che in lui c'è piuttosto il contrario, cioè una teoria dell'estinzione della politica e dello Stato»: G. Bedeschi, *Introduzione a Marx*, cit., p. 225. Cfr. L. Colletti, *Chi ha paura di bagnarsi non scenda in acqua*, in «Nuova Generazione», 8 febbraio 1976: «nel marxismo [...] non c'è scienza della politica, perché ciò che il marxismo ha elaborato al riguardo è esattamente l'opposto: il venir meno della sfera politica e dello Stato, l'abolizione (sia pure graduale) della distinzione tra governanti e governati».

748 K. Marx, *Miseria della filosofia*, cit., p. 140.

749 Cfr. P. Rosanvallon, *Le capitalisme utopique*, Seuil, Paris 1979; B. Chavance, *Marx et le capitalisme. La dialectique d'un système*, Bathan, Paris 1996.

Zolo – come «superamento di un assetto sociale in cui la politica è una sfera separata e sovrapposta alla sfera dei rapporti di produzione»[750]. Questo potrebbe spiegare, almeno in parte, la differenza terminologica tra Marx ed Engels quando si tratta di illustrare l'estinzione dello Stato. Nell'*Antidühring*, Engels usa l'espressione biologico-positivistica «si estingue» (*stirb ab*), mentre Marx impiega sempre quella filosofico-dialettica di «superamento», ossia di toglimento e insieme di conservazione. In questo senso, per Marx, con il comunismo lo Stato verrebbe «tolto» in quanto strumento di oppressione di classe e «realizzato» in quanto strumento finalizzato alla realizzazione di scopi effettivamente universali. Aspetto, quest'ultimo, che ha indotto Avineri a sostenere che, nello scritto giovanile *Per la critica della filosofia del diritto di Hegel*, «ciò che Marx chiama "democrazia" non differisce fondamentalmente da ciò che più tardi egli chiamerà "comunismo" [...]: una società basata sull'abolizione della proprietà privata e sulla scomparsa dello Stato»[751] inteso come «falso universale». E già nello scritto del '43, in effetti, il problema fondamentale stava nell'evitare che il potere si autonomizzasse nella burocrazia per poi contrapporsi alla base da cui proveniva. Si trattava cioè di mantenere un costante contatto con la base, ossia con la collettività sociale, chiamata incessantemente a intervenire nelle decisioni di ordine generale. E questo resta, per il Marx maturo, l'ideale del comunismo. Ma prima che si possa giungere a questo traguardo, è necessario, secondo Marx, attraversare un periodo intermedio di trasformazione rivoluzionaria della società capitalistica nella società comunistica: nella *Critica del programma di Gotha*, a questo periodo di passaggio Marx conferisce il nome di «dittatura rivoluzionaria del proletariato» (*revolutionäre Diktatur des Proletariats*), espressione che Marx usa in maniera parca e generica (compare solo dodici volte nei testi marxiani ed engelsiani[752]) e che tornerà, invece, in modo

[750] D. Zolo, *I marxisti e lo Stato*, Il Saggiatore, Milano 1977, p. XXV.

[751] S. Avineri, *Il pensiero politico e sociale di Marx*, cit., p. 51.

[752] Cfr. B. Bongiovanni, voce «Dittatura», in «L'Indice», n. 9 (settembre 2003).

ossessivo soprattutto negli scritti di Lenin. Certo, Marx non esclude che in questa fase di transizione la classe operaia debba fare ricorso a mezzi coercitivi contro le classi antagoniste, accelerando violentemente il processo di trasformazione delle condizioni economiche[753] (e, del resto, la storia insegna che ogni trapasso da un modo di produzione all'altro implica, almeno potenzialmente, violenza e sopraffazione), ma questo non significa affatto che in esso sia già racchiuso, *in nuce*, l'orrore dei *gulag* e della dittatura *sul* proletariato che si realizzò nell'Unione Sovietica (come invece hanno sostenuto, tra gli altri, Paolo Sylos Labini e i «nouveaux philosophes» francesi). Tanto più che, come ha chiarito Althusser, «nel pensiero di Marx, la dittatura di una classe non ha nulla a che vedere con la dittatura politica, con un regime di governo dittatoriale»[754] potenzialmente illimitato nel tempo, ma è piuttosto connessa con la regola della maggioranza, nella misura in cui – secondo le previsioni di Marx – la classe dei proletari rappresenterà la maggioranza assoluta della popolazione. Per questa via, opponendosi alle fosche previsioni di Bakunin – che nel disegno marxiano scorgeva il codice originario di una futura dittatura oppressiva, statalistica e burocratizzata –, Marx «identificava di fatto la dittatura del proletariato con la più ampia democrazia politica»[755] e ammetteva esplicitamente un utilizzo eventuale della violenza, lasciando sempre aperta la possibilità di un passaggio pacifico e legale al socialismo tramite il suffragio universale: dunque, egli si confermava a tutti gli effetti come pensatore della democrazia, nel duplice significato di *democrazia diretta* (intesa come autogestione economica dei singoli individui associati e come autogoverno politico tramite i consigli) e di *democrazia indiretta* (concepita come capacità politi-

[753] Cfr. K. Marx, *Appunti sul libro di Bakunin «Stato e anarchia»*, in Id. – F. Engels, *Critica dell'anarchismo*, Einaudi, Torino 1972, a cura di G. Backhaus, pp. 353 ss.

[754] L. Althusser, *Marx nei suoi limiti*, cit., p. 105.

[755] C. Preve, *Democrazia e comunismo: le basi filosofiche di una questione ineludibile*, in «Eretica», n. 1, 2005, p. 5. Cfr. anche M. Rubel, *Le concept de démocratie chez Marx*, in «Le contrat social», IV, 4 (1962), pp. 214-220; J. Ehrenberg, *The Dictatorship of the Proletariat. Marxism's Theory of Socialist Democracy*, Routledge, New York – London 1992.

ca della classe operaia espressa tramite partiti di massa che accettano il terreno del suffragio universale come strumento per instaurare la società comunista). Per fare luce su questo punto, è importante volgere lo sguardo alla teoria politica dell'associazionismo internazionalista elaborata da Marx a partire dal 1871 (tematizzata soprattutto al Congresso dell'Aja, del 1872) e centrata sull'idea di conquista del potere politico da parte del proletariato nelle singole nazioni ma in vista di un obiettivo internazionale (l'emancipazione della classe operaia in quanto tale). Il proletariato, qualora si organizzasse solidamente sotto forma di «partito», potrebbe sfruttare gli strumenti parlamentari e istituzionali, nonché gli apparati, della società borghese (in primo luogo il suffragio universale) per conquistare il potere e per attuare, in seconda battuta, la transizione al comunismo. Come si vede, le teorie complementari dello Stato e della politica sono ben presenti in Marx, anche se in accezioni che poco o nulla hanno a che vedere con quelle della tradizione del pensiero politico classico: in particolare, per quel che riguarda lo Stato, disponiamo delle teorie a) dello Stato come strumento del dominio di classe, b) della conquista dello Stato, c) del superamento dialettico dello Stato. Mentre, per quel che concerne la teoria politica marxiana, essa si configura allo stesso tempo come: a) teoria della lotta politica, b) teoria della rivoluzione, c) teoria dell'organizzazione politica (del partito e del sindacato), d) teoria della gestione del potere (autogoverno politico tramite i consigli coincidente con la dittatura del proletariato).

In questa prospettiva, per cui poco importa se il fine viene raggiunto per via rivoluzionaria o in maniera pacifica, tramite la violenza o tramite il suffragio universale, si sarebbe dischiuso – nella prospettiva marxiana – il paradiso terrestre dell'abbondanza e della soddisfazione universale dei bisogni di uomini liberi e completamente sviluppati, e la preistoria, questo lungo e tortuoso viaggio tra scissioni e schiavitù, tra miseria e sovrapproduzione, sarebbe stata riscattata dal comunismo.

5. Le avventure del materialismo storico: Marx nel Novecento.

«Il marxismo è ancora giovanissimo, quasi nell'infanzia: ha appena cominciato a svilupparsi. Esso rimane dunque la filosofia del nostro tempo: è insuperabile perché le circostanze che l'hanno generato non sono ancora superate. I nostri pensieri, quali che siano, non possono formarsi che su questo *humus*; devono contenersi nella struttura che esso fornisce loro o perdersi nel vuoto o retrocedere».

(J.-P. Sartre, *Critica della ragione dialettica*)

Versione iperbolica del progetto della modernità e delle sue eterogenee filosofie della storia, quasi tutte accomunate dall'annuncio entusiastico dell'imminente fine della barbarie, il «sogno di una cosa» di Marx è stato mandato in frantumi dalla storia del Novecento, che della barbarie e dell'asservimento ha rappresentato, per molti versi, il culmine. Più precisamente, l'ironia della storia ha voluto che il sogno marxiano di un mondo senza classi, senza servi né padroni e all'insegna di rapporti trasparenti, si capovolgesse dialetticamente nell'incubo orwelliano di una realtà dispotica e dittatoriale, che, lungi dal promuovere l'emancipazione dell'uomo, l'ha reso succube di nuove e non meno opprimenti catene. L'*utopia* di un mondo in cui tutto sarebbe diventato possibile *per l'uomo* si è perversamente trasfigurata in una *distopia* in cui tutto è diventato possibile *sull'uomo*, in una sconcertante attuazione simultanea del *socialismo* e della *barbarie* che, da Rosa Luxemburg a Cornelius Castoriadis, erano stati ottimisticamente intesi come poli antitetici e incompatibili. E, ciò non di meno, anche sepolto sotto le macerie del Muro di Berlino, il pensiero di Marx continua a rappresentare la più seducente promessa di felicità di cui la modernità sia stata capace, non cessando di rivelare la sua natura di impareggiabile «segnalatore» delle contraddizioni in cui è sospeso il nostro mondo. Il fallimento delle sue profezie non intacca l'esattezza delle sue denunce:

Marx può ancora dare voce alla sensazione diffusissima che nel nostro mondo (sempre più spesso presentato come intrascendibile, in una inquietante desertificazione dell'avvenire), dopo tutto, qualcosa continua a mancare. Come è stato scritto, quelli di Marx restano «gli strumenti più acuti per criticare la società esistente»[756] e le sue contraddizioni: fin tanto che ci saranno sfruttamento e schiavitù, lo spettro di Marx continuerà ad agitarsi per il mondo.

Ma qual è stata, in concreto, l'eredità (teorica e pratica) del pensiero marxiano? Abbiamo già insistito sul fatto che il fondatore del marxismo fu Engels e non Marx (è significativo, d'altra parte, che l'*Antidühring* vendette più di ogni opera marxiana). Senza dimenticare questa distinzione, tenteremo ora di abbozzare una rapidissima «storia delle interpretazioni e dei fraintendimenti» (senza alcuna pretesa di esaustività) a cui il pensiero di Marx è storicamente andato incontro, prendendo in esame, seppur succintamente, soprattutto il marxismo come corrente teorico-filosofica (Althusser, Adorno, Marcuse, ecc.), e meno il marxismo come movimento storico in atto. Grandioso tentativo storico, legittimo ma impotente, di superare i rapporti capitalistici di produzione su scala mondiale sulla base del duplice fondamento della Classe e del Partito, il comunismo, dopo l'età della fondazione engelsiano-kautskyana (1875-1914), si è articolato, per quel che riguarda la realtà sovietica, nei due momenti successivi di età della costruzione (1914-1956) – con la sua transizione non dal capitalismo al comunismo, come si voleva, bensì dal capitalismo a un altro capitalismo (posto che, secondo l'insegnamento marxiano, il comunismo non può consistere in una mera trasformazione dei rapporti di distribuzione, senza un rivoluzionamento di quelli di produzione) – e di età della dissoluzione (1956-1991), l'età in cui il marxismo brillava ormai solo come una stella morta.

Se ci si occupa del marxismo come corrente teorico-filosofica, il primo aspetto che salta agli occhi è la morte prematura del *côté* economico del pensiero marxiano: il pilastro su cui Marx aveva costruito, nel *Capitale*, la sua riflessione economi-

756 J. Wolf, *Why read Marx today?*, *Introduction*, OUP. Paperback, Oxford 2003. Traduzione nostra.

ca, ossia la teoria del «valore-lavoro», si rivela presto erroneo, soprattutto perché non rende possibile spiegare la trasformazione del valore in prezzi. Presa coscienza del naufragio del versante economico del pensiero di Marx, il marxismo novecentesco si concentra soprattutto su quello politico, con una conseguenza che è paradossale e, insieme, tragica: si tende a buttare a mare la «parte» economica della riflessione di Marx rispondendo con un'insistenza maniacale sulla parte politica (Lenin, Stalin, Mao), la quale è tuttavia, se non assente, sicuramente poco sviluppata negli scritti marxiani, dato che non è possibile rinvenire in essi una teorizzazione compiuta di nozioni come quelle di «coscienza di classe» o di «egemonia». Senza elaborare una teoria politica compiuta delle strutture dello Stato borghese e della strategia operativa per rovesciarlo, è solo sulla «dittatura del proletariato» che, come abbiamo visto, Marx spende qualche parola, lasciando peraltro aperti molti problemi e ambiguità. È stato soprattutto Lenin, attento lettore dell'opera marxiana (a differenza di molti altri *leaders* di Paesi comunisti: particolarmente significativa, a questo proposito, la confessione di Fidel Castro, che ha ammesso di aver abbandonato la lettura del primo libro del *Capitale* tra la ventesima e la trentesima pagina), a elaborare una *teoria politica marxista*, cercando di colmare il vuoto lasciato da Marx ed Engels e forgiando un insieme teorico e organizzativo in grado di rendere possibile tanto la presa del potere da parte del proletariato – guidato da un partito di «rivoluzionari di professione» – quanto l'unione di propaganda e azione, di teoria e prassi; anche se, a ben vedere, si tratta di un insieme teorico viziato da un'antinomia fondamentale e destinato a sfociare nel totalitarismo. In *Che fare?* (1902), si teorizza infatti il partito ipercentralizzato e autoritario-giacobino, e poi, in *Stato e rivoluzione* (1917), viene prospettata l'idea di una democrazia soviettista. In questa maniera – inutile sottolinearlo – si è già ben *al di là di Marx*: e, in effetti, la Rivoluzione del '17, che fu indubbiamente – a suo modo – un prodotto del marxismo che si ispirava (almeno in parte) a Marx, fu a sua volta generatrice di un *nuovo marxismo*, che andava consapevolmente oltre Marx, dovendo per la prima volta porsi il problema della costruzione della società socialista come problema reale e non più come ipotesi astratta. È a partire da quest'epoca che si assiste al proliferare incontrastato dei marxismi che accompagnerà il Novecento: fino al 1914, nonostante le molteplici sollecitazioni centrifughe, di marxismo ve n'era uno soltanto, che si pretendeva (illusoriamente) propagazione diretta e legittima del pensiero di Marx.

Accanto all'ipertrofia del versante politico, nel Novecento si verifica un ulteriore cambio di rotta rispetto al pensiero originariamente formulato da Marx: quella che inizialmente voleva essere una *critica radicale delle ideologie* diventa, enigmaticamente, una *nuova ideologia*, e come tale è salutata dai suoi corifei. In Lenin, ad esempio, l'«ideologia» non è solo la «falsa coscienza» degli economisti borghesi, ma è anche la rappresentazione della società e del suo movimento storico complessivo da parte del proletariato, portatore di un'«ideologia scientifica»; ancora Pier Paolo Pasolini – un marxista certo poco ortodosso – poteva sostenere in buona fede, negli anni Settanta, che «il marxismo è l'unica ideologia che mi protegge dalla perdita della realtà»[757], a segnalare come il marxismo, esso stesso ridotto a ideologia, si distinguesse per il suo inscindibile contatto con la realtà, acquisendo in questo modo lo statuto di «ideologia iper-realista». Strettamente connessa a questa deriva ideologica è la nascita, già sul finire dell'Ottocento, del «materialismo dialettico», una visione generale e onnicomprensiva del mondo (e, per ciò stesso, esulante dall'originario progetto marxiano). Esso diverrà – sotto il nome di «Diamat» (*dialektischer Materialismus*) e nella forma di un nuovo «oppio del popolo» – la filosofia di Stato dell'Unione Sovietica, dove del resto sarà anche la sola filosofia legalmente ammessa, assumendo i tetri contorni di una «religione di Stato» (atea e monopolistica) volta a garantire una legittimazione sacrale del potere politico stabilito e, per questo, sottratta a ogni libera interpretazione.

Tuttavia, non deve essere trascurato il fatto che, nel Novecento, la società capitalistica va incontro a sorprendenti trasformazioni, che le conferiscono un assetto che non solo è assai diverso da quello degli anni di Marx, ma che per molti aspetti confuta quelle che erano state le grandi previsioni mar-

[757] P. P. Pasolini, *Empirismo eretico*, Garzanti, Roma 1972, p. 75.

xiane. Di queste ultime, la prima a scontrarsi con le «dure repliche della storia» è quella della «legge tendenziale del saggio di profitto», in quanto il modo di produzione capitalistico non solo non è precipitato in quella stagnazione che, a dire di Marx, gli avrebbe impedito di sviluppare ulteriormente le forze produttive, ma si è anzi dimostrato efficacissimo nel superare le crisi di sovrapproduzione, mantenendosi in vita e rafforzandosi a dismisura. La crisi, che è indubbiamente un elemento di instabilità politica e di irrequietezza sociale, si è rivelata essere, sul piano strutturale, un fenomeno di rinnovamento e di irrobustimento del sistema capitalistico nel suo complesso. Vittima di una sorta di incantesimo dell'analogia storica, Marx, formulando le sue previsioni, aveva proiettato sul capitalismo i modelli dei precedenti modi di produzione (nei quali, in effetti, vi fu un proliferare di impedimenti strutturali – si pensi, ad esempio, al rapporto di schiavitù nell'antichità – che impedirono lo sviluppo delle forze produttive e portarono al trapasso in nuovi modi di produzione). A invalidare le previsioni di Marx ha contribuito, oltre all'avvento delle grandi dittature novecentesche, anche la stessa classe operaia, la quale non solo non ha abbattuto il modo di produzione capitalistico, ma si è invece rivelata uno dei gruppi sociali più facilmente integrabili tramite il consumismo e più soggetti al feticismo delle merci. Quest'ultimo aspetto, dovuto in buona parte alle prestazioni dell'«industria culturale» (che impedisce in ogni modo all'operaio di riconoscersi come tale), spingerà gli autori della Scuola di Francoforte a innestare la psicologia freudiana sulla teoria di Marx per spiegare che cosa sia accaduto nella «coscienza» del proletariato, quali fattori psichici ne abbiano paralizzato la forza rivoluzionaria riducendolo a classe analoga a quella degli antichi schiavi, incapace quindi di compiere la transizione intermodale e orientato semplicemente a raggiungere lo *status* dei borghesi. In questo processo di paralisi delle coscienze rivoluzionarie, non è certo priva di colpe – agli occhi dei Francofortesi – la democrazia rappresentativa, che, mai vista in atto da Marx, si presenta come forma pienamente sviluppata del potere borghese e pone la teoria marxiana in una situazione di *impasse* analoga a quella, in ambito economico, del grande sviluppo del capitalismo su scala internazionale. Nella lettura degli autori francofortesi, la democrazia rappresentativa e la «tolleranza repressiva» su cui si reggono gli Stati dell'Occidente costituiscono la maschera del dominio, un raffinato strumento di manipolazione di una società in cui le masse – ormai prive di ogni coscienza oppositiva e negatrice – eleggono meccanicamente i loro oppressori.

Accanto alle previsioni non realizzate, il Novecento assiste anche allo sviluppo di fenomeni rimasti sconosciuti a Marx. Ed è anche con questi nuovi fenomeni che i marxisti del Novecento devono misurarsi, iniettando nell'originario disegno di Marx un *surplus* di teoria e prendendo coscienza del fatto che, ormai, non ci si può più limitare a fare leva sul *Capitale*, ma occorre svilupparlo. Tra le novità più macroscopiche del modo di produzione capitalistico degli anni immediatamente successivi alla morte di Marx, la più importante è sicuramente l'imperialismo, ossia l'aggressione militare di nuovi territori al fine di dominarli sul piano economico (tema – quasi del tutto assente nell'analisi marxiana – con il quale si misureranno in maniera particolarmente proficua Lenin e Rosa Luxemburg). Ma non è l'unica: vi è anche, per esempio, la nascita del cosiddetto «capitale finanziario» (al centro dell'opera del 1910 di Hilferding, il quale cerca di rendere conto di fenomeni come i *trusts*, le barriere doganali e le guerre commerciali), per studiare il quale non è più possibile richiamarsi alle indagini di Marx, essendosi questi occupato esclusivamente del «capitale produttivo». Per tutti questi motivi, nel Novecento il pensiero marxiano, e in particolare la sua teoria della politica e dello Stato, assumono i tratti ambigui di un assegno in bianco su cui ciascun autore, ciascun partito e ciascun movimento scrive una cifra diversa.

Particolarmente problematico, per non dire incompatibile, rispetto alla prospettiva unilineare della storia fatta valere nel *Capitale*, è, del resto, il fatto che il comunismo si affermi, nel Novecento, nelle aree più arretrate del mondo, e non nelle più avanzate industrialmente; nelle quali – come se non bastasse – i proletari, trasgredendo l'imperativo marxiano, stentano a unirsi. Il Novecento nella sua interezza è costellato di Paesi arretrati a regime comunista (dall'Unione Sovietica a Cuba, passando per la Cina di Mao) che vengono salutati, nell'immaginario collettivo, come «Stati-faro» da imitare; aspetto, quest'ultimo, che segnala, da un lato, il sopravvivere della speranza nell'emancipazione comunista anche di fronte al naufragio della realtà e, dall'altro, la grande sostituzione operata dal Novecento, che ha rimpiazzato il Dio tradizionale con il nuovo idolo della storia, intesa come la generatrice dell'uomo nuovo. Al fallimento sul piano della realtà fa da contraltare l'enorme successo sul piano della fede, nella misura in cui il socialismo reale, detestato da quanti lo sperimentano sulla propria pelle, viene esaltato e acclamato dagli osservatori esterni, che vi scorgono i tratti di un altro mondo possibile, situato al di fuori delle sbarre opprimenti della «gabbia d'acciaio» del capitalismo. E dinanzi all'imbarazzante aporia per cui, in contraddizione con le previsioni marxiane, nel Novecento è il Paese più arretrato a mostrare a quello più sviluppato l'immagine del suo avvenire, Lenin propone, come soluzione, la teoria dell'«anello più debole della catena». Correggendo la diagnosi marxiana, la rivoluzione mondiale sarebbe divampata, secondo Lenin, a partire non dal Paese più sviluppato, bensì da quello più arretrato (nel caso specifico, la Russia): teoria che Stalin, a sua volta, correggerà (soprattutto a partire dal 1924) in quella del «socialismo in un solo Paese», congedando, di fatto, la possibilità di una rivoluzione su scala mondiale. Durante gli anni della fosca dittatura imperante nell'Unione Sovietica, la riflessione su Marx si sposta soprattutto in Italia, in Germania e in Francia, trovando le sue punte di diamante in György Lukács (1885-1971), Karl Korsch (1886-1961), Ernst Bloch (1885-1977) e Antonio Gramsci (1891-1937): tutti intellettuali che si propongono di portare Marx «all'altezza dei tempi», secondo l'efficace espressione di Gramsci, tracciando nuove rotte per il marxismo e sviluppando nuove categorie in grado di fare presa su una realtà che non coincide più con quella analizzata da Marx. Nella sua opera *Le avventure della dialettica* (1955), Maurice Merleau-Ponty ha rubricato questi e altri autori, pur molto diversi tra loro, sotto la fortunatissima categoria di «marxismo occidentale», contrapposto a quello «orientale» (Lenin, Stalin, ecc.): sotto questa etichetta rientrano anche, tra gli altri, Walter Benjamin (1892-1940), Jean-Paul Sartre (1905-1980), Louis Althusser (1918-1990), Herbert Marcuse (1898-1979), Theodor Wiesengrund Adorno (1903-1969), Max Horkheimer (1895-1973). Il marxismo occidentale si distingue da quello orientale non soltanto per banali ragioni geografiche, ma anche, come è stato sottolineato da Perry Anderson, perché «è il prodotto di una *sconfitta*»[758] ben più grave di quella subita da Marx alla vista del bagno di sangue che travolse la Comune di Parigi. Infatti, tutti gli animatori del marxismo occidentale si ispirano direttamente a Marx e, al tempo stesso, sono perfettamente consapevoli che il mondo sta andando incontro alla duplice catastrofe del nazi-fascismo e dello stalinismo e che la rivoluzione, dove doveva esserci non c'è stata (Europa), e dove c'è stata è degenerata in una dittatura sanguinaria (Russia). Forte di queste consapevolezze, il marxismo occidentale è in ogni sua manifestazione accompagnato – come ricorda Anderson – da «un *pessimismo* diffuso e latente»[759]. Precorsa dal monito gramsciano del «pessimismo dell'intelligenza, ottimismo della volontà», tale istanza pessimistica emerge incessantemente dalle riflessioni dei marxisti occidentali, che talvolta si spingono – è il caso di Max Horkheimer – a recuperare la filosofia di Schopenhauer: così Sartre, nella *Critica della ragione dialettica*, interpreta l'involuzione burocratica delle rivoluzioni socialiste e l'immancabile ricaduta nella «serialità» come il destino intrascendibile di ogni rivoluzione; e Adorno, dal canto suo, in *Dialettica negativa* (1966) teorizza la necessità di affrancare la dialettica dal suo tradizionale carattere affermativo e di riconoscere che il momento positivo non è un risultato, ma solo la negazione determinata,

[758] Cfr. P. Anderson, *Considerations on Western Marxism*, 1976; tr. it. *Il dibattito nel marxismo occidentale*, Laterza, Roma–Bari 1977, p. 58. Questo testo costituisce una delle ricostruzioni più complete, precise e sintetiche delle vicende del marxismo occidentale. Tra i non pochi meriti dell'opera, vi è indubbiamente quello di affrontare il tema in maniera scientifica, evitando sia il tono di condanna sia quello apologetico.

[759] Ivi, p. 114.

vale a dire la critica che tutto distrugge senza nulla costruire. Ancora, Marcuse individua l'unico gesto veramente rivoluzionario nel momento puramente negativo del «gran rifiuto» della società unidimensionale in ogni sua manifestazione. La consapevolezza di una sconfitta su tutta la linea produsse, sui marxisti occidentali, un effetto di grandissima importanza: in essi l'intreccio virtuoso – architrave dell'opera marxiana – tra teoria e prassi si infrange, con la conseguenza che non vi è alcuno di questi teorici che sia anche, in senso pieno, un uomo politico. Percorrendo una strada inversa rispetto a quella di Marx, che dopo l'iniziale adesione alla filosofia se ne era ben presto allontanato, denunciandone il carattere mistificante e conservatore, questi autori (che non a caso sono in buona parte docenti universitari o *Kathedersozialisten*, «socialisti della cattedra», per dirla alla maniera spregiativa di Luxemburg e Kautsky) si congedano – chi prima, chi dopo – dalla politica e dai fallimenti che essa ha generato, approdando di conseguenza alla filosofia e all'accademismo. In ciò appare più limpidamente la differenza rispetto al marxismo orientale, che tiene in vita l'unione di teoria e prassi e analizza le strutture politiche ed economiche della società per trasformarle, senza scivolare nella filosofia e senza isolarsi nelle università. E proprio nelle università, sul finire della seconda guerra mondiale, il marxismo occidentale trovò quello che fu, insieme, il suo *rifugio* e il suo *esilio* dalle lotte politiche che stavano sconvolgendo e insanguinando il mondo. È interessante notare come gli autori del marxismo occidentale smettano a questo punto di svolgere *considerazioni marxiste* e preferiscano imboccare la strada teoretica delle *considerazioni sul marxismo*: al cuore delle loro analisi vi sono perennemente domande quali «che cos'è e che cosa dovrebbe essere il marxismo?». Questo risolversi, tipicamente accademico, della discussione in una galassia di «discorsi sul metodo» e in una riflessione al quadrato su Marx – da *Ragione e rivoluzione* di Marcuse alla *Dialettica negativa* di Adorno, dalle *Questioni di metodo* di Sartre a *Leggere il «Capitale»* di Althusser – non è dovuto soltanto alla perdita di fiducia nella prassi e nelle potenzialità emancipatrici della classe operaia, ma è – almeno in parte –

giustificato dalla scoperta dei testi del «giovane» Marx, che sono pubblicati per la prima volta tra il 1927 e il 1932 (soprattutto i *Manoscritti economico-filosofici del 1844* e l'*Ideologia tedesca*). Essi, a dire dei marxisti occidentali, restituiscono l'immagine inedita di un Marx filosofo, umanista e hegeliano e lasciano emergere una possibile fondazione filosofica del materialismo storico marxiano, al punto da indurre Marcuse a sostenere con entusiasmo che «potrebbero spostare su un nuovo terreno la discussione sull'origine e il senso originario del materialismo storico»[760]. Ma gli scritti giovanili restituiscono anche un Marx che crea non pochi problemi ai regimi comunisti (che tendevano ad appiattirlo sullo scienziato del capitale e del tramonto del modo di produzione capitalistico), soprattutto se si considera che il «lavoro alienato» smascherato in questi scritti giovanili appare come una denuncia profetica dei «piani quinquennali» staliniani. Di qui scaturisce una seconda, importante conseguenza, che non solo diversifica, ma oppone anche il marxismo occidentale a quello orientale: i marxisti occidentali giocano con incredibile frequenza la carta del «vero Marx» contro il «socialismo reale», talvolta interpretato, per via del suo culto della personalità e per il suo carattere marcatamente autocratico, come una nuova forma del «dispotismo orientale» esaminato da Marx. La metafora, cara a Gramsci, del Moderno Principe di Machiavelli per designare il partito ideale viene a rispecchiare, inaspettatamente, la realtà russa. Non si deve dimenticare, a questo proposito, che, nel corso degli oltre settant'anni di vita del «socialismo reale» sovietico, è sempre esistita una consistente *critica marxista del socialismo reale* che – pur senza ottenere visibili risultati pratici e anzi fornendo un'opposizione puramente testimoniale, impotente e ineffettuale – ha coinvolto i più grandi marxisti indipendenti del Novecento europeo (da Bloch ad Althusser, da Korsch a Marcuse, e così via) e che – almeno in parte «congelata» tra il 1929 e il 1956 – si è sviluppata con vigore soprattutto a partire dal XX congresso del PCUS del 1956 e dalla (più apparente che reale) «destalinizzazione» a cui esso diede

760 H. Marcuse, *Marxismo e rivoluzione: studi 1929-1932*, Einaudi, Torino 1975, a cura di G. E. Rusconi, p. 63.

inizio. Del resto, in quegli stessi anni, il socialismo reale sovietico è bersagliato anche dalla Cina, ossia dall'altro grande socialismo realizzato. Senza limitarsi a rigettare il modello sovietico di accumulazione e sviluppo economico, nonché l'equazione leniniana «elettrificazione + soviet = socialismo», Mao Tze-Tung (1893-1976) elabora infatti una strategia di netta opposizione all'Unione Sovietica, accusata di aver creato una voragine tra agricoltura e industria e di aver generato, con la classe di burocrati separati dal popolo e privilegiati, una nuova «borghesia» interna al partito. Senza entrare nel merito del maoismo e dell'esperienza cinese, va comunque detto che, nonostante la volontà di opporsi all'URSS, la «politica dei cento fiori» e il presupposto per cui il partito deve essere al servizio delle masse, anche la Cina vede proliferare, all'interno dei propri confini, un comunismo autoritario e tutt'altro che libertario, che poco o nulla ha a che fare – negli esiti oltre che nei presupposti – con quello auspicato da Marx.

Per tornare ai marxisti occidentali, una conseguenza della loro critica radicale del socialismo reale sovietico sono i rapporti piuttosto difficili e ambigui da essi intrattenuti con Mosca e con il Partito. Una concreta (e particolarmente evidente) manifestazione di questa profonda ambivalenza del rapporto degli intellettuali con il «socialismo reale» si ha nell'Italia degli anni Sessanta e Settanta, nell'impiego «ornamentale» riservato dal PCI agli intellettuali: esposti in prima fila nelle manifestazioni di piazza, essi vengono poi tenuti a debita distanza dal partito e dalle sue decisioni, con un atteggiamento che, in fondo, non si allontana molto dal rapporto intrattenuto dal partito con Gramsci, incensato come icona ideologica ufficiale ma poco letto e i cui *Quaderni del carcere* tardano a conoscere un'edizione critica. Talvolta, invece, la carta del «vero Marx» viene impiegata dai marxisti occidentali non per attaccare Mosca ma, piuttosto, come pretesto per proporre tesi originali, divergenti da quelle del Partito ma concordanti – almeno in apparenza – con quelle di Marx. Questo in forza del fatto che non solo i lavoratori, ma neppure gli intellettuali iscritti al partito potevano permettersi – a meno che non fossero ai vertici della struttura organizzativa – di esprimere opinioni personali sui problemi decisivi di politica o di dottrina ufficiale, se non in forma sfingica e criptica (come fece Althusser e come già aveva fatto a suo tempo Lukács). Chi voleva mantenere la propria autonomia di pensiero e la propria combattività anti-capitalistica senza dipendere dalla struttura partitica e dalle sue gerarchie castali era costretto a isolarsi, restando (come ad esempio Sartre e Marcuse) esterno a qualsiasi organizzazione partitica, ma senza per questo dover rinunciare alla propria «passione durevole» – secondo l'espressione di Lukács – per il marxismo e per la coscienza anticapitalistica. E neppure tra gli «isolati» si creò una comunità di «marxisti eretici» se non con vedute comuni, per lo meno impegnata in un dialogo proficuo: il marxismo occidentale fu, infatti, caratterizzato dalla reciproca ignoranza dei suoi animatori, che – spesso assai refrattari ad applicare il marxismo a se stessi – non si leggevano a vicenda o, nel migliore dei casi, si leggevano in maniera episodica e superficiale, senza che potesse prodursi un confronto serio e fecondo tra le scuole, al di là degli attacchi perentori e senza possibilità di replica (Adorno che prende di mira Sartre, il quale a sua volta bersaglia Lukács; Colletti che attacca Marcuse; ancora, Della Volpe che critica duramente Althusser, che a sua volta mette alla berlina Gramsci, ecc.).

In merito all'«intellettualismo» tipico del marxismo occidentale, è bene segnalare un'eccezione degna di nota: il cosiddetto «operaismo», ossia quell'esperienza italiana che – trovando in Raniero Panzieri, in Mario Tronti e in Antonio Negri tre dei suoi protagonisti – si ispira al pensiero di Marx per cercare di unire, a partire dagli anni Sessanta, pensiero e pratica della politica nell'ambito della fabbrica moderna, dando vita a riviste come «Quaderni Rossi», «Classe Operaia» e «Potere Operaio» e trovando nel marxiano *Frammento sulle macchine* il principale testo di riferimento[761]. Tra i vari (ed eterogenei)

[761] Per quel che riguarda il marxismo italiano – che per molti versi rappresenta un caso eccezionale nel panorama del marxismo europeo –, cfr. l'accurata ricostruzione storica di C. Corradi, *Storia dei marxismi italiani*, Manifestolibri, Roma 2005; o, con un taglio più teoretico e critico, C. Preve, *Ideologia italiana: saggio sulla storia delle idee marxiste in Italia*, Vangelista, Milano 1993.

assunti su cui poggia l'operaismo, ve ne sono due che meritano di essere sottolineati: in primo luogo, l'idea che il capitalismo consista non tanto nella proprietà privata e nel mercato, ma in un tipo di organizzazione del lavoro che trova espressione compiuta nei canoni del taylorismo e del fordismo. Di qui l'esigenza operaista di *partire da Marx* per interpretare i processi in atto in Italia e per sviluppare nuove e originali categorie interpretative (come quella di «composizione di classe» e di «operaio massa»). Il secondo pilastro dell'operaismo è l'idea che la logica della fabbrica si stia progressivamente estendendo all'intera società, producendo la generalizzazione del rapporto di lavoro salariato, la proletarizzazione di vasti strati della popolazione e la sottomissione diretta alle esigenze della produzione di settori tradizionalmente considerati improduttivi. Ma se la fabbrica ingloba la società ed estende ovunque la propria logica, allora – questa la conseguenza tratta dagli operaisti – tutti i membri subordinati della società fanno parte di un complessivo «operaio sociale» contrapposto a un capitale che incarna ogni comando: di qui l'insistenza maniacale – a partire dagli anni Settanta e soprattutto per opera di Negri (*Crisi dello Stato-piano*, 1971) – sul tema dell'«operaio sociale». Un altro tratto distintivo dell'operaismo, anch'esso tematizzato in maniera particolarmente efficace da Negri, deve essere individuato nella convinzione che la profezia dei *Grundrisse* sia già realizzata: a creare ricchezza non è più il lavoro, ma sono la scienza e la tecnica, il *General Intellect*, che non risiede nella fabbrica ma nella società. Di conseguenza, il capitalismo è, di fatto, già estinto, superato dal suo stesso sviluppo, economicamente inutile: sopravvive come pura volontà di dominio, come mera coercizione «politica», ormai slegata dall'obiettivo della valorizzazione. In ogni caso, l'operaismo, con la sua capacità di riattivare il nesso tra teoria e prassi, costituisce soltanto un'eccezione che conferma la vocazione «intellettualista» del marxismo in Occidente.

Gli intellettuali del marxismo occidentale tendono a sviluppare, a ben vedere, un marxismo eterodosso e creativo, che talvolta assume la curiosa forma di una «religione privata» da opporre a «quella statale» di Mosca: e, in effetti, il proliferare delle interpretazioni del pensiero marxiano, ostacolato in ogni modo dal regime sovietico, trova in Marx stesso una legittimazione, se non una necessità. Infatti, come abbiamo visto, al più tardi nel 1845, egli aveva rinunciato alla fondazione filosofica del proprio pensiero, costringendo in questo modo i suoi seguaci ad attribuirgliene una. Non stupisce, in una simile prospettiva, che la storia della filosofia marxista si risolva – come abbiamo già accennato – nelle successive attribuzioni di uno statuto filosofico a una teoria che il suo autore aveva voluto pensare priva di tale statuto: ciò appare evidente a partire dalla stessa «concezione materialistica della storia», se si considera che i teorici immediatamente successivi a Marx non hanno fatto altro che tentare – con una forte unitarietà di intenti ma non certo di soluzioni – una sistematizzazione del suo «materialismo storico» (da *Sul materialismo storico* di Franz Mehring, del 1893, a *La concezione materialistica della storia* di Kautsky, del 1927, passando per il *Saggio sulla concezione materialistica della storia* di Antonio Labriola, del 1896, e per *Lo sviluppo della concezione monistica della storia* di Georgij Valentinovic Plechanov, del 1895). Dunque, oltre che come tentativo di portare Marx all'altezza dei tempi, occorre leggere i grandi scritti e i grandi autori marxisti del Novecento come un susseguirsi di tentativi di conferire al pensiero marxiano uno statuto filosofico «forte»: così Bloch – che si situa provocatoriamente al di fuori di ogni appartenenza teorica e di partito e resta, ben più di Sartre, il modello di un rapporto individuale tra l'intellettuale e il comunismo – elabora un «marxismo della speranza», rinvenendo nella «docta spes» la cifra della filosofia marxiana e distinguendo, all'interno del pensiero di Marx, una «corrente calda» (umanistico-filosofica) e una «corrente fredda» (sterilmente scientifica), in equilibrio instabile e sviluppate poi in maniera autonoma dai marxisti successivi. Il Lukács di *Storia e coscienza di classe* (1923) rivendica l'importanza essenziale – in opposizione alle letture positivistiche di Marx, sempre più diffuse all'epoca – della dialettica (*Studien über die marxistische Dialektik* è il sottotitolo del suo libro), insistendo soprattutto sulla nozione di totalità e su quella di alienazione, da lui ritenuta hegelianamente analoga all'oggettivazione (errore dovuto alla mancata lettura dei *Manoscritti* del 1844, all'epoca non ancora conosciuti). Per Karl Korsch, invece, la cifra del pensiero marxiano è la critica «totale» dell'ideologia borghese nel suo complesso, una critica che, a dire di Korsch (in ciò vicinissimo a Lukács), affonda le sue radici nell'hegelismo e, nella fattispecie, nella nozione di totalità in movimento. In virtù di queste considerazioni, Korsch pone al centro di *Marxismo e filosofia* (1923) il problema della comprensione del rapporto che intercorre tra il marxismo e la filosofia fin tanto che il processo storico non ha ancora raggiunto il suo scopo finale, ossia – secondo la diagnosi del giovane Marx – la soppressione della filosofia. Dal canto suo, Althusser sviluppa una epistemologia dei modi di produzione avvalendosi di un approccio che è a cavallo tra il metodo di Weber e quello di Lévi-Strauss, liberando il marxismo da quella che, a suo avviso, è la triplice metafisica del Soggetto, dell'Origine e del Fine: il motto che fa da stella polare a questa operazione althusseriana è quello del «ne pas (se) raconter des histoires». Ancora, Benjamin innesta la concezione materialistica della storia in una visione schiettamente messianica e anti-hegeliana, nella convinzione che alla redenzione umana si debba essere spinti soprattutto dalla visione del passato, fatto di «rovine su rovine» e così orrendo da esercitare, in chi sa voltarsi a guardarlo, una spinta irresistibile verso un futuro diverso. Adorno e Horkheimer, dal canto loro, studiano con categorie desunte da Marx la società industriale avanzata, soprattutto sotto il profilo dell'«industria culturale» e del «feticismo delle merci», e Herbert Marcuse reinterpreta la teoria marxiana dello scontro di classe estendendola alle nazioni e, in particolare, applicandola allo scontro tra Paesi ricchi e Paesi poveri, individuando – ne *L'uomo a una dimensione* (1964) – nei reietti e negli emarginati la nuova classe in grado di rovesciare il sistema capitalistico, nel quale la classe degli operai si è ormai pienamente integrata: «nell'arena internazionale – scrive Marcuse – la concezione di Marx riacquista la sua piena validità»[762]. O ancora – per citare un ultimo caso – Alfred Sohn-Rethel (1899-1990)

[762] H. Marcuse, *Prefazione politica 1966 a «Eros e civiltà»*, 1966, in Id., *Critica della società repressiva*, Feltrinelli, Milano 1968, a cura di C. Camporesi, p. 101.

ritiene che il punto di forza del pensiero marxiano risieda nella sua gnoseologia materialista, fondata sulla deduzione sociale delle categorie di pensiero dalle categorie di scambio astratte introdotte a partire dalla moneta. Seguendo una «moda» lanciata da Lukács (e precorsa da Rodolfo Mondolfo con il suo studio del 1912 *Il materialismo storico di Federico Engels*), tutti questi intellettuali trascurano completamente Engels, impiegano Marx come antidoto contro lo stalinismo e praticano largamente la «prassi dell'innesto», cercando di coniugare il pensiero di Marx con altre tradizioni filosofiche nel tentativo di portarlo all'altezza dei tempi e di conferirgli quello statuto filosofico di cui esso, di per sé, è privo. Si tratta di una prassi a tal punto diffusa che, forse, non sarebbe fuorviante leggere la storia del marxismo nel Novecento (ma già, in parte, nell'Ottocento) come una storia di innesti, peraltro non sempre molto giudiziosi: dall'innesto di Marx sul normativismo etico di Kant (Eduard Bernstein) a quello sulla fenomenologia husserliana (attuato soprattutto da Enzo Paci), passando per quello su Weber (Lukács), per quello sulla psicanalisi freudiana (Erich Fromm, Wilhelm Reich), per quello sull'esistenzialismo (Sartre) e per quello sullo strutturalismo (Althusser). I casi estremi della strategia dell'innesto sono indubbiamente quelli di Marcuse, di Sartre e di Althusser. Il primo, soprattutto in *Eros e civiltà* (1955), utilizza una terminologia schiettamente freudiana («repressione», «sublimazione», «principio di realtà», «principio di prestazione», «eros», «thanatos», ecc.) per decriptare il sistema capitalistico a lui contemporaneo; il secondo, compiendo una singolare transizione dall'esistenzialismo fenomenologizzante al marxismo, travasa in *Critica della ragione dialettica* (1960) i concetti esistenzialistico-fenomenologici dell'*Essere e il nulla* (la «fatticità» diventa la «penuria», il «per sé in sé» diventa il «gruppo in fusione», l'«inautenticità» diventa la «serialità», ecc.). Infine, Althusser, oltre che dallo strutturalismo, attinge alle fonti della filosofia della scienza di Gaston Bachelard (da cui mutua la nozione di «rottura epistemologica») e della psicanalisi freudiana e lacaniana (dalla quale desume concetti come quelli di «struttura decentrata», di «lettura sintomale» e di «surdeterminazione»). Né si deve dimenticare che il marxismo occidentale, rivelandosi in ciò veramente creativo, tentò di innestare Marx, oltre che su autori venuti dopo, su pensatori che l'avevano preceduto, andando così in cerca di una genealogia filosofica del materialismo storico in grado di chiarirlo e, talvolta, di completarlo. Come abbiamo già accennato, Lukács (con *Storia e coscienza di classe*, ma ancor più con *Il giovane Hegel*, del 1948) e Korsch (ma anche, tra gli altri, il Marcuse di *Ragione e rivoluzione*) trovarono in Hegel l'antesignano di Marx; ma già Gramsci, a suo modo, aveva additato Machiavelli come grande precursore del pensatore tedesco e della «filosofia della *praxis*». Spinto dall'esigenza di determinare lo statuto scientifico del marxismo, Della Volpe, invece, elaborò una genealogia che metteva capo ad Aristotele, a Galileo, a Hume e a Rousseau; ancora, Lucio Colletti sostenne che il vero precursore di Marx – come già a suo tempo aveva sostenuto Bernstein – doveva essere ravvisato non in Hegel, ma in Kant, in virtù della sua insistenza (precorritrice della tesi marxiana dell'irriducibilità dell'essere al pensiero) sulla realtà e sull'indipendenza del mondo oggettivo; Althusser, dal canto suo, vide i progenitori di Marx in Spinoza (per via del monismo, della distinzione categoriale tra *idea* e *ideatum* e della negazione del libero arbitrio), in Montesquieu (scopritore della nozione di totalità sociale «determinata in ultima istanza» da un fattore interno dominante) e in Epicuro (teorizzatore del «materialismo aleatorio»). Ancora, Lucien Goldmann – nel *Dio nascosto* (1955) – colse la prima teorizzazione del metodo dialettico marxiano in Pascal, mentre Marcuse additò Schiller come fonte estetica ed etica di Marx.

Tutti questi tentativi di leggere Marx in maniere originali e di applicarne, in molti casi, l'apparato critico contro il «socialismo reale» ricevono una risposta forte e chiara da Mosca, che, quando non si spinge a eliminare fisicamente i suoi avversari teorici, li scomunica e li condanna come eretici e nemici del popolo, con un atteggiamento del tutto analogo a quello assunto dalla Chiesa cattolica verso i suoi eretici: l'assassinio di Lev Trotsky (1940), la condanna ai lavori forzati di Rjazanov, la fucilazione di Nikolaj Ivanovič Bucharin (1938), l'imprigionamento e la successiva morte di Evgenij Preobrazenskij

(1938) costituiscono le prove più evidenti di una «rivoluzione che divora i suoi figli».

Un'altra novità degna di nota, riscontrabile in maniera lampante soprattutto presso gli autori della cosiddetta «Scuola di Francoforte», è che alla classica preoccupazione pedagogica nei confronti del proletariato, ben presente nel Marx delle conferenze agli operai (si pensi a *Lavoro salariato e capitale*), si sostituisce quello che potremmo qualificare come un generico «scrivere messaggi nella bottiglia» (secondo l'espressione della *Dialettica dell'illuminismo*), in una sorta di elitarismo esoterico-individualistico che si regge sull'assunto paradossale per cui i presunti beneficiari del messaggio marxista (i proletari) non sarebbero in grado né di comprenderlo né, tanto meno, di tradurlo in azione rivoluzionaria. Questo rivolgersi a un destinatario non meglio identificato tramite una lingua cifrata e molto complessa, lontanissima dalla classe sociale alla cui emancipazione doveva originariamente contribuire, non può essere spiegato solo in riferimento al profondo isolamento a cui sono costretti i marxisti occidentali, ma deve anche essere letto come la scelta programmatica di un elitarismo che induce a scegliere la «torre d'avorio» della «teoria critica» come luogo privilegiato per fare filosofia. In questo senso, come già si è detto, viene spezzato il legame tra teoria e prassi auspicato da Marx e non viene rispettato l'assioma di Lenin secondo cui la teoria rivoluzionaria «si costituisce in modo definitivo solo in stretta connessione con la pratica di un movimento veramente di massa e veramente rivoluzionario»[763]. Ma, non di meno, con la Scuola di Francoforte, resta intatta l'istanza tipicamente marxiana di critica radicale e organica del modo di produzione capitalistico in ogni sua manifestazione; istanza che, tuttavia, non tarderà a essere abbandonata dal seguace (o forse «affossatore», come anche è stato detto) dei Francofortesi, Jürgen Habermas, il cui progetto di «ricostruzione» del marxismo portato avanti in *Per la ricostruzione del materialismo storico* (1976), «smontando» la teoria originaria e «rico-

[763] W. I. Lenin, *Der «Linke Radikalismus», die Kinderkrankheit im Kommunismus*, 1920; tr. it. *L'estremismo, malattia infantile del comunismo*, AC Editoriale, Cesano Boscone 2003, p. 24.

struendola» per farla «funzionare» meglio, nasconde una mal celata operazione di messa in congedo del marxismo stesso; questa «eutanasia»[764] somministrata al pensiero di Marx culmina con *La rivoluzione in corso* (1990), in cui il pensiero marxiano viene definitivamente abbandonato per via di alcuni suoi difetti – a dire di Habermas – insuperabili, quali il paradigma produttivistico centrato su un concetto ristretto di prassi, la concezione olistica della società, la cecità verso la logica sistemica, la concezione dogmatica e concretistica dei sistemi sociali e l'obsoleta concezione evoluzionistica. In una simile prospettiva, non stupisce che nello sviluppo del pensiero di Habermas, e in particolare nell'elaborazione della sua «etica del discorso» (*Diskursethik*) e della sua «teoria dell'agire comunicativo» (*Theorie des kommunikativen Handelns*), non resti traccia del problema marxiano della divisione della società in classi antagonistiche, difficilmente conciliabili tramite la semplice prassi dialogica.

A queste considerazioni va aggiunto che un tratto essenziale del marxismo occidentale è l'abbandono della «struttura» in favore di un avvicinamento alla «sovrastruttura»: aspetto che, presente – almeno in parte – in tutti i marxisti occidentali, è evidente soprattutto in Bloch, in Gramsci e nei Francofortesi, i quali rivendicano, seppure in maniere e con intenzioni diverse, non solo l'autonomia della sfera sovrastrutturale, ma anche la sua capacità di determinare, entro certo limiti, quella strutturale. Quello che, in prima analisi, sembrerebbe un tradimento del verbo marxiano (anche se Marx stesso, in realtà, apriva qualche spiraglio in tale direzione), è invece, a ben vedere, l'acuta intuizione secondo cui a tenere coesa una società è anche il materiale umano, il vastissimo regno delle idee e delle concezioni del mondo, in tutte le sue possibili sfumature, e non soltanto la struttura economico-materiale del «modo di produzione». In questa dimensione di rivalutazione della «sovrastruttura», i marxisti occidentali, nel loro complesso, rivelarono un'acutissima attenzione per l'arte (già studiata, anche se in maniera frammentaria, da Marx) e, più in generale, per la que-

764 Cfr. E. Donaggio, *L'eutanasia del marxismo di Jürgen Habermas*, in «Cenobio», 2, 1997, pp. 105-123.

stione culturale, raggiungendo in questo ambito quelli che probabilmente sono i risultati più apprezzabili della loro riflessione: ciò emerge nitidamente soprattutto se si considera il pensiero di Lukács – che dedicò larga parte delle sue energie intellettuali allo studio del romanzo e della letteratura – e di Adorno, che compose molti libri sulla musica e concluse la sua ricerca con una monumentale *Teoria estetica*. Ma l'attenzione per il fenomeno artistico affiora anche distintamente dalle analisi di molti altri autori, tra cui Benjamin – che si occupò dell'*Opera d'arte nell'epoca della sua riproducibilità tecnica* (1936) –, Galvano Della Volpe, che con la sua *Critica del gusto* (1960) compì uno dei più fecondi tentativi di fondare un'estetica materialistico-storica, e Sartre, che compose un *Che cos'è la letteratura?* (1947) per poi occuparsi senza tregua di Mallarmé e di Tintoretto, di Genet e di Flaubert. Si potrebbe dire che, in un certo senso, l'arte fu la consolazione del marxismo occidentale per l'impotenza e il pessimismo a cui era condannato: «l'unico linguaggio rivoluzionario che rimanga oggi»[765], come di essa disse Marcuse. Ma la ripresa della dimensione sovrastrutturale non si arresta certo con l'elaborazione di «teorie dell'arte»: al contrario, buona parte delle teorie generali della società e della storia prodotte dal marxismo occidentale possono tranquillamente essere definite «sovrastrutturali». È proprio in una prospettiva di questo tipo che Bloch assume il «principio speranza» come motore della storia, che Adorno applica la teoria del feticismo della merce alla musica e che Althusser congeda l'idea marxiana del tramonto delle ideologie, nella convinzione dell'ineliminabilità, per il soggetto, di un rapporto opaco con sé e con la società. In questa maniera, viene fatto cadere uno dei pilastri teorici del pensiero di Marx, l'idea che nel futuro della società comunista si avranno soltanto rapporti cristallini e pienamente razionali tra gli uomini, in un superamento radicale della cappa di spettralità opaca che grava sulla società borghese moderna.

765 H. Marcuse, *L'arte nella società a una dimensione*, 1967, in Id., *Critica della società repressiva*, cit., p. 135.

CRONOLOGIA DELLA VITA E DELLE OPERE

1818 Karl Heinrich Marx nasce il 5 maggio a Treviri (Trier), la più antica città della Germania, all'una e mezza di notte. Il padre è un affermato avvocato di origine ebraica.

1830 Si iscrive al Liceo-ginnasio di Treviri. Si dedica agli studi classici e letterari, trascurando la storia.

1835 Ottiene la maturità liceale a Treviri, scrivendo un tema intitolato *Considerazioni di un giovane sulla scelta del proprio avvenire* e intriso di idealismo e di entusiasmo umanitario: alcuni hanno scorto in esso i sintomi del futuro «materialismo storico». Per volontà del padre, si reca all'Università di Bonn a studiare diritto. Frequenta le lezioni di filosofia e di letteratura del vecchio A. W. Schlegel. Ma si dà anche alla vita *bohémienne*. Condannato per ubriachezza e schiamazzi notturni, trascorre perfino un giorno in prigione. Successivamente, in un duello fra studenti, è ferito al sopracciglio. Si sente portato per la poesia, altra inclinazione che non piace per nulla al padre.

1836 Si fidanza segretamente con Jenny von Westphalen. Il futuro suocero di Marx ha un affetto ricambiato dal filosofo tedesco. Nell'autunno, Marx parte per Berlino per proseguire i suoi studi di diritto in un ateneo ancora più austero e prestigioso di quello di Bonn. Qui aveva insegnato Hegel. Tutta la cultura berlinese era dominata dal pensiero hegeliano, non soltanto in campo filosofico ma anche scientifico e giuridico. È coinvolto in altre risse ed è eletto capo della taverna per le sue grandi qualità di bevitore di birra: continua a vivere in maniera dissoluta.

1837-1841 A Berlino, rafforza le sue inclinazioni romantiche. Scrive molte poesie a Jenny, raccolte poi in due libri: *Libro dei canti* e *Libro dell'amore*, che Jenny custodirà sempre gelosamente. Viene esonerato dal servizio militare per una malattia agli occhi. Entra in un circolo di giovani della «Sinistra hegeliana» impegnati in politica su posizioni radicali. Sono mesi di studi e riflessioni. Nel 1839, segue le lezioni di Bruno Bauer. Inizia a scrivere la sua tesi di laurea su Democrito ed Epicuro, professandosi fieramente hegeliano. Dopo la laurea, ben consapevole dell'impossibilità di procedere nella carriera accademica, decide di dedicarsi al giornalismo. Pubblica, sempre nel 1841, i *Canti selvaggi*.

1842 Inizia la collaborazione con la «Rheinische Zeitung» («Gazzetta Renana»), giornale liberale appena fondato dall'amico Arnold Ruge, esponente della sinistra hegeliana. La «Gazzetta Renana» avrà breve vita, per ragioni politiche. Marx vi scrive in merito alla libertà di stampa, sulla caccia di frodo e sul problema dei furti di legname e sulla divisione della terra. È qui che comincia a prendere coscienza dell'importanza dei cosiddetti problemi materiali.

1843 La «Gazzetta Renana» viene interdetta per ragioni di censura e, pochi mesi dopo, il 31 marzo è costretta a chiudere. Marx si dedica allora agli studi di filosofia, inizia a fare i conti con il materialismo di Feuerbach e scrive *Per la critica della filosofia del diritto di Hegel*. Ruge lo invita a raggiungerlo a Parigi, dove gli offre un posto di condirettore della rivista *Annali franco-tedeschi* e uno stipendio di 500 talleri. Questa prospettiva lo convince a sposare Jenny nella piccola chiesa luterana di Kranznach (19 giugno). Poi partono per la Francia. Destinazione: Parigi.

1844 Gli *Annali franco-tedeschi*, però, fanno la fine della «Gazzetta Renana»: Marx scrive due articoli (*Sulla questione ebraica* e l'*Introduzione* a *Per la critica della filosofia hegeliana del diritto pubblico*) che provocano la reazione della Prussia, la quale interdice ai redattori il rientro in Germania. Marx inizia a frequentare Blanc e Proudhon, ma anche l'anarchico Bakunin e il poeta tedesco Heine. Si convince che l'emancipazione dell'uomo sarà realizzata da una classe posta ai margini della società e del tutto priva di privilegi: il proletariato. Scrive i *Manoscritti parigini*, meglio noti come *Manoscritti economico-filosofici del 1844*, nei quali denuncia l'alienazione del lavoro industrializzato. Entra nella «Lega dei Giusti». Queste attività gli procurano l'espulsione dalla Francia.

1845-1846 Si trasferisce nella più tollerante Bruxelles. Pubblica in febbraio, con l'inseparabile amico Engels, *La Sacra famiglia*, testo indirizzato contro le concezioni filosofiche – astratte e critiche solo a livello idealistico – di Bruno Bauer e soci. In primavera, Engels lo raggiunge a Bruxelles: di fronte ai circoli operai di questa città, Marx tiene un ciclo di conferenze volte a spiegare alla classe proletaria i risultati della sua ricerca. Queste conferenze verranno pubblicate prima nel 1849, sotto forma di articoli, sulla «Nuova Gazzetta Renana», e poi nel 1891 da Engels, con il titolo di *Lavoro salariato e capitale*. Nell'estate del 1846, i due amici compiono un viaggio in Inghilterra per prendere i contatti con le associazioni operaie, in particolare con i Cartisti. Con Engels, inizia la stesura dell'*Ideologia tedesca*, prima organica esposizione della «concezione materialistica della storia»: i due non pubblicheranno l'opera, preferendo affidarla alla «critica roditrice dei topi» delle cantine in cui resterà per parecchi anni. Compone le undici *Tesi su Feuerbach*, opera con la quale chiude i conti con Feuerbach, accusato di aver trascurato la storia e la prassi umana.

1847 Si tiene il primo congresso della Lega dei comunisti, nata dalla Lega dei giusti, che affida a Marx l'incarico di stendere un manifesto programmatico.

1848 L'Europa è scossa dalle rivoluzioni. Marx scrive insieme ad Engels il *Manifesto del partito comunista*. Per la sua attività politica, riceve l'ordine di abbandonare il Belgio. Visto il clima meno ostile della Germania verso i fuoriusciti, decide di rientrare in patria e fonda la «Neue Rheinische Zeitung», che esalta coraggiosamente la rivoluzione parigina di giugno.

1847-1850 Nuovamente espulso dalla Prussia, Marx torna a Parigi, dove lo raggiunge la moglie, che aspetta un quarto bambino. Ma il governo francese gli vieta di rimanere sul suolo della Repubblica e Marx decide di trasferirsi a Londra. Qui, nonostante i costanti aiuti economici di Engels, vive in condizioni molto critiche. Tiene alcune conferenze presso l'Associazione culturale operaia comunista, prima traccia che lo avrebbe condotto alla stesura del *Capitale*.

1851-1856 Le sue condizioni economiche sono disastrose. Scrive *Il 18 Brumaio di Luigi Bonaparte*, opera in cui analizza il colpo di Stato del 2 dicembre 1851. Su sua proposta, la Lega dei comunisti viene sciolta. Nonostante i costanti aiuti dell'amico Engels e di altre persone, vive in condizioni di assoluta miseria, a tal punto da dover impegnare i vestiti. Nel 1854 la famiglia Marx si trasferisce in uno dei quartieri più malsani di Londra, Soho. Muore il piccolo Edgard, affettuosamente chiamato Musch. Per Marx è un dolore terribile. Nel 1856, grazie all'eredità della madre di Jenny, lasciano le due stanze soffocanti di Soho e si trasferiscono in Maintland Park, alla periferia di Londra.

1857 Marx riprende i suoi studi di economia. Inizia la stesura dei *Lineamenti fondamentali della critica dell'economia politica* (anche noti come *Grundrisse*), ampio lavoro preparatorio al *Capitale*.

1859-1863 Nel 1859 termina il manoscritto *Per la critica dell'economia politica*. Nel 1860, si intensificano i suoi rapporti con Ferdinand Lassalle che, come Marx, era giunto al socialismo attraverso la filosofia hegeliana. Nel 1861 Jenny si ammala di vaiolo; qualche mese dopo anche Marx contrae e supera la stessa malattia. Per far fronte alla grave situazione economica della famiglia, fa domanda di assunzione nelle Ferrovie dello Stato, ma la richiesta viene respinta per la grafia pressoché illeggibile. Alla fine del novembre 1863, muore sua madre; eredita un piccolo lascito dalla morte della madre che gli consente di superare i momenti peggiori.

1864 Nasce l'Associazione internazionale dei lavoratori (la «Prima Internazionale») e viene affidato a Marx il compito di redigere il programma. I primi anni di vita dell'Internazionale sono caratterizzati dalle polemiche tra la linea egemone di Marx e quelle minoritarie di Mazzini e Bakunin.

1865-1872 Nel 1865 scrive *Salario, prezzo e profitto*. Gli impegni per l'Internazionale gli consentono a fatica di trovare spazi per la stesura del *Capitale*. Nel 1867, presso l'editore Meissner di Amburgo, esce il primo libro del *Capitale*, stampato in 1.000 esemplari. Le condizioni di famiglia sono sempre critiche sino a quando Engels non vende la sua parte di proprietà della fabbrica di Manchester e si impegna a corrispondere una somma fissa alla famiglia Marx, che finalmente può risolvere, in modo definitivo, i propri problemi economici. Nel 1871, l'Impero francese cede sotto i colpi della Prussia di Bismarck e la Francia diviene nuovamente repubblicana. Quando i tedeschi chiedono il disarmo della Guardia nazionale (formata da proletari e borghesi radicali), l'insurrezione è generale: viene proclamata la «Comune di Parigi» e il potere passa nelle mani del popolo. Il governo di Thiers fugge a Bordeaux. A maggio, il governo decide la repressione sanguinosa della Comune parigina. I comunardi resistono ma sono battuti e massacrati (25.000 morti). Marx scrive la *Guerra civile in Francia*, opera in cui esalta con toni encomiastici la Comune di Parigi come primo esperimento di «governo proletario» e grande bandiera del comunismo rivoluzionario.

1873-1880 Si aggravano le sue condizioni di salute, mentre sua figlia Eleanor si impegna in politica. Nel 1875 scrive il terzo volume del *Capitale*. A maggio, al Congresso di Gotha, nasce il Partito operaio socialdemocratico tedesco. Marx dissente dalla sua linea politica ed espone le ragioni del suo dissenso nello scritto *Critica al programma di Gotha*. Nel 1876 si scioglie, a Filadelfia, la Prima Internazionale. Anche lo stato di salute di Jenny si aggrava verso il 1879. Marx scrive e si occupa della situazione russa.

1881-1882 Il 2 dicembre del 1881 Jenny muore. Marx ne riceve un colpo tanto duro da non risollevarsi più: la sua salute è così sempre più minata. Sono ormai ricorrenti accesi colpi di tosse che non gli danno tregua. Passa, nel giugno del 1882, con i nipoti un periodo ad Argenteuil.

1883 A gennaio muore la primogenita di Marx, Jenny, a soli 38 anni. Questo ulteriore durissimo colpo lo ferisce a morte: alla bronchite si aggiunge un'ulcera polmonare. Il 14 marzo, alle 2 e 45 del pomeriggio, anche Marx esala l'ultimo respiro. Viene sepolto nel cimitero londinese di Highgate il 17 marzo. L'amico Engels recita una breve orazione funebre che termina così: «i governi, assoluti e repubblicani, lo espulsero, i borghesi, conservatori e democratici radicali, lo coprirono a gara di calunnie. Egli sdegnò tutte queste miserie, non prestò loro nessuna attenzione, e non rispose se non in caso di estrema necessità. È morto venerato, amato, rimpianto da milioni di compagni di lavoro rivoluzionari in Europa e in America, dalle miniere siberiane sino alla California. E posso aggiungere senza timore: poteva avere molti avversari, ma nessun nemico personale. Il suo nome vivrà nei secoli, e così la sua opera!».

BIBLIOGRAFIA

Opere di Marx e di Engels.

Le opere marxiane e la loro pubblicazione sono il frutto di una vicenda davvero singolare: in primo luogo, perché l'opera marxiana – per i molteplici motivi che abbiamo cercato di ricostruire nella parte introduttiva di questo saggio – è, allo stato attuale, incompiuta. E, in secondo luogo, perché l'edizione dei testi marxiani è dipesa, nel Novecento, da lotte politiche, da fazioni e da apparati statali, con tutte le conseguenze che ne sono derivate (si è data importanza a testi che sembravano politicamente consoni con la dittatura di turno, lasciando nell'ombra altri testi che non si prestavano a quest'uso politico). Tra il 1927 e il 1933 si tentò di compiere la prima edizione completa degli scritti di Marx (la cosiddetta «MEGA I», «Marx-Engels Gesamtausgabe»), ma l'operazione non riuscì ad andare in porto per via dell'ascesa al potere di Hitler e dell'intensificarsi del terrore staliniano (che travolse l'animatore del progetto, David Borisovich Rjazanov, che fu condannato alla deportazione nel 1931). Dei quarantadue volumi originariamente previsti, soltanto dodici furono dati alle stampe. Successivamente, il Partito della DDR realizzò la «MEW» («Marx-Engels Werke»), dando alle stampe 41 volumi in 43 tomi; tale edizione, tutt'altro che completa (e oltremodo appesantita dalle introduzioni e dalle note che, concepite sul modello dell'edizione sovietica, ne orientavano la lettura secondo la concezione del marxismo-leninismo), costituì la base dell'edizione italiana delle *Opere complete* di Marx e di Engels avviata dagli Editori Riuniti nel 1972 (e prevista in 50 volumi), che tuttavia non venne mai portata a termine (sono apparsi soltanto 32 dei 50 volumi previsti). Durante gli anni Sessanta nacque il progetto di una «MEGA II», finalizzata a riprodurre in maniera fedele e con un ampio apparato critico, tutti gli scritti marxiano-engelsiani, ma le pubblicazioni, avviate nel 1975, furono ancora una volta interrotte, in seguito al crollo del blocco dei paesi del «socialismo reale». Tuttavia, nel 1990, in vista di un completamento dell'edizione storico-critica delle opere di Marx e di Engels, alcuni istituti in Olanda, in Germania e in Russia hanno dato vita alla «Fondazione Internazionale Marx Engels» («Internationale Marx Engels Stiftung», IMES). Dopo un'iniziale fase di riorganizzazione, è ripresa la pubblicazione della «Marx-Engels Gesamtausgabe», senza più l'intervento di influenze politiche in grado di condizionare e fuorviare la nuova *Marx Forschung*. In questo momento partecipano ai suoi lavori studiosi che operano in Germania, Russia, Francia, Olanda, Danimarca, Italia, USA, Giappone. Si tratta di un'impresa assai importante soprattutto se si considera che una parte notevole dei manoscritti (soprattutto dell'imponente corrispondenza e dei numerosissimi estratti e annotazioni marxiani) è ancora inedita. Secondo le aspettative, la nuova impresa della «Marx-Engels Gesamtausgabe», che è ancora in corso, dovrà restituirci – ma è difficile capire fino a che punto questa affermazione non corrisponda a un asserto propagandistico – l'immagine di un Marx completamente nuovo.

Oltre alle opere marxiane-engelsiane dell'edizione delle opere complete (*MEOC*) degli Editori Riuniti, segnaliamo anche le seguenti, a cui abbiamo fatto riferimento nel nostro saggio (nel caso delle opere scritte con Engels, si è posta l'iniziale di questi tra parentesi).

Opere pubblicate quando Marx era in vita.

Zur Judenfrage, in «Deutsch-Französische Jahrbücher», Paris 1844.

Zur Kritik der Hegel'schen Rechtsphilosophie. Einleitung, in «Deutsch-Französische Jahrbücher», Paris 1844.

(E) *Die heilige Familie, oder Kritik der kritischen Kritik. Gegen Bruno Bauer und Consorten*, Frankfurt a. M. 1845.

Misère de la philosophie. Réponse à la philosophie de la misère de M. Proudhon, Paris-Bruxelles 1847.

(E) *Manifest der kommunistischen Partei*, London 1848.

Lohnarbeit und Kapital, in «Neue Rheinische Zeitung», Köln 1849, nn. 264-7 e 269.

Die Klassenkämpfe in Frankreich, in «Neue Rheinische Zeitung-politisch-ökonomische Revue», London-Hamburg 1850, nn. 1, 2, 3.

Der Achtzehnte Brumaire des Louis-Napoleon, in «Die Revolution», New York 1852, n. 1.

Zur Kritik der politischen Ökonomie. I. Heft, Berlin 1859.

Das Kapital. Kritik der politischen Ökonomie. Erster Band. Buch I: Der Produktionsprozess des Kapitals, Hamburg 1867.

The General Council of the International Working Men's Association on the War, London 1870.

Second Address of the International Working Men's Association on the Franco-Prussian War, London 1870.

Address of the General Council of the International Working Men's Association on the Civil War in France, 1871, London 1871.

A questi scritti occorre aggiungerne altri: gli articoli pubblicati da Marx sulla «Rheinische Zeitung», sulla «Neue Rheinische Zeitung», sulla «New York Tribune», e inoltre prefazioni, opuscoli polemici, saggi di varia natura, e così via.

Opere di Marx pubblicate dopo la sua morte.

Kritik des Hegel'schen Staatsrechts (1842-43; inedito fino al 1927; prima ed. in MEGA, vol I, parte 1ª).
Ökonomisch-philosophische Manuskripte aus dem Jahre 1844 (inedito fino al 1932; prima ed. in MEGA, vol III).
Thesen über Feuerbach (1845; prima ed. in F. Engels, *Ludwig Feuerbach und der Ausgang der klassischen deutschen Philosphie*, Stuttgart 1888).
(E) *Die deutsche Ideologie. Kritik der neuesten deutschen Philosophie in ihre Repräsentanten Feuerbach, B. Bauer und Stirner, und des deutschen Sozialismus in seinen verschiedenen Propheten* (1845-46; inedito fino al 1932; prima ed. in MEGA, vol. V).
Einleitung zur Kritik der politischen Ökonomie (1857; pubblicato per la prima volta in «Die Neue Zeit», Stuttgart 1903, XXI/1).
Grundrisse der Kritik der politischen Ökonomie (1857-58; prima ed. Mosca 1939-41).
Theorien über den Mehrwert (1862-63; prima ed., a cura di K. Kautsky, Stuttgart 1905-1910).
Das Kapital. Kritik der politischen Ökonomie. Zweiter Band, Buch II: Der Circulationsprozess des Kapitals (1861-3; prima ed., a cura di F. Engels, Hamburg 1885).
Das Kapital. Kritik der politischen Ökonomie. Dritter Band, Buch III: der Gesamtprozess der kapitalistischen Produktion (1865; prima ed., a cura di F. Engels, Hamburg 1894).
Value, Price and Profit (1865; prima ed. London 1898).
Das Kapital. Erstes Buch; der Produktionsprozess des Kapitals. Sechstes Kapitel. Resultate des unmittelbaren Produkionsprozess (1865-66; edito per la prima volta a Mosca nel 1933, nello «Arkiv Marksa i Engel'sa». Tomo II).
Randglossen zu Bakunins «Staatwesen und Anarchie» (1875; prima ed. Mosca 1926).
Randglossen zum Programm der deutschen Arbeiterpartei (1875; pubblicato per la prima volta in «Die Neue Zeit», Stuttgart 1891, X/1).

Principali traduzioni delle opere di Marx in italiano.

Differenza tra le filosofie della natura di Democrito e di Epicuro, Bompiani, Milano 2004, a cura di D. Fusaro.
Quaderno Spinoza (1841), Bollati Boringhieri, Torino 1987, a cura di B. Bongiovanni.
Annali franco-tedeschi, Massari, Bolsena 2001, a cura di G. M. Bravo.
Sulla questione ebraica, Bompiani, Milano 2007, a cura di D. Fusaro.

Manoscritti economico-filosofici del 1844, Einaudi, Torino 1968, a cura di N. Bobbio.
(E) *La sacra famiglia. Ovvero critica della critica critica. Contro Bruno Bauer e soci*, Editori Riuniti, Roma 1967, a cura di A. Zanardo.
(E) *L'ideologia tedesca*, Editori Riuniti, Roma 2000[5], a cura di C. Luporini.
Discorso sul libero scambio, DeriveApprodi, Roma 2002, a cura di A. Burgio e L. Cavallaro.
Manifesto del partito comunista, Laterza, Roma–Bari 2001, a cura di D. Losurdo.
Lavoro salariato e capitale, Bompiani, Milano 2008, a cura di D. Fusaro.
Le lotte di classe in Francia dal 1848 al 1850, Rinascita, Roma 1950, a cura di P. Togliatti.
Lineamenti fondamentali di critica dell'economia politica, Einaudi, Torino 1976, 2 voll., a cura di G. Backhaus.
Storia delle teorie economiche, Einaudi, Torino 1988, 3 voll.
Guerra civile in Francia, Rinascita, Roma 1950.
Il Capitale. Critica dell'economia politica, Libro I, Editori Riuniti, Roma 1984, a cura di D. Cantimori.
Il Capitale. Critica dell'economia politica, Libro II, Editori Riuniti, Roma 1965, a cura di R. Panzieri.
Il Capitale. Critica dell'economia politica, Libro III, Editori Riuniti, Roma 1965, a cura di M. L. Boggeri.
Critica del programma di Gotha, Feltrinelli, Milano 1976[4].
(E) *Scritti sull'arte*, Laterza, Roma–Bari 1967, a cura di C. Salinari.
Scritti sulla Comune di Parigi, Samonà e Savelli, Roma 1971, a cura di P. Flores d'Arcais.
(E) *Critica dell'anarchismo*, Einaudi, Torino 1972, a cura di G. Backhaus.
(E) *La guerra civile negli Stati Uniti d'America*, Edizioni Del Bosco, Roma 1973.
(E) *India, Cina, Russia*, Il Saggiatore, Milano 1976[2], a cura di B. Maffi.

Opere su Marx.

Essendo la bibliografia marxiana, allo stato attuale degli studi, di proporzioni pressoché sterminate, si è preferito fornire, qui di seguito, alcune indicazioni essenziali, relative a opere fondamentali sul pensiero di Marx, suddividendole per aree tematiche. Due eccellenti bibliografie generali su Marx sono comunque le seguenti:

F. Neubauer, *Marx-Engels-Bibliographie*, Boldt, Boppard am Rhein 1979.
L. Köllner, *Bibliographie zur Ökonomie von Karl Marx und des Marxismus*, Köllner, München 1975.

Studi di carattere generale e introduttivo.

M. Adler, *Marx als Denker*, Buchhandlung Vorwarts, Berlin 1908.
W. Blumenberg, *Karl Marx mit Selbstzeugnissen und Bilddokumenten*, Reinbeck, Hamburg 1962.
T. Bottomore (a cura di), *Karl Marx*, Basil Blackwell, Oxford 1973.
R. Caillois, *Description du marxisme*, Gallimard, Paris 1950.
D. Cantimori, *Interpretazioni tedesche di Marx nel periodo 1929-1945*, in Id., *Studi di storia*, Einaudi, Torino 1959.
M. Evans, *Karl Marx*, Allen & Unwin, London 1975.
E. Fischer, *Marx in his own World*, Allen Lane, London 1970.
H. Fleischer, *Marx und Engels. Die philosophische Grundlinien ihres Denkens*, Verlag Karl Alber, Freiburg/München 1970.
P. Fougeyrollas, *Marx*, PUF, Paris 1985.
V. Gerratana, *Ricerche di storia del marxismo*, Editori Riuniti, Roma 1972.
A. Gregor, *A Survey of Marxism*, Random House, New York 1965.
G. Haupt, *Marx e il marxismo*, in AA. VV., *Storia del marxismo*, Einaudi, Torino 1978, I, pp. 289-314.
R. Hecker, *Un resoconto bibliografico della ricerca di Marx ed Engels e della pubblicazione delle loro opere in ambito internazionale*, in «Marxismo oggi», 1-2 (1999), pp. 175-198.
M. Henry, *Karl Marx*, Gallimard, Paris 1976, 2. voll.
H. Lefebvre, *Le marxisme*, 1953; tr. it. *Il marxismo visto da un marxista*, Garzanti, Milano 1964[4], a cura di E. Pischel.
J. Lewis, *The Life and Teaching of K. Marx*, Lawrence & Wishart, London 1965.
G. Lichtheim, *Marxism. An Historical and Critical Study*, Routledge and K. Paul, London 1961.
D. Mc Lellan, *The Thought of Karl Marx. An Introduction*, MacMillan, London 1971.
D. Mc Lellan, *Karl Marx, his Life and Thought*, Macmillan, London 1973; tr. it. *Karl Marx: la sua vita e il suo pensiero,* CDE, Milano 1983, a cura di R. Long.
N. Moszkowska, *Das Marx'sche System*, H.R. Engelmann, Berlin 1929.
F. Papi (a cura di), *Dizionario Marx-Engels*, Zanichelli, Bologna 1983.
H. B. Parkes, *Marxism: an Autopsy*, Houghton Mifflin, Boston 1939.
R. Payne, *Marx*, Allen, London 1968.
Y. Quiniou, *Marx*, le Cavalier bleu, Paris 2007.
M. Simonic, *Invito al pensiero di Marx*, Mursia, Milano 1986.
P. Singer, *Marx: a Very Short Introduction*, Oxford University Press, Oxford 2000.
G. Sorel, *Saggi di critica del marxismo*, ed. Sandron, Milano-Palermo 1903.
M. Stockhammer (a cura di), *Karl Marx Dictionary*, Philosophical Library, New York 1965.
E. Their, *Etappen der Marx-Interpretation*, in «Marxismusstudien», Tübingen 1954.

A. Tosel, *Le développement du marxisme en Europe occidentale depuis 1917*, in AA. VV., *Histoire de la philosophie*, III, Gallimard, Paris 1974.
K. Vorländer, *Karl Marx. Sein Leben und sein Werk*, Meiner, Leipzig 1929.
B. Wolfe, *Marxism: 100 Years in the Life of a Doctrine*, Chapman & Hall, London 1967.
L. Woltmann, *Der historische Materialismus. Darstellung und Kritik der marxistischen Weltanschauung*, Leinen, Düsseldorf 1900.
I. Zeitlin, *Marxism: a Re-examination*, Van Nostrand Reinhold, New York 1967.

Economia e sociologia.

AA.VV., *Marx, Keynes e i neomarxisti*, a cura di D. Horowitz, Boringhieri, Torino 1971.
G. Adler, *Die Anfänge der Marx'schen Sozialtheorie*, in Festgabe für Adolf Wagner, Leipzig 1905.
M. Adler, *Der soziologische Sinn der Lehre von Karl Marx*, Hirschfeld, Leipzig 1914.
F. J. Albers, *Zum Begriff des Produzierens im Denken von Karl Marx*, Hain, Meisenheim am Glan 1975.
W. Alexander, *Kampf um Marx. Entwicklung und Kritik der Akkumulationstheorie,* Alfred Protte, Potsdam 1932.
R. Aron, *Main Currents in Sociological Thought*, Basic books, London 1965.
H. G. Backhaus, *Materialien zur Rekonstruktion der Marx'schen Werttheorie*, in «Gesellschaft. Beiträge zur Marx'schen Theorie», 1974, n. 1; 1975, n. 3.
H.-G. Backhaus, *Dialektik der Wertform. Untersuchungen zur marxschen Ökonomiekritik*, Freiburg 1997.
G. Baldi, *Sul cosiddetto problema della trasformazione in Marx*, in «Studi storici», 1971, pp. 597-616.
A. Balinky, *Marx's Economics*, Heath, Lexington 1970.
G. Ballarino, *Karl Marx 1844-1857. Economia politica e teoria della società*, CUEM, Milano 1996.
R. Banfi, *Considerazioni sulla prima sezione del «Capitale» di Marx*, in «Rivista storica del socialismo», 1960, n. 11, e 1961, n. 12.
A. Baratono, *Le due facce di Carlo Marx: economismo e romanticismo*, Di Stefano, Genova 1946.
S. H. Baron, *Marx's Grundrisse and the Asiatic Mode of Production*, in «Survey», 1975, n. 1-2, pp. 128-147.
J. Benard, *La théorie marxiste du capital*, Société d'édition d'enseignement supérieur, Paris 1952.
R. Bendix – S. M. Lipset, *Karl Marx's Theory of Social Classes*, in *Class, Status and Power*, Routledge and Kegan Paul, London 1967.
M. Bertrand, *Le statut de la religion chez Marx et Engels*, Editions sociales, Paris 1979.

M. Bianchi, *La teoria del valore dai classici a Marx*, Laterza, Bari 1970.
J. Boissonnet, *La misère par la surabondance: Karl Marx, père de la crise mondiale*, Librairie du Recueil Sirey, Paris 1938.
S. Bologna, *Moneta e crisi: Marx corrispondente della «New York Daily Tribune», 1865-67*, in AA.VV., *Crisi e organizzazione operaia*, Feltrinelli, Milano 1974.
L. Bortkiewicz, *Wertrechnung und Preisrechnung im Marxschen System*, in «Archiv für Sozialwissenschaft und Sozialpolitik», 1906, Bd. XXXII, pp. 1-50; 1907, Bd. XXV, pp. 10-51 e 445-488.
L. Bortkiewicz, *Zur Berichtigung der grundlegenden theoretischen Konstruktion von Marx im dritten Band des «Kapital»*, in «Jahrbuch für Nationalökonomie und Statistik», 1907, Bd. XXXIV, pp. 319-335.
M. Bronfenbenner, *Marxian Influences in Bourgeois Economics*, in «American Economic Review», maggio 1967.
S. Brunhoff, *Le monnaie chez Marx*, 1967; tr. it. *La moneta in Marx*, Editori Riuniti, Roma 1973.
N. Bucharin, *Theorie des historischen Materialismus*, Verlag der kommunistischen Internazionale, Hamburg 1922.
L. Calabi, *In margine al problema della trasformazione. Il metodo logico-storico in Smith e Marx*, in «Critica marxista», 1972, n. 4.
L. Calabi, *Su «barriera» e «limite» nel concetto del capitale*, in «Critica marxista», 1975, n. 2-3.
S. Caliccia, *Lavoro, valore e prezzo nella teoria di Marx*, Laterza, Roma-Bari 1973.
G. Calogero, *La critica dell'economia e il marxismo*, La Nuova Italia, Firenze 1944.
G. Carandini, *Lavoro e capitale nella teoria di Marx*, Marsilio, Venezia 1971.
G. Carandini, *La struttura economica della società nelle opere di Marx*, Marsilio, Venezia 1973.
G. Carandini, *Le forme di produzione dell'economia e le forme di circolazione dell'antropologia economica*, in «Quaderni di critica marxista», 1978.
U. Cerroni, *Teoria della crisi sociale in Marx*, De Donato, Bari 1970.
G. Chiodi, *Sovrappiù e sfruttamento capitalistico. Un'introduzione agli schemi teorici di Marx e Sraffa*, Franco Angeli, Milano 1981.
H. Christ, *Marx's Smith-Rezeption in den Londoner Exzerpthenheften (1850-1853) und den Manuskripten «Reflection» und «Bullion. Das vollendete Geldsystem»*, in «Arbeitsblaetter zur Marx-Engels-Forschung», n. 8 (1979), pp. 4-17.
L. Colletti, *Il marxismo come sociologia*, in «Società», 1959, XV, n. 4.
E. Collotti Pischel, *Marx e la fase iniziale dell'imperialismo*, in «Rivista storica del socialismo», 1960, n. 11.
H. Cunow, *Zur Zusammenbruchstheorie*, in «Die Neue Zeit», 1898-1899, Bd. I, pp. 356-364, 396-403, 424-430.
U. Curi, *Sulla «scientificità» del marxismo. Filosofia e critica dell'economia politica nel marxismo italiano degli anni Sessanta*, Feltrinelli, Milano 1975.

R. Dahrendorf, *Soziale Klassen und Klassenkonflikte in der industriellen Geselleschaft*, 1957; tr. it. *Classi e conflitto di classe nella società industriale*, Laterza, Roma-Bari 1963, a cura di A. Pizzorno.
S. Delli Poggi, *Marx dentro Marx. Dinamiche dominanti e attualità della sociologia marxiana: una possibile teoria del valore-lavoro*, Kappa, Roma 2007.
E. De Marchi, G. La Grassa, M. Turchetto, *Per una teoria della società capitalistica. La critica dell'economia politica da Marx al marxismo*, Nuova Italia Scientifica, Roma 1994.
H. Denis, *Valeur et capitalisme*, Editions sociales, Paris 1957.
G. Deville, *Le «Capital» de K. Marx, résumé et accompagné d'un aperçu sur le socialisme scientifique*, H. Orion, Paris 1883.
C. De Vincenti, *Considerazioni sul sistema dei prezzi di produzione*, in «Critica marxista», 1974, n. 2.
H. D. Dickinson, *The Falling Rate of Profit in Marxian Economics*, in «Review of Economic Studies», XXIV, 1956-1957.
F. Dinucci, *Marx prima di Marx. Teoria del valore e processi di globalizzazione*, C.R.T., Pistoia 1998.
M. Dobb, *Political Economy and Capitalism*, International Publishers, New York 1945.
M. Dobb, *Marx as an Economist. An Essay*, Lawrence & Wishart, London 1946.
L. Dumont, *Homo aequalis. Genèse et épanouissement de l'idéologie économique*, 1977; tr. it. *Homo aequalis. Genesi e trionfo dell'ideologia economica*, Adelphi, Milano 1984.
G. C. Duncan, *Marx and Mill: 2 Views of Social Conflict and Social Armony*, Cambridge University Press, Cambridge 1973.
E. Dussel, *Hegel, Schelling y el plusvalor*, in M. L. Robles (coord. de), *Dialéctica y capital. Elementos para una reconstrucción de la economía política*, UAM, México 2005, pp. 219-228.
J. Eaton, *Marx against Keynes*, Lawrence & Wishart, London 1951.
A. Ehrlich, *Notes on Marxian Model of Capital Accumulation*, in «American Economic Review», maggio 1967.
R. Faucci, *Marx interprete degli economisti classici*, La Nuova Italia, Firenze 1979.
W. Fellner, *Marxian Hypotheses and Observable Trends under Capitalism: a Modernized Interpretation*, in «Economic Journal», marzo 1957.
H. Fischer, *Marx und sein Verhältnis zu Staat und Wirtschatf*, Gustav Fischer, Jena 1932.
B. Fritsch, *Die Geld- und Kredittheorie von Karl Marx. Eine Darstellung und kritische Würdigung*, Europäische Verlagsanstalt, Frankfurt 1968.
P. Gambazzi, *Il metodo marxiano di analisi economica: dai «Manoscritti» alla «Miseria della filosofia»*, in «Aut Aut», 1969, n. 12.
P. Garegnani, *Marx e gli economisti classici*, Einaudi, Torino 1981.
G. Gattei (a cura di), *Karl Marx e la trasformazione del pluslavoro in profitto*, Media print, Roma 2002.

A. Giddens, *The Class Structure of the Advanced Societies*, Hutchinson University Library, London 1973.
G. Giorgetti, *Su alcuni falsi problemi nell'interpretazione di Marx*, in «Studi storici», 1962, III, n. 1.
F. M. Gottheil, *Marx's Economic Predictions*, Northwestern University Press, Evanston 1966.
A. Graziadei, *Le capital et la valeur. Critique des thèories de Marx*, F. Rouge Et C., Lausanne, Paris 1936.
A. Graziadei, *Le teorie dell'utilità marginale e la lotta contro il marxismo*, Bocca, Milano 1943.
T. Grigorovici, *Die Wertlehre bei Marx und Lassalle*, I. Brand & Co, Wien 1910.
H. Grossmann, *Die Aenderung des ursprünglichen Aufbauplans des Marx'schen «Kapital» und ihre Ursachen*, in «Archiv für die Geschichte des Sozialismus und der Arbeiterbewegung», 1929, Bd. XIV, Heft 2, pp. 305-338.
H. Grossmann, *Die Wert-Preis-Transformation bei Marx und das Krisenproblem*, in «Zeitschrift für Sozialforschung», 1932, pp. 55-84.
H. Grossmann, *Marx, die klassische Nationalökonomie und das Problem der Dynamik*, 1969; tr. it. *Marx. L'economia politica classica e il problema della dinamica*, Laterza, Roma–Bari 1971.
L. Grunberg, *Marx et la perspective sociologique en axiologie*, Anthropos, Paris 1968.
R. Guihéneuf, *Le problème de la théorie marxiste de la valeur*, A. Colin, Paris 1952.
G. Gurvitch, *La sociologie de Karl Marx*, Centre de Documentation Universitaire, Paris 1959.
G. Gurvitch, *Proudhon et Marx: une confrontation*, Centre de Documentation Universitaire, Paris 1966.
G. Herre, *Verendelung und Proletariat bei Marx. Entstehung einer Theorie und ihre Quellen*, Droste, Düsseldorf 1973.
R. Hilferding, *Böhm-Bawerkers Marx-Kritik*, in «Marx-Studien», 1904, Bd. I, pp. 1-61.
R. Hilferding, *Zur Problemstellung der theoretischen Oekonomie bei Marx*, in «Die Neue Zeit», 1904, n. 4.
S. Hymer, *Robinson Crusoe e il segreto dell'accumulazione originaria*, in «Monthly Review», edizione italiana, ottobre 1971.
L. Iraci Fedeli, *Marx e il mondo antico. Materialismo storico e società precapitalistiche*, Centro studi Terzo mondo, Milano 1973.
W. Jahn, *Zur Entwicklung der Struktur des geplanten ökonomischen Hauptwertkes von Karl Marx*, in «Arbeitsblaetter zur Marx-Engels-Forschung», 20 (1986), pp. 6-44.
W. Jahn – R. Nietzold, *Probleme der Entwicklung der Marxschen politischen Ökonomie im Zeitraum von 1850 bis 1863*, in «Marx-Engels-Jahrbuch», I, pp. 145-174.

K. Kautsky, *Karl Marx' ökonomische Lehren*, J. H. W. Dietz, Stuttgart 1887.
M. Krätke, *Kapitalismus und Krisen. Geschichte und Theorie der zyklischen Krisen in Marx' ökonomischen Studien 1857/58*, in «Beiträge zur Marx-Engels-Forschung. Neue Folge 1998», Hamburg 1999.
A. A. Kusin, *Marx e la tecnica*, Mazzotta, Milano 1975.
A. Labriola, La *teoria del valore di Marx. Studio sul III libro del «Capitale»*, R. Sandron, Milano-Palermo 1889.
A. Labriola, *Marx nell'economia e come teorico del socialismo*, Avanguardia, Lugano 1908.
P. Lafargue, *Le déterminisme économique de Karl Marx: Recherches sur l'origine et l'évolution des idées de Justice, de Bien, de l'Âme et de Dieu*, 1909; tr. it. *Il determinismo economico di Marx. Ricerche sull'origine e sull'evoluzione delle idee di giustizia, di bene, di anima e di Dio*, Il Formichiere, Milano 1976.
O. Lange, *Marxian Economics and the Modern Economic Theory*, in «Review of Economic Studies», 1935, II, pp. 189-201.
H. Landè, *Mehrwert und Profit. Ein ökonomischer Versuch*, in «Die Neue Zeit», 1892-93, n. 19-20.
G. La Grassa, *L'inattualità di Marx*, Franco Angeli, Milano 1989.
H. Lefebvre, *Sociologie de Marx*, 1966; tr. it. *La sociologia di Marx*, Il saggiatore, Milano 1972[3].
W. Leontiev, *The Significance of Marxian Economics for Present Day Economic Theory*, in «American Economic Review», marzo 1938.
M. Lippi, *Marx: il valore come costo sociale reale*, ETAS libri, Milano 1976.
A. Macchioro, *Introduzione al I libro del «Capitale»*, in «Nuova rivista storica», 1973, n. 1-2.
I. Makoto, *Value and Crisis. Essays on Marxian Economics in Japan*, Monthly Review Press, London 1980.
E. Mandel, *La formation de la pensée économique de Karl Marx de 1843 jusq'à la rédaction du «Capital»*, 1967; tr. it. *La formazione del pensiero economico di Karl Marx dal 1843 alla redazione del «Capitale»*, Laterza, Roma–Bari 1969.
G. Maarek, *Introduction au «Capital» de Marx. Un essai de formalisation*, Calmann-Levy, Paris 1975.
J.-J. Marie (a cura di), *Karl Marx: le Christophe Colomb du capital*, Vuitton, Paris 2006.
R. L. Meek, *Studies in the Labur Theory of Value*, Lawrence & Wishart, London 1956.
R. L. Meek, *Economics and Ideology and other Essay*, Chapman and Hall, London 1967.
E. Menéndez Urenã, *Karl Marx, económista: lo que Marx realmente quiso decir*, Ed. Tecnos, Madrid 1977.

J. Milios, *Zur Darstellung von Marx' Krisentheorie im dritten Band des «Kapital»*, in «Beiträge zur Marx-Engels-Forschung. Neue Folge 1998», Hamburg 1999.
O. Morf, *Das Verhältnis von Wirtschaftstheorie und Wirtschaftsgeschichte bei Karl Marx*, A. Franche, Bern 1951.
M. Morishima, *Marx's Economics*, Cambridge University Press, Cambridge 1973.
N. Mosconi, *Marx*, Pizzorni, Cremona 1950.
E. Mossé, *Marx et le problème de la croissance dans une économie capitaliste*, Colin, Paris 1956.
Y. Moulier-Boutang, *De l'esclavage au salariat. Économie historique du salariat bridé*, 1998; tr. it. *Dalla schiavitù al lavoro salariato*, Manifestolibri, Roma 2002.
F. Busser, *Karl Marx im Kreuzverhor der Wissenschaften*, Artemis, München 1974.
C. Napoleoni, *Smith, Ricardo, Marx*, Boringhieri, Torino 1970.
C. Napoleoni, *Lezioni sul capitolo sesto inedito di Marx*, Bollati Boringhieri, Torino 1972.
C. Napoleoni, *Il valore*, ISEDI, Milano 1976.
L. Napolitano, *La crisi di sovrapproduzione come manifestazione delle contraddizioni dell'economia borghese in Marx*, in AA.VV., *La contraddizione*, a cura di E. Berti, Città nuova, Roma 1977.
P. Naville, *La genèse de la sociologie du travail chez Marx et Engels*, Anthropos, Paris 1970.
A. M. Nassisi, *Il plusvalore assoluto e relativo in Marx. Per una analisi comparativa*, in «Critica marxista», 1972, n. 1.
H. Neisser, *Das Gesetz der fallenden Profitrate als Krisen- und Zusammenbruchsgesetz*, in «Die Gesellschaft», 1931, VII, pp. 72-85.
P. Nuti, *Da Quesnay a Marx*, Marietti, Casale Monferrato 1987.
G. Pala, *Zibaldone del tempo di lavoro. Contraddizione della merce forza-lavoro e salario sociale reale*, Franco Angeli, Milano 2000.
R. Panzieri, *Plusvalore e pianificazione. Appunti di lettura del Capitale*, in «Quaderni Rossi», 1964, n. 4.
V. Pareto, *Les systèmes socialistes*, Marcel Giard, Paris 1926.
M. T. Parolini, *L'analisi della famiglia in Carlo Marx*, in AA. VV., *Amore e matrimonio nel pensiero filosofico e teologico moderno*, Vita e Pensiero, Milano 1976, pp. 272-295.
T. Parsons, *Sociological Theory and Modern Society*, Free press, New York 1967.
F. Petry, *Der soziale Gehalt der Marx'schen Werttheorie*, Gustav Fischer, Jena 1916.
G. Pietranera, *La dinamica dell'interesse nell'economia capitalistica*, CEDAM, Padova 1940.
G. Pietranera, *Capitalismo, materialismo storico e socialismo*, Ceva, Genova 1945.

G. Pietranera, *Marx e la storia delle dottrine economiche*, in «Società», 1955, XI, n. 1.
G. Pietranera, *La struttura logica del «Capitale»*, in «Società», 1956, XII, n. 3 e n. 4.
G. Pietranera, *Marx e Hilferding sul sistema del credito*, in «Società», 1960, XVI, n. 1.
G. Pietranera, *Capitalismo ed economia*, Einaudi, Torino 1967.
G. Pietranera, *Lo spettro del comunismo. Il materialismo storico del «Manifesto» dopo un secolo e mezzo*, La Città Del Sole, Napoli 1998.
G. Poggi, *Immagini della società. Saggi sulle teorie sociologiche di Tocqueville, Marx, Durkheim*, Il Mulino, Bologna 1973.
G. Poggi (a cura di), *Karl Marx: antologia di scritti sociologici*, Il Mulino, Bologna 1977.
F. Pohlmann, *Die Strukturtheorie des Kapitalismus bei Karl Marx. Zur soziologischen Interpretation des Marxschen Spatwerks*, Schauble, Rheinfelden 1987.
M. Porcaro, *I difficili inizi di Karl Marx. Contro chi e per che cosa leggere «Il Capitale» oggi*, Dedalo, Bari 1986.
R. Rosdolsky, *Zur Entstehungsgeschichte des Marxschen «Kapital»*, 1955; tr. it. *Genesi e struttura del «Capitale» di Marx*, Laterza, Roma–Bari 1971, 2 voll., a cura di B. Maffi.
D. I. Rosenberg, *Die Entwicklung der ökonomischen Lehre von Marx und Engels in der vierzigen Jahren des 19. Jahrhunderts*, Dietz, Berlin 1958.
M. Rosenthal, *Les problèmes de la dialectique dans le «Capital» de Marx*, Editions sociales, Paris 1959.
M. Roth, *Guide to Marx's Capital*, CSE Book, London 1978.
I. I. Rubin, *Saggi sulla teoria del valore di Marx*, Feltrinelli, Milano 1976.
I. M. Rubinow, *Was Marx wrong? The Economic Theories of Karl Marx tested in the Light of Modern Industrial Development*, The Cooperátive Press, New York 1914.
L. Ruggiu, *L'economia come spazio assoluto: K. Marx*, in Id. (a cura di), *Genesi dello spazio economico*, Guida, Napoli 1982, pp. 185-246.
P. A. Samuelson, *Wages and Interest: Marxian Economics Models*, in «American Economic Review», dicembre 1957.
C. Schmidt, *Die Durchschnittsprofitrate und des Marx'sche Wertgesetz*, in «Die Neue Zeit», 1892-1893, n. 3-4.
C. Schmidt, *Der dritte Band des «Kapitals»*, in «Sozialpolitisches Zentralblatt», 25 febbraio 1895.
C. Schmidt, *Zur Theorie der Handelskrisen und der Ueberproduktion*, in «Sozialistische Monatshefte», 1901,V/2, pp. 669-682.
J. Schumpeter, *Capitalism, Socialism and Democracy*, Allen and Unwin, London 1947.
W. Schwarz, *Das «Kapital in allgemeinen» und die Konkurrenz im ökonomischen Werk von Marx*, in «Gesellschaft Beiträge zur Marx'schen Theorie», 1974, n. 1.

M. Sechi, *Teorie del valore. La teoria del costo di produzione e la teoria della domanda e dell'offerta: da Smith a Ricardo e Marx*, Giuffrè, Milano 1993.

E. Sereni, *Da Marx a Lenin: la categoria di «Formazione economico sociale»*, in «Quaderni di critica marxista», n. 4 (1970).

M. Skousen, *The Big Three in Economics: Adam Smith, Karl Marx and John Maynard Keynes*, Sharpe, London 2007.

P. Sloan, *Marx and the Orthodox Economists*, Basil Blackwell, Oxford 1973.

W. Sombart, *Zur Kritik des ökonomischen Systems von Karl Marx,* in «Archiv für soziale Gesetzgebung und Statistik», 1894, pp. 555-594.

Sorel G., *Sur la théorie marxiste de la valeur*, in «Journal des Economistes», 1897, pp. 222-231.

Th. Sowell, *Marxian Value reconsidered*, in «Economica», agosto 1963.

T. Sowell, *Marx's Increasing Misery Doctrine*, in «American Economic Review», marzo 1960.

A. Swingewood, *Marx and Modern Social Theory*, Macmillan, London 1975.

G. Therborn, *Science, Class and Society. On the Formation of Sociology and Historical Materialism*, 1974; tr. it. *Scienza, classi e società: uno studio sui classici della sociologia e sul pensiero di Marx*, Einaudi, Torino 1982.

M. Tronti, *Studi recenti sulla logica del «Capitale»*, in «Società», 1961, XVII, n. 6.

W. Tuchscheerer, *Bevor «Das Kapital» entstand*, 1968; tr. it. *Prima del «Capitale». La formazione del pensiero economico di Marx*, La Nuova Italia, Firenze 1980.

M. Tugan-Baranovskij, *Theoretische Grundlagen des Marxismus*, Dunker & Humblot, Leipzig 1905.

M. Turchetto, *Dai classici a Marx: il lavoro*, Logos, Saonara 1999.

A. Vercelli, *Teoria della struttura economica capitalistica. Il metodo di Marx e i fondamenti della critica dell'economia politica*, Fondazione Luigi Einaudi, Torino 1973.

F. Vianello, *Valore, prezzi e distribuzione del reddito. Un riesame critico delle tesi di Ricardo e Marx*, Edizioni dell'Ateneo, Roma 1970.

J. M. Vincent, *Weber ou Marx*, Anthropos, Paris 1968.

V. Vitello, *Sulla struttura analitica del sistema di valori relativi nella teoria di Marx*, in «Il giornale degli economisti», maggio-giugno 1963.

V. S. Vygodskij, *Introduzione ai «Grundrisse» di Marx*, La Nuova Italia, Firenze 1974.

V. S. Vygodskij, *Il pensiero economico di Marx*, Editori Riuniti, Roma 1975.

V. S. Vygodskij, *Das Werden der ökonomischen Theorie von Marx und der wissenschaftliche Kommunismus*, Dietz, Berlin 1978.

M. Weber, *Der Sozialismus*, Phöbus, Wien 1918.

P. J. D. Wiles, *The Political Economy of Communism*, Blackwell, Oxford 1962.
R. Wolff, A. Callari, B. Roberts, *Marx's (not Ricardo's) Transformation Problem: A Radical Reconceptualization*, in «History of Political Economy», XIV, n. 4 (1982).
R. Wolff, A. Callari, B. Roberts, *A Marxian Alternative to the Traditional Transformation Problem*, in «Review of Radical Political Economy», XIV, n. 4 (1984).

Filosofia.

AA.VV., *La logique de Marx*, a cura di J. D'Hondt, Presses Universitaires de France, Paris 1974.
AA. VV., *Analisi marxista e società antiche*, Atti dell'Istituto Gramsci, a cura di L. Capogrossi, A. Giardina e A. Schiavone, Roma 1978.
AA. VV., *Storia del marxismo*, vol. I, *Il marxismo ai tempi di Marx*, Einaudi, Torino 1978.
AA. VV., *Étudier Marx*, Éditions du CNRS, Paris 1986.
AA. VV., *Karl Marx: il pensiero filosofico e l'analisi sociale. Antologia dagli scritti*, Palmisano, Foggia 2006.
H. B. Acton, *What Marx really said*, Macdonald & Co., London 1967.
H. Adams, *Karl Marx in his Earlier Writings*, F. Cass & Co., London 1965[2].
M. Adler, *Marxistische Probleme. Beiträge zur Theorie der materialistischen Geschichtsauffassung und Dialektik*, J.H.W. Dietz Nachf., Stuttgart 1913.
M. Adler, *Der Marxismus als proletarische Lebenslehre*, Laub'sche Verlagsbuchh., Berlin 1923.
P. Adler, *Marx, Machines, and Skill*, in «Technology and Culture», ottobre 1990, pp. 780-813.
E. Agazzi, *La formazione della metodologia di Marx*, in «Rivista storica del Socialismo», settembre-dicembre 1966.
L. Albanese, *Il concetto di alienazione*, Bulzoni, Roma 1984.
L. Albanese, *Saggi su Marx. Le fonti trascurate di una utopia rivoluzionaria*, Franco Angeli, Milano 1987.
F. Albergamo, *La teoria dello sviluppo in Marx ed Engels*, Guida, Napoli 1973.
L. Althusser - E. Balibar, *Lire le «Capital»*, 1965; tr. it. *Leggere il Capitale*, Feltrinelli, Milano 1971, a cura di R. Rinaldi e V. Oskian [nuova edizione Mimesis, Milano 2006, a cura di M. Turchetto].
L. Althusser, *Pour Marx*, 1965; tr. it. *Per Marx*, Editori Riuniti, Roma 1974.
L. Althusser, *Marx et Lénine devant Hegel*, Maspero, Paris 1972.
L. Althusser, *Marx dans ses limites*, 1994 (1978); tr. it. *Marx nei suoi limiti*, Mimesis, Milano 2004, a cura di F. Raimondi.

P. Anastassiadis, *Geschichtsphilosophie und reale Dialektik: zum real-dialektischen Verhältnis von klassensubjektiver Geschichtspraxis, historischen Gesetz-Tendenzen und Anthropogenese bei Marx*, P. D. Lang, Frankfurt am Main 1981.

F. Andolfi, *Lavoro e libertà: Marx, Marcuse, Arendt*, Diabasis, Reggio Emilia 2004.

L. Anepeta (a cura di), *Il mondo stregato. Antologia commentata delle opere di Karl Marx*, Armando, Roma 1996.

E. Angehrn – G. Lohmann (a cura di), *Ethik und Marx*, Hain, Konigstein 1986.

C. Antoni, *Considerazioni su Hegel e Marx*, R. Ricciardi, Napoli 1946.

R. J. Antonio (a cura di), *Marx and Modernity. Key Readings and Commentary*, Blackwell, Oxford 2003.

A. Arndt, *Karl Marx. Versuch über den Zusammenhang seiner Theorie*, Germinal, Bochum 1985.

N. S. Arnold, *Marx's Radical Critique of Capitalist Society*, London-New York-Toronto 1990.

C. J. Arthur, *Dialectics of Labour. Marx and his Relation to Hegel*, Basil Blackwell, Oxford 1986.

A. Artous, *Marx et le fétichisme*, Ellipses, Paris 2006.

J. Attali, *Karl Marx ou l'esprit du monde*, 2005; tr. it. *Karl Marx, ovvero lo spirito del mondo*, Fazi, Roma 2006, a cura di M. Panarari.

S. Avineri, *The Hegelian Origins of Marx's Political Thought*, in «The Review of Metaphysics», 1967, n. 1.

K. Axelos, *Marx, penseur de la technique*, 1961; tr. it. *Marx pensatore della tecnica*, SugarCO, Milano 1963.

K. Axelos, *Einführung in ein Kunftiges Denken. Über Marx und Heidegger*, 1966; tr. it. *Marx e Heidegger*, Guida, Napoli 1978.

A. Baas, *L'humanisme marxiste*, Alsatia Colmar, Paris 1936.

W. Backhaus, *Marx, Engels und die Sklaverei: zur ökonomischen Problematik der Unfreiheit*, Padagogischer Verlag Schwann, Dusseldorf 1974.

N. Badaloni, *Alienazione e libertà nel pensiero di Marx*, in «Critica marxista», 1968, n. 4-5.

N. Badaloni, *Per il comunismo. Questioni di teoria*, Einaudi, Torino 1971.

N. Badaloni, *Dialettica del capitale*, Editori Riuniti, Roma 1980.

O. Bakouradze, *La formation des idées philosophiques de K. Marx*, in «Recherches internationales à la lumière du marxisme», 1960, n. 19.

E. Balibar, *Cinq études de matérialisme historique*, 1974; tr. it. *Cinque studi di materialismo storico*, De Donato, Bari 1974.

E. Balibar, *La philosophie de Marx*, 1993; tr. it. *La filosofia di Marx*, Manifestolibri, Roma 1994, a cura di A. Catone.

J. Banaji, *For a Theory of Colonial Mode of Production*, in «Economic and Political Weekly, Review of Agricolture», December, 23, 1972.

A. Banfi, *Saggi sul marxismo*, Editori Riuniti, Roma 1960.

R. Banfi, *Abbozzo di una ricerca attorno al valore d'uso nel pensiero di Marx*, in «Critica marxista», 1966, n. 1.
P. Barth, *Die Geschichtsphilosophie Hegel's und der Hegelianer bis auf Marx und Hartmann*, O.R. Reisland, Leipzig 1925.
O. Bauer, *Marxismus und Ethik*, in «Die Neue Zeit», 1905-6, XXIV, Bd. 2, pp. 485-499.
W. Becker, *Idealistische und materialistische Dialektik*, Kohlhammer, Stuttgart 1970.
G. Bedeschi, *Alienazione e feticismo nel pensiero di Marx*, Laterza, Roma–Bari 1968.
G. Bedeschi, *Introduzione a Marx*, Laterza, Roma–Bari 1981.
R. Beehler, *Marx on Freedom and Necessity*, in «Dialogue», 28 (1989).
K. Bekker, *Marx's philosophische Entwicklung und sein Verhältnis zu Hegel*, Verlag Oprecht, Zurich-New York 1940.
P. Bellinazzi, *Forza e materia nel pensiero di Marx ed Engels*, Franco Angeli, Milano 1984.
D. Bensaïd, *Marx l'intempestif*, 1995; tr. it. *Marx l'intempestivo. Grandezze e miserie di un'avventura critica*, Alegre, Roma 2007, a cura di M. Tomba.
E. Berti, *Teoria e prassi da Aristotele a Marx e... ritorno*, in «Fenomenologia e società», n. 1 (1978), pp. 279-289.
J.–L. Bertocchi, *Marx et le sens du travail*, Éditions sociales, Paris 1996.
M. Betrand, *Le statut de la religion chez Marx et Engels*, Éditions sociales, Paris 1979.
C. Bhiku Parekh, *Marx's Theory of Ideology*, Johns Hopkins University Press, Baltimore 1982.
J. Bidet, *Que faire du Capital?*, Klincksieck, Paris 1985.
J. Bidet, *Théorie de la modernité, suivi de Marx et le marché*, 1990; tr. it. *Teoria della modernità: Marx e il mercato*, Editori Riuniti, Roma 1992.
P. Bigo, *Marxisme et humanisme*, Presses universitaires de France, Paris 1953.
B. M. Biucchi, *Marx redivivo*, Pantarei, Lugano 1976.
E. Bloch, *Über Karl Marx*, 1968; tr. it. *Karl Marx*, Il Mulino, Bologna 1972.
N. Bobbio, *La dialettica in Marx*, in AA.VV., *Studi sulla dialettica*, Torino 1958.
N. Bobbio, *L'ideologia in Pareto e in Marx*, in «Rivista internazionale di filosofia del diritto», 1968, pp. 7-17.
M. M. Bober, *Karl Marx's Interpretation of History*, Harvard University Press, Cambridge 1948.
P. Boccara, *Sur la dialectique matérialiste dans le «Capital» de Marx*, in «Economie et politique», 1978, n. 133-134.
P. Bonnel, *Hegel et Marx*, in «Critique», 1949, n. 34.
E. Bottigelli, *Le chemin de Marx*, in «La nouvelle critique», 1955, n. 62.
T. Bottomore, *Modern Interpretations of Marx*, Blackwell, London 1981.

E. Braun, *Aufhebung der Philosophie. Karl Marx und die Folgen*, Metzler Verlag, Stuttgart 1992.
A. Braunthal, *Karl Marx als Geschichtsphilosoph*, P. Cassirer, Berlin 1920.
G. Brenkert, *Marx's Ethics of Freedom*, Routledge, London 1983.
J.-M. Brohn – D. Woronoff, *Marx ou pas?*, Éditions de l'Atelier, Paris 1986.
V. Brouchlinski, *Note sur l'histoire de la redaction et de la publication des «Manuscrits economico-philosophiques» de K. Marx*, in «Recherches internationales à la lumière du marxisme», 1960, n. 19.
J. Bruhat, *Marx et Engels*, Éditions Complexe, Paris 1983.
W. F. Buckley, *Marx is dead*, in «National Review», febbraio 1980, pp. 244-245.
M. Buhr, *Entfremdung-philosophische Antropologie – Marxkritik*, in «Deutsche Zeitschrift für Philosophie», 1966, n. 7.
P. Burkett, *Marx and Nature*, St. Martin's, New York 1999.
J.-Y. Calvez, *La pensée de Karl Marx*, 1956; tr. it. *Il pensiero di Carlo Marx*, Borla, Torino 1966.
G. Capograssi, *Le glosse di Marx a Hegel*, in *Studi in onore di G. Del Vecchio*, Modena 1930, vol I., pp. 54-71.
A. Carandini, *L'anatomia della scimmia. La formazione economica della società prima del capitale: con un commento alle forme che precedono la produzione capitalistica dai «Grundrisse» di Marx*, Einaudi, Torino 1979.
G. Carandini, *Un altro Marx. Lo scienziato liberato dall'utopia*, Laterza, Roma–Bari 2005.
T. Carver, *The Post-Modern Marx*, Manchester University Press, Manchester 1999.
M. Caveing, *Marx et la dialectique de la nature*, in «La nouvelle critique», 1955, n. 67.
M. Caveing, *Marxisme et christianisme*, in «La nouvelle critique», 1957, n. 86.
G. M. Cazzaniga, *Marx e l'idea di progresso*, in Id., D. Losurdo – L. Sichirollo (a cura di), *Marx e i suoi critici*, Urbino 1987, pp. 55-70.
A. Cencini – B. Schmitt, *La pensée de Karl Marx: critique et synthèse*, Castella, Albeuve 1976, 2 voll.
J. Chambaz, *Un nouveau rapport à Marx*, in «La Pensée», 303 (1995), pp. 5-18.
F. Châtelet, *Le marxisme est-il un prophétisme?*, in «La nouvelle critique», 1955, n. 70.
B. Chavance (a cura di), *Marx en perspective*, Éditions de l'Ehess, Paris 1985.
B. Chavance, *Marx et le capitalisme. La dialectique d'un système*, Armand Colin, Paris 2005.
M. Ciardo, *Scienza e mito nella dottrina di Carlo Marx*, G. D'Anna, Firenze 1960.
M. Cingoli (a cura di), *Materiali marx-engelsiani*, Unicopli, Milano 1980.

D. Clerico, *Carlo Marx*, Libreria editrice internazionale, Torino 1918.
G. A. Cohen, *Karl Marx's Theory of History. A Defence*, Princeton University Press, Princeton 1978.
G. D. H. Cole, *What Marx really meant*, Knopf, New York 1934.
L. Colletti, *Scienza e società in Marx*, in «Società», 1958, XIV, n. 6.
L. Colletti, *Ideologia e società*, Laterza, Roma–Bari 1969.
L. Colletti, *Il marxismo e Hegel*, Laterza, Roma–Bari 1969.
L. Colletti, *Marxismo e dialettica*, in Id., *Intervista politico-filosofica*, Laterza, Roma-Bari 1974.
R. J. Colp, *The Contacts between Marx and Darwin*, in «Journal of Historical Ideas», 1974, pp. 329-338.
A. Conte, *Karl Marx et son époque*, Nathan, Paris 1983.
A. Cornu, *Karl Marx et Friedrich Engels. Leur vie et leur œuvre*, 1955; tr. it. *Marx ed Engels. Dal liberalismo al comunismo*, Feltrinelli, Milano 1971[3].
B. Croce, *Materialismo storico ed economia marxistica*, Laterza, Roma–Bari 1961 (1900).
S. Cutrona (a cura di), *La profezia forte. Antologia degli scritti della maturità di Karl Marx: 1848-1883*, Ila Palma, Palermo 2003.
L. Dal Pane, *Per un riesame critico dell'opera di Carlo Marx*, Nistri-Lischi, Pisa 1948.
S. Dangelmayr, *Die philosophische Interpretation des Theorie-Praxis-Bezugs bei Karl Marx und ihre Vorgeschichte*, A. Hain, Meisenheim am Glan 1979.
R. De Benedetti, *La fenice di Marx: come e perché il comunismo vive ancora in mezzo a noi*, Medusa, Milano 2003.
B. Delfgaauw, *The Young Marx*, Sheed and Ward, London 1967.
G. Della Volpe, *Rousseau e Marx e altri saggi di critica materialistica*, Editori Riuniti, Roma 1997[5].
A. Del Noce, *La «non-filosofia» di Marx e il comunismo come realtà politica*, Castellani, Milano 1947.
M. Dal Pra, *La dialettica in Marx*, Laterza, Roma–Bari 1977.
A. De Palma, *Le macchine e l'industria da Smith a Marx*, Einaudi, Torino 1971.
L. De Panzera, *Appunti su Carlo Marx*, Tip. Litografia moderna ed., Trieste 1958.
J. Derrida, *Spectres de Marx*, 1993; tr. it. *Spettri di Marx*, Cortina Editore, Milano 1994, a cura di G. Chiurazzi.
M. De Stefanis, *Per una rilettura epistemologica dei «Manoscritti economico-filosofici del 1844»*, in «Aut Aut», 1971, n. 122, pp. 54-68.
J. D'Hondt, *De Hegel à Marx*, PUF, Paris 1972.
G. A. Di Marco, *Dalla soggezione all'emancipazione umana. Proletariato, individuo sociale, libera individualità in Karl Marx*, Rubbettino, Soveria Mannelli 2005.

P. D. Dognin, *Initiation à Karl Marx*, 1970; tr. it. *Introduzione a Karl Marx*, Città Nuova, Roma 1977.
P. D. Dognin, *Les sentiers escarpés de Karl Marx*, Editions du Cerf, Paris 1977.
E. Donaggio – P. Kammerer, *Karl Marx: antologia. Capitalismo, istruzioni per l'uso*, Feltrinelli, Milano 2007.
G. Dozzi, *Il sistema critico marxiano nei «Manoscritti economico-filosofici del 1844»*, in «Rivista critica di storia della filosofia», 1976, pp. 123-163.
H. M. Drucker, *Marx's Concept of Ideology*, in «Philosophy», 1972, pp. 152-161.
E. Dussel, *La producción teórica de Marx*, Siglo XXI, México 1985.
L. D. Easton, *Marx and individual Freedom*, in «Philosophical Forum», 12 (1981).
J. Elster, *Making Sense of Marx*, Cambridge University Press, Cambridge 1985.
F. Engels, *Karl Marx*, 1878; tr. it. in AA.VV., *Marx come pensatore e come uomo*, L'Unità, Roma 1945.
U. Erckenbrecht, *Das Geheimnis des Fetischismus. Grundmotive der Marx'schen Theorie*, Muriverlag, Göttingen 1984^2.
W. Euchner, *Karl Marx*, 1982; tr. it. *Karl Marx*, Mondadori, Milano 1991, cura di C. Vittone.
C. Failla, *Introduzione a Marx: pro e contro*, Queriniana, Brescia 1977.
J. Fallot, *Marx et le macchinisme*, 1966; tr. it. *Marx e la questione delle macchine*, La Nuova Italia, Firenze 1971, a cura di M. Pantani.
G. Fessard, *Le matérialisme historique et dialectique et la dialectique du maître et de l'esclave*, in «Atti del Congresso internazionale di filosofia», Milano 1947.
I. Fetscher, *Karl Marx und der Marxismus*, 1967; tr. it. *Marx e il marxismo*, Sansoni, Firenze 1969.
R. Finelli – F. S. Trincia, *Critica del soggetto e aporie della alienazione. Saggi sulla filosofia del giovane Marx*, Franco Angeli, Milano 1982.
R. Finelli, *Astrazione e dialettica dal Romanticismo al capitalismo: saggio su Marx*, Bulzoni, Roma 1987.
R. Finelli, *Un parricidio mancato. Hegel e il giovane Marx*, Bollati Boringhieri, Torino 2004.
R. Fineschi, *Marx dopo l'edizione storico-critica: un nuovo oggetto di ricerca*, in «Marxismo oggi», 1-2 (1999), pp. 199-239.
R. Fineschi, *Modelli teorici o descrizioni storico-sociologiche? Per una rilettura della sussunzione del lavoro sotto il capitale*, in «Proteo», I (2003), pp. 70-73.
R. Fineschi, *Karl Marx: rivisitazioni e prospettive*, Mimesis, Milano 2005.
R. Fineschi, *Marx e Hegel. Contributi a una rilettura*, Carocci, Roma 2006.
O. K. Flechtheim – H.-M. Lohmann, *Marx Zur Einführung*, 1988; tr. it.

Karl Marx. Introduzione al suo pensiero, Massari, Bolsena 2003, a cura di G. Sgrò.
H. Fleischer, *Marxismus und Geschichte*, 1969; tr. it. *Marxismo e storia*, Il Mulino, Bologna 1970.
H.-M. Forest, *Marx au miroir de Stirner*, Le Sycomore, Paris 1979.
G. Formizzi, *La pedagogia di Karl Marx*, La scuola, Brescia 1973.
P. Fougeyrollas, *Marx*, PUF, Paris 1992.
M. Friedrich, *Philosophie und Oekonomie beim jungen Marx*, Duncker & Humblot, Berlin 1960.
E. Fromm, *Marx's Concept of Man*, Frederick Ungar publishing Co, New York 1961.
A. Frossard, *Les Grands Bergers. D'Abraham à Karl Marx*, 1992; *Grandi pastori: da Abramo a Karl Marx*, Piemme, Casale Monferrato 1993.
P. Frostin, *Materialismus, Ideologie, Religion: die materialistische Religionskritik bei Karl Marx*, Kaiser, München 1978.
O. Fullat, *Marx y la religión*, Planeta, Barcelona 1974.
D. Fusaro, *Filosofia e speranza. Ernst Bloch e Karl Löwith interpreti di Marx*, Il Prato, Padova 2005.
D. Fusaro, *Marx e l'atomismo greco: alle radici del materialismo storico*, Il Prato, Padova 2007, prefazione di G. Vattimo.
D. Fusaro, *Karl Marx e la schiavitù salariata: uno studio sul lato cattivo della storia*, Il Prato, Padova 2007, prefazione di A. Tosel.
D. Fusaro, *Per una teoria dell'arte in Karl Marx*, in «Koiné», 2007, pp. 111-125.
J. – M. Gabaude, *Le jeune Marx et le matérialisme antique*, Privat, Toulouse 1970.
A. Gajano, *La dialettica della merce*, Il Laboratorio, Napoli 1979.
R. Garaudy, *Le marxisme et la personne humaine*, Editions Sociales, Paris 1949.
R. Garaudy, *Karl Marx*, 1964; tr. it. *Karl Marx*, Sonzogno, Milano 1974, a cura di M. Feldbauer.
G. Gentile, *La filosofia di Marx*, Sansoni, Firenze 1959 (1899).
N. Geras, *Essence and Appearance: Aspect of Fetishism in Marx's «Capital»*, in «New Left Review», 1971, n. 65, pp. 69-85.
N. Geras, *Marx and human Nature. Refutation of a Legend*, Verso, London 1983.
N. Geras, *Bringing Marx to Justice: an Addendum and Rejoinder*, in «New Left Review», settembre-ottobre 1992, pp. 37-70.
B. Giovanola, *Critica dell'uomo unilaterale. La ricchezza antropologica in K. Marx e F. Nietzsche*, EUM, Macerata 2007.
H. Givsan, *Materialismus und Geschichte. Studie zu einer radikalen Historisierung der Kategorien*, Neue Kritik, Frankfurt am Main 1981.
M. Godelier, *Les structures de la mèthode du «Capital» de K. Marx*, in «Economie et politique», 1960, nn. 70 e 71.
M. Godelier, *Quelques aspects de la mèthode du «Capital»*, in «Economie et politique», 1961, n. 80.

M. Godelier, *Systèm, structures et contradictions dans le «Capital»*, in «Les temps modernes», 1966, n. 246, pp. 828-864.
M. Godelier, *Fétichisme, religion et théorie générale de l'idéologie chez Marx*, in «Annali Feltrinelli 1970», Milano 1971.
G. Göhler, *Die Reduktion der Dialektik durch Marx: Strukturveraenderungen der dialektischen Entwiklung in der Kritik der politischen Ökonomie*, Klett–Cotta, Stuttgart 1980.
A. Gramsci, *Il materialismo storico e la filosofia di B. Croce*, Einaudi, Torino 1948.
E. Grassi, *L'«esposizione dialettica» nel «Capitale» di Marx*, Basilicata Editrice, Roma–Matera 1976.
L. Grecchi, *Marx nel sentiero della verità*, C.R.T., Pistoia 2003.
L. Grecchi, *Verità e dialettica. La dialettica di Hegel e la teoria di Marx*, C.R.T., Pistoia 2003.
O. Gropp, *Système philosophique et histoire de la philosophie chez Hegel et chez Marx*, in «Recherches internationales à la lumière du marxisme», 1960, n. 19.
E. Guarneri, *Karl Marx: gli anni di apprendistato. Antologia degli scritti giovanili dalla tesi di laurea ai manoscritti economico-filosofici del '44*, I.L.A. Palma, Palermo 1986.
E. Guarneri, *Karl Marx: le grandi polemiche. Antologia degli scritti maggiori degli anni 1845 e 1846*, I.L.A. Palma, Palermo 1987.
G. Just, *Karl Marx zu Fragen der Kunst und Literatur*, Aufbau Verlag, Berlin 1953.
G. Haarscher, *L'Ontologie de Marx. Le problème de l'action des textes de jeunesse à l'œuvre de maturité*, Éditions de l'université de Bruxelles, Bruxelles 1980.
J. Habermas, *Zur Rekonstruktion des historischen Materialismus*, 1976; tr. it. *Per la ricostruzione del materialismo storico*, ETAS, Milano 1979, a cura di F. Cerutti.
K. Hartmann, *Die Marx'sche Theorie. Eine philosophische Untersuchung zu den Hauptschriften*, W. de Gruyter & Co., Berlin 1970.
W. Heise, *Ueber die Entfremdung und ihre Ueberwindung*, «Deutsche Zeitschrift für Philosophie», 1965, pp. 684-719.
Á. Heller, *Bedeutung und Funktion des Begriffs Bedürfnis im Denken von Karl Marx*, 1974; tr. it. *La teoria dei bisogni in Marx*, Feltrinelli, Milano 1974, a cura di A. Morazzoni.
Á. Heller, *Marx et la modernité*, in «Actuel Marx», 5 (1989), pp. 129-143.
G. Hillmann, *Marx und Hegel. Von der Spekulation zur Dialektik*, Europäische Verlagsanstalt, Frankfurt a.M. 1966.
J. Hommes, *Der technische Eros. Das Wesen der materialistischen Geschichtsauffassung*, Herder, Freiburg i. B. 1955.
J. Höppner, *A propos de quelques conceptions erronées du passage de Hegel à Marx*, in «Recherches internationales à la lumière du marxisme», 1960, n. 19.

S. Hook, *From Hegel to Marx*, 1936; tr. it. *Da Hegel a Marx. Studi sullo sviluppo intellettuale di Karl Marx*, Sansoni, Firenze 1972.
J. Hyppolite, *Etudes sur Marx et Hegel*, 1955; tr. it. *Saggi su Marx e Hegel*, Bompiani, Milano 1963.
E. V. Il'Enkov, *Dialectica abstraktnogo i konkretnogo v «Kapital» Marksa*, 1960; tr. it. *La dialettica dell'astratto e del concreto nel Capitale di Marx*, Feltrinelli, Milano 1961, a cura di V. Strada e A. Sandretti.
F. Izzo, *Sulla struttura logica del «Capitale»*, in «Critica marxista», 1974, n. 2.
H. Jaffe, *Engels, Marx and Marxism on Colonialism*, 2007; tr. it. *Davanti al colonialismo: Engels, Marx e il marxismo*, Jaca Book, Milano 2007, a cura di P. Degiovanni.
W. Jahn, *Der ökonomische Inhalt des Begriffes der Entfremdung der Arbeit in den Frühschriften von Marx*, in «Wirtschaftswissenschaft», 1957, n. 6., pp. 848-865.
R. Jerez Mir, *Marx y Engels: el marxismo genuino*, Ed. Cincel, Madrid 1985.
Z. Jordan, *The Evolution of Dialectical Materialism*, Macmillan, London 1967.
J. Kadenbach, *Das Religionsverständnis von Karl Marx*, Schöningh, München 1970.
P. Kägi, *Genesis des historischen Materialismus: Karl Marx und die Dynamik der Gesellschaft*, Europa Verlag, Zurich 1965.
E. Kamenka, *The Ethical Foundations of Marxism*, Routledge and Kegan Paul, London 1962.
G. Kitching, *Karl Marx and the Philosophy of Praxis*, Routledge, London-New York 1988.
G. Kitching – N. Pleasants (a cura di), *Marx and Wittgenstein. Knowledge, Morality and Politics*, Routledge, London 2002.
H. Klages, *Technischer Humanismus. Philosophie und Soziologie der Arbeit bei K. Marx*, Ferdinand Enke, Stuttgart 1964.
H. Koch, *Marxismus und Ästhetik. Zur ästhetischen Theorie von Karl Marx, Friedrich Engels und Wladimir Iljitsch Lenin*, Dietz, Berlin 1962.
A. Kojève, *Hegel, Marx, et le christianisme*, in «Critique», 1946, n. 3-4.
L. Kolakowski, *Main Currents of Marxism*, Clarendon Press, Oxford 1978.
L. Kolakowski, *Glowne nurty marksizmu*, 1976; tr. it. *Nascita, sviluppo, dissoluzione del marxismo*, SugarCo, Milano 1980, 3 voll.
J. H. Koren, *Marx and the Authentic Man*, Duquesne University Press, Pittsburg 1967.
K. Korsch, *Marxismus und Philosophie*, 1923; tr. it. *Marxismo e filosofia*, SugarCo, Milano 1966, a cura di G. Backhaus.
K. Korsch, *Karl Marx,* 1967; tr. it. *Karl Marx*, Laterza, Roma–Bari 1969[2], a cura di G. Bedeschi.

K. Kosek, *Dialektika konkretniho*, 1963; tr. it. *Dialettica del concreto*, Bompiani, Milano 1965.
G. Labica, *Le Statut marxiste de la philosophie*, éd. Complete/Dialectique, Bruxelles 1976.
G. Labica, *1883-1983. L'Œuvre de Marx un siècle après*, PUF, Paris 1985.
A. Labriola, *In memoria del «Manifesto dei comunisti»*, Loescher, Roma 1895.
A. Labriola, *Del materialismo storico, delucidazione preliminare*, Hoepli, Roma 1896.
A. Labriola, *Discorrendo di socialismo e di filosofia*, Ermanno Loescher & C., Roma 1898.
A. Labriola, *La concezione materialistica della storia*, 1896, in Id., *Scritti filosofici e politici*, II, Einaudi, Torino 1976.
L. Landgrebe, *Hegel und Marx*, in «Marxismusstudien», Erste Folge, Tübingen 1953.
N. Lapine, *Le première critique approfondie de la philosophie de Hegel par Marx*, in «Recherches internationales à la lumière du marxisme», 1960, n. 19.
H. Lefebvre, *Le matérialisme dialectique*, Felix Alcan, Paris 1939.
H. Lefebvre, *Pour connaître la pensée de Marx*, Éditions Bordas, Paris 1948.
H. Lefebvre, *Une pensée devenue monde. Faut-il abandonner Marx?*, 1980; tr. it. *Abbandonare Marx?*, Editori Riuniti, Roma 1980, a cura di A. M. Tonazzi.
J.–P. Lefebvre, *Introduction*, in K. Marx, *Le capital. Critique de l'économie politique*, I, PUF, Paris 1993.
W. I. Lenin, *Drei Quellen und drei Bestandteile des Marxismus*, 1913; tr. it. *Tre fonti e tre parti integranti del marxismo*, 1913, in *Opere scelte*, Edizioni in lingue estere, Mosca 1949, I.
G. Leone, *Marx dopo Heidegger. La rivoluzione senza soggetto*, Mimesis, Milano 2007.
G. Lichtheim, *From Marx to Hegel*, Orbach & Chambers, London 1971.
M. Lifschitz, *Karl Marx und die Ästhetik*, Verlag der Kunst, Dresden 1960.
M. Lifschitz, *The Philosophy of Art of Karl Marx*, Pluto Press, London 1973.
E. Livraghi, *Da Marx a Matrix: i movimenti, l'homo flexibilis e l'enigma del non-lavoro produttivo*, DeriveApprodi, Roma 2006.
A. Loria, *Carlo Marx*, Formiggini, Genova 1916.
K. Löw, *Marx, Engels und das Erbe*, in «Die politische Meinung», 43 (1998), pp. 11-22.
K. Löwith, *Max Weber und Karl Marx*, 1932; tr. it *Max Weber e Karl Marx*, in Id., *Marx, Weber, Schmitt*, Laterza, Roma–Bari 1994.
M. Löwy, *La théorie de la révolution chez le jeune Marx*, 1970; tr. it. *Il giovane Marx*, Massari, Bolsena 2001, a cura di A. Marazzi.

G. Lukács, *Geschichte und Klassenbewußtsein*, 1923; tr. it. *Storia e coscienza di classe*, SugarCO, Milano 1973, a cura di G. Piana.
G. Lukács, *Karl Marx und Friedrich Engels als Literaturhistoriker*, Aufbau, Berlin 1948.
G. Lukács, *Der junge Marx. Seine philosophische Entwicklung von 1840 bis 1844*, 1965; tr. it. *Il giovane Marx*, Editori Riuniti, Roma 1978, a cura di A. Bolaffi.
C. Luporini, *«Rovesciamento» e metodo nella dialettica marxista*, in «Critica marxista», 1963, n. 3.
C. Luporini, *Realtà e storicità; economia e dialettica nel marxismo*, in «Critica marxista», 1966, IV, pp. 56-109.
C. Luporini, *Marx secondo Marx*, in «Critica marxista», 1972, n. 2-3.
C. Luporini, *Dialettica e materialismo*, Editori Riuniti, Roma 1974.
G. Madjarian, *Le complexe Marx*, L'Harmattan, Paris 1989.
F. Magnis, *Normative Voraussentzungen im Denken des jungen Marx (1843-48)*, Alber, Freiburg i. B. 1975.
J. Maguire, *Marx's Paris Writings: an Analysis*, Gill and Macmillan, Dublin 1972.
H. Maler, *Congédier l'utopie? L'utopie selon Karl Marx*, L'Harmattan, Paris 1994.
H. Maler, *Convoiter l'impossible. L'utopie avec Marx, malgré Marx*, Albin Michel, Paris 1995.
R. Malinconico, *Karl Marx filosofo*, Melagrana, San Felice a Cancello 2003.
A. G. Manno, *Introduzione ad una revisione del pensiero di Karl Marx*, Loffredo, Napoli 1990.
F. E. Manuel, *Requiem for Karl Marx*, 1995; tr. it. *Requiem per Carlo Marx*, Il Mulino, Bologna 1998, a cura di R. Giannetti.
H. Marcuse, *Beiträge zur Phänomenologie des historischen Materialismus*, in «Philosophische Hefte», 1928, I, pp. 45-68.
H. Marcuse, *Ueber konkrete Philosophie*, in «Archiv für Sozialwissenschaft und Sozialpolitik», 1929, n. 62, pp. 111-128.
H. Marcuse, *Transzendentaler Marxismus?*, in «Die Gesellschaft», 1930, VII, n. 10, pp. 304-326.
H. Marcuse, *Neue Quellen zur Grundlegung des historischen Materialismus*, in «Die Gesellschaft», 1932.
T. G. Masaryk, *Die philosophischen und soziologischen Grundlagen des Marxismus*, Konegen, Wien 1899.
H. Mayer, *Karl Marx und das Elend des Geistes. Studien zur neuen deutschen Ideologie*, Westkulturverlag Anton Hain, Meisenheim am Glan 1948.
B. Mazlish, *The Meaning of Karl Marx*, Oxford University Press, Oxford 1984.
A. Mazzone, *Il feticismo del capitale: una struttura storico-formale*, in «Critica marxista. Quaderni», XIV, pp. 105-164.

A. Mazzone, *Questioni di teoria dell'ideologia*, La Libra, Messina 1981.
D. McLellan, *The Young Hegelians and K. Marx*, Macmillan, London 1969.
D. McLellan, *Marx Before Marxism*, 1970; tr. it. *Marx prima del marxismo: vita e opere giovanili*, Einaudi, Torino 1974.
D. McLellan, *The thought of Karl Marx*, 1971; tr. it. *Il pensiero di Karl Marx*, Einaudi, Torino 1975.
S. Meikle, *Essentialism in the Thought of Karl Marx*, Duckworth, London 1985.
U. Melotti, *Marx e il Terzo Mondo. Per uno schema multilineare dello sviluppo storico*, Il Saggiatore, Milano 1972.
S. Mercier-Josa, *Retour sur le jeune Marx. Deux études sur le rapport de Marx à Hegel dans le manuscrits de 44 et dans le manuscrit dit de Kreuznach*, Klincksieck, Paris 1986.
N. Merker, *Karl Marx: 1818-1883*, Editori Riuniti, Roma 1988.
M. Merleau-Ponty, *Autour du marxisme*, in «Les Temps Modernes», agosto 1945.
M. Merleau-Ponty, *Marxisme et philosophie*, in «La revue internationale», 1946, n. 6.
I. Meszaros, *Marx's Theory of Alienation*, Merlin, London 1970.
E. Metzke, *Mensch und Geschichte im ursprünglichen Ansatz des Marx'schen Denkens*, in «Marxismusstudien», Zweite Folge 1957.
A. Meusel, *Untersuchungen über das Erkenntnisobjekt bei Marx*, Fischer, Jena 1925.
A. G. Meyer, *Marxisme: the Unity of Theory and Praxis*, Harvard University Press, Cambridge 1954.
J. C. Michaud, *Teoria e storia nel Capitale di Marx*, Feltrinelli, Milano 1960.
J. Milhaud, *Le jeune Marx et ses problèmes*, «La nouvelle critique», 1961, n. 129.
R. Miller, *Analyzing Marx*, Princeton University Press, Princeton 1984.
K. Mohri, *Marx and «Underdevelopment»*, 1979; tr. it. *Marx e il sottosviluppo*, in «Monthly Review» [edizione italiana], 7-8 (1979).
R. Mondolfo, *Umanesimo di Marx. Studi filosofici (1908-1966)*, Einaudi, Torino 1968, introduzione di N. Bobbio.
S. W. Moore, *Three Tactics. The Background in Marx*, Monthly Review Press, New York 1963.
B. Morandi, *Introduzione a Marx*, Datanews, Roma 1996.
M. Mugnai, *Il mondo rovesciato. Contraddizione e valore in Marx*, Il Mulino, Bologna 1984.
M. Musto (a cura di), *Sulle tracce di un fantasma. L'opera di Karl Marx tra filologia e filosofia*, Manifestolibri, Roma 2005.
H. Nadel, *Marx et le salariat*, L'Harmattan, Paris 1994.
C. Natali, *L'uso del termine «contraddizione» nel I libro del «Capitale» di Marx*, in AA.VV., *La contraddizione*, a cura di E. Berti, Città nuova, Roma 1977.

A. Negri, *Marx oltre Marx. Quaderno di lavoro sui Grundrisse*, Feltrinelli, Milano 1979.

R. Ngozi Madu, *The Relationship between Religion and Politics according to Karl Marx and Jacques Maritain*, Pontificia Università Lateranense, Roma 1997.

H. Niel, *Karl Marx. Situation du marxisme*, Desclee de Brouwer, Paris-Bruges 1971.

B. I. Nikolaevskij – O. Maenchen-Helfen, *Karl Marx. Eine Biographie*, 1963; tr. it. *Karl Marx. La vita e l'opera*, Einaudi, Torino 1969, a cura di J. Lombardi.

L. Nowak, *Dwa szkice z nie-marksowskiego materializmu historycznego*, 1982; tr. it. *Oltre Marx. Per un materialismo storico non-marxiano*, Armando, Roma 1987, a cura di F. Coniglione.

T. I. Oiserman, *Der junge Marx im ideologischen Kampf der Gegenwart*, Akademie, Berlin 1976.

D. Oizerman, *Le versioni irrazionalistiche di Marx*, in «Rassegna sovietica», luglio-agosto 1958, pp. 64-79.

F. Olgiati, *Carlo Marx*, Vita e Pensiero, Milano 1918.

B. Ollman, *Alienation: Marx's Critique of Man in Capitalist Society*, Cambridge University Press, Cambridge 1971.

R. Olmédo, *L'hégélianisme et le spinozisme de Marx*, in «La pensée», 1973, n. 169.

J. J. O' Malley, *History and Man's Nature in Marx*, in «The Review of Politics», 1966, n. 4., pp. 508-527.

A. Oppolzer, *Entfremdung und Industriearbeit. Die Kategorie der Entfremdung bei Karl Marx*, Pahl-Rugenstein, Köln 1974.

R. Orfei, *Marx e il regno della libertà*, Coines, Roma 1976.

C. Overbergh, *Le matérialisme historique de Karl Marx*, Polleunis & Ceuterick, Bruxelles 1902.

A. Ouibo, *L'elaboration des problèmes du materialisme historique par Marx et Engels dans l' «Idèologie allemande»*, in «Recherches internationales à la lumière du marxisme», 1960, n. 19.

E. Paci, *Il significato dell'uomo in Marx e in Husserl*, in «Aut Aut», 1963, n. 73.

K. Papaioannou, *De Marx et du marxisme*, Gallimard, Paris 1983.

F. Papi, *Il sogno filosofico della storia. Interpretazioni sull'opera di Marx*, Guerini e associati, Milano 1994.

L. Parinetto, *Corpo e rivoluzione in Marx: morte, diavolo, analità*, Moizzi, Milano 1977.

L. Parinetto, *Faust e Marx: metafore alchemiche e critica dell'economia politica, satura inconclusiva non scientifica*, Pellicani, Roma 1989.

L. Parinetto, *Né dio né capitale. Marx, marxismo, religione*, Moizzi, Milano 1996.

L. Parinetto, *Marx diversoperverso*, Unicopli, Milano 1997.

P. Pasquale, *Il problema morale nella concezione di Karl Marx*, Aracne, Roma 1999.

L. Pellicani, *Introduzione a Marx*, Cappelli, Bologna 1969.
F. Perlman, *Essay on Commodity Fetischism*, in «Telos», n. 6 (1970).
S. Petrucciani, *Marx al tramonto del secolo: teoria critica tra passato e futuro*, Manifestolibri, Roma 1995.
C. Pianciola (a cura di), *Il pensiero di Karl Marx: una antologia dagli scritti*, Loescher, Torino 1989.
A. Piettre, *Marx et le marxisme*, Presses Universitaires de France, Paris 1957.
J. Plamenatz, *Karl Marx's Philosophy of Man*, Clarendon Press, Oxford 1975.
A. Plebe, *Che cosa ha veramente detto Marx*, Ubaldini, Roma 1967.
A. Plebe, *Quel che non ha capito Carlo Marx*, Rusconi, Milano 1972.
J. Plenge, *Marx und Hegel*, H. Laupp, Tübingen 1911.
H. Popitz, *Der entfremdete Mensch. Zeitkritik und Geschischtsphilosophie des jungen Marx*, Verlag fur Recht und Gesellschaft AG, Basel 1953.
W. Post, *Kritik der Religion bei Karl Marx*, Kosel, München 1969.
C. Preve, *La filosofia imperfetta. Una proposta di ricostruzione del marxismo contemporaneo*, Franco Angeli, Milano 1984.
C. Preve, *Il filo di Arianna: quindici lezioni di filosofia marxista*, Vangelista, Milano 1990.
C. Preve, *Il convitato di pietra. Saggio su marxismo e nichilismo*, Vangelista, Milano 1991.
C. Preve, *Il pianeta rosso. Saggio su marxismo e universalismo*, Vangelista, Milano 1992.
C. Preve, *L'assalto al cielo. Saggio su marxismo e individualismo*, Vangelista, Milano 1992.
C. Preve, *L'eguale libertà. Saggio sulla natura umana*, Vangelista, Milano 1994.
C. Preve, *Marxismo, filosofia, verità*, C.R.T., Pistoia 1998.
C. Preve, *Marx inattuale. Eredità e prospettiva*, Bollati Boringhieri, Torino 2004.
C. Preve – L. Grecchi, *Marx e gli antichi Greci*, Petite Plaisance, Pistoia 2005.
C. Preve, *Storia critica del marxismo: dalla nascita di Karl Marx alla dissoluzione del comunismo storico novecentesco (1818-1991)*, La città del sole, Napoli 2007, prefazione di A. Tosel.
C. Preve, *Una approssimazione al pensiero di Karl Marx. Tra materialismo e idealismo*, Il Prato, Padova 2007.
C. Preve, *Ripensare Marx. Filosofia, idealismo, materialismo*, Ermes, Potenza 2007.
Y. Quiniou, *La question morale dans le marxisme*, in «Actuel Marx», 1996.
H. Reichelt, *Zur logischen Struktur des Kapitalbegriffs bei Karl Marx*, 1970; tr. it. *La struttura logica del concetto di capitale in Marx*, De Donato, Bari 1973, a cura di F. Coppellotti.

H. Reichelt, *Warum hat Marx seine dialektische Methode versteckt?*, in «Beiträge zur Marx-Engels-Forschung. Neue Folge», Hamburg, 1996, pp. 73-110.
E. Renault, *Marx et l'idée de critique*, 1995; tr. it. *Marx e l'idea di critica*, Manifestolibri, Roma 1999.
E. Renault, *Le vocabulaire de Marx*, Ellipses, Paris 2001.
A. Rizza, *Karl Marx: le fonti. Una possibile lettura del punto di vista della filosofia marxiana*, Toso, Torino 1975.
D. Rjazanov, *Karl Marx*, 1923; tr. it. *Carlo Marx: uomo, pensatore, rivoluzionario*, Fasani, Milano 1946, a cura di A. D'Ambrosio e L. Cecchini.
H. Rohr, *Pseudoreligiöse Motive in den Frühschriften von Karl Marx*, Mohr, Tübingen 1962.
M. Rose, *Marx's lost Aesthetic: Karl Marx and the Visual Arts*, Cambridge University Press, Cambridge 1989.
Z. Rosen, *Bruno Bauer and Karl Marx. The Influence of Bruno Bauer on Marx's Thought*, Nijhoff, The Hague 1977.
Z. Rosen, *Moses Hess und Karl Marx. Ein Beitrag zur Entstehung der Marxschen Theorie*, Christians, Hamburg 1983.
M. Rossi, *Marx e la dialettica hegeliana*, vol. II, *La genesi del materialismo storico*, Editori Riuniti, Roma 1963.
P. Rossi, *Marxismo*, Laterza, Roma–Bari 1996.
P. A. Rovatti, *Feticismo e alienazione nelle «Note di lettura 1844-45» di Marx*, in «Aut Aut», n. 123-4, 1971.
P. A. Rovatti, *Critica e scientificità in Marx*, Feltrinelli, Milano 1973.
P. A. Rovatti, *La critica del feticismo nel frammento sulle macchine dei «Grundrisse»*, in «Aut Aut», 1973, n. 134.
P. A. Rovatti – R. Tommasini – A. Vigorelli, *Bisogni e teoria marxista*, Mazzotta, Milano 1976.
M. Rubel, *Karl Marx. Essai de biographie intellectuelle*, 1957; tr. it. *Karl Marx. Saggio di biografia intellettuale. Prolegomeni per una sociologia etica*, Colibrì, Milano 2001.
M. Rubel, *Marx critique du marxisme*, 1974; tr. it. *Marx critico del marxismo*, Cappelli, Bologna 1981, a cura di B. Bongiovanni.
C. Rupp, *Carlo Marx. Sommario del socialismo scientifico*, Casa di edizioni, Carrara 1995.
A. Sabetti, *K. Marx: gli anni di Berlino e la dissertazione dottorale*, in «Società», 1957, XII, n. 2.
A. Sabetti, *La «Deutsche Ideologie» e la filosofia come ideologia*, in «Società», 1958, XIV, n. 4.
M. Sacristán, *Sobre Marx y marxismo*, 1983; tr. it. *Marx, marxismo, filosofia. Saggi*, Istituto dell'Enciclopedia Italiana, Roma 1988, 2 voll., a cura di G. Albiac.
P. Salvucci, *La logica di Hegel, la sua critica in Marx e il comunismo*, «Critica marxista», 1972, pp. 111-148.

A. Sanchez Vazquez, *Las ideas estéticas de Marx. Ensayos de estética marxista*, Era, México 1967.
C. Scalia, *Realismo scientifico e idealismo hegeliano a proposito della filosofia di Carlo Marx*, Ferrari, Roma 1921.
A. Schaff, *Le vrai visage du jeune Marx*, in «Recherches internationales à la lumière du marxisme», 1960, n. 19.
R. Schlesinger, *Marx. His Time and Ours*, 1950; tr. it. *Marx ieri e oggi*, Feltrinelli, Milano 1961.
C. Schmidt, *Sozialismus und Ethik*, in «Sozialistische Monatshefte», 1900.
A. Schmidt, *Der Begriff der Natur in der Lehre von Marx*, 1962; tr. it. *Il concetto di natura in Marx*, Laterza, Roma–Bari 1969.
W. Schuffenhauer, *Feuerbach und der junge Marx*, VEB Deutscher Verlag der Wissenschaften, Berlin 1965.
E. Screpanti, *Comunismo libertario. Marx, Engels e l'economia politica della liberazione*, Manifestolibri, Roma 2007.
L. Sébag, *Marx, Feuerbach et la critique de la religion*, in «La nouvelle critique», 1955, n. 64.
J. Semprun, *Marxisme et humanisme*, in «La nouvelle critique»,1965, n. 161.
D. Settembrini, *Due ipotesi per il socialismo in Marx ed Engels*, Laterza, Roma–Bari 1973.
L. Sève, *Marxisme et théorie de la personnalitè*, Editions Sociales, Paris 1969.
L. Sève, *Une introduction à la philosophie marxiste*, Editions Sociales, Paris 1980.
L. Sichirollo, *Marx oggi: filosofia della storia e problemi attuali*, in «Belfagor», LIV, I (1999), pp. 1-10.
G. Soscia, *Nel centenario della morte di Karl Marx. La filosofia del proletariato*, Fasano, Cosenza 1983.
M. Spinella (a cura di), *Marx vivo. La presenza di Karl Marx nel pensiero contemporaneo*, Mondadori, Milano 1977^4, 2 voll.
J. V. Stalin, *Über den dialektischen und historischen Materialismus*, 1938; tr. it. *Il materialismo dialettico e il materialismo storico*, L'Unità, Roma 1945.
E. Stepanova, *Karl Marx*, Dietz, Berlin 1956.
W. A. Suchting, *Marx and Philosophy: Three Studies*, New York University Press, New York 1986.
M. Sweezy, *Marx e il proletariato*, in «Monthly Review» [edizione italiana], n. 1, 1-2 (1968), pp. 8-14.
O. Tambosi, *O Declínio do Marxismo e a Herança Hegeliana*, 1999; tr. it. *Perché il marxismo ha fallito*, Mondadori, Milano 2001.
A. Testa, *Incontro con Marx e Feuerbach. Introduzione alla riforma della dialettica marxiana: umanità e divinità nella filosofia dell'avvenire*, Cappelli, Bologna 1963.

M. Thom, *Dr. Karl Marx. Das Werden der neuen Weltanschauung 1835 - 1843*, Dietz, Berlin 1986.
P. Tillich, *Der Mensch im Christentum und im Marxismus*, Evangelischer Arbeitsausschuss, Dusseldorf 1953.
E. Thier, *Das Menschenbild des jungen Marx*, Göttingen 1957.
O. Todisco, *Marx tra Dio e l'uomo*, Città di vita, Firenze 1974.
O. Todisco, *Marx e la religione*, Città Nuova, Roma 1976.
F. Tönnies, *Marx: Leben und Lehre*, Verlag für Sozialwissenschaft, Berlin 1921.
J. Torrance, *Karl Marx's Theory of Ideas*, Cambridge University Press, Cambridge 1995.
P. Tort, *Marx et le problème de l'idéologie. Le modèle égyptien*, PUF, Paris 1988.
A. Tosel, *Etudes sur Marx (et Engels): vers un communisme de la finitude*, Kime, Paris 1996.
H. Touboul, *Marx, Engels et la question de l'individu*, PUF, Paris 2004.
F. Troxler, *Die Lehre vom Eigentum bei Thomas von Aquin und Karl Marx: eine Konfrontation*, Imba, Freiburg 1973.
M. Vadée, *Marx penseur du possible*, Meridiens Klincksieck, Paris 1992.
J.-M. Van Cangh, *Introduction à Karl Marx*, Duculot, Gembloux 1969.
S. Veca, *Saggio sul programma scientifico di Marx*, Il Saggiatore, Milano 1977.
V. Venable, *Human Nature: the Marxian View*, A. A. Knopf, New York 1945.
F. Vidoni, *Natura e storia: Marx ed Engels interpreti del darwinismo*, Dedalo, Bari 1985.
A. Vigorelli, *Politica e filosofia nei «Grundrisse»*, in AA.VV., *Bisogni e teoria marxista*, G. Mazzotta, Milano 1976.
J. M. Vincent, *Un autre Marx. Après les marxismes*, Page Deux, Lausanne 2001.
R. Vita, *Uomini e macchine nel «Capitale» di Marx: 1867-1967*, Contessa, Torino 1967.
F. Vittinghoff, *Die Theorie des historischen Materialismus über dem antiken «Sklavenhalterstaat»: Probleme der alten Geschichte bei den «Klassikern» des Marxismus und in den modernen sowjetisvhen Forschung*, «Saeculum», XI, 1960, pp. 89-131.
P. Vogel, *Hegels Gesellschaftsbegriff und seine geschichtliche Fortbildung durch Stein Marx, Engels und Lassalle*, Heise, Berlin 1925.
K. Vorländer, *Marx und Kant*, Verlag der Deutschen Worte, Wien 1904.
P. Vranicki, *La signification actuelle de l'humanisme du jeune Marx*, in «Annali Feltrinelli», VII, 1964-1965.
Ch. Wackenheim, *La feillite de la religion d'après K. Marx*, Presses Universitaires de France, Paris 1963.
R. Waser, *Autonomie des Selbstbewußtseins. Eine Untersuchung zum Verhältnis von Bruno Bauer und Karl Marx (1835-1843)*, Francke, Tübingen 1994.

L. P. Wessell, *Prometheus bound: the Mythic Structure of Karl Marx's Scientific Thinking*, Louisiana State University Press, London 1984.
J. D. White, *Karl Marx and the Intellectual Origins of Dialectical Materialism*, St. Martin's Press, New York 1996.
R. Wilbrandt, *Karl Marx: Versuch einer Einführung*, Teubner, Berlin 1918.
A. Wildermuth, *Marx und die Verwirklichung der Philosophie*, Martinus Nijhoff, Den Haag 1971.
J. Wolf, *Why read Marx today?*, OUP. Paperback, Oxford 2003.
H. Wolpe, *The Articulation of Modes of Production*, Routledge & Paul Kegan, London 1980.
W. Wood, *Karl Marx*, London, Boston and Henley, 1981.
A. Zanardo, *Forme e problemi del marxismo contemporaneo.* (*A proposito della fortuna del pensiero giovanile di Marx*), in «Studi storici», 1962, n. 4.
J. Zelený, *Die Wissenschaftslogik bei Marx und «Das Kapital»*, Europäische Verlagsanstalt, Frankfurt a. M. 1969.

Politica e diritto.

AA. VV., *Karl Marx devant le tribunal révolutionnaire*, Presses d'Europe, Paris 1978.
AA. VV., *Marxismo in mare aperto. Rivelazioni, ipotesi, prospettive*, Franco Angeli, Milano 1983.
AA. VV., *Karl Marx und die politische Theorie der Gegenwart*, Staatsverlag der deutschen demokratischen Republik, Berlin 1983.
A. Abreu Freire, *La révolution désaliénante. Fondements de la pensée de Karl Marx*, Desclée, Tournai 1972.
M. Adler, *Die Staatsauffassung des Marxismus*, Graphische Industrie, Wien 1922.
P. Allegretti, *Antieuropeismo russo e rivendicazione antirussa di Carlo Marx*, Nuove Edizioni italiane, Bari 1975.
L. Althusser, *Politique et Histoire, de Machiavel à Marx. Cours à l'École normale supérieure (1955-1972)*, Seuil, Paris 2006, a cura di F. Matheron.
E. Altvater, *Aktualisierung Marx*, Argument Sonderband, Berlin 1983.
E. Andrew, *Marx's Theory of Classes. Science and Ideology*, in «Canadian Journal of Political Science», 1975, n. 3, pp. 454-466.
P. Ansart, *Marx et l'anarchisme*, Presses universitaires de France, Paris 1969.
A. Apsler, *Prophet of Revolution: Karl Marx*, Messener, New York 1967.
H. Arendt, *Karl Marx and the Tradition of Western Political Thought*, 1953; tr. it. *Karl Marx e la tradizione del pensiero politico occidentale* in «MicroMega», n. 5, 1995, a cura di S. Forti, pp. 35-108.

R. Aron, *Essai sur les libertés. Tocqueville et Marx*, 1965; tr. it. *Delle libertà: Alexis de Tocqueville e Karl Marx. Libertà formali e libertà reali*, SugarCo, Milano 1990, a cura di S. Cerutti.
A. Artous, *Marx, l'État et la politique*, Syllepse, Paris 1999.
S. Avineri, *The Social and Political Thought of Karl Marx*, 1968: tr. it. *Il pensiero politico e sociale di Marx*, Il Mulino, Bologna 1972.
E. Balibar, C. Luporini, A. Tosel, *Marx et sa critique de la politique*, Maspéro, Paris 1979.
M. Barbier, *La pensée politique de Karl Marx*, L'Harmattan, Paris 1992.
J. Barion, *Hegel und die marxistische Staatslehre*, Bouvier, Bonn 1963.
L. Basso, *Appunti sullo sviluppo della teoria rivoluzionaria in Marx ed Engels*, in Id., *Neocapitalismo e sinistra europea*, Laterza, Bari 1969.
E. Battistini, *Contro «Il manifesto» di Karl Marx. Sviluppo del capitale e negazione dell'autonomia proletaria in Marx ed Engels*, La Rivolta, Ragusa 1977.
G. Berta, *Marx, gli operai inglesi e i cartisti*, Feltrinelli, Milano 1979.
P. Bianchi, *Marx e Lacan: la questione del soggetto inconscio*, Graphos, Genova 1999.
P. Bigo, *Humanisme et économie politique chez Karl Marx*, PUF, Paris 1953.
S. F. Bloom, *The World of Nations. A Study of the National Implications in the Work of Karl Marx*, AMS Press, New York 1967.
B. Bourgeois, *Philosophie et droits de l'homme de Kant à Marx*, Paris 1990.
N. Bobbio – M. Bovero, *Società e stato: da Hobbes a Marx*, Coperativa libraria universitaria torinese, Torino 1973.
N. Bobbio, *Da Hobbes a Marx: saggi di storia della filosofia*, Morano, Napoli 1974.
N. Bobbio, *Né con Marx né contro Marx*, Editori Riuniti, Roma 1997, a cura di C. Violi.
G. Bucaro, *L'uomo libero in Carlo Marx*, Urbaniana University Press, Roma 1984.
G. M. Bravo, *La prima Internazionale: storia documentaria*, Editori Riuniti, Roma 1978, 2 voll.
G. M. Bravo, *Karl Marx*, Franco Angeli, Milano 1986.
A. Buchanan, *Marx and Justice. The Radical Critique of Liberalism*, Rowman & Allanheld, Totowa 1982.
J. Carlebach, *Karl Marx and the Radical Critique of Judaism*, Routledge and Kegan Paul, London 1978.
E. Carr, *Karl Marx: a Study in Fanaticism*, Dent, London 1938.
U. Cerroni, *Marx e il diritto moderno*, Editori Riuniti, Roma 1962.
H. Chambre, *De Karl Marx à Lénine et Mao Tsé-Toung*, 1976; tr. it. *Da Karl Marx a Mao Tse-tung: introduzione critica al marxismo-leninismo*, Morcelliana, Brescia 1964, a cura di M. Tagliaferri.
A. Ciolkosz, *Karl Marx and the Polish Insurrection of 1863*, Czas, New York 1966.

F. Claudìn di Fidio, *Marx, Engels y la revolución de 1848*, Siglo XXI de España Editores, Madrid 1985.
D. Coccopalmerio, *La teoria politica di Marx*, Giuffrè, Milano 1970.
R. Colangelo, *Eguaglianza e società da Rousseau a Marx*, in «Giornale critico della filosofia italiana», 1971, pp. 299-320.
L. Colletti, *Scienza e società in Marx*, in «Società», 1958, XIV, n. 6.
H. Collins, *Karl Marx and the British Labour Movement. Years of the First International*, Macmillan & Co., London 1965.
A. Cornu, *Karl Marx et la révolution de 1848*, Presses universitaires de France, Paris 1948.
N. De Domenico, *Alienazione e giustizia penale: una discussione fra Marx e Bernays del 1846*, in «Paradigmi», I, 3 (1983), pp. 1-34.
B. De Giovanni, *Marx e lo Stato*, in «Democrazia e diritto», 1973, n. 3.
B. De Giovanni, *La teoria politica delle classi nel «Capitale»*, De Donato, Bari 1976.
B. De Giovanni, *Marx dopo Marx*, Cappelli, Bologna 1985.
G. Della Volpe, *La libertà comunista*, Ferrara, Messina 1946.
M. Desai, *Marx's Revenge. The Resurgence of Capitalism and the Death of Statist Socialism*, Verso, New York 2002.
H. Draper, *Marx and the Dictatorship of the Proletariat*, in «Cahiers de l'ISEA», 1962, n. 129.
G. Duprat, *Marx-Proudhon: théorie du conflit social*, Ophrys, Paris 1973.
J.– P. Durand, *La sociologie de Marx*, La Découverte, Paris 1991.
E. Dussel, *Marxismo e filosofia della liberazione in America Latina*, in «A sinistra», n. 1-2 (1990), pp. 18-23.
J. Ehrenberg, *The Dictatorship of the Proletariat. Marxism's Theory of Socialist Democracy*, Routledge, New York – London 1992.
M. A. Fabiano, *L'analisi sociale in Karl Marx*, LED, Milano 2004.
D. Felix, *Marx as Politician*, Southern Illinois University Press, Edwardsville 1983.
F. Fergnani, *Individualità ed egualitarismo in Marx*, in «Aut Aut», 1974, n. 141.
I. Fetscher, *Von Marx zur Sowjetideologie*, Diesterweg, Bonn 1959.
V. Frosini, *Considerazioni sulla critica di Marx alla filosofia del diritto di Hegel*, in «Rivista internazionale di filosofia del diritto», 1968, pp. 587-592.
F. Furet, *Marx et la Révolution francaise*, 1986; tr. it. *Marx e la Rivoluzione francese*, Rizzoli, Milano 1986.
M. Galceran Huguet, *El concepto de libertad en la obra de Karl Marx*, Universidad Complutense de Madrid, Madrid 1984.
V. Geoghegan, *Utopianism and Marxism*, Metheuen, London 1987.
P. Gey, *Der Begriff des Eigentums bei Karl Marx. Zur Kritik des klassischen Eigentum-Paradigmas in der Theorie von Locke, Smith und Hegel*, Haag-Herchen Verlag, Frankfurt 1981.
F. Giovannini, *Vita di Karl Marx: i sentimenti e le lotte*, Datanews, Roma 2001.

C. Gould, *Marx's Social Ontology: Individuality and Community in Marx's Theory of Social Reality*, The Mitt Press, Cambridge 1978.
R. Guastini, *Marx: dalla filosofia del diritto alla scienza della società*, Il Mulino, Bologna 1974.
B. Guibert, *La violence capitalisée. Essai sur la politique de Marx*, Les editions du Cerf, Paris 1986.
J. Habermas, *Die nacholende Revolution*, 1990; tr. it. *La rivoluzione in corso*, Feltrinelli, Milano 1990, a cura di M. Protti.
A. Heller, *Marx, giustizia, libertà: il profeta libertario*, in G. Cacciatore – F. Lomonaco (a cura di), *Marx e i marxismi cent'anni dopo*, Guida, Napoli 1987, pp. 189-211.
M. Hellweg, *Die Stellung des Proletariats bei Karl Marx*, Schulte-Bulmke, Frankfurt 1947.
M. Hillquit, *From Marx to Lenin*, Hanford Press, New York 1921.
R. Huard, *Marx et Engels devant la marginalité: la découverte du lumpenproletariat*, in «Romantisme», XVIII, 59 (1988), pp. 5-17.
R. N. Hunt, *The Political Ideas of Marx and Engels*, University of Pittsburgh Press, Pittsburgh 1974.
R. N. Hunt, *Marxisme and Totalitarian Democracy. The Political Ideas of Marx and Engels*, University of Pittsburgh Press, Pittsburg 1974.
M. Johnstone, *Marx and Engels and the Concept of the Party*, in «Socialist Register», 1967.
P. Kain, *Marx and Modern Political Theory: from Hobbes to Contemporary Feminism*, Rowman & Littlefield, Lanham 1993.
C. Katz, *The socialist Polis: Antiquity and Socialism in Marx's Thought*, in «The Review of Politics», 2 (primavera 1994), pp. 237-261.
H. Kelsen, *Sozialismus und Staat*, Hirschfeld, Leipzig 1923^2.
H. Kelsen, *Marx oder Lassalle. Wandlungen in der politischen Theorie des Marxismus*, C.L. Hirschfeld, Leipzig 1924.
H. Kelsen, *The Communist Theory of Law*, Stevens and Sons limited, London 1955.
T. Kemp, *Theories of Imperialism*, 1967; tr. it. *Teorie dell'imperialismo da Marx a oggi*, Einaudi, Torino 1969.
K. J. Kenafick, *Bakunin und Marx*, A. Maller, Melbourne 1948.
A. Kettle, *Karl Marx: Founder of Modern Communism*, 1963; tr. it. *Karl Marx e la nascita del comunismo moderno*, Mondadori, Milano 1974.
W. N. Kotow, *Karl Marx und Friedrich Engels über Rußland und das russische Volk*, Dietz, Berlin 1953.
S. Kouvélakis, *Philosophie et révolution: de Kant à Marx*, PUF, Paris 2003.
G. Labica (a cura di), *Karl Marx. L'expropriation originelle*, Les nuits rouges, Paris 2001.
I. Lepp, *From Karl Marx to Jesus Christ*, Sheed & Ward, London 1959.
M. Levin, *Marx, Engels and Liberal Democracy*, Macmillan, London 1989.

A. Levine, *The General Will: Rousseau, Marx, Communism*, Cambridge University Press, Cambridge 1993.
F. P. Levy, *Karl Marx: histoire d'un bourgeois allemand*, 1976; tr. it. *Karl Marx: storia di un borghese tedesco*, Armando, Roma 1980, a cura di G. Sforza.
E. Lewalter, *Zur Systematik der Marx'schen Staats- und Gesellschaftslehre*, in «Archiv für Sozialwissenschaft und Sozialpolitik», 1933, pp. 612-674.
G. Lohmann, *Indifferenz und Gesellschaft. Eine kritische Auseinandersetzung mit Marx*, Suhrkamp, Frankfurt a. M. 1991.
O. Lorenz, *Karl Marx und der Kapitalismus. Eine Untersuchung über die Grundbegriffe der marxistischen Klassenkampflehre*, Hanseatische Verlagsanstalt, Hamburg 1937.
D. Losurdo, *Stato e ideologia nel giovane Marx*, in «Studi Urbinati», 1970, 1-2.
D. Losurdo, *Hegel, Marx e la tradizione liberale*, Editori Riuniti, Roma 1988.
D. Losurdo, *Marx e il bilancio storico del Novecento*, Bibliotheca, Gaeta 1993.
S. Maffettone (a cura di), *Marxismo e giustizia*, Il Saggiatore, Milano 1983.
J. M. Maguire, *Marx's Theory of Politics*, Cambridge University Press, Cambridge 1978.
W. Mainhofer, *Demokratie im Sozialismus: Recht und Staat im Denken des jungen Marx*, Klostermann, Frankfurt 1968.
M. A. Manacorda, *Perché non possiamo non dirci comunisti. Cosa resta della più grande illusione del secolo*, Editori Riuniti, Roma 1997.
A. Marc, *Karl Marx ou la perversion du socialisme*, Edition du Groupe Fresnes-Antony de la Fédération Anarchiste, Paris 1985.
N. Martin, *Konkurrenz und Mehrwert: zwei Aufsätze zur Klassentheorie bei Marx*, Merve Verlag, Berlin 1970.
G. Mattai, *Karl Marx ieri e oggi: elementi per un bilancio nel centenario della morte*, Elle Di Ci, Leumann 1983.
M. Mauke, *Die Klassentheorie von Marx und Engels*, 1970; tr. it. *La teoria delle classi nel pensiero di Marx ed Engels*, Jaca Book, Milano 1971, a cura di C. Papini.
R. Mayer, *Marx, Lenin and the Corruption of the Working Class*, «Political Studies», 4 (dicembre 1993), pp. 636-650.
A. F. McGovern, *The Young Marx on the State*, in «Science and Society», 1971, n. 4.
G. Mende, *Karl Marx' Entwicklung vom revolutionären Demokraten zum Kommunisten*, Dietz, Berlin 1960.
J. Michel, *Marx et la société juridique*, Publisud, Paris 1983.
R. Miles, *Capitalism and Unfree Labour. Anomaly or Necessity*, Tavistock, London 1987.

R. Miliband, *Marxism and Politics*, Oxford University Press, Oxford 1977.
M. Molnar, *Marx, Engels et la politique internationale*, Gallimard, Paris 1973.
S. W. Moore, *The Critique of Capitalist Democracy. An Introduction to the Theory of State in Marx, Engels and Lenin*, Paine-Withman, New York 1957.
O. Negt, *Thesen zur marxistischen Rechstheorie*, in «Kritische Justiz», 1973, n. 1.
M. Nicolaus – M. Postone – H. Reinicke, *Dialettica e proletariato. Dibattito sui «Grundrisse» di Marx*, La Nuova Italia, Firenze 1978, a cura di B. Accarino.
H. Niel, *Karl Marx: situation du marxisme*, Desclée, Paris 1971.
M. Pascucci, *La potenza della povertà: Marx legge Spinoza*, Ombre corte, Verona 2006, prefazione di A. Negri.
W. Paul, *Marxistische Rechtstheorie als Kritik des Rechts. Intention, Aporien und Folgen des Rechtsdenkens von Karl Marx. Eine kritische Rekonstruktion*, Athenäum, Frankfurt a.M 1974.
G. Planty-Bonjour (a cura di), *Droit et liberté selon Marx*, PUF, Paris 1986.
M. Postone, *Time, Labor, and social Domination: a Reinterpretation of Marx's critical Theory*, Cambridge University Press, Cambridge 2003.
N. Poulantzas, *L'examen marxiste de l'Etat et du droit actuel*, in «Les temps modernes», agosto-settembre 1964.
N. Poulantzas, *A propos de la théorie marxiste du droit*, in «Archives de philosophie du droit», 1967, n. 12.
G. Quarta, *Karl Marx e il concetto di classe sociale*, Società Editrice Nazionale, Roma 1961.
F. J. Raddatz, *Karl Marx. A Political Biography*, Weidenfeld and Nicolson, London 1979.
T. Ramm, *Die Künftige Gesellschaftsordnung nach der Theorie von Marx und Engels*, in «Marxsismusstudien», Tübingen 1957, vol. 2.
A. Rattansi, *Marx and the Division of Labour*, The Macmillan Press, London 1982.
F. Refoulé, *Marx et S. Paul: libérer l'homme*, Éditions du Cerf, Paris 1973.
V. Reiser, *Fabbrica oggi: lo strano caso del dottor Weber e di mister Marx*, Sisifo, Siena 1992.
A. M. Revedin, *La negazione teoretica: i diritti dell'uomo e la critica di Marx*, CEDAM, Padova 1985.
N. Riemer, *Karl Marx and Prophetic Politics*, Praeger, London 1987.
C. Rodriguez Braun, *La cuestión colonial y la economía clásica: de Adam Smith y Jeremy Bentham a Karl Marx*, Alianza, Madrid 1989.
J. L. Rodríguez García, *Marx contra Marx*, Ed. Endymion, Madrid 1996.
P. Rosanvallon, *Le capitalisme utopique*, Seuil, Paris 1979.
M. Rubel, *Marx devant le bonapartisme*, La Haye, Paris 1960.

M. Rubel, *Le concept de démocratie chez Marx*, in «Le contrat social», IV, 4 (1962), pp. 214-220.
J. Sanderson, *Marx and Engels on the State*, in «Western Political Quarterly», 1963, n. 4.
J. Sanderson, *An Interpretation of the Political Ideas of Marx and Engels*, Longmans, London 1969.
G. Sandoz, *La gauche allemande. De Karl Marx a Willy Brandt*, Juilliard, Paris 1970.
Chr. Schefold, *Die Rechtsphilosophie des jungen Marx von 1842*, C. H. Beck, München 1970.
W. Schieder, *Karl Marx als Politiker*, Piper, Zürich 1991.
T. Shanin (a cura di), *Late Marx and the Russian Road*, Routledge & Kegan Paul, London 1984.
R. P. Sieferle, *Die Revolution in der Theorie von Karl Marx*, Ullstein, Berlin 1979.
M. Simon, *Karl Marx, de la philosophie à la révolution. Essai sur la logique d'une révolution*, PROFAC, Lyon 1976.
P. Sylos Labini (a cura di), *Carlo Marx: è tempo di un bilancio*, Laterza, Roma–Bari 1994.
P. Smart, *Mill and Marx: individual Liberty and the Roads to Freedom*, Manchester University Press, Manchester 1990.
C. J. S. Sprigge, *Karl Marx*, Duckworth, London 1949.
P. Stadler, *Karl Marx. Ideologie und Politik*, 1966; tr. it. *Karl Marx: ideologia e politica*, Paoline, Roma 1971, a cura di A. Messori.
R. Stammler, *Wirtschaft und Recht nach der materialistischen Geschichtsauffassung*, Verlag von Veit & C., Leipzig 1896.
K. Stoyanovitch, *La règle du droit dans la doctrine marxiste et néo-marxiste*, in «Archives de philosophie du droit», 1963, n. 8.
H. Sultan, *Gesellschaft und Staat bei Karl Marx und Friedrich Engels. Ein Beitrag zum Sozialisierungsproblem*, Fischer, Jena 1922.
R. Szporluk, *Communism and Nationalism. Karl Marx versus Friedrich List*, Oxford University Press, Oxford 1988.
J. Texier, *Les formes historiques du lien social dans les «Grundrisse» de Karl Marx*, in «Actuel Marx», n. 11 (1992).
T. Tonchia, *Libertà nello Stato: riflessioni sulla libertà politica in Rousseau, Hegel e Marx*, Proxima Scientific Press, Trieste 1990.
A. Tosel, *Praxis: vers une refondation en philosophie marxiste*, Editions Sociales, Paris 1984.
A. Tosel, *L'esprit de scission. Études sur Marx, Gramsci, Lukács*, Les belles lettres, Paris 1991.
A. Tosel, *Marx et le rationalisme politique*, in «La Pensée», 303 (1995), pp. 35-45.
D. F. B. Tucker, *Marxism and Individualism*, Basil Blackwell, Oxford 1980.
R. Tucker, *The Marxian Revolutionary Idea*, Norton, New York 1969.

D. Turner, *Marx, Ideology and Moral*, in D. McLellan – S. Sayers, *Socialism and Morality*, Macmillan, Basingstoke 1990.
S. Veca, *Marx e la critica dell'economia politica*, Il Saggiatore, Milano 1973.
A. Walicki, *Karl Marx as Philosopher of Freedom*, in «Critical Review», 2 (1988), pp. 10-58.
E. Weil, *Marx et la liberté*, in «Critique», 1947, n. 8-9.
S. White, *Needs, Labour, and Marx's Conception of Justice*, «Political Studies», 1 (1996), pp. 88-101.
E. Williams, *Capitalism and Slavery*, University of North California, Chapel Hill 1944.
W. Wippermann, *Die Bonapartismustheorie von Marx und Engels*, Klett-Cotta, Stuttgart 1983.
A. Zanardo, *La teoria della libertà nel pensiero giovanile di Marx*, in «Studi storici», 1 (1966), pp. 3-70.
D. Zolo, *La teoria comunista dell'estinzione dello Stato*, De Donato, Bari 1974.

Storia.

P.-L. Assoun, *Marx et la répétition historique*, PUF, Paris 1978.
B. Bongiovanni, *Tra storia e storiografia: Karl Marx e la Rivoluzione inglese*, in «Quaderni di storia», n. 18 (1983), pp. 86-119.
B. Bongiovanni, *Le repliche della storia. Karl Marx fra la Rivoluzione francese e la critica della politica*, Bollati Boringhieri, Torino 1989.
B. Bongiovanni, *Leggere Marx dopo il marxismo: per una storia della «Gesamtausgabe»*, in «Belfagor», L, 5 (1995), pp. 579-591.
A. Burgio, *Strutture e catastrofi: Kant, Hegel, Marx*, Editori Riuniti, Roma 2000.
J. A. Cahan, *The Concept of Property in Marx's Theory of History*, in «Science and Society», 4 (1994), pp. 392-415.
L. Calabi, *Marx e la storiografia del mondo antico*, in *Problemi teorici del marxismo*, a cura di «Critica marxista» (1976), pp. 165-188.
L. Chun, *Marx's Theory of Historical Development*, Chinese Academy of Social Sciences, Beijing 1984.
A. Conte, *Karl Marx et son époque*, Nathan, Paris 1983.
V. Di Benedetto, *Appunti sul marxismo e il mondo antico*, in «Quaderni di storia», 1978.
E. Di Carlo, *La concezione materialistica di Carlo Marx*, Sciarrino, Palermo 1903.
J. Domarchi, *Marx et l'histoire*, L'Herme, Paris 1972.
K. D. Erdmann, *Die asiatische Welt im Denken von Karl Marx und Friedrich Engels*, F. Steiner Verlag, Wiesbaden 1961.
J. Ferraro, *Freedom and Determination in History According to Marx and Engels*, Monthly Review Press, New York 1992.

J. Fracchia, *Marx's Aufhebung of Philosophy and the Foundations of a materialist Science of History*, in «History and Theory», maggio 1991, pp. 153-180.
D. R. Gandy, *Marx and History*, University of Texas Press, Austin 1979.
M. Godelier, *Prefazione* a K. Marx – F. Engels – V. I. Lenin, *Sur les sociétés précapitalistes*, 1970; tr. it. *Sulle società precapitalistiche*, Feltrinelli, Milano 1970.
J. Grandionc, *Marx et les communistes allemands à Paris*, Maspero, Paris 1974.
A. Guigot, *Marx face à l'histoire*, Milan, Toulouse 2002.
H. P. Harstick, *Karl Marx über Formen vorkapitalistischer Produktion. Vergleichende Studien zur Geschichte des Grundeigentums 1879-80*, Campus, New York 1977.
W. Heider, *Die Geschichtslehre von Karl Marx*, J. G. Cotta Nachf., Stuttgart 1931.
B. Hindess – P. Q. Hirst, *Precapitalist Modes of Production*, Rootledge & Kegan Paul, Boston 1975.
E. Hobsbawm, *Introduction*, in K. Marx, *Pre-capitalist Economic Formations*, Lawrence and Wishart, London 1964.
M. Iorio, *Karl Marx: Geschichte, Gesellschaft, Politik. Eine Ein- und Weiterführung*, Gruyter, Berlin 2003.
H. Jaffe, *«Capital» and Colonialism*, 1976; tr. it. *Marx e il colonialismo*, Jaca Book, Milano 1977.
C. Katz, *Marx on the Peasantry: Class in itself or Class in Struggle?*, «The Review of Politics», 1 (inverno 1992), pp. 50-72.
G. Kluchert, *Geschichtsschreibung und Revolution: die historischen Schriften von Karl Marx und Friedrich Engels 1846 bis 1852*, Frommann-Holzboog, Stuttgart 1985.
M. Lichtner, *Hegel, Marx e la logica del moderno*, in «Critica marxista», 6 (1991), pp. 149-172.
C. Mainfroy, *Sur la Révolution française. Ecrits de Karl Marx et Friedrich Engels*, Editions sociales, Paris 1970.
M. Mazza, *Marx sulla schiavitù antica. Note di lettura*, in «Analisi marxista», 1978, pp. 107 ss.
J. C. Michaud, *Théorie et histoire dans le «Capital» de Karl Marx*, 1960; tr. it. *Teoria e storia nel «Capitale» di Marx*, Feltrinelli, Milano 1960.
R. Müller, *Hegel und Marx über die Antike Kultur*, in «Philologus», 1 (1972), pp. 1-31.
R. Sannwald, *Marx und die Antike*, Polygraphischer Verlag, Zürich 1957.
A. Schiavone, *Per una rilettura delle «Formen»: teoria della storia, dominio del valore d'uso e funzione dell'ideologia*, in «Analisi marxista», 1978, pp. 75 ss.
W. H. Shaw, *Marx's Theory of History*, Stanford University Press, Stanford 1978.

E. Terray, *Le marxisme devant les sociétés primitives*, 1969; tr. it. *Il marxismo e le società primitive*, Savelli, Roma 1969.
F. Tichelman – I. Habib, *Marx on Indonesia and India*, Karl-Marx-Haus, Trier 1983.
M. Vegetti (a cura di), *Marxismo e società antica*, Feltrinelli, Milano 1977.
M. Vegetti, *Tra Marx e gli antichi*, in «Quaderni di storia», 5 (1977), pp. 75-89.
P. Vidal-Naquet, *Les esclaves grec étaient-ils une classe?*, in «Raison présente», 6 (1968), pp. 103-112.
R. Weiner, *Das Amerikabild von Karl Marx*, Bouvier, Bonn 1982.

Indice

ANNOTAZIONI

ANNOTAZIONI

ANNOTAZIONI

Bompiani ha raccolto l'invito della campagna
"Scrittori per le foreste" promossa da Greenpeace.
Questo libro è stampato su carta riciclata senza cloro
e non ha comportato il taglio di un solo albero.
Per maggiori informazioni: http://www.greenpeace.it/scrittori/

Saggi Tascabili Bompiani
Periodico quindicinale anno XX numero 411
Registr. Tribunale di Milano n. 133 del 2/4/1976
Direttore responsabile: Elisabetta Sgarbi
Finito di stampare nel mese di gennaio 2012 presso
il Nuovo Istituto Italiano d'Arti Grafiche - Bergamo
Printed in Italy

RCS Libri
ISBN 978-88-452-6394-1